Manfred Krellenberg

U-Boot-Jagd im Mittelmeer
Der Einsatz der 22. U-Jagdflottille

Manfred Krellenberg

U-Boot-Jagd im Mittelmeer
Der Einsatz der 22. U-Jagdflottille

Seit 1789
Verlag E.S. Mittler & Sohn GmbH
Hamburg · Berlin · Bonn

Bildnachweis

Schutzumschlag vorne:
Fahrzeug der 22. U-Jagdflottille auf U-Jagd.
Fotomontage: Sammlung Otto Pollmann
Schutzumschlag hinten:
Foto: Sammlung Otto Pollmann

Karten:
S. 56: Manfred Krellenberg
S. 105 + 112: Kriegsmarine 7. Sicherungs-Division

Ein Gesamtverzeichnis der lieferbaren Titel der
Verlagsgruppe Koehler/Mittler schicken wir Ihnen gern zu.
Sie finden uns auch im Internet:
www.koehler-mittler.de

Bibliografische Information
Der Deutschen Bibliothek
Die Deutsche Bibliothek verzeichnet diese
Publikation in der Deutschen Nationalbibliografie; detaillierte
bibliografische Daten sind im Internet über
http://dnb.ddb.de abrufbar.

ISBN 3-8132-0801-X

Gestaltung und Produktion: Bettina Schumacher
Druck: Hans Kock Buch- und Offsetdruck GmbH, Bielefeld

Printed in Germany

Inhaltsverzeichnis

Meinem Großvater Karl-Heinz Waack
und allen anderen auf See Gebliebenen gewidmet

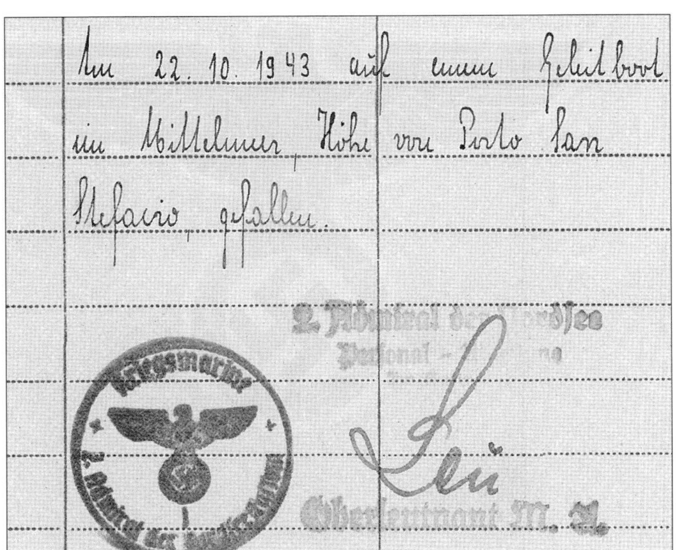

Am 22.10.1943 auf einem Geleitboot im Mittelmeer, Höhe von Porto San Stefano gefallen.

Kriegsmarine
2. Admiral der Nordsee

2. Admiral der Nordsee
Personal-Abteilung

Oberleutnant M.A.

Zum Geleit

Es gilt international als gesicherte Erkenntnis, dass der Frankreich-Feldzug der Deutschen Wehrmacht eine strategische wie taktische Meisterleistung war, die unter der deutschen Bezeichnung »Blitzkrieg« Eingang in die Fachliteratur des Auslands fand. Das Thema ist zum Lehrstoff aller Militärakademien geworden – in den USA ebenso wie in Großbritannien, Israel oder der Russischen Föderation.

Es darf als bekannt vorausgesetzt werden, dass der am 10. Mai 1940 begonnene Frankreich-Feldzug bereits am 25. Juni offiziell durch das drei Tage zuvor in Compiègne vereinbarte Waffenstillstandsabkommen beendet wurde. Von den 66 Divisionen Frankreichs waren 20 vernichtet und andere, um mit Hellmuth Günther Dahms zu sprechen, »bis auf das Artillerie-Regiment und ein paar hundert Infanteristen skelettiert«.

Der militärische Sieg Deutschlands war Realität geworden. Aber wenig bekannt ist, was der als Verteidiger von Verdun im Weltkrieg 1914–1918 legendär gewordene Marschall Philippe Pétain fünf Tage vor dem Waffenstillstand in einer Proklamation an das französische Volk verkündete: »Schweren Herzens sehe ich mich gezwungen, euch zu sagen, dass wir den Kampf aufgeben müssen. Ich habe mich an unseren Gegner gewandt und ihn gefragt, ob er bereit ist, mit mir, einem Soldaten, auf ehrenvoller Grundlage über eine Beendigung der Feindseligkeiten zu verhandeln.«

Eine objektive Analyse der Vorgänge im Frühsommer 1940 gebietet die Feststellung, dass man deutscherseits tatsächlich jede Demütigung des besiegten Gegners vermied. Frankreich blieb im Besitz aller Kolonien und brauchte seine starke Kriegsflotte nicht den Deutschen auszuliefern. Ein Drittel des französischen Mutterlandes blieb unbesetztes Gebiet, von Marschall Pétain regiert. Der Kurort Vichy wurde zur Hauptstadt.

Die Weichen für eine vernünftige deutsch-französische Zusammenarbeit waren gestellt, alles Weitere sollte dann der Friedensvertrag regeln.

Dieses Buch schildert die Aktivitäten einer im Mittelmeer eingesetzten deutschen Unterseebootjagdflottille. Das wirft unvermeidlich die Frage auf, was Deutschlands Kriegsmarine dort überhaupt »zu suchen« hatte. War die Ursache das angebliche »Weltherrschaftsstreben« der Deutschen und die 1942 doch erfolgte Besetzung Vichy-Frankreichs der Beweis für skrupellosen Wortbruch – oder gab es andere Gründe für das deutsche Engagement im mediterranen Raum?

Die vorliegende Dokumentation stammt aus der Feder eines Mitbürgers der Nachkriegsgeneration. Er entdeckte eines Tages in Familienunterlagen, dass sein Großvater im Oktober 1943 auf einem »Geleitboot« ums Leben kam und machte es sich zur Aufgabe, nähere Informationen über das Fahrzeug und die im Kampffeld Mittelmeer operierenden deutschen Sicherungsstreitkräfte zu gewinnen.

Als Nichtteilnehmer am Zweiten Weltkrieg hat sich Manfred Krellenberg unvoreingenommen und ohne Rechtfertigungszwang mit dem Einsatzweg der 22. U-Jagdflottille befasst. Dabei ist ein sorgfältig recherchiertes und mit zahlreichen Gefechts- bzw. Kriegstagebuchauszügen versehenes Werk entstanden, das dem sicherlich erfolgreichsten deutschen U-Jagdverband und ihren Gefallenen ein Denkmal setzt.

Es ist ein guter Beweis dafür, dass die Zeit für die Enkel ehemaliger Wehrmachtsangehöriger gekommen ist, sich mit dem damaligen Geschehen und seinen Kausalzusammenhängen zu beschäftigen. Vielleicht regt das Buch des 1964 geborenen Lübeckers den einen und anderen Leser dazu an, es dem Autor nachzutun, da noch viele militärisch-zeitgeschichtliche Dokumentationen auf ihre Chronisten warten!

Die Zeit drängt, denn die Reihen der kompetenten Zeitzeugen lichten sich. In Bälde werden sich die Historiker auf das bis dato Geschriebene verlassen müssen. Es ist dann keiner mehr da, der aus persönlichem Erleben berichten kann.

Peter Tamm

Enttäuschte Hoffnungen

Deutscherseits hieß es, die faire Behandlung Frankreichs nach seiner Niederwerfung biete »das Fundament für eine neue Entwicklung und Neuordnung in Europa«.

Das Oberkommando der Wehrmacht erklärte offiziell, dass man keine Absicht habe, sich der französischen Flotte zu bedienen – mit Ausnahme einiger Wachfahrzeuge und Minensuchverbände, die Verteidigungssperren an der Biskayaküste räumen und dann entlassen werden sollten.

Admiral Darlan, der Oberbefehlshaber der französischen Marine, hatte dementsprechend Churchill persönlich das Wort gegeben, er werde auf keinen Fall Kampfkräfte seiner Marine in deutsche Hände fallen lassen.

Dessen ungeachtet hatte der am 10.05.1940 zum Premierminister von Großbritannien erhobene Winston Churchill nach dem Waffenstillstand in Frankreich alle nach Portsmouth und Plymouth geflüchteten Schiffe der französischen Marine am 03.07.1940, kurz nach Mitternacht, überraschend besetzen und zur Kriegsbeute erklären lassen. Dieser Vorgang gegenüber dem vorherigen Verbündeten mochte rüde erscheinen, aber er ließ sich mit besonderen Notwendigkeiten für die Fortsetzung des Krieges gegen Deutschland erklären.

Was dann jedoch geschah, war weder völkerrechtlich noch moralisch zu decken: Auf Befehl Churchills überfiel am gleichen Tag die in Gibraltar stationierte »Force H« der Royal Navy das im Flottenstützpunkt Mers-el-Kébir bei Oran/Algerien gemäß Waffenstillstandsbedingungen außer Kriegsbereitschaft liegende Gros der französischen Nordafrika-Flotte.

Die in Ruhestellung liegenden Einheiten wurden von Schweren Seestreitkräften zusammengeschossen und von Torpedoflugzeugen angegriffen. Das Schlachtschiff BRETAGNE flog in die Luft, die

Brennende und kenternde französische Kriegsschiffe im Flottenstützpunkt Mers-el-Kébir bei Oran. *Foto: Archiv Peter Tamm*

Schlachtschiffe DUNKERQUE und PROVENCE mussten brennend auf Grund gesetzt werden.

Der französische Verbands-Chef Admiral Gensoul versuchte schließlich eine nur behelfsmäßig mögliche Gegenwehr, so dass das Schlachtschiff STRASBOURG und einige Zerstörer nach Toulon entkommen konnten. Aber die zynische Kampfhandlung gegen einen nicht mit Großbritannien im Krieg befindlichen vormaligen Verbündeten kostete 1197 Franzosen das Leben!

Hatten schon Anfang Juni 1940 französische Berichte angesichts der nicht aufzuhaltenden deutschen Offensive »vom entsetzlichsten Schock der Militärgeschichte« gesprochen, so bewirkte die abscheuliche Tat von Mers-el-Kébir/Oran erst recht Fassungslosigkeit und Verstörung.

Churchill scheute sich nicht, bei Schilderung der Vorgänge im Unterhaus geradezu brutal auszusprechen: »Durch die sehr drastische und bedauernswerte Aktion, die wir soeben vor Oran unternehmen mussten, sollte jeder Gedanke an unsere Friedensbereitschaft ausgelöscht werden. Nein, meine Herren, wir denken nicht an Verhandlungen, wir denken nicht an den Frieden.«

Frankreichs Marine-Oberbefehlshaber Admiral Darlan bezeichnete das britische Vorgehen als ein feiges Attentat. Sogar der zur Zusammenarbeit mit den Engländern entschlossene General de Gaulle machte von London aus in einer Rundfunkrede deutlich: »Es gibt nicht einen Franzosen, der ohne das Gefühl des Schmerzes und Zornes gehört hat, dass französische Einheiten von unseren Alliierten versenkt wurden. Das englische Volk muss diese Gefühle respektieren und ich muss es auffordern, auf jede Darstellung dieser schimpflichen Tragödie unter Betonung eines unmittelbaren Erfolges zur See zu verzichten, denn infolge der Nichtkriegsbereitschaft der (französischen) Schiffe kann von einer besonderen Leistung nicht gesprochen werden.«

Aber der Gewaltakt von Oran sollte noch nicht der letzte sein: Am 08.07.1940 griffen britische Seestreitkräfte auch den französischen Senegal-Marinestützpunkt Dakar an und setzten das dort liegende, modernste Schlachtschiff RICHELIEU durch abgeworfene Wasserbomben eines in der Nähe operierenden Motorbootes sowie durch einen Flugzeugtorpedo außer Gefecht.

Jetzt war das Maß voll. Die in Wiesbaden angesiedelte, paritätisch besetzte deutsch-französische Waffenstillstandskommission (W.St.K.) zur Einhaltung der in Compiègne vereinbarten Bestimmungen erteilte der frisch in Vichy etablierten französischen Regierung die ausdrückliche Erlaubnis, die in Dakar stationierten französischen Streitkräfte durch Truppen zu verstärken, die von drei Leichten Kreuzern und drei Zerstörern dorthin gebracht wurden.

Die britischen Überfälle in Oran und Dakar beschleunigten bei der W.St.K. in Wiesbaden weitere Lockerungen der Waffenstillstandsklauseln. Die Kommission hob hervor, dass aufgrund einer hervorragenden Haltung der französischen Flotte in eigentlich

Französisches Plakat aus dem Jahr 1940.
Foto: Archiv Peter Tamm, Hamburg

hoffnungsloser Situation, die bei einem späteren Friedensvertrag ins Gewicht fallen dürfte, gewisse Erleichterungen schon jetzt eingeräumt werden sollten.

Schon am 12.07.1940 teilte die französische Admiralität allen Seebefehlshabern und Marinedienststellen mit, dass die Zentralbehörde der Marinewerften, der Intendanturen, des Transportwesens, Personalamtes und der Marine-Attachés ihren Dienstbetrieb wieder aufnehmen durften.

Am gleiche Tag erhielt die Wiesbadener W.St.K. eine Anweisung des deutschen Oberkommandos der Kriegsmarine, eine Wiederaufnahme des bis dahin eingestellten Dienstes des Service Central Hydrographique und des Bureaus de l'heure in die Wege zu leiten.

Längst hatte sich die Abneigung, besonders der französischen Marine, gegen die Selbstherrlichkeit der Briten, zumindest Churchills, verschärft.[1]

Europas »weicher Unterleib«

In klar erkennbarem Opportunismus hatte im Rahmen der immer wieder propagandistisch herausgestrichenen »Achse Berlin-Rom« Italien zunächst keinerlei Anstalten gemacht, den Deutschen beim Niederringen der Militärmacht Frankreich zu helfen. Einen Monat lang begnügte man sich mit der Rolle des Zuschauers beim deutschen Feldzug. Erst als der militärische Sieg Deutschlands gegenüber Frankreich offensichtlich war, trat Italien in den Krieg ein.

Die schwachen militärischen Leistungen der italienischen Truppen führten dazu, dass die gleich zu Beginn ihres Feldzuges stecken gebliebene italienische 4. Armee unter General Bercellino durch die Verbände des Generals von Kleist entlastet werden mussten.

Trotzdem stellten die Italiener beim bald eintretenden Waffenstillstand erhebliche Forderungen: Sie beanspruchten Nizza, Savoyen, Korsika, Tunesien, Dschibuti, Syrien sowie Stützpunkte an der algerisch-marokkanischen Küste. Und sie verlangten die Auslieferung der gesamten französischen Flotte an Italien!

Hitler geriet in die Zwangslage, Benito Mussolini als seinen apostrophierten »guten Freund« weitmöglich zu umgehen. Er lehnte die Forderungen Italiens konsequent ab und beließ das unbesetzte Südfrankreich, den französischen Machtbereich im nördlichen Afrika und die französischen Kolonien insgesamt der gemäß Waffenstillstandsvertrag vereinbarten Verfügung der in Vichy amtierenden Regierung des Marschalls Pétain.

Da Italien, wenn auch erst in letzter Minute, in den Krieg gegen Frankreich eingetreten war, musste der Waffenstillstand dennoch auch mit Italien abgeschlossen werden. In der Folgezeit bestätigte sich Italien immer wieder als Bremser von Zugeständnissen der Wiesbadener W.St.K. an die französischen Streitkräfte. Bei sorgfältiger Analyse der damaligen Zusammenhänge kommt man zu dem Ergebnis, dass die Italiener geradezu eifersüchtig die sich abzeichnende Zusammenarbeit der Deutschen mit den Franzosen zu sabotieren versuchten. Sie hatten kein Gespür für die Verachtung, die ihnen in Frankreich entgegenschlug. Das betraf nicht nur ihre kläglichen Leistungen beim Angriff gegen Frankreich, sondern auch das Ausbleiben jeglicher Erfolge der notorisch inaktiven italienischen Marine beim Handelskrieg im Mittelmeer.

In der Seekriegsleitung der deutschen Kriegsmarine bemängelte man eine »bedauerlich stark defensive Einstellung Italiens, die sich auf die Verteidigung der Sizilien-Position konzentriert, zu wenig riskiert und vor Oran sicherlich eine günstige Erfolgsmöglichkeit hat verpassen lassen. Der Grund für diese Einstellung ist vermutlich mit einem gewissen Unterlegenheitsgefühl gegenüber den Engländern zu sehen.«

Anstatt im Sommer 1940 die noch relativ schwach befestigte Insel Malta zu »nehmen« – und damit eine der wichtigsten Voraussetzungen für eine erfolgreiche Kriegführung im Mittelmeerraum zu schaffen –, startete Italien am 13.09.1940 einen Angriff auf Ägypten. Allerdings gelangte die 1. italienische Armee (General Berti), aus Libyen kommend, nur rund 90 Kilometer weit. Schon am 11.12.1940 eroberten die Briten Sidi Barrani zurück, jenen Ort, wo die italienische Offensive zum Stillstand gekommen war.

Auch der italienische Angriff auf Griechenland, der am 28.10.1940 von Albanien aus begann, offenbarte bereits nach sehr kurzer Zeit die unzureichende Kampfkraft Italiens. Die Griechen wehrten sich erfolgreich und drängten die Invasoren bald wieder nach Albanien zurück.

Ende 1940 musste Mussolini seine Theorie des Parallelkrieges aufgeben. Der »Duce« sah sich gezwungen, um deutsche Hilfe im Mittelmeerraum nachzusuchen, die er vorher zweimal abgelehnt hatte. Noch im Dezember 1940 verlegte das X. Fliegerkorps unter General der Flieger Geisler nach Sizilien, um die Geleitzüge der Briten bekämpfen respektive die Nachschubwege der »Achse« nach Tripolis sichern zu können.

Und damit hatte nun die Tragödie des Hineingerissenwerdens der Deutschen in den Kampfraum Mittelmeer begonnen!

Wachsendes Unheil

Italien war zahlenmäßig eine starke Seemacht. Es verfügte bei Kriegsbeginn über sechs Schlachtschiffe, sieben Schwere und zehn Leichte (sowie zwölf weitere, noch im Bau befindliche) Kreuzer, 59 Zerstörer, 63 Torpedo-, 65 Schnell-, 116 Unterseeboote und 157 Hilfsschiffe. Dennoch war die italienische Flotte nicht *das* schlagkräftige Instrument, das ihre numerische Stärke vermuten ließ; technische Rückständigkeit (die italienischen Kriegsschiffe verfügten über kein Radar) und ungenügende taktische Ausbildung machten sie der kleineren britischen Mediterranean Fleet unterlegen.[2] Das bewies u.a. die Schlacht bei Kap Matapan, bei der die Regia Marina den »Kürzeren« zog.

Auch die als »Mädchen für alles« eingesetzten Marine-Fährprähme verlegten möglichst über die französischen Flüsse und Kanäle zum Mittelmeer. Foto: Propagandakompanie/PK Marine

Aber auch auf Land konnten die Italiener nicht die »Oberhand« gewinnen!

Nachdem britische Kräfte am 22.01.1941 Tobruk eingenommen und am 09.02.1941 mit der Einnahme von El Agheila die Eroberung der Cyrenaika abgeschlossen hatten, war Deutschlands Bundesgenosse schließlich auf die Unterstützung seines Achsenpartners angewiesen, um nicht auch noch Tripolitanien zu verlieren.

Dank ihrer größeren Angriffsfreudigkeit und Fähigkeit hatten die Deutschen in der ersten Hälfte des Jahres 1941 Erfolg mit der erneuten Ausbalancierung der kompromittierten Position der Achsenmächte im Mittelmeerraum, indem sie in Libyen mit Rommels Afrika-Korps eine glückliche Gegenoffensive führten, Malta mit dem X. Fliegerkorps bombardierten, den Suez-Kanal aus der Luft verminten und Jugoslawien, Griechenland und Kreta eroberten.[3] Doch auch sie konnten nicht verhindern, dass sich die Lage an der südlichen Peripherie zwischen Mitte Juni und Anfang Dezember 1941 zunehmend zum Nachteil der »Achse Berlin-Rom« verschob.

Im Herbst 1941 sah sich das deutsche Oberkommando der Kriegsmarine (OKM) gezwungen, über die französischen Kanäle neben Marine Fährprähmen als Binnenschiffe getarnte Räumboote und Schnellboote sowie über die Straße von Gibraltar auch deutsche Unterseeboote in den Mittelmeerraum zu entsenden. Deutsche U-Boot-Erfolge (u.a. Versenkung des Flugzeugträgers ARK ROYAL durch U 81 sowie des Schlachtschiffs BARHAM durch U 331) und vor allem der verstärkte deutsche Luftwaffeneinsatz führten dazu, dass die »Achse« wieder an Kraft gewann.

»Wir hatten das Jahr 1941 mit großen Hoffnungen begonnen und Triumphe erzielt«, so schrieb Admiral Cunningham in seinen Memoiren, »aber das Eintreffen der deutschen Streitkräfte auf diesem Kriegsschauplatz war zu massiv für unsere begrenzten Kräfte; wir erlitten Rückschlag nach Rückschlag.«

Einen solchen hatte auch die »Achse« zu verdauen, mussten doch nach Eröffnung der britischen Operation »Crusader« (18.11.1941) die italienischen und deutschen Afrika-Truppen den Rückzug antreten. Die britische 8. Armee konnte im Verlauf dieser Großoffensive Tobruk entsetzen und die Cyrenaika zurückerobern; Rommels spektakulärer Erfolg vom Frühjahr 1941 war zunichte gemacht.

Die Schwächung der britischen Mittelmeerflotte und der zurzeit sehr zufrieden stellend laufende eigene Nachschubverkehr unterstützten Rommel bei der Entscheidung, am 21.01.1942 eine Gegenoffensive zu starten; sie brachte die Panzerarmee Afrika zunächst bis nach El Gazala. Als die Achsen-Kräfte vier Monate später erneut zum Angriff ansetzten, nahmen sie u.a. Bir Hacheim und Tobruk ein (11.06.1942 bzw. 21.06.1942). Dann aber, vor El Alamein, Ägypten, wurde ein weiteres Vordringen jäh gestoppt. Schlechte Versorgung und die Kampfkraft der am 23.10.1942 in die Offensive gehenden britischen 8. Armee nötigten Rommel Anfang November 1942 zur Erteilung eines Rückzugbefehls. Verfolgt von Montgomerys Truppen, marschierten deutsche und italienische Soldaten in Richtung Westen – britischen und amerikanischen Korps, die am 08.11.1942 im Rahmen der Operation »Torch« in Algerien und Marokko landen sollten, entgegen.

Die Alliierten stürmten den Strand beiderseits von Casablanca. Anderthalb Divisionen berannten Oran, weitere Kräfte die Hauptstadt Algeriens.

Frankreichs Regierungs-Chef Marschall Pétain gab dem US-Präsidenten Roosevelt couragiert zur Antwort: »Sie berufen sich auf Vorwände, die durch nichts gerechtfertigt sind ... wir werden uns verteidigen, ich gebe den Befehl dazu.«

Und so geschah es auch: Am hartnäckigsten schlugen sich die französischen Truppen im Raum Casablanca, wo unter dem Feuerschutz dreier Schlachtschiffe ihrer Marine 35.000 Amerikaner gelandet waren. Aber aller Widerstand der Franzosen nützte letztendlich nichts. Fast an allen Plätzen hatte sich das Überraschungsmoment der Anglo-Amerikaner ausgewirkt.

Hitler hatte den Franzosen zuvor ein Militärbündnis angetragen. Als er jedoch geheime Verhandlungen des französischen Marinebefehlshabers Admiral Darlan mit den Amerikanern gewahr wurde und obendrein durch Gerüchte ein Einvernehmen zwischen Pétain und Darlan vermuten musste, kam es zu einer Kurzschlusshandlung aus Furcht vor einer alliierten Invasion auch in diesem Raum: Drei Tage später bekam die Wehrmacht den Befehl, das unbesetzte Südostfrankreich handstreichartig zu besetzen. Pétain und sein Premierminister Pierre Laval protestierten gegen diese offenkundige Verletzung der Waffenstillstandsverträge von 1940, setzten aber den eindringenden deutschen und italienischen Divisionen keinen Widerstand entgegen.

Als freilich am 27.11.1942 der französische Kriegshafen Toulon eingenommen wurde, fanden die Invasoren nur noch sehr wenige fahrbereite Schiffe vor; das Gros der französischen Heimatflotte lag auf dem Grund der Hafenbecken. Drei Schlachtschiffe, sieben Kreuzer, achtundzwanzig Zerstörer und zahlreiche Kleinkampfschiffe (insgesamt ca. 225.000 Tonnen) hatten sich selbst versenkt oder selbst zerstört.

Mit dieser für die deutsche Kriegsmarine völlig unerwarteten Besetzung Vichy-Frankreichs entstand das drückende Problem, in diesem Teil des Mittelmeeres Sicherungsverbände aufzubauen. Friedrich Ruge, der damalige Befehlshaber der Sicherung West (BSW), sagt in seinem Buch »Im Küstenvorfeld« darüber: »Die Landungen der Amerikaner und Engländer am 08.11.1942 in Nordafrika ... zwangen dazu, die Kräfte noch mehr anzuspannen. Es wurde erforderlich, auch an der französischen Südküste einen Sicherungsverband aufzustellen. Er begann ... seine Arbeit am 16.12.1942. Der BSW schickte unmittelbar nach Besetzung des restlichen Frankreichs ein Sonderkommando in die Mittelmeerhäfen, um geeignete Fahrzeuge zu erfassen und in Dienst zu stellen. Es folgten bald 13 Offiziere und 550 Unteroffiziere und Mannschaffen als Besatzungen, anschließend weitere 500 Mann. Alle Stäbe, Schreibstuben und Landstellen wurden erneut durchgekämmt, 300 Soldaten durch Marinehelferinnen freigemacht. Es war vorteilhaft, dass seit dem 01.10.1942 der II. Admiral der Nordsee die Kommandierungen der Unteroffiziere und Mannschaften für sämtliche Sicherungsverbände steuerte ... Sehr knapp waren nach wie vor die Offiziere. Es gelang aber, die Offiziersstellen mit Reserveoffiziersanwärtern und mit Offiziersanwärtern aus dem Unteroffiziersstand einigermaßen ausreichend zu besetzen.«

Nach Besetzung der französischen Mittelmeerküste durch deutsche und italienische Truppen erhielt der BSW, Ruge, nicht nur die Aufgabe übertragen, die Häfen und das Küstenvorfeld Südfrankreichs durch Minensuch-, Minenräum-, Hafenschutz-, Geleit-,

Der Chef der 6. Sicherungsflottille, Korvettenkapitän Josephi (2. von links). Im Vordergrund links: Admiral Marschall.
Foto: Sammlung Ulrich Albrecht

Beim deutschen Einmarsch in Toulon am 27.11.1942 verdüsterten schwarze Brandwolken angezündeter Öltanks den Himmel. Schlachtschiff STRASBOURG *hatte sich selbst versenkt.*
Foto: Willi Debrich

U-Jagd- und Vorpostenkräfte zu sichern; er hatte auch schnellstmöglich einen einsatzfähigen U-Jagd- und Geleitverband für das Dt. Markdo Italien aufzustellen.

Da die Besetzung der französischen Mittelmeerküste sehr schnell erfolgte und eigene Seefahrzeuge nicht binnen kurzer Zeit überführt werden konnten, musste ähnlich wie im Westraum auf den vorhandenen Schiffsraum zurückgegriffen werden.

Am 04.12.1942 wurde die Hafenschutzflottille Süd, deren Name zunächst aus Tarnungsgründen gewählt worden war, aufgestellt. Dem BSW taktisch sowie truppendienstlich unterstellt

Auf Grund gesetzt – französische Kriegsschiffe im Hafen von Toulon. Foto: Sammlung Willi Debrich

und am 16.12.1942 in »6. Sicherungsflottille« umbenannt, fungierte sie zugleich als Auffangorganisation für die erfassten, aber noch nicht besetzten Einheiten.

Vom vorgefundenen zivilen Handelsschiffsraum eignete sich lediglich eine relativ geringe Anzahl von Fahrzeugen für die deutsche Kriegsmarine, so dass die 6. Sicherungsflottille zunächst nur wenige fahrbereite Boote erhielt.

Die Erfassung und Zuweisung von französischen Handelsschiffen brachten erhebliche Probleme mit sich. »Überall war nur auf dem Verhandlungswege weiterzukommen, wo einfacher Zugriff schneller zum Ziel geführt hätte«, schrieb der Chef der 6. Sicherungsflottille, Korvettenkapitän Josephi, in das von ihm geführte Kriegstagebuch.

Für den zögernden Ausbau der Flottille machte er das unsichere Verhältnis zu Frankreich und die immer noch erforderliche Rücksichtnahme auf den Bündnispartner Italien verantwortlich,

Selbstversenktes französisches Kriegsschiff im Hafen von Toulon.
Foto: Sammlung Willi Debrich

an welchen vier Fünftel der vorgefundenen französischen Handelstonnage (!) abzugeben war.

Dass letztlich nur relativ wenige Fahrzeuge im Bereich des BSW verblieben, lag auch in den Bemühungen des Oberbefehlshabers Süd (OBS), Generalfeldmarschall Kesselring, und des Befehlshabers des Deutschen Marinekommandos (Dt. Markdo) Italien[4], Vizeadmiral Weichold, begründet. Sie machten beim OKM ihre Ansprüche an sämtlichen in deutscher Hand übergehenden und für die Sicherung des Afrika-Nachschubs geeigneten Schiffen erfolgreich geltend. Da das auch jene 15 erfassten Fahrzeuge von 916 bis 1374 BRT betraf, die sich als U-Jäger zur Sicherung der Wege zwischen Italien, Sizilien und Afrika prädestinierten, stand der Aufstellung der 22. U-Jagdflottille – des zweiten im Kampffeld Mittelmeer operierenden deutschen U-Jagdverbandes – nichts mehr im Wege; sie wurde am 12.12.1942 realisiert!

Notwendige Unterstützung

Blenden wir chronologisch zurück, um die Aufstellung der 22. U-Jagdflottille besser zu verstehen:

Hatten die in mediterranen Gewässern operierenden U-Boote der Royal Navy bis Ende Dezember 1940 lediglich ein Dutzend Schiffe durch Torpedo- bzw. Artillerietreffer versenken und auch während der Verschiffung des Deutschen Afrika-Korps (Februar/März 1941) nach Libyen nur sehr bescheidene Erfolge erzielen können, so legten sich die britischen Submarines in der Folgezeit mächtig »ins Zeug«. Unterstützt von auf britischer Seite kämpfenden niederländischen, griechischen, polnischen und französischen U-Booten, fügten die Unterwasserfahrzeuge der Royal Navy (1., 8. und 10. U-Flottille) der »Achse« starke Verluste zu; u.a. gingen die großen Truppen- und Nachschubtransporter CONTE ROSSO (17.879 BRT), MARCO POLO (12.172 BRT), ESPERIA (11.398 BRT), NEPTUNIA (19.475 BRT) und OCEANIA (19.507 BRT) verloren.

Sich der Notwendigkeit bewusst, dass dem Bundesgenossen Italien bei der U-Jagd geholfen werden musste, stellten die Deutschen dem Achsenpartner U-Boot-Abwehrausrüstung, speziell in der U-Boot-Bekämpfung geschulte Kräfte sowie Aus- und Fortbildungskapazitäten zur Verfügung.

Am 03.01.1942 kam es dann zur Aufstellung der U-Jagdflottille Ägäis (später in 21. U-Jagdflottille umbenannt). Ihr Einsatzgebiet lag jedoch im östlichen Mittelmeer[5], so dass die seit Ende 1941 gestellten Forderungen nach einem in der Sizilienstraße operierenden deutschen U-Jagdverband ihre volle Berechtigung beibehielten. Als man bis August 1942 in dieser Angelegenheit mangels Verfügbarkeit geeigneter Fahrzeuge nicht weiter gekommen war, bat das Dt. Markdo Italien um »nochmalige schärfste Prüfung aller Möglichkeiten«, die sich in Spanien, Frankreich und der Türkei ergaben.

Die Antwort des OKM erfolgte am 15.09.1942: »Die Beschaffung von geeigneten Fahrzeugen aus Frankreich, Spanien und der Türkei ist zurzeit aussichtslos. In der Türkei besteht ein generelles Verbot seitens der Regierung für den Verkauf türkischer Fahrzeuge an Ausländer. Selbst wenn es gelingt, türkische Fahrzeuge durch Mittelspersonen zu kaufen, können sie keiner praktischen Verwendung zugeführt werden, da ein Flaggenwechsel ausgeschlossen ist und die Fahrt außerhalb der türkischen Hoheitsgewässer von der türkischen Regierung nur in Ausnahmefällen für bestimmte Routen gestattet wird. Der bereits angeführte und vor dem Abschluss stehende Ankauf französischer Fahrzeuge ist durch Eingreifen der französischen Regierung verhindert worden. Nach den bestehenden französischen Gesetzen ist ein Verkauf französischer Schiffe nur mit Zustimmung der Regierung möglich. Diese Zustimmung wird jedoch aufgrund politischer Vereinbarungen mit den USA nicht erteilt. Spanische Schiffe sind bereits als Transporter eingesetzt. Als U-Boot-Jäger können spanische Fahrzeuge jedoch nicht verwendet werden, da ein Flaggenwechsel in keinem Falle möglich ist und die spanischen Fahrzeuge auch weiterhin mit spanischer Besatzung einschließlich Schiffsführung fahren müssen. Aber auch aus der Heimat oder den besetzten Gebieten können U-Jäger für die U-Jagdflottille im Mittelmeer nicht zur Verfügung gestellt werden, abgesehen davon, dass für diese Fahrzeuge keine Überführungsmöglichkeit besteht. Das Deutsche Marine Kommando (Dt. Markdo) Italien wird daher ersucht, wie von dort aus auch schon beabsichtigt, alle Schritte zu unternehmen, um von den Italienern die Aufstellung einer italienischen U-Jagdflottille zu erreichen und das Ergebnis zu melden.«

Doch konnte auf entsprechende Bemühungen schließlich verzichtet werden, da sich mit Beginn der alliierten Landung in Nordafrika (Operation »Torch«) die Ereignisse förmlich überschlugen …

Britisches U-Boot der T-Klasse. *Foto: Bibliothek für Zeitgeschichte*

Ich wollte es genauer wissen

Zur Nachkriegsgeneration gehörend, muss ich eingestehen, dass ich von den geschilderten Ereignissen kaum etwas wusste.

Doch es sollte Licht ins Dunkle kommen!

Es war im Winter 1993, als meine Mutter mir den Wehrpass ihres im Zweiten Weltkrieg auf See gebliebenen Vaters gab, um die weitere ehrenvolle Aufbewahrung des Dokumentes zu übernehmen. Hatte ich mich bisher nur wenig für die Marine und das damalige Geschehen interessiert, so änderte sich das in jenem Augenblick, als ich auf den Eintrag »Gefallen am 22.10.1943 auf einem Geleitboot im Mittelmeer, Höhe von Porto San Stefano« stieß.

Was mochte sich ereignet haben an Bord jenes Schiffes, auf dem er, der Maschinenhauptgefreite Karl-Heinz Waack, im Alter von nur 26 Jahren starb? Welchen Namen trug es? Und wie sah es aus?

Ich beschloss, mich auf die Suche nach entsprechenden Antworten zu begeben. Verliefen meine Bemühungen zunächst erfolglos, da ich mein Augenmerk nur auf »Geleitboote« richtete, kam ich während des Sommerurlaubs 1994, den ich zusammen mit meiner Frau und unseren beiden Söhnen an der Nordsee verbrachte, einen großen Schritt weiter. Ich erinnere mich noch sehr genau an das Gefühl der Dankbarkeit, als ich im Anhang des gerade erst erstandenen, von dem früheren Chef der 10. Torpedobootsflottille (Wirich von Gartzen) geschriebenen Buches »Die Flottille« den Namen JUMINDA und das Datum des Verlustes (22.10.1943) erblickte!

Wieder zu Hause, ging ich zur Lübecker Stadtbücherei, wo ich die neun Bände des Gröner-Dokumentarwerks »Die deutschen Kriegsschiffe 1815–1945« in Augenschein nehmen und lesen konnte, dass JUMINDA ein Minenschiff gewesen war, das Schnellboote auf den Grund des Mittelmeeres torpediert hatten.

Ob es noch lebende Zeitzeugen dieser Tragödie gibt?

Der Deutsche Marinebund e.V. teilte mir auf Anfrage den Ansprechpartner der Gemeinschaft ehemaliger Angehöriger der 10. Torpedoboots-/3.Geleit-/13. Sicherungsflottille mit, und dieser übermittelte mir schließlich die Anschriften von zwei ehemaligen Besatzungsmitgliedern der JUMINDA. Es war mir ein Bedürfnis, diese Herren gleich zu kontaktieren. Bereitwillig erzählten die im siebten Lebensjahrzehnt stehenden Männer von den Ereignissen in jener Nacht, in der viele ihrer Kameraden zu Tode kamen. Ein paar Tage später sandten sie mir dann Fotos von dem Fahrzeug zu, das binnen weniger Sekunden sank und auch meinen Großvater mit sich in die Tiefe riss. Es möge mir an dieser Stelle verziehen sein, dass ich die Emotionen, die ich bei der Betrachtung der Bilder empfand, nicht in Worte zu kleiden vermag.

Ich glaubte schon, das Ziel meiner »Reise in die Vergangenheit« erreicht zu haben, doch stellten sich mir im Verlauf der nächsten Wochen immer weitere Fragen. Sie unbeantwortet zu lassen, hätte mich belastet, und so setzte ich die »Spurensuche« fort. Zahlreiche Bücher wurden erworben und gelesen, viele Telefonate geführt, ehemalige Marineangehörige kennen gelernt sowie verschiedene in- und ausländische Archive um Auskunft bzw. Dokumenteneinsicht gebeten.

Das Minenschiff JUMINDA riss bei seinem Untergang zahlreiche Menschen in den Tod. Unter den 63 Gefallenen befand sich auch der Maschinenhauptgefreite Karl-Heinz Waack, Großvater des Autors. *Foto: Sammlung Dr. Achille Rastelli*

Das Wappen der 22. U-Jagdflottille.

Als ich zum wiederholten Male im Benutzersaal des Bundesarchivs/Militärarchivs in Freiburg saß und eifrig in den Akten »stöberte«, entdeckte ich den Propagandabericht »Deutsche U-Boot-Jäger schlagen zu«. Die für den »Völkischen Beobachter« verfassten Zeilen, welche u.a. die Aussage beinhalten, dass ein deutscher U-Jagdverband in nicht ganz vier Wochen sechs britische Unterseeboote versenkte, weckten meine Neugier. Ohne Zweifel, der Autor verstand sein Handwerk – aber schrieb er auch die Wahrheit? Es lag nah, die Gelegenheit beim Schopfe zu packen und weiteres Archivgut anzufordern; ich ließ mir das fotokopierte Kriegstagebuch (KTB) des besagten Verbandes – der 22. U-Jagdflottille – kommen!

Wer dieses KTB auszuwerten beginnt, stößt schon nach kurzer Zeit auf die erste U-Boot-Vernichtungsmeldung, welche vom 27.02.1943 datiert. Es bedarf auch keiner großen Geduld, um auf die nächsten Versenkungsberichte zu treffen ... und um festzustellen, dass ein U-Boot-Jäger immer wieder von sich reden machte: UJ 2210. Mit insgesamt 13 anerkannten U-Boot-Versenkungen hatte das ehemalige französische Fischereimotorschiff MARCELLA in ganz besonderem Maße Anteil daran, dass der am 12.12.1942 aufgestellte U-Jagdverband einen hohen Bekanntheitsgrad erlangte.

12 der 20 U-Boot-Vernichtungserfolge, die der 22. U-Jagdflottille vom Deutschen Marinekommando Italien anerkannt wurden, gingen auf das Konto der Besatzung von Otto Pollmann, dem Kommandanten von UJ 2210 und später UJ 2223. Der aus der Handelsschifffahrt kommende Reserveoffizier, mit ostfriesischem Wohnsitz, der am 25.04.1944 das Eichenlaub zum Ritterkreuz des Eisernen Kreuzes verliehen erhielt, avancierte zum berühmtesten Angehörigen der deutschen U-Jagd-Waffe.

Waren die im Ligurischen und Tyrrhenischen Meer bzw. in der Straße von Sizilien operierenden U-Jäger nun tatsächlich verantwortlich für den Verlust von Unterwasserfahrzeugen oder hatten sie sich lediglich von listigen U-Boot-Kommandanten täuschen lassen? Handelte es sich manchmal nicht einfach nur um ein Wrack, das da mit Wasserbomben »bekämpft« worden war? Gleichwohl darüber im Klaren, dass manches Wissen unerreichbar für jeden von uns in den Tiefen der Meere begraben liegt, habe ich mich dazu entschlossen, den Weg der 22. U-Jagdflottille nachzuzeichnen. Aufgrund der Vielzahl von Vorgängen (Geleitsicherungsfahrten etc.) habe ich davon abgesehen, auf sämtliche Ereignisse, die den Kriegstagebüchern des U-Jagdverbandes entnommen werden können, einzugehen. Um diesem Werk trotzdem einen gewissen Grad an Vollständigkeit zu verleihen, sind die Schiffsbewegungen bzw. Einsätze der 22. U-Jagdflottille im Anhang verzeichnet.

Marschbefehl eingetroffen

»Marschbefehl für mich, Zwahr, Dengel, Sonntag, Stratmann, Messarius und weitere Soldaten eingetroffen«, schrieb der Steuermann der Reserve Herbert Scheuffler am 04.01.1943 in sein persönliches Tagebuch. Sieben ebenso harte wie erlebnisreiche Jahre auf der Viermastbark PASSAT und verschiedenen Schiffen der Reederei HAPAG hatten hinter ihm gelegen, als er im August 1939 zur Wehrmacht einberufen worden war. Die Kriegsmarine setzte den am 16.12.1916 Geborenen nach erfolgreicher Teilnahme am Steuermannsmaaten-Lehrgang bei der 12. U-Jagdflottille ein, zuletzt als Zweiten Wachoffizier auf U-Jäger 1214, der nach Einsatz im Finnischen Meerbusen vier Tage vor Weihnachten 1942 in Wesermünde eingelaufen war.

Herbert Scheuffler.
Foto: Sammlung Scheuffler

Einen Kurzurlaub hatte Scheuffler gerade beendet, als er nun jenen Befehl erhielt, der ihn nach Marseille beorderte. Was den Abschied von der vertrauten Umgebung ein wenig leichter machte, war nicht nur die Aussicht auf Dienstverrichtung in mediterranen Gefilden mit dem damit verbundenen angenehmen Klima, sondern auch die Tatsache, dass viele bekannte Kameraden sich mit ihm auf den Weg nach Süden machen sollten.

Hierzu gehörte auch der am 03.03.1915 in Wesermünde geborene Leutnant zur See der Reserve Otto Pollmann. Der seinerzeit in Westrhauderfehn/Ostfriesland beheimatete Sohn des Handelsschiffers Jakob Pollmann und dessen Ehefrau Frauke war ein echter Schlag von der Wasserkante: blond, helläugig, 186 cm groß und von kräftiger Gestalt. Als er 12 Jahre alt war, nahm ihn sein Vater während der Sommerferien erstmalig mit hinaus aufs Meer. Otto bewies Talent, und die Seefahrerei bereitete ihm sichtlich Freude. Mit 15 Jahren, nach Abschluss der mittleren Reife, verließ er das Wesermünder Reformrealgymnasium, um sich bald darauf als Schiffsjunge auf den Segler OLDAMPT zu begeben, wo er seine seemännische Laufbahn begann. Nicht weniger als 29 Monate Dienst auf Segelschiffen leistete er schließlich ab – eine schwere Zeit, die er aber meisterte und später als *die* Hohe Schule der Seemannschaft betrachtete, die ein echter Seemann einmal mitgemacht haben muss.

Gut zweiundeinhalb Jahre hatte Pollmann dann auf Dampfschiffen gedient, als er im Jahr 1936 die staatliche Seefahrtschule in Leer/Ostfriesland zu besuchen begann. Gleich nach Abschluss der Prüfung A5 (Seesteuermann auf Großer Fahrt) heuerte er als III. Offizier auf der HERTA ENGELINE FRITZEN an. Er war noch nicht lange in der Südamerikafahrt beschäftigt, als er am 08.04.1938 als Reservist zur Kriegsmarine einberufen wurde. In Glückstadt »geschliffen«, wurde er Ende September 1938 zur Marinenachrichtenschule nach Flensburg-Mürwik kommandiert, wo er bis Anfang April 1939 im Funkwesen ausgebildet wurde. Es folgten 112 Tage Dienst auf der BERND VON ARNIM. Gerne wäre er auf dem Zerstörer geblieben, doch die Marine hatte anderes mit ihm vor – U-Boot-Jäger, das war es, was er werden sollte!

Otto Pollmann.
Sammlung Otto Pollmann

Zur 12. U-Jagdflottille kommend, trug er zunächst als Obergefreiter (ROA), später dann als Steuermann bzw. Obersteuermann (ROA) und Leutnant zur See der Reserve seinen Teil dazu bei, dass die Besatzungen der »Zwölften« sich bewährten, sei es in der Nordsee, im Kanal oder vor der französischen Atlantikküste, sei es im Skagerrak und Kattegat, vor der norwegischen Eismeerküste oder im Finnischen Meerbusen.

Nun, Anfang Januar 1943, musste Pollmann sich einer neuen Aufgabe stellen und auf den Weg nach Marseille begeben – so wie man dies auch von den Besatzungen der U-Jäger 1406, 1412, 1414, 1205 und 1214, der Vorpostenboote VP 401, 726, 903 und 905 sowie zusammengestellten Mannschaften von der 1., 2. und 3. Minensuchflottille verlangte.

Mit rund siebzig Mann von der 12. U-Jagdflottille bestieg Herbert Scheuffler am Morgen des 06.01.1943 jenen Zug, der ihn und seine Kameraden der südfranzösischen Küste näher bringen sollte. Über Wesermünde, Bremen, Osnabrück, Trier, Metz, Nancy und Lyon fahrend, erreichten sie vier Tage später die im Jahr 600 vor Christus gegründete Stadt, die sich momentan in einem Ausnahmezustand befand. Bereits Anfang des 20. Jahrhunderts hatte Marseille eine halbe Million Einwohner verzeichnet. Mit stetig wachsender Bevölkerungszahl war auch die Kriminalität gestiegen. Vor allem das alte Hafenviertel, seit Jahrhunderten Quartier der Fischer und Fischhändler, der Hafenarbeiter und Handwerker, der Prostituierten, der Immigranten aus Italien und Nordafrika, war Schauplatz illegaler Geschäfte – und damit nicht nur der französischen Polizei ein Dorn im Auge, sondern auch dem Reichsführer SS, Heinrich Himmler, dessen Kräfte sich parallel zu der am 12.11.1942 einmarschierenden Armeegruppe Felber in Marseille etablierten.

Am 15.11.1942 hatte die 335. Infanterie-Division den Befehl Nr. 60 erlassen, der den deutschen Soldaten jede Berührung mit der Bevölkerung streng verbot, da der Ort als Hafenstadt eine bekannte Sammelstelle übler Elemente darstellen würde.

Als sich am 03.01.1943 zwei Sprengstoffanschläge ereigneten, bei denen mehrere Wehrmachtsangehörige verletzt wurden, verhängte der Stadtkommandant auf Befehl des OB West, von Rundstedt, den Belagerungszustand über Marseille.

Scheuffler und seine Kameraden, die sich jetzt, eine Woche später, bei Regenwetter zum Wohnschiff BELLE ISLE begaben, ahnten nicht, welches tödliche Gemisch sich hier, in einer der bedeutendsten Hafenstädte des westlichen Mittelmeerraumes, zusammenbraute. Sie konnten nicht wissen, dass Himmler sich just in diesen Tagen schriftlich an den SS- und Polizeiführer Oberg wandte und von diesem eine »radikale und vollkommene Lösung« für die Bereinigung der Verhältnisse in Marseille verlangte. Der Reichsführer SS wünschte die Verhaftung der »großen Verbrechermassen von Marseille und deren Abfuhr in KL« (Konzentrationslager), ferner die »Sprengung des Verbrecherviertels«, und zwar in der Form, »dass allein schon durch den Explosionsdruck die darin Wohnenden zugrunde gehen.«

Zu den von deutschen und französischen Kräften zu verfolgenden und zu verhaftenden Personen zählten aber nicht nur »Verbrecher und Asoziale«, sondern auch die zahlreichen Menschen jüdischen Glaubens, die sich in Marseille befanden. Die Massenrazzia, die schließlich am 22. und 23.01.1943 stattfand, endete mit der Festnahme von rund 6000 Personen, in deren Anschluss 780 Juden in das Konzentrationslager Sobibor verbracht wurden.

Eine kurze Stadtbesichtigung lag hinter Scheuffler, als er am 11.01.1943 auf den U-Jäger 2210 beordert wurde. An Bord des mit 1161 BRT vermessenen ehemaligen französischen Fischereifahrzeuges MARCELLA herrschte Hochbetrieb. Viele fleißige Hände waren bemüht, das gut 66 Meter lange Schiff entsprechend seiner neuen Aufgabe herzurichten. Zu tun gab es allerhand: Die Leute, die damit beschäftigt waren, die benötigten Räumlichkeiten für die rund achtzigköpfige zukünftige Besatzung zu schaffen, konnten sich über mangelnde Arbeit ebenso wenig beklagen wie jene, die sich um die Überholung der 1000 Pferdestärken leistenden Maschine bzw. um die umfangreiche Ausrüstung des Bootes kümmerten.

Blick auf den Alten Hafen von Marseille. *Foto: Sammlung Herbert Scheuffler*

Wenngleich manche Arbeiten – u.a. Aufstellung eines 8,8-cm-Geschützes – erst beim nächsten Werftaufenthalt erledigt werden konnten, so verlor das in Grand Quevilly (unweit von Rouen) gebaute Motorschiff doch mit jedem vergehendem Tag etwas mehr von seinem ursprünglichen »Gesicht« und wuchs allmählich zu einem U-Boot-Jäger heran. Nichts aber deutete darauf hin, dass ausgerechnet dieses Fahrzeug einen besonderen Platz in der Geschichte der deutschen Kriegsmarine finden und die nüchterne Bezeichnung UJ 2210 einmal auf das Engste mit dem Namen seines Kommandanten – Otto Pollmann – verbunden würde ...

Als Scheuffler am 12.01.1943 auf den U-Boot-Jäger 2207 kommandiert wurde, versuchte Pollmann, den befreundeten Kameraden auf »sein« Boot zu bekommen. Der Flottillenchef, Korvettenkapitän Grossmann, ließ in dieser Angelegenheit jedoch nicht mit sich handeln; der Steuermann verblieb als II.WO auf dem ehemaligen Neufundland-Fischdampfer CAP NORD, welcher auch als französisches Hilfskriegsschiff P 11 gedient hatte.

Fritz Grossmann, 1899 in Bremen geboren, war am 21.12.1942 in Marseille eingetroffen. Gleich nach seiner Ankunft hatte er sich darangemacht, jene für die Flottille bestimmten Fahrzeuge, die am 12. bzw. 14.12.1942 militärisch besetzt und anschließend in verschiedene Werften überführt worden waren, zu besichtigen. Anfang Januar hatte er sich dann nach Rom begeben, um beim Dt. Markdo Italien Einsatz- und Standortangelegenheiten zu besprechen. Der auf Sizilien gelegene Ort Trapani wurde als geeignetster Flottillenstützpunkt bezeichnet, weil dort eine enge Zusammenarbeit mit dem italienischen U-Jagdverband und den deutschen in der U-Boot-Abwehr tätigen Fliegerkräften möglich war.

Die meisten Boote mussten sich zunächst mit 3,7-cm-Zwillingsgeschützen als Bugwaffe begnügen. *Foto: Erwin Hatting*

Zurück in Frankreich, musste Grossmann von den fünfzehn zur Verfügung stehenden Fahrzeugen (mit Öl- oder Kohlenfeuerung bzw.

Fischdampfer ISLANDE, später CAP NORD bzw. UJ 2207. *Foto: Sammlung Jack Daussy*

Motorenantrieb) zehn Stück auswählen und dafür Sorge tragen, dass diese schnellstmöglich in das vorgesehene Operationsgebiet Sizilien – Afrika verlegen konnten. Er entschied sich für jene Schiffe, die schließlich die Bezeichnungen UJ 2201 bis 2210 erhielten.

Bezeichnung/Name	Baujahr	BRT	Länge	Breite
UJ 2201 ex BOIS ROSÉ	1939–40	1374	70,85 m	10,82 m
UJ 2202 ex JÜTLAND	1933	1160	67,06 m	10,97 m
UJ 2203 ex AUSTRAL	1926–27	1188	63,40 m	10,20 m
UJ 2204 ex BORÉAL	1926–27	1188	63,40 m	10,20 m
UJ 2205 ex LE JACQUES CŒUR	1930/31	1168	65,66 m	10,60 m
UJ 2206 ex SAINT MARTIN LEGASSE	1930	1179	65,80 m	10,52 m
UJ 2207 ex CAP NORD	1926	1034	64,30 m	10,40 m
UJ 2208 ex ALFRED	1926	966	64,93 m	9,83 m
UJ 2209 ex MINERVA	1936–37	1161	66,62 m	10,52 m
UJ 2210 ex MARCELLA	1933–34	1161	66,62 m	10,52 m
UJ 2211 ex HARDI	1921–22	916	60,05 m	9,69 m
UJ 2212 ex PESCAGEL	1926–27	1096	63,41 m	10,27 m
UJ 2213 ex HEUREUX	1930	1116	64,17 m	10,42 m
UJ 2214 ex CLAIRVOYANT	1921–22	943	60,05 m	9,69 m
UJ 2215 ex VOLONTAIRE	1921–22	943	60,05 m	9,69 m

Die Seekriegsleitung (SKL) machte deutlich, dass die Bereitstellung der Fahrzeuge nicht durch das Streben nach Vollkommenheit verzögert werden dürfe. Auf die gespannte Lage im Mittelmeer hinweisend, befahl sie den Verzicht auf alle nicht unbedingt zur Herstellung der Kriegsbereitschaft erforderlichen Maßnahmen.

Fischdampfer LE JACQUES COEUR wurde zum U-Jäger 2205 umgebaut. Foto: Sammlung Jack Daussy

Und so waren für UJ 2201 bis UJ 2210 allein terminbestimmend der Einbau der U-Jagd-Ausrüstung und der Mineneigenschutzanlagen (MES), die Aufstellung der 2- und 3,7-cm-Flugabwehrkanonen (Flak) sowie die Panzerung der Brücken und der 3,7-cm-Stände (die 2-cm-Waffen sollten Schutzschilde erhalten).

Fischereimotorschiff MINERVA vor dem Umbau zum U-Jäger 2209. Foto: Sammlung Jack Daussy

Obwohl Einigkeit darüber bestand, dass man auch großkalibrige Kanonen benötigte, um zum einen wirksamere Fla-Waffen zu haben und zum anderen aufgetauchte U-Boote erfolgreich bekämpfen zu können, wurde bei acht von den ersten zehn U-Jägern auf den sofortigen Einbau verzichtet, da wegen der gesetzten frühen Fertigstellungstermine die Zeit zum Einbau der Geschütz-Pivots nicht zur Verfügung stand.

Die Planung sah vor, die U-Jäger UJ 2201, 2202 und 2205 bis 2210 zunächst mit einer 3,7-cm- Doppelflak, einer 3,7-cm-Einzelflak, vier 2-cm-Flak, einem Maschinengewehr (MG)34-Zwilling und zwei MG 34 Einzel zu armieren, während UJ 2203 und 2204, die achtern schon Waffenstände und im Vorschiff einen Stützzylinder für ein großkalibriges Geschütz besaßen, zusätzlich mit 8,8-cm-Kanonen ausgerüstet werden sollten.

Festgelegt werden musste auch die Armierung der ehemaligen Yacht des Barons Henri de Rothschild, L'INCOMPRISE II ex EROS. Das 1926 gebaute und mit 915 BRT vermessene Schiff, das als Geleit- und Depeschenfahrzeug eingesetzt gewesen und der Selbstversenkungsaktion der französischen Flotte entgangen war, lag in Toulon. Bauaufsicht und Werft hatten L'INCOMPRISE II als zum U-Jäger geeignet befunden und eine Umbauzeit von etwa vier Wochen nach Erlass einer Umbauverfügung veranschlagt.

Korvettenkapitän Grossmann war von der Yacht sehr angetan und bat das OKM erfolgreich um Zuteilung derselben unter der Bezeichnung UJ 2216. Als Bewaffnung für diesen U-Jäger wurde nun eine 8,8-cm-Flak, eine 3,7-cm-Doppelflak, drei 2-cm-Einzel und ein 2-cm-Vierlingsgeschütz vorgesehen. Dass UJ 2216 aber erst am 28.09.1943 den Hafen von Toulon verlassen respektive erst ab April 1944 seinen eigentlichen Dienst aufnehmen konnte (Ersatzteile fehlten, maschinelle Probleme), lag zurzeit noch außerhalb jeglicher Vorstellungskraft.

Gemäß Anfrage OKM SKL U3 galt es abzuklären, ob eine Integration der in Port de Bouc liegenden Aviso I und II (Neubauten) bzw. der in Marseille befindlichen so genannten Flakkorvetten ALICE ROBERT, CYRNOS, FELIX-HENRI, BELAIN D'ESNAMBUC und KITA in den U-Jagdverband sinnvoll sei. Korvettenkapitän Grossmann antwortete, dass die Avisos, die von der französischen Marine bereits als U-Jäger vorgesehen waren, sehr gut in die U-Jagdflottille passen würden. Dennoch halte er eine Übernahme der Flakkorvetten für ungünstig, da die Schiffe voraussichtlich andere Aufgaben haben werden und aus anderen Stützpunkten operieren müssen, weil sie nicht mit den bisher zugeteilten U-Jägern in den Hafen von Trapani zu legen sind.

Das OKM nahm schließlich Abstand von einer Zusammenfassung der U-Jäger und Flakkorvetten, da die Fahrzeuge zu ungleich waren. Es beabsichtigte nun, die ehemaligen französischen Fruchtdampfer bzw. die bisher als Post- und Passagierdampfer dienende CYRNOS als Grundstock für eine neu aufzustellende »Geleitflottille Mittelmeer«[6] zu verwenden. Die beiden Avisos sollten dieser Geleitflottille angegliedert werden, da sie ihrer zeitlichen Fertigstellung nach und entsprechend ihrer Geschwindigkeit dazugehörten.

Bevor die Arbeiten an den U-Jägern und den Flakkorvetten beginnen konnten, mussten Dinge wie Materialbeschaffung, Stromversorgung und Arbeiterfrage geklärt werden. Zwar erklärten die französischen Werften sich zum Umbau der Fahrzeuge bereit, doch teilten sie auch mit, dass sie ihre Weisungen ausschließlich von der Regierung in Vichy erhalten würden, so dass die Deutschen diese erst zu kontaktieren hatten.

Nachteilig machten sich auch der Notstand der französischen Wirtschaft und die Tatsache bemerkbar, dass durch die deutsche Werbung der größte Teil der Fachkräfte abgewandert war. Da von den zur Verfügung stehenden französischen Werftarbeitern nicht zu erwarten war, dass sie mit besonderem Engagement zu Werke gingen, gewährte man ihnen für gute Leistungen und für die Einlegung von Doppelschichten besondere Lebensmittelzulagen. Der Erfolg – Steigerung der Motivation und bessere Arbeitsleistung – blieb nicht aus, wie Korvettenkapitän Josephi in seinem KTB vermerkte.

Mitte Januar 1943 bekamen die U-Jäger 2201 bis 2210 aktive Schallortungsgeräte eingebaut. Es handelte sich zum Bedauern des Flottillenchefs jedoch nicht um die leistungsfähigeren U-Boot-S-Geräte, sondern lediglich um die so genannten Mob-S-Geräte. Aber nicht nur das enttäuschte Grossmann: Auch die Entscheidung des OKM, die U-Jäger nicht mit Kristalldrehbasisgeräten (KDB) auszurüsten, stieß auf sein Unverständnis, da diese Horchanlagen zur Kontrolle von unsicheren S-Gerät-Ortungen sehr wichtig gewesen wären. Um wenigstens im Nahbereich Unterwassergeräusche vernehmen zu können bzw. vor anlaufenden Torpedos gewarnt zu werden, erhielten die U-Jäger nun Navigationshorchgerät (NHG) und Torpedoanzeigegerät (TAG). Dass vor allem das TAG nicht das leistete, was man sich von ihm versprach, musste die 22. U-Jagdflottille schon sehr bald schmerzvoll erfahren.

Die Boote, die zum Teil seit September 1939 still gelegen hatten, mussten jedoch erst einmal kriegsbereit (KB) werden – und das dauerte länger als erwartet. Zum einen traten bei den Erprobungsfahrten erhebliche Störungen bei den Maschinenanlagen auf. Zum anderen trafen Panzerbleche und Munitionsspinde sowie die Widerstände für die MES-Anlagen derart verspätet bei den Werften ein, dass Korvettenkapitän Grossmann mehrmals gezwungen war, den vorgesetzten Stellen die Gründe für die Nichteinhaltung der von der Bauaufsicht Marseille gesetzten Fristen bzw. die nunmehr vorgesehenen Fertigstellungstermine zu übermitteln.

Eine Verzögerung von einem Monat bei der Herrichtung der U-Jäger 2211 bis 2215 würde sich ergeben, wenn man diese mit Otterräumgeräten (ORG) ausrüsten wolle, teilte die 6. Sicherungsflottille dem Dt. Markdo Italien auf Anfrage mit. Zunehmende Verluste in der Straße von Sizilien waren der Anlass für das Schreiben von Vizeadmiral Weichold gewesen. Bei einer Besprechung mit Vertretern der Supermarina war dem Befehlshaber des Dt. Markdo Italien bekannt gegeben worden, dass der Bündnispartner der Minengefahr nicht wirkungsvoll begegnen könne, da es an geeigneten seegehenden Fahrzeugen und ausgebildetem Personal mangele. »Ich fühle mich verpflichtet, zu melden, dass, wenn zu diesem Zwecke nicht deutsche Kräfte eingesetzt werden im Kampf um letzte Stützpunkte Nordafrika, eines Tages eine Katastrophe eintreten muss«, übermittelte Vizeadmiral Weichold dem OKM. Neben der Forderung nach Aufstellung von deutschen Minensuch- und Vorpostenflottillen wollte der Befehlshaber des Dt. Markdo Italien die Frage geprüft wissen, ob Fahrzeuge der 22. U-Jagdflottille ganz oder teilweise im Minensuchdienst eingesetzt werden könnten.

Aber waren die Verluste durch Minentreffer Grund genug, um die U-Jäger 2211 bis 2215 (UJ 2201 bis 2210 kamen wegen ihres fortgeschrittenen Umbau-Zustandes für Ausrüstung mit ORG nicht mehr infrage) verspätet in ihr vorgesehenes Operationsgebiet zu entsenden? Vizeadmiral Weichold mochte dies wegen der umfangreichen und somit zeitraubenden Umbauarbeiten an den Hecks der U-Jäger nicht bejahen und bat in Hoffnung der baldigen Fertigstellung von Booten der 6. Räumbootflottille bzw. der schnellen Heranführung respektive Ausrüstung von weiteren zur Minenabwehr geeigneten Kleinfahrzeugen um schnellste Fertigstellung der Boote UJ 2211 bis 2215 ausschließlich als U-Jäger.

Und diese wurden in der Tat dringend benötigt – stellte die gegnerische U-Boot-Waffe doch ein beträchtliches Gefahrenpotenzial für die »Achse« dar, wie die von der Kriegsmarine geführten Statistiken belegen: So gerieten im Januar 1943 von 51 von Italien nach Nordafrika abgehenden Handelsschiffen 11 der insgesamt 22 versenkten Fahrzeuge durch britische U-Boote in Verlust. Betreffend des letzten Vierteljahres hatte man ermittelt, dass nicht weniger als 40 % des auf dem Seeweg Sizilien – Tunesien verloren gegangenen Schiffraums in Höhe von insgesamt 270.000 BRT auf das Konto der Submarines gingen.

Die Erfolge der U-Boote waren fast durchweg unter besonders günstigen Bedingungen für den Gegner erzielt worden:

- niedrige Geschwindigkeit vieler Schiffe;
- die bis Mitte Dezember 1942 aus Kräftemangel oder organisatorischen Gründen fast völlig fehlende systematische U-Jagd durch See- und Luftstreitkräfte und deren nicht eingespielte Zusammenarbeit;
- Mangel an Flugzeugortungsgeräten gegenüber U-Booten;
- die Möglichkeit für den Gegner, bestimmte Wartestellungen an Brennpunkten des Seeverkehrs einzunehmen, die zum Teil vom eigenen Schiffsverkehr regelmäßig zu bestimmten Zeiten infolge Bindungen navigatorischer und taktischer Art (Minensperren) passiert werden mussten, ohne dass zuvor eine ständige U-Jagd eingerichtet wurde;
- zahlenmäßig unzureichende Sicherung durch Geleitstreitkräfte, insbesondere solche mit S-Gerät. Bei den Zerstörern, von denen die Italiener seit Kriegsbeginn 34 Stück verloren hatten, waren Mitte Februar 1943 von vorhandenen 29 nur 10 Einheiten kriegsbereit, von momentan 31 für den Geleitdienst nach Afrika geeigneten Torpedobooten waren gar nur 5 im Einsatz, 26 in Reparatur!

Der Mangel an kriegsbereiten Geleitfahrzeugen hatte Konsequenzen für die U-Boot-Abwehr: Supermarina sah sich gezwungen, zum U-Jagdverband Trapani gehörende Torpedoboote abzuziehen, um sie im Geleitdienst einzusetzen. Somit standen zeitweise lediglich zwei Korvetten für die freie U-Jagd zur Verfügung – angesichts der gegnerischen U-Boot-Aktivitäten ein unhaltbarer Zustand.

»Erst das Eintreffen des deutschen U-Jagdverbandes aus Frankreich wird eine gewisse Verbesserung bringen«, prophezeite Vizeadmiral Weichold, der sich am 09.02.1943 zu einer Besprechung mit dem Oberbefehlshaber der Marine begab, um über den zukünftigen Einsatz der 22. U-Jagdflottille, vor allem aber über die im Mittelmeer herrschende »Krise« zu berichten. »Lage ist historisch bedingt«, trug Weichold dem Großadmiral Dönitz u.a. vor, »See- und Luftkrieg hängen eng miteinander zusammen: Ausfall des einen bedingt starke Schädigung des anderen. Engländer haben das klar erkannt und die Folgen daraus gezogen – wir nicht! Tatsache ist, dass Schicksal unseres Krieges im Mittelmeer durch das Versagen der Luftwaffe bestimmt. Im Ablauf der Ereignisse gibt die Stärke der Luftwaffe einen guten Gradmesser für die eigene Position im Mittelmeer: Erst X. Fliegerkorps auf Sizilien, entsprechend Beherrschen der Seelage im mittleren Mittelmeer. Dann Verlegung nach Kreta, wodurch eigene Position im mittleren Mittelmeer wieder entscheidend geschwächt. Dann Stärkung der Luftwaffe und Niederhalten von Malta, in diesem Zeitabschnitt Nachschub für Rommel gesichert. Danach Abzug von Kräften an die Ostfront, was praktisch zum Erliegen unseres Nachschubs über See und zur Aufgabe der Alamein-Stellung führte. Größte Rolle bei Beurteilung Luftlage spielt Malta. Aufgeben des Planes, Malta wegzunehmen, ist als Ursache des Zusammenbruchs der Nordafrika-Front anzusprechen. Zusammenfassend: Falsche militärische Entscheidungen aufgrund falscher Kräftebeurteilung, durch die Verlust der Luftherrschaft und damit Verlust der Seeherrschaft bedingt wurde…

Eine große Schlacht steht bevor. Wir stehen in 100 bis 30 km schmalem Land mit dem Rücken an der Küste. Wenn wir Tunesien verlieren und der Gegner sich mit seiner Luftwaffe dort einrichtet, wird Italien aus dem Krieg herausgebrochen. Was der Duce denkt und möchte, spielt dabei keine Rolle. Zurzeit sind noch 90% der Kräfte des Gegners dort gebunden, nur 10% sind gegen Italien eingesetzt. Wir können den Krieg im Mittelmeer nicht gewinnen, weil die Entscheidung auf anderen Kriegsschauplätzen fällt, aber wir können dort eine entscheidende Schwächung erfahren. Deshalb ist die deutsche Kriegführung und der Aufbau deutscher Sicherungskräfte jetzt von entscheidender Bedeutung…«

Schallortung für die U-Jagd

1929/1930 begann die deutsche Reichsmarine die ersten Versuche mit der horizontalen Schallortung, zunächst mit piezoelektrischen und später mit magnetostriktiven Wandlern. Forschungen der Nachrichtenversuchsanstalt (hier insbesondere durch Dr. Rudolf Kühnhold) führten schließlich zur Entwicklung des so genannten Mob-S-Gerätes, das Anfang des Zweiten Weltkrieges zur Einsatzreife gelangte – der deutschen Kriegsmarine standen jetzt Anlagen zur Verfügung, die nicht nur die Richtung, sondern auch die Entfernung zum Zielobjekt bestimmen konnten.

Aus dem auf Zweistreifenbasis arbeitendem Mob-S-Gerät entstand durch Weiterentwicklung das S-Gerät, durch dessen Vierstreifenbasis der Öffnungswinkel auf 15 bis 20 Grad beschränkt und eine mehrdeutige Anzeige ausgeschlossen wurde. Dr.-Ing. Eberhard Möller hat in dem von ihm verfassten Buch »Kurs Atlantik« die Funktionsweise des Gerätes sehr anschaulich dargestellt: »Das Bild der Kathodenstrahlröhre mit einem Schirmdurchmesser von neun Zentimetern wird über einen schräg stehenden Spiegel auf einen halbdurchlässigen Kippspiegel geworfen, über den es vom Bedienungsmann beobachtet wird. Der Kippspiegel bewegt sich mittels eines Motors mit konstanter Geschwindigkeit von links nach rechts und springt dann schnell wieder in seine Ausgangsstellung zurück. Durch den Spiegel hindurch sieht man eine indirekt beleuchtete Entfernungsskala, die sich in Deckung mit den auf der Braun'schen Röhre entstehenden Ausschlägen befindet. Immer dann, wenn der Kippspiegel in Null-Lage zurückspringt, wird ein 20 Millisekunden langer Impuls von 15 kHz ausgesendet. Gleich danach werden je nach eingestelltem Verstärkungsgrad auf der Entfernungsskala die Nahechos als wild durcheinander laufende Ellipsen sichtbar, deren Amplitude schnell abklingt, so dass dann die Echos vom angeloteten Objekt deutlich erkannt und ihre Entfernung abgelesen werden kann. Die Verstärker sind mit einer zeitabhängigen automatischen Verstärkungsregelung versehen, die bewirkt, dass die Empfindlichkeit der Anlage während jeder Lotperiode der Entfernung, aus der das Echo einfällt, angepasst ist. Stehen die Echoanzeigen auf der Braun'schen Röhre senkrecht, so wird die Richtung an der Peilskala des Ausfahrgerätes abgelesen. Steht die Echoanzeige schräg auf der Skala des Anzeigegerätes, so wird durch Drehen des Peilrades das Echo aufgerichtet, bis es senkrecht steht.«

Die aktiven hydroakustischen Anlagen stießen aber auch an ihre Grenzen; ihre Leistungsfähigkeit war abhängig von den im Seegebiet herrschenden hydrologischen Bedingungen (u.a. Salzgehalt des Wassers, Wassertemperatur, Wassertiefe, Wasserschichtung, Seegang). Nachteilig wirkte sich auch aus, dass man ab einer bestimmten Entfernung den Kontakt zum U-Boot verlor, wenn dieses in den »toten« Bereich des S-Gerätes gelangte. Grund hierfür war, dass die Vibratoren dieser Anlage noch nicht vertikal gerichtet werden konnten.

Die Kristalldrehbasisgeräte (KDB) bestanden aus einer gradlinigen Gruppe von sechs Kristallempfängern, die im Abstand von etwa acht Zentimetern in ein Gehäuse eingebaut waren. Anstelle der Sechsergruppe wurde später die so genannte »Streifenbasis« verwendet. Die Basis wurde nach dem Ausfahren von Hand oder durch Fernsteuerung gedreht; eine Geräuschquelle konnte durch Suchen des Maximums der Lautstärke mit guter Genauigkeit eingepeilt werden. Die KDB waren hauptsächlich für Überwasserschiffe vorgesehen, fanden aber auch auf U-Booten Verwendung.

Das Navigationshorchgerät (NHG) wurde auch als Nautisches Horchgerät bezeichnet. NHG mit Lautsprecherzusatz erhielten die Bezeichnung NHG/L. Normalerweise waren beide Mikrofone (je eins an Steuerbord und Backbord an der Empfangsanlage angebracht) eingeschaltet. Wurde ein Geräusch gehört, konnte mit einem Umschalter auf jeweils ein Mikrofon umgeschaltet werden und damit die Seite ermittelt werden, auf der das Geräusch eintraf. Anlaufende Torpedos konnten mit dem NHG auf etwa 1200 Meter erfasst werden, in der Praxis wurden jedoch oftmals weit geringere Weiten ermittelt.

Das TAG wurde von der Firma Atlas entwickelt. Es ermöglichte im Gegensatz zum NHG nicht nur die akustische Warnung vor anlaufenden Torpedos, sondern vermochte die Gefahr auch optisch anzuzeigen.

Das TAG bestand aus einem Verstärker, vier den einzelnen Sektoren zugeordneten Glimmlampen und einem Lautsprecher. Die vier von den Verzögerungsketten erzeugten Hauptempfangsrichtungen wurden mithilfe eines Motorschalters nacheinander an den Verstärker angeschlossen. Die Umlaufzeit betrug ca. acht Sekunden. Wurde jetzt ein genügend lautes Geräusch in einem Sektor wahrgenommen, so wurde es im Lautsprecher hörbar, zudem wurde die zugehörige Glimmlampe gezündet, so dass zu erkennen war, in welcher Richtung die Geräuschquelle lag.

»Ortung übernehmen und angreifen!«

Das zunehmende Wirken der gegnerischen U-Boote im Ligurischen und Tyrrhenischen Meer – oftmals unmittelbar vor den Häfen – machte es erforderlich, die Fahrzeuge der 22. U-Jagdflottille nicht ausschließlich im Sizilien-/Afrika-Verkehr einzusetzen. Dem erste Rechnung tragend, sollte schon der Verlegungsmarsch der U-Jäger von Frankreich nach Neapel dafür ausgenützt werden, das Seegebiet nach diesen Submarines abzusuchen. Da das Dt. Markdo Italien in Anbetracht der Lage entschied, die noch nicht zum Abschluss gekommenen Arbeiten an den MES-Anlagen erst in Neapel zu beenden, dauerte es nicht mehr lange, bis auf den ersten vier Booten der Flottille Flagge und Wimpel gesetzt wurden: UJ 2201, 2202 und 2209 stellten am 12.02.1943 in Dienst, UJ 2210 eine Woche später.

Für die Fahrzeuge 2201, 2202, 2209 und 2210, die in zwei Rotten nach Neapel verlegen sollten, wo abschließende Arbeiten an den U-Jägern und Aufnahme von Ausrüstungsgegenständen für den Flottillenstützpunkt Trapani zu erfolgen hatten, stellte die italienische Marine je einen Verbindungsoffizier sowie Funker und Signalgasten zur Verfügung. Korvettenkapitän Grossmann schiffte sich auf UJ 2201 ein. Mit der Betreuung der weiteren in Frankreich im Bau befindlichen U-Jäger hatte er zuvor seinen Vertreter, Kapitänleutnant Dr. Wachhausen (Kommandant UJ 2212), beauftragt.

UJ 2201 und 2209 verließen am 17.02.1943 Marseille und liefen dann in La Spezia ein. Mit dem Chef der 29. U-Bootflottille legte Grossmann die Fahrtroute für die U-Jäger-Rotte fest, um eine Gefährdung eigener Unterwasserstreitkräfte während des Marsches nach Neapel auszuschließen. Am Nachmittag des 20.02.1943 La Spezia verlassend, erreichten UJ 2201 und 2209 gegen 10.00 Uhr des übernächsten Tages den Zielhafen.

Gut 30 Stunden später traf auch die Rotte 2202/2210 ein. Die ehemalige JÜTLAND war bereits werftreif, da Ausfahrgerät und Hüllkörper der S-Anlage bei einer Grundberührung im Kanal von Ischia Schäden erlitten hatten. Obwohl der Bündnispartner ein Dock für die erforderlichen Arbeiten zur Verfügung stellte, erging vom Dt. Markdo Italien Anordnung, die Reparatur in Marseille auszuführen, so dass UJ 2202 den Rückmarsch nach Frankreich antreten musste. Aber nicht nur das bereitete dem Flottillenchef Ärger: Wider Erwarten waren die auf UJ 2201 bzw. 2202 eingeschifften italienischen Verbindungsoffiziere ohne Unterlagen betreffend Minen- und Wracklage an Bord gekommen!

Und statt sich in Neapel mit den abschließenden Arbeiten an den U-Jägern 2201, 2209 und 2210 befassen zu können, sahen die Besatzungen sich nunmehr gefordert, ihre Schiffe in Kürze einzusetzen …

UJ 2210 ex französisches Fischereimotorschiff MARCELLA. Aufgrund zahlreicher anerkannter U-Boot-Vernichtungserfolge avancierte das Schwesterschiff von UJ 2209 zum berühmtesten U-Jäger der deutschen Kriegsmarine. Leider existieren von diesem Schiff nur unscharfe Aufnahmen.
Foto: Sammlung Richard Schulz

Als Grossmann am Morgen des 25.02.1943 zum italienischen Marinekommando beordert wurde, machte er sich mit dem Verbindungsoffizier, Kapitänleutnant Brunetti, und dem Borddolmetscher auf den Weg zu Marina Napoli. Der Kommandierende Admiral, Pini, eröffnete dem Chef der 22. U-Jagdflottille, dass man die U-Jäger 2201, 2209 und 2210 zur Sicherung des Geleites TERAMO brauche.

Diesem Geleit wurde eine besondere Bedeutung beigemessen, die u.a. dadurch zum Ausdruck kam, dass neben den U-Jägern sechs Torpedoboote und zwölf Flugzeuge zum Einsatz kommen sollten. Die umfangreichen Sicherungsmaßnahmen lagen in der Versenkung der THORSHEIMER (9955 BRT) begründet, die am 21.02.1943 gegnerischen Luftstreitkräften zum Opfer gefallen war. 5400 Tonnen Betriebsstoff lagen nun mit dem Tanker auf dem Meeresgrund – die ohnehin schon kritische Versorgungslage der Heeresgruppe Afrika hatte sich dadurch noch einmal erheblich verschärft!

Neben den vordringlichsten Maßnahmen wie der beschleunigten Überführung der zurzeit in Triest befindlichen vier Großtanker, des Einsatzes aller verfügbaren Marinefährprähme (MFP) und der Beladung von vier der zwölf vorhandenen italienischen Transport-U-Boote mit Betriebsstoffen, waren die bereits mit Benzin bzw. Öl beladenen, in Neapel und Palermo befindlichen langsam fahrenden Tanker schnellstmöglich zu einem Geleitzug zusammenzustellen und in Richtung Bizerta in Marsch zu setzen.

Dieser Geleitzug mit der Bezeichnung TERAMO, der außer den Sicherungsbooten aus dem gleichnamigen Fahrzeug (1599 BRT) und vier anderen Handelsschiffen bestand, musste Palermo passieren, um dort zwei weitere Benzintanker aufzunehmen.

Grossmann erhielt Befehl, die U-Jäger 2201, 2209 und 2210 zur achterlichen Sicherung des knapp acht Knoten laufenden Geleites bis Punkt Toni I einzusetzen.

Dass der OBS, Generalfeldmarschall Kesselring, es für unbedingt erforderlich hielt, dass die U-Jäger bis Bizerta marschieren und deshalb bereits entsprechende Maßnahmen veranlasst hatte, sollte man bei Marina Napoli erst später erfahren. Und so gingen die Besatzungen beim Verlassen des Hafens noch davon aus, dass der Einsatz bei Palermo zu Ende sei.

Sie konnten nicht wissen, dass sie nicht einmal dieses Ziel erreichen sollten …

Bereits zwei Stunden nach Versammeln des Geleites erschienen gegnerische Flugzeuge, die den Verband umkreisten und nachts mit Leuchtkörpern erhellten. Gegen 03.30 Uhr des 26.02.1943 flog eine zweimotorige Maschine auf den U-Jäger 2209 zu und warf auf 400 m Entfernung einen Lufttorpedo ab. Fahrtsteigerung und Hartruderlage retteten die ehemalige MINERVA vor der Vernichtung; der Torpedo ging knapp vorbei.

Am Nachmittag drangen dann mehrere viermotorige Bomber bis zum Geleit vor. Die den Jagdschutz des Verbandes TERAMO bildenden Ju 88 und Me 110, die sich in nur 500 m Flughöhe befanden, weil die Schiffe der »Achse« in den letzten Wochen fast durchweg aus niedriger Höhe angegriffen worden waren, konnten gegen die in 4000 m Höhe fliegenden Maschinen nichts ausrichten. Und so klinkten die Flieger der Royal Air Force unbehelligt ihre Last aus, fielen die Bomben auf den Schiffsverband hinab.

Naheinschläge erschütterten UJ 2209 so schwer, dass die Maschinen ausfielen. Da zudem das Ruder in Hartlage klemmte, bat Korvettenkapitän Grossmann den Geleitzugführer um Entlassung der U-Jäger aus dem Verband. Als dessen Bewilligung erfolgte, bereitete die Besatzung UJ 2201 das Abschleppen des Bootes 2209 vor. Nach Abmontieren der Rudermaschine war das von Oberleutnant z.S. Fenkner geführte Fahrzeug mit Taljen steuerbar und wurde schließlich in Schlepp genommen. UJ 2210 erhielt Befehl, Backbord querab zu sichern. Bis 10.41 Uhr des 27.02.1943 verlief der Rückmarsch nach Neapel ohne nennenswerte Vorkommnisse – doch dann geschah etwas, was die Besatzungen in helle Aufregung versetzte. Die Ursache für die aufkommende Hektik war ein schwaches Echo, das der vor dem Braun'schen Rohr des S-Gerätes von UJ 2201 sitzende Obergefreite vernahm und meldete. Als die Ortung sich zu einem scharfen Echo entwickelte und davon ausgegangen werden musste, dass die ausgesandten Schallwellen von einem Unterwasserfahrzeug reflektiert wurden, schrillten die Glocken – U-Boot-Alarm!

Dem Kommandanten von UJ 2201, Oberleutnant z.S. Wurmbach, blieb angesichts des in Schlepp befindlichen UJ 2209 nur das Weiterlaufen in Richtung Insel Capri übrig. Und so ging nun auf Weisung des Flottillenchefs der Befehl »ORTUNG ÜBERNEHMEN UND ANGREIFEN!« per Morsespruch zu UJ 2210 hinüber. Dessen Kommandant, Leutnant z.S. Otto Pollmann, war nun gefordert, die richtigen Entscheidungen zu treffen. Er hatte sich bei seinem Handeln nach dem **Flottillenwurfverfahren** zu richten.

*Das **Flottillenwurfverfahren,** welches sich gliederte in Verfahren »Grün« mit 8 bis 15 Sekunden Salventakt für mitlaufendes U-Boot, Verfahren »Grün« 8 Sekunden Salventakt für gestopptes U-Boot und Verfahren »Rot« 8 Sekunden Salventakt für entgegenlaufendes U-Boot, sollte mit der Möglichkeit des U-Bootes, mit fortschreitender Zeit Länge (Entfernung), Seite und Tiefe zu gewinnen, Schritt halten.*

Für das Längenverfahren war die Schaffung einer Vorsalve, die der mathematischen Treffsalve vorausgeht, von größter Bedeutung, da auf diese Weise die Wahrscheinlichkeit, Deckendlage zu erzielen, deutlich erhöht wurde. Ebenfalls stand und fiel das Längenverfahren mit der Zahl des Salventaktes. Entsprechend der schnellen Auswanderung bzw. kurzen Passierzeit bei entgegenlaufendem U-Boot sah das Verfahren »Rot« den schnellstmöglichen Wasserbomben-Salventakt vor, der wegen des innezuhaltenden Mindestwurfintervalls von 50 Metern bei den 10 bis 12 Knoten laufenden ehemaligen Fischereifahrzeugen 8 Sekunden betrug.

Wenige Augenblicke vor Erteilung des Wurfbefehls.
Foto: Sammlung Otto Pollmann

Dem Tiefenverfahren lag der aus der Wahrscheinlichkeitsrechnung abgeleitete und der Psychologie des Gegners am meisten Rechnung tragende Gedanke zugrunde, dass das U-Boot versuchen wird, Tiefe zu gewinnen. Das bedingte, dass bei mitlaufendem U-Boot (Verfahren »Grün«) die Tiefeneinstellung der Wasserbomben größer wurde, dass sie andererseits bei entgegenlaufendem U-Boot (Verfahren »Rot«) tief begann und flach endete.

Wasserbombendetonation. *Foto: Sammlung Otto Pollmann*

Das Seitenverfahren sah bei mitlaufendem U-Boot (Verfahren »Grün«) eine größer werdende Seitenstreuung vor, während bei entgegenlaufendem U-Boot (Verfahren »Rot«), das aufgrund der kurzen Passierzeit weit weniger Zeit für Seitenauswanderung hat, die Seitenstreuung gleichbleibend 2x 60 m betrug.

Es war 10.53 Uhr, als der wenige Seemeilen von der Insel Capri entfernt befindliche UJ 2210 in 110 Grad Schiffspeilung ein klares Echo aufnahm. Mit Hartruder drehte der U-Jäger elf Dez nach Steuerbord, um das zur Zeit 2400 m entfernte U-Boot aus günstigster Position[7] anzugreifen. Mit zehn Knoten (Höchstfahrt) näherte sich die ehemalige MARCELLA dem Unterwasserfahrzeug, dessen Geschwindigkeit mit sechs Knoten mitlaufend gemessen wurde. »Keine Peilung, keine Messung!«, hieß es, als UJ 2210 sich bis auf 180 m an das Zielobjekt herangearbeitet hatte. Der Moment, wo Schallwellen nicht mehr reflektiert wurden, weil die Vibratoren der S-Anlage nicht vertikal gerichtet werden konnten, war jetzt erreicht.

Wasserbomben-Wurf. *Foto: Sammlung Richard Schulz*

»Auf Geräuschpeilung[8] umschalten!«, befahl Otto Pollmann, während er fast gleichzeitig auf die Stoppuhr drückte. Ein Blick auf die Wurftabelle ergab, dass 95 Sekunden vergehen mussten, bis die ersten Wabos über Bord gehen durften. Schließlich war es an der Zeit, die Bekämpfungsstelle mit einer Boje zu markieren und die Bedienungen der vier Wasserbomben-Werfer zur Aufnahme ihrer Arbeit anzuweisen.

Im 15-Sekunden-Takt klatschten Wasserbomben (W.B.) mit Tiefeneinstellung zwischen 70 und 120 m in die See – dem U-Boot, das gemäß Geräuschpeilung nicht auswanderte, entgegen. Ihnen folgten zwei aus Einzelschalen geworfene Wabos des Typs F (»Friedrich«), ferner drei Stück des Typs D (»Dora«), die aus Ablaufgerüsten in das Wasser rollten. Sorgfältig wurde die Meeresoberfläche nach Anzeichen eines Erfolges abgesucht, doch es war nichts zu entdecken, was darauf schließen ließ.

Pollmann hielt über die nun folgenden Ereignisse schriftlich fest:

»11.29 Uhr: U-Boot versucht mit 6 sm.[9] mitlaufend nach Stbd.[10] abzulaufen. Boot dreht laufend in die Peilung. Echo ist klar bis auf 140 mtr.[11] Danach keine Messung zu erzielen. Geräuschpeilung nur noch kurz wahrnehmbar.

11.35 Uhr: 2. scharfer Anlauf, begonnen 75 sek.[12] nach Ausbleiben Echo.

Boje geworfen. Es werden wie beim 1. Anlauf 15 W.B.[13] geworfen, jedoch alle mit tiefster Einstellung. Es zeigt sich leichter Öl- und Wasserschwall.

11.50 Uhr: Echo erneut in 70°, 2200 mtr. aufgenommen. Ebenfalls scharfe Geräuschpeilung. Boot dreht in die Peilung. Ab 1500 mtr. Abstand klares, scharfes Echo. Entfernung abnehmend.

12.00 Uhr: Bei 400 mtr. Abstand klare, scharfe Geräuschpeilung.

12.01 Uhr: U-Boot wandert mit 4 sm. mitlaufend stark nach Stbd. aus. Boot dreht laufend in die Peilung. Geräuschpeilung bis zuletzt festgehalten. Bei 180 mtr. kein Echo.

Gem. Tabelle Werfen nach 52 sek. begonnen (Verfahren »Grün«).

12.03 Uhr: 3. scharfer Anlauf. Boje geworfen. W.B.-Wurf und Einstellung wie beim 2. Anlauf. Erfolg: Sehr starker Ölaustritt, Wasser- und Luftschwall.

12.25 Uhr: Klares Echo in 250° 1200 mtr. Boot dreht in Peilung. Bis 180 mtr. gutes Echo.

U-Boot liegt gestoppt und versucht im letzten Moment noch nach Stbd. auszuwandern. Außerordentlich starke Geräuschpeilung, stark klapperndes Geräusch im T.A.G.

12.33 Uhr: Boot dreht nach Stbd. in die Geräuschpeilung.

12.34 Uhr: 4. scharfer Anlauf, begonnen 28 sek. nach Ausbleiben Echo. Boje geworfen.

15 W.B. geworfen, davon 5 auf jeder Seite über die Reling gerollt (da das Boot nicht mit mehr als 30 Kartuschen ausgerüstet war) sowie 5 durch Ablaufbahn und Einzelschalen.

Größte Tiefeneinstellung. 8 sek. Salventakt, da das U-Boot mit geringster Fahrt lief.

Nach dem 4. Anlauf erfolgt starker ca. 3 mtr. hoher und 60 mtr. langer aus dem Wasser heraussprudelnder Wasser- und Luftschwall sowie stärkster Ölaustritt. Vier außerordentlich starke, unregelmäßige Luftausbrüche sowie zerberstende Geräusche, die laut im T.A.G. zu vernehmen sind. Öl breitet sich in gesamter Sichtweite dick auf dem Wasser aus, außerdem treibt eine ca. 1,5 mtr. lange grau angestrichene Planke auf. Weitere Ortungsversuche blieben ohne Erfolg, obwohl gesamte Umgebung systematisch bis 15.30 Uhr durchgekämmt wurde.

13.05 Uhr: Hauptmaschine wird infolge defekten Reglers unklar.

13.06 Uhr: Hauptmaschine wieder klar für ca. 7 sm/h.

15.30 Uhr: U-Boot-Alarm beendet. Nach 3-stündigem vergeblichem Versuch die Peilung wiederzufinden, wird in Anbetracht

Das britische U-Boot Tigris. Es wurde vermutlich von UJ 2210 versenkt. *Foto: Royal Navy Submarine Museum*

der Tatsache, dass bisher 5-mal eine einwandfreie Ortung jederzeit möglich war, angenommen, dass das U-Boot vernichtet wurde und auf Tiefe abgesunken ist ...«

Pollmanns Annahme war berechtigt: H.M.S. TIGRIS, das am 18.02.1943 Malta in Richtung Neapel verlassen hatte und wahrscheinlich um 07.30 Uhr des 24.02.1943 knapp 40 Seemeilen vor Capri letztmalig gesehen worden war, meldete sich auf ein am 06.03.1943 an das Boot gerichtetes Funksignal nicht mehr; es kehrte von dieser Feindfahrt nie zurück. Mit der von Lieutenant Commander G.R. Colvin geführten TIGRIS war ein erfolgreiches U-Boot (es versenkte u.a. das italienische U-Boot PORFIDO und das italienische Passagierschiff CITTA DI GENOVA) mitsamt seiner Besatzung verloren gegangen.

Das zur ersten Gruppe der T-Klasse gehörende U-Boot war bei Chatham Dockyard gebaut und am 11.03.1940 in Dienst gestellt worden.

Laute Hurra-Rufe

Knapp zwei Wochen nach dem ersten Versenkungserfolg sah der am 03.03.1943 mit dem Eisernen Kreuz I. Klasse ausgezeichnete Otto Pollmann Grund zur Abgabe einer weiteren U-Boot-Vernichtungsmeldung. Der von ihm geführte U-Jäger 2210 war zu jener Zeit zur Sicherung von einigen Frachtschiffen nach Palermo eingesetzt, wo die Dampfer sich sammeln und auf den Weitermarsch nach Tunesien vorbereiten sollten.

Nachdem im November 1942 die ersten deutschen Einheiten in Tunis und Bizerta eingetroffen waren, um eine alliierte Besetzung zu verhindern und den Rückzug der Panzerarmee Afrika zu decken, schaffte es die neugebildete deutsche 5. Panzerarmee, aus den beiden Abschnitten einen großen Brückenkopf zu bilden und sich hier gegen im Rahmen der Operation »Torch« gelandete alliierte Kräfte zu behaupten.

Als sich der »Wüstenfuchs« Rommel mit seinen stark dezimierten Verbänden aus Tripolitanien zurückzog und bald darauf auch Kräfte der britischen 8. Armee über die tunesische Grenze vorrückten, entwickelte sich hier nun ein Zweifrontenkrieg.

Unzureichender Nachschub und Fehler bei der Befehlsgliederung waren gewichtige Gründe dafür, dass das strategische Ziel – Erzwingung des Rückzugs der Alliierten aus Tunesien – nicht erreicht werden konnte.

Das ital. Handelsschiff ROSARIO, welches am 10. März 1943 von HMS TROOPER versenkt wurde. *Foto: Sammlung Dr. Achille Rastelli*

Am 06.03.1943 starteten Rommels Truppen eine Offensive gegen die bei Medenine befindlichen Briten; sie misslang. Das Scheitern des Angriffs bereitete der fundierten Hoffnung, dass die an Soldaten und Waffen unterlegenen Streitkräfte noch imstande sein würden, eine der beiden alliierten Armeen zu schlagen, bevor diese sich vereinigen konnten, ein Ende. Die »Achse« war jetzt nicht mehr in der Lage, die ca. 600 km lange Front zu halten. Rommels Vorschlag, diese auf einen Bogen von 150 km, der Bizerta-Tunis einbezog, zu verkürzen und einen monatlichen Nachschub von 140.000 t zu gewährleisten, wurde abgelehnt.

Am 09.03.1943 verließ der gesundheitlich angeschlagene Rommel den afrikanischen Kriegsschauplatz, um vor Antritt einer Kur noch einmal persönlich auf den »Führer« einzuwirken und ihn von der aussichtslosen Lage der in Tunesien befindlichen deutschen und italienischen Soldaten zu überzeugen. Doch Hitler blieb uneinsichtig und warnte davor, »dass man nach Niederlagen leicht zum Schwarzsehen neige, was einen zu gefährlichen Trugschlüssen verleiten könne«. Rommel war verzweifelt. Vergebens bat er Hitler, wenigstens für die nächsten Wochen wieder nach Afrika zurückkehren zu dürfen.

Wie ernst die Lage in Nordafrika sich in seinem ganzen Ausmaß darstellte, war den Besatzungen der U-Jäger 2201, 2202, 2203, 2204 und 2210, die sich am Nachmittag des 08.03.1943 zusammen mit den italienischen Torpedobooten DEZZA und LIBRA (Geleitzugführer) von Neapel aus in Richtung Palermo auf den Weg machten, nicht bekannt. Bei der jetzigen Unternehmung sollte aber nicht nur dem auf UJ 2201 eingeschifften Korvettenkapitän Grossmann bewusst werden, dass auch mangelhafte Geleitzugführung zu der hohen Verlustrate im Nachschubverkehr beitrug; die Schiffe zogen sich weit auseinander, so dass konzentrierter Waffeneinsatz nicht möglich war.

Dem Zielhafen näher kommend, wuchs die Begegnungsmöglichkeit mit britischen U-Booten, namentlich TROOPER und SAFARI. Aufgabe des zur S-Klasse gehörenden Submarines SAFARI war jedoch nicht die Vernichtung gegnerischer Schiffe, sondern das Aussetzen von so genannten COPPs (Combined Operation Pilotage Parties), die sich mittels Faltbooten an die Strände begaben, um die örtlichen Begebenheiten auf die Möglichkeit ihrer Eignung zwecks Landung zu überprüfen. Nachdem auf der Konferenz von Casablanca (14.–23.01.1943) der US-Präsident Roosevelt, der britische Premierminister Churchill und die interalliierten Stabschefs vereinbart hatten, nach Beendigung der Kämpfe in Nordafrika Truppen auf Sizilien zu landen, sollten nun Fahrzeuge von der britischen 8. und 10. U-Boot-Flottille – u.a. SAFARI – erste Vorbereitungen für die als »Husky« bezeichnete Operation treffen.

Mit der TROOPER hatten die Briten zurzeit ein weiteres Boot an der nordsizilianischen Küste stehen. Das von Lieutenant Wraith kommandierte Boot war am 04.03.1943 in das Operationsgebiet Messina – Neapel entsandt und fünf Tage später in den Seeraum nördlich Milazzo beordert worden. Als hier gegen 15.45 Uhr des 10.03.1943 ein Geleitzug gesichtet wurde, setzte das Submarine zum Angriff an …

»Echo in null-fünf-null Grad, Entfernung vierzehnhundert!«, meldete der vor dem S-Gerät des UJ 2203 sitzende Horchmaat an die Brücke, als die vom U-Jäger ausgesandten Schallwellen vom britischen U-Boot TROOPER reflektiert wurden.

U-Boot-Alarm!

Augenblicke später platzten aus Leuchtpistolen verschossene rote Signalsterne am Himmel auseinander, schrillte die Dampfpfeife, wurden eiligst die entsprechenden Signalflaggen gesetzt, um die Aufmerksamkeit der anderen im Geleit befindlichen Fahrzeuge zu erregen.

Eines der Handelsschiffe, ROSARIO (5468 BRT), blieb auf Kurs. Korvettenkapitän Grossmann ließ die Warnsignale wiederholen.

Wasserbomben-Abschuss. *Foto: Sammlung Otto Pollmann*

Ordentlich Rabatz – Wasserbomben-Detonation.
Foto: Sammlung Otto Pollmann

Zwar drehte der Frachter endlich ab, doch nun war es zu spät, um das Unglück abzuwenden; vier Torpedos waren bereits aus 1500 Yards[14] Entfernung auf ROSARIO abgefeuert worden. Schon hallten ohrenbetäubende Explosionen über das Meer, schossen feuerdurchmischte Wassersäulen am Schiff empor.

TROOPER-Kommandant Lieutenant Wraith blieb keine Zeit, den Untergang der ROSARIO durch das Sehrohr zu betrachten, da UJ 2203 bereits zum Angriff auf sein Fahrzeug angesetzt hatte.

Auch der U-Jäger 2210 schickte sich an, die Bekämpfung des U-Bootes aufzunehmen. »Gefechtsstander Weiß setzen!«, ordnete Kommandant Pollmann an, nachdem er von UJ 2201 den Befehl zum Einsatz als Hilfsjäger erhalten hatte.

Während UJ 2204 zwecks Aufnahme von Überlebenden zur Untergangsstelle der ROSARIO lief und das restliche Geleit sich aus dem Gefahrenbereich absetzte, versuchte die Besatzung der ehemaligen AUSTRAL schnellstmöglich die Position der TROOPER zu erreichen, was wegen des großen Drehkreises des U-Jägers (mehr als 700 Meter) jedoch einige Zeit in Anspruch nahm.

Als UJ 2203 seinen ersten scharfen Anlauf, der ohne sichtbares Ergebnis geblieben war, beendet hatte, drehte UJ 2210 in die Peilung und schoss nach Erreichen der Wurfstelle drei Salven »Dora« mit tiefster Einstellung (120 Meter) ab.

»Beim Detonieren der ersten Salve (3 W.B.) zeigten sich 5 hohe, schwarze Wasser- und Ölsäulen, davon eine mindestens 15 mtr. hoch, die anderen 4 mindestens 5 mtr. hoch«, schrieb Leutnant z.S. Pollmann in den Gefechtsbericht, »außerdem waren starke Detonationen zu vernehmen, die nicht von den Wasserbomben herrühren konnten. Die gesamte Besatzung, davon offensichtlich beeindruckt, brach in laute Hurra-Rufe aus. Es war mir klar, dass aufgrund dieser Erscheinung das U-Boot zumindest auf das Schwerste beschädigt sein muss.«

Pollmann setzte sofort zum nächsten Angriff an, als der Horchraum die Aufnahme einer erneuten Ortung meldete, brach ihn aber ab, als er erkannte, dass UJ 2203 bereits zu seinem zweiten Anlauf übergegangen war. Ein mit Öl vermischter Wasserschwall wurde sichtbar, nachdem die geworfenen Wabos detoniert waren; die Sprengstoffträger schienen gut gelegen zu haben.

Bis 07.00 Uhr des 11.03.1943 verblieben die beiden U-Jäger an der Bekämpfungsstelle. Da trotz der herrschenden guten Bedingungen keine Ortungen mehr erzielt werden konnten, nahmen die Kommandanten der beiden U-Jäger an, dass das U-Boot vernichtet worden und auf den ca. 1900 Meter tiefen Meeresgrund abgesackt war.

Aber der vermeintlich sichere und auf Antrag anerkannte Erfolg war keiner: H.M.S. TROOPER, zur **T-Klasse** gehörend, hatte lediglich kleinere Schäden (u.a. eine Undichtigkeit in den Heckstopfbuchsen) erlitten und konnte sich aus seiner sehr ungünstigen Lage befreien!

»Ich glaube nicht, dass die Schiffe jemals Kontakt mit TROOPER hatten, obwohl es den Anschein hatte, dass sie die meiste Zeit über klare Echosignale von uns erhielten, was etwas beunruhigend war«, hielt Lieutenant Wraith schriftlich fest. »Augenscheinlich führten sie kreisförmige Suchbewegungen aus unter der Annahme, dass TROOPER drei Knoten Fahrt machte, was auch der Wahrheit entsprach. Bis 23.10 Uhr hatten sie [die Schiffe] die Suche an unserer Backbordseite, vor unserem Bug und entlang unserer Steuerbordflanke abgeschlossen und orteten nunmehr in Schiffspeilung 140°. Um 23.15 Uhr tauchte ich in dunkler Nacht und heftigem Regen auf und lief nach Norden ab.«

Klassifiziert als »Patrouillenunterseeboote«, stellten die Fahrzeuge der ***T-Klasse*** *eine sehr gelungene Konstruktion dar. Einfach gebaut, leicht zu bedienen und instand zu halten, waren die Satteltank-U-Boote durch eine große Anzahl Torpedorohre in der Lage, einen Fächer von zehn Torpedos zu schießen. Die U-Boote der T-Klasse, in drei Gruppen zwischen 1936 und 1945 gebaut, erzielten große Erfolge. Neben der Versenkung einer stattlichen Anzahl gegnerischer Überwasserschiffe (allein im Mittelmeer über 170 Fahrzeuge mit rund 240.000 BRT) gelang die Vernichtung von 13 U-Booten (sechs italienische, vier deutsche und drei japanische U-Boote). Aber die T-Klasse hatte auch die höchste Verlustrate innerhalb der britischen U-Boot-Klassen zu verzeichnen. Von den im Mittelmeer eingesetzten 24 U-Booten der T-Klasse gingen 13 Stück verloren.*

»Brauche dringend Hilfe!«

Wenngleich die TROOPER den Briten noch bis Oktober 1943 erhalten blieb, so verlor die Royal Navy in diesen Tagen die U-Boote TURBULENT und THUNDERBOLT.

TURBULENT befand sich auf der neunten und letzten Mittelmeer-Patrouille, bevor dieses Boot der T-Klasse den Rückmarsch nach England antreten sollte. Nach Versenkung des kleinen Schiffes SAN VINCENZO (865 BRT) nahm TURBULENT Kurs in Richtung Insel Korsika, wo es am 11.03.1943 unweit von Bastia einen erfolglosen Angriff auf die PRINCIPESSA MAFALDA (450 BRT) durchführte. Bei der U-Jagd, die anschließend auf TURBULENT angesetzt wurde, sichtete eines der italienischen U-Abwehrfahrzeuge, TETI II, ein Sehrohr und nahm die Bekämpfung des U-Bootes durch Wurf von acht Wasserbomben auf.

Führten diese Wabos zur Versenkung des Submarines? Ging, wie von manchen Historikern vermutet wird, das von Commander Linton geführte U-Boot durch einen Minentreffer verloren? Oder war der U-Jäger 2208[15], der am 13.03.1943 ein U-Boot vor Korsika bekämpfte, für den Verlust der TURBULENT verantwortlich? Wenn Letzteres auch unwahrscheinlich ist, so sollte man der nachstehenden Meldung des UJ-2208-Kommandanten, Leutnant zur See Oskar Schmidt, zumindest Beachtung schenken – trotz der Tatsache, dass die Jagd anscheinend erfolglos verlief.

»Wind Ost 1–2, Seegang 0–1, Wassertiefe 700 mtr.

U-Jäger 2208 am 12.03.1943 ausgelaufen zur U-Jagd. Laut FT 2314/55 vom 11.03.1943 15.00 Uhr ein U-Boot in 42° 42'Nord 09°46'Ost.

Standort um 02.00 Uhr des 13.03.1943 Quadrat CJ 1615.

02.00 Uhr Echo 800 mtr 93°.

02.07 Uhr U-Boot-Alarm.

Boot dreht in Ortung. Ich versuchte, Echo zu überlaufen, um W.B. zu werfen. Trotz Steuerbord-Hartruderlage war Überlaufen nicht möglich, da U-Boot kleineren Drehkreis hatte. Es versuchte offensichtlich nach Südost abzulaufen, da Generalkurs Südost war. Nach stundenlangen vergeblichen Versuchen sind wir bis Quadrat CJ 1651 gekommen.

05.23 Uhr FT 0523 / 93 an U-Jäger 2205 abgegeben: Brauche dringend Hilfe beim Jagen. Verfolge U-Boot seit 02.00 Uhr. Quadrat CJ 1651. Ich nahm an, dass das U-Boot versuchte, unter Küste von Korsika zu kommen.

06.44 Uhr Echo 1200 mtr 0°. Ortung ergab mitlaufendes U-Boot mit 4 sm, Kurs 110°.

06.49 Uhr Abstand 200 mtr., 10°. U-Boot versucht nach Steuerbord auszubrechen.

Trotz Hartruderlage bekam ich Echo nicht in 0°.

06.50 Uhr Befehl: Verfahren Grün, Salventakt 15 Sek.

06.51 Uhr I. Anlauf. Es wurden geworfen 15 W.B.D.[16], Tiefeneinstellung 70, 70, 90, 120, 120.

Kein sichtbarer Erfolg.

07.00 Uhr Echo 1200 mtr., 110°. Boot dreht in die Ortung.

07.10 Uhr Doppelecho 1200 mtr., 43°.

07.15 Uhr Abstand 240 mtr. Bei 180 mtr. kein Echo. Geräuschpeilung in 15°.

07.18 Uhr II. Anlauf. U-Boot läuft mit 4–5 sm mit.

Ich befehle daher Verfahren Grün, 15 Sek. Salventakt, Tiefeneinstellung 90, 90, 120, 120, 120. Nach W.B.-Wurf Echo verloren. Bis 10.17 Uhr mit großer Fahrt versucht, Echo wieder zu bekommen.

10.17 Uhr Eintreffen von UJ 2205. Anschließend mit zwei Booten Jagd in Richtung Südost. Kein Erfolg.

13.00 Uhr Fahrt nach Neapel.«

HMS TURBULENT. Hatte UJ 2208 etwas mit dem Verlust des U-Bootes zu tun? *Foto: Royal Navy Submarine Museum, Gosport*

Versenkte Pollmann die THUNDERBOLT?

Am 14.03.1943 ging das britische U-Boot THUNDERBOLT ex THETIS verloren, möglicherweise durch die italienische Korvette CICOGNA, die an jenem Tag eine augenscheinlich erfolgreiche U-Boot-Bekämpfung durchführte.

Wie aber ist die U-Boot-Vernichtungsmeldung des Leutnants zur See d.R. Pollmann, dessen U-Jäger 2210 sich zur selben Zeit auf dem Marsch von Palermo nach Neapel befand, zu bewerten?[17] Was sich auch immer im Quadrat CJ 9558 tatsächlich ereignete, der Flottillenchef war sich jedenfalls sicher, dass die beiden Explosionen acht und zehn Minuten nach Explosion der letzten Wasserbomben nur von einem auf großer Wassertiefe zermalmten U-Boot herrühren konnten. »Durch das Eindrücken des Druckkörpers wurden die großen Luftmengen frei, die als Luft- und Wasserschwall an der Oberfläche sichtbar wurden. Die Vernichtung ist damit einwandfrei erwiesen.«

Dieser Auffassung war auch das Dt. Markdo Italien; es erkannte die Vernichtung an.

Bericht des UJ-2210-Kommandanten zur U-Boot-Vernichtung im Quadrat CJ 9558

»Wind: SO 1, See: 1, Wassertiefe 1900 m.

Am 14.3.43 befanden sich die U-Jäger 2203, 2202 und 2210 mit KT 2 und 14, die je ein S-Boot im Schlepp hatten, auf dem Marsch von Palermo nach Neapel. U-Jäger 2210 hatte die Stbd.-Sicherung ca. 1000 mtr. von den KT-Booten.

13.10: In 140° 900 mtr. ein sehr gutes Echo. Boot dreht sofort in die Peilung.

13.11: U-Boot-Alarm. Boot läuft mit AK auf die Ortungsstelle zu. Bis 180 mtr. einwandfreies Echo, dann bis auf kürzeste Entfernung sehr gute Geräuschpeilung. U-Boot versucht nach Bkbd. auszuwandern und wird mit 2 sm/h mitlaufend festgestellt. Ich befehle daher Verfahren Grün 10 sek. Salventakt.

13.16: 1. scharfer Anlauf. Kein sichtbarer Erfolg.

13.20: Gutes Echo 320° 800 mtr. aufgenommen. Boot läuft mit AK auf Ortungsstelle zu.

U-Boot liegt gestoppt. Verfahren Grün 8 sek. Salventakt. Tiefste Einstellung.

13.27: 2. scharfer Anlauf.

Danach wird sichtbar: Hoher Wasserschwall, erheblicher Ölaustritt.

13.49: Gutes Echo in 60° 600 mtr. Boot läuft mit AK auf die Ortungsstelle zu. U-Boot liegt gestoppt. Bis 180 mtr. sehr gutes Echo. Verfahren Grün 8 sek. Salventakt. Tiefste Einstellung.

HMS THUNDERBOLT. Ob UJ 2210 das zur T-Klasse gehörende U-Boot versenkte? Bisher ging man davon aus, dass die italienische Korvette CICOGNA das ehemalige britische Submarine THETIS vernichtete. *Foto: Royal Navy Submarine Museum, Gosport*

13.58: 3. scharfer Anlauf. Erfolg: Starker Öl- und Wasserschwall. Es kamen auch Wrackteile an die Oberfläche, die jedoch sofort wieder absinken. Trotz sofort wieder eingeschaltetem S-Gerät und guten Ortungsverhältnissen keine Ortung mehr zu erreichen.

14.07: Obwohl sämtliche W.B. längst detoniert waren, ist 14.07 sowohl im Boot als auch im N.H.G. eine sehr starke Detonation zu spüren und zu hören, die sich anhört, als ob mehrere W.B. zugleich in großer Tiefe detonierten.

14.09: Dieselbe Detonation wie 14.07 Uhr wiederholt sich. Nach beiden Detonationen wurden an der letzten Wurfstelle je ein starker Luft- und Wasserschwall sichtbar. Bemerkt werden muss, dass die Ortungsverhältnisse bei der herrschenden guten Wetterlage ausgezeichnet waren. Das S-Gerät blieb während der ganzen Dauer der U-Boot-Bekämpfung klar. Es war vorher 3-mal eine einwandfreie Ortung aufzunehmen. Nach den beiden Detonationen ist keine Ortung und keine Peilung mehr zu erzielen. Bei der Wassertiefe von 1900 mtr. muss angenommen werden, dass das U-Boot vernichtet wurde und auf Tiefe abgesackt ist. Besonders taten sich wiederum der I. WO Obersteuermann Käthner, die beiden Horchmaate Oberbootsmaat Vöhl und Bootsmaat Zwahr sowie der Sperrvormann Mtr.Gfr. Hessler und der Gefechtsrudergänger Mtr.Hpt.Gfr. Hartje hervor.

gez. Pollmann
Leutnant z.S. und Kommandant

Anerkennung von U-Boot-Vernichtungen

Welche Kriterien spielten eigentlich bei der Anerkennung von U-Boot-Vernichtungen eine Rolle?

Die nachstehenden Zeilen des Leiters der U-Boot-Abwehrlehrgruppe in Italien, Fregattenkapitän Ahrens, sind sehr aufschlussreich: »Zweifellos ist es richtig, die Erfolge der U-Boot-Bekämpfung nicht allzu optimistisch zu beurteilen. In jedem Einzelfall müssen alle Momente, die für oder gegen den Erfolg sprechen, sorgfältig abgewogen werden, bevor dessen Anerkennung erfolgt. Andererseits ist jedoch zu berücksichtigen, dass nur sehr selten der Fall eintritt, ganz eindeutige Beweise der Vernichtung – wie im Falle TEMPEST[18] – zu erhalten.

Aufsteigendes Öl, Luftblasen und auftreibende Oberdeckteile sind selbstverständlich keine Beweise für die Vernichtung, sondern nur dafür, dass die Bomben sehr dicht am Ziel gelegen und mehr oder weniger starke Beschädigungen am und wahrscheinlich im Boot hervorgerufen haben. Wird anschließend keine Auswanderung der Ortung festgestellt und ist die Lage des Zieles auch optisch durch aufsteigendes Öl und Luftblasen kenntlich, so dass die späteren Wasserbomben genau ins Ziel wieder mit sichtbarem Erfolg geworfen werden können (weitere große Luftblasen und anhaltend aufsteigendes Öl), liegt hiesigen Erachtens kein Grund vor, den Erfolg in Zweifel zu ziehen.

Bei anderen Fällen, in denen die Bekämpfung ähnliche sichtbare Merkmale des Erfolges zeigt, die Wassertiefe jedoch sehr groß ist, so dass die Ortung des auf dem Grund liegenden U-Bootes nicht möglich ist, kann ein Beweis der Vernichtung durch anhaltende Ortung nicht erbracht werden. Dafür kann aber das plötzliche Abbrechen der Ortung – bei normalen Reichweitenverhältnissen – als ziemlich sicherer Beweis dafür gelten, dass das U-Boot gesunken ist.[19]

Dass die Ortung durch andere Schichtungsverhältnisse plötzlich verloren geht, ist wenig wahrscheinlich. Ein angegriffenes U-Boot wird erfahrungsgemäß immer versuchen, sich dadurch dem Angriff zu entziehen, dass es auf größere Tiefe geht. Dort aber sind die Schichtungsverhältnisse wesentlich gleichmäßiger als in der Nähe der Oberfläche. Es ist also anzunehmen, das wenn ein U-Boot auf etwa 50 m Tiefe erfasst wird, es normalerweise auch noch auf 150 bis 200 m und darüber geortet werden kann. Es darf in diesem Zusammenhang auch darauf hingewiesen werden, dass bei der Versenkung eines deutschen U-Bootes im Mittelmeer durch eigene Streitkräfte zunächst überhaupt keine Merkmale des Untergangs erkennbar waren, sondern erst viel später durch Auftreten eines verhältnismäßig geringen Ölflecks die Untergangsstelle kenntlich wurde.

UJ 2210 nach dem 5. anerkannten U-Boot-Vernichtungserfolg. Der weiße Schattenriss symbolisiert eine Beteiligung an einem U-Versenkungserfolg. *Foto: Helmuth Schoon*

Es ist die Frage zu prüfen, ob der Nachteil, der durch die Anerkenntnis der Vernichtung eines schließlich doch entkommenen U-Bootes wirklich so groß ist, dass er auf jeden Falle vermieden werden muss oder ob nicht eine weniger enge Auslegung gewisse günstige psychologische Auswirkungen auf die an der U-Boot-Bekämpfung beteiligten Kommandanten, Besatzungen und besonders die Horchmannschaft hat …

Otto Pollmann (links) mit Abschusswimpel. *Foto: Sammlung Otto Pollmann*

Es ist nicht anzunehmen, dass eine verantwortliche Seekriegsführung aufgrund einer Versenkungsmeldung, die vielleicht nicht zu Recht besteht, für die Kriegführung schwerwiegende und nachteilige Entschlüsse fassen wird. Andererseits ist es aber für die Männer der U-Boot-Abwehr von psychologischem Wert, wenn der Erfolg ihrer oft sehr undankbaren und mühsamen Arbeit gegen einen meist unsichtbaren Feind in solchen Fällen Anerkennung findet, in denen zwar kein hundertprozentiger Beweis vorliegt, aber doch mit ziemlicher Sicherheit ein Erfolg angenommen werden kann. Das darf selbstverständlich nicht dazu führen, bei den U-Jägern das Gefühl zu erwecken, sie bräuchten ihre Bekämpfungen weniger sorgfältig und gewissenhaft durchzuführen, weil sie voraussichtlich auf jeden Fall mit der Anerkennung eines Erfolges rechnen können. Im Gegenteil müssen die Kommandanten wissen, dass ihre Gefechtsberichte – auf deren genaue Abfassung mit allen erforderlichen Angaben immer wieder hingewiesen werden muss – genauestens geprüft und beurteilt werden.

Also nicht einer leichtfertigen Anerkenntnis soll das Wort geredet, sondern der Ansicht widersprochen werden, dass lediglich ›die Mütze des Kommandanten‹ der alleinige Beweis für die Vernichtung eines U-Bootes ist.«

Unangenehmes Erlebnis

Der Oberbefehlshaber der Marine, Großadmiral Dönitz, sah die derzeitige Hauptaufgabe des Dt. Markdo Italien in der »radikalen« Bekämpfung der gegen den Nachschubverkehr Tunesien eingesetzten gegnerischen U-Boote. Er hielt es für erforderlich, nicht nur aus dem südfranzösischen Raum alle verfügbaren und als U-Jäger geeigneten Fahrzeuge mobilzumachen, um die Verluste von im Afrika-Seetransportverkehr befindlichen Schiffen zu reduzieren, »sondern auch zu versuchen, alle einigermaßen seefähigen Klein- und Kleinstfahrzeuge in den italienischen Häfen zu erfassen, wo zweifelsohne noch brauchbare Schiffe, z.B. Privatyachten, vorhanden sein müssten«.

Dönitz trug dem »Führer« vor, dass Konteradmiral Meendsen-Bohlken bereits beauftragt sei, diese Frage in Zusammenarbeit mit Supermarina weiterzubetreiben; »es ist das Beste, diese Fahrzeuge dann mit deutschem Personal zu besetzen, falls dies ohne Verletzung des Selbstgefühls der Italiener möglich sei. Es muss zunächst festgestellt werden, ob überhaupt Fahrzeuge vorhanden sind, dann kann die Frage der Besetzung angefasst werden.«

Hitler, der dieser Ansicht zustimmte und ankündigte, nach Abschluss der Ermittlungen einen Brief an den »Duce« (Mussolini) zu schreiben, brachte bei dieser Gelegenheit auch zum Ausdruck, dass er die Verzögerung der Herrichtung der 22.U-Jagdflottille beanstande. »Es hätten mehr deutsche Arbeiter in die Fertigstellung hineingesteckt werden müssen.«

In Anbetracht des großen Fahrzeugbedarfes im Bereich des Dt. Markdo Italien lehnte das OKM den Antrag des BSW auf Belassung der U-Jäger 2211 bis 2216 ab.

Am 15.03.1943 bat der BSW um Zuweisung wenigstens des U-Jägers 2216, doch war auch hier die Antwort des OKM negativ: »Jede Schwächung der 22. U-Jagdflottille zugunsten der 6. Sicherungsflottille ist gegenwärtig nicht vertretbar.« Und so sollten auch weiterhin nur ein paar kleine Fahrzeuge, u.a. Hafenschutzboote, zur Verfügung stehen, um der zunehmenden U-Boot-Gefahr an der südfranzösischen Mittelmeerküste zu begegnen.

Es war nicht das erste Mal, dass Entscheidungen des OKM im Befehlsbereich des BSW auf wenig Gegenliebe stießen. So war z.B. der Ende Dezember 1942 gestellte Antrag des BSW, man möge aufgrund der Tatsache, dass das Dt. Markdo Italien nicht über Organe für eine truppendienstliche Betreuung verfüge, die 22. U-Jagdflottille dem Dt. Markdo Italien nur taktisch zuteilen und die truppendienstliche Unterstellung beim BSW belassen, ebenso abgelehnt worden wie die Forderung auf Änderung der Bezeichnung »6. Sicherungsflottille« in »6. Sicherungsdivision«.[20]

Was die truppendienstliche Unterstellung der 22. U-Jagd-, aber auch der 6. Räumboot- bzw. der im Aufbau befindlichen 3. und 4. Geleitflottille betraf, so ergaben sich im März 1943 Veränderungen. Es erschien zweckmäßig, für diese Flottillen einen erfahrenen

BOIS ROSE vor seiner Ausrüstung zum U-Jäger 2201. *Foto: Sammlung Jack Daussy*

HMS Unison. *Foto: Royal Navy Submarine Museum, Gosport*

deutschen Führer mit einem Stabe gleich einer Sicherungsdivision als truppendienstlichen Vorgesetzten und zum taktischen Ansatz (außer im tunesischen Vorfeld) zu setzen, so dass die SKL schließlich den Kapitän zur See Bramesfeld zum Führer dieser als 7. Sicherungsdivision bezeichneten und am 27.03.1943 aufgestellten Dienststelle berief.

Drei Tage zuvor, am 24.03.1943, war der Deutsche Stab bei Supermarina (DSS), vertreten durch Konteradmiral Ruge[21], gebildet worden. Von den Überlegungen ausgehend, dass die deutschen Kriegserfahrungen umso besser verwertet und die deutschen Belange umso besser wahrgenommen würden, je enger man die Zusammenarbeit mit den italienischen Stellen gestaltete, war es zu diesem Kommando gekommen. Und so wurde bei Supermarina unmittelbar neben dem italienischen ein deutsches Lagezimmer eingerichtet, ferner der deutsche Admiralstabsoffizier vom Dienst in die Organisation des italienischen Lagezimmers integriert. In erster Linie hoffte man, dass sich die intensive Zusammenarbeit mit dem Bündnispartner positiv auf den Verkehr nach Tunesien auswirken würde.

Von dem Wunsch nach baldiger Besserung in der Befehlsgebung war auch Korvettenkapitän Grossmann nicht ausgenommen; zu oft musste er in den vergangenen Tagen und Wochen feststellen, dass das Dt. Markdo Italien sowie die örtlichen italienischen Marine- und Seetransportstellen die Arbeit der 22. U-Jagdflottille durch Übermittlung unterschiedlicher Befehle behinderten, manchmal sogar eigene Kräfte gefährdeten – wie das deutsche U-Boot, das am Abend des 14.03.1943 jenes Seegebiet durchquerte, in dem zeitgleich die Rotte UJ 2201 / 2204 Jagd auf das gegnerische Unterwasserfahrzeug (H.M.S. Unbending von der britischen 10. U-Boot-Flottille) machen sollte, das einige Stunden zuvor die italienischen Dampfer Cosenza (1471 BRT) und Città Di Bergamo (2165 BRT) attackiert und versenkt hatte.

Zu der seit Januar 1943 von Captain (S) George Philipps geführten »Fighting Tenth« gehörte auch das nächste U-Boot, das in Berührung mit Fahrzeugen der 22. U-Jagdflottille kam – Unison. Der Chef der britischen 10. U-Flottille bezeichnete die Ereignisse in der am 15.04.1943 erfolgten Meldung an den Commander-in-Chief Mediterranean, Admiral Cunningham, als sehr unangenehmes Erlebnis ...

Unison hatte Malta am 18.03.1943 zur neunten Mittelmeer-Patrouille an der südlichen und östlichen kalabrischen Küste verlassen, als am Mittag des 23.03.1943 ein Geleitzug gesichtet wurde. Es handelte sich um die deutschen U-Jäger 2201 und 2204, zwei italienische Torpedoboote, mehrere VAS (Vedette Antisommergibili), einen Schlepper und den Tanker ZEILA; sie waren von Crotone kommend nach Messina unterwegs.

Das fehlerhafte Verhalten des Geleitzugführers begünstigte den Anlauf des U-Bootes, da der Schiffsverband so dicht unter Land fuhr, dass mit den S-Geräten keine größeren Reichweiten zu erzielen waren.

Und so gelang es UNISON, sich seinen Zielobjekten bis auf Schussweite zu nähern, ohne dass auch nur eines der Sicherungsfahrzeuge davon »Wind« bekam.

»Torpedo eins: Los!«, befahl der U-Boot-Kommandant, Lieutenant Daniell, um 14.09 Uhr.

Aus 2600 Yards Entfernung rauschte der erste von vier Sprengstoffträgern dem Geleit, das sich in Höhe von Cap Spartivento befand, entgegen.

Die Meldungen »Geräuschpeilung in eins-eins-null Grad!«[22] und »Torpedolaufbahnen an Steuerbord, achterlicher als Querab!« erreichten Oberleutnant z.S. Wurmbach fast zur selben Zeit.

»U-Boot-Alarm! AK voraus! Hart Backbord!« Rote Sterne schossen empor, die Dampfpfeife schrillte. Die ehemalige BOIS ROSÉ drehte herum, doch viel zu langsam, um den »Aalen« auszuweichen. Schon waren sie heran, aber sie unterliefen den U-Boot-Jäger – Glück gehabt!

ZEILA (1835 BRT) hatte einen größeren Tiefgang, was dem Schiff nun zum Verhängnis wurde: Achtern von einem Torpedo getroffen, explodierte der Tanker.

Während ZEILA in die Tiefe rauschte, nahm UJ 2201 Kurs auf UNISON – der Gegenangriff begann!

Das britische Submarine hatte gerade den zweiten Torpedo abgefeuert, als Lieutenant Anthony Daniell Befehl zum Tauchen gab. »Das U-Boot wurde auf 90 Fuß Tiefe gebracht«, schrieb Daniell in den Patrouillenbericht Nr. 9, »und in Erwartung des Gegenangriffs wurden alle Abteilungen geschlossen. Neben anderen Dingen beinhaltete dies auch das Schließen der Außenbordverschlüsse aller Tiefenmesser bis auf einen, was auch ordnungsgemäß erfolgte. Dennoch, als die Fahrtstufe erhöht wurde und der Kurs für einen ersten Absetzversuch geändert worden war, blieb der Tiefenanzeiger unnatürlich unbeweglich, und daraufhin wurde festgestellt, dass das Anzeigeinstrument abgestellt war. Nachdem der Außenbordverschluss geöffnet wurde, zeigte der Tiefenmesser 280 Fuß, abwärts gehend. UNISONs Abwärtsbewegung war bereits fast unter Kontrolle, als das Boot in etwa 50 Faden[23] auf den Grund schlug, während der Tiefenmesser 345 Fuß anzeigte und das Boot mit 6 Grad Hecklastigkeit lag. Das Boot prallte vom Grund zurück, und unter Beibehaltung der hohen Fahrt konnte es auf 100 Fuß auf ebenen Kiel gebracht werden. Auf dieser Tiefe konnte es nach ca. 15 Minuten gut eingetrimmt werden. Dies erlaubte einen mehr herkömmlichen Rückzug nach Osten hin.«

Um 14.17 Uhr fielen die ersten Wasserbomben auf UNISON herab. Sie verursachten aber lediglich, »dass Kork, Rost, Farbe und Kakerlaken von den Wänden geschüttelt wurden«, wie Daniell im Gefechtsbericht formulierte.

Von Vorteil für die Briten erwiesen sich nun die nahe Küste und Unterwasserfelsen, welche die U-Jäger 2201 und 2204 bei der Lokalisierung des Gegners behinderten. Von verschiedenen Stellen her wurden die ausgesandten Schallwellen reflektiert. Aber wo befand sich das U-Boot?

Die deutschen U-Jäger warfen ihre gefährliche Last an den falschen Stellen – und mit fortschreitender Zeit in zunehmend größerer Entfernung zum Zielobjekt.

Gegen 16.00 Uhr ging UNISON auf Sehrohrtiefe. Als Daniell sah, dass seine Verfolger sich weit achteraus befanden, entschloss er sich zum Ablaufen in nordöstliche Richtung. Während das Unterwasserfahrzeug um 22.13 Uhr auftauchte, hielten die U-Jäger noch Wache an der vermeintlichen Sinkstelle des zur **U-Klasse** gehörenden Bootes, das sie mit insgesamt 133 geworfenen Wabos vernichtet zu haben glaubten …

*Die 49 Einheiten der **U-Klasse** wurden zwischen 1937 und 1943 gebaut. Die sehr kleinen Abmessungen (58,10 m x 4,80 m x 4,80 m bei der Gruppe eins bzw. 59,60 m x 4,80 m x 4,90 m bei der Gruppe zwei) verliehen den Fahrzeugen über und unter Wasser eine ausgezeichnete Manövrierfähigkeit.*

*Die zweite Gruppe von Booten der **U-Klasse** unterschied sich von der ersten nicht wesentlich: So wiesen sie u.a. ein um 1,78 m verlängertes Heck auf, um dem Achterschiff eine bessere Stromlinienform zu verleihen und den Wasserstrom zu den Propellern zu verbessern.*

Ihre maximale Einsatztauchtiefe von nur 250 Fuß und die geringe Geschwindigkeit, die über Wasser lediglich 10–11 Knoten betrug, zählten zu den größten Nachteilen der U-Klasse, die einfach zu handhaben und binnen sehr kurzer Zeit von Überwasserfahrt auf Sehrohrtiefe zu bringen war. Der Fahrbereich der Einhüllen-Küstenunterseeboote (4050 Seemeilen bei 10 Knoten Überwasserfahrt) beschränkte sie auf Nordsee und Mittelmeer. Das begrenzte Angriffspotenzial des einzelnen Bootes glich die beträchtliche Anzahl der Boote aus, die in Dienst gestellt wurden. In mediterranen Gewässern erzielten sie beachtliche Erfolge: Über 200 Fahrzeuge mit insgesamt 470.000 BRT wurden von ihnen versenkt, darunter acht U-Boote.

Während des Zweiten Weltkriegs gingen 19 U-Boote der U-Klasse verloren: sechs im Atlantik und in der Nordsee, 13 im Mittelmeer.

Versagende Geräte

Nach dem vermeintlichen Versenkungserfolg bei Cap Spartivento liefen die U-Jäger 2201 und 2204 zwecks Ergänzung von Wasserbomben in den Hafen von Palermo ein. Obwohl nur 100 Stück bestellt waren, bestand die Versorgungsstelle auf die Übernahme des gesamten Vorrats (300 Wabo). Schließlich verließen UJ 2201 und 2204 den Hafen und gingen – auf Befehl zur Ausführung der neuen Aufgabe (Sicherung Dampfer CHIETI) wartend – dicht unter der hohen Küste mit etwa 1200 Meter Seitenabstand auf Reede Aspra (10 m Wassertiefe) vor Anker.

Die Besatzungen sahen und hörten die Gefahr in Gestalt des britischen U-Bootes UNRIVALLED nicht kommen. Mit langsamer Fahrt schlich es sich an die U-Jäger heran und feuerte gegen 15.15 Uhr des 29.03.1943 mehrere Torpedos ab.

Als deren Geräusche im TAG von UJ 2204 hörbar wurden, war es für erfolgversprechende Abwehrmaßnahmen bereits zu spät; der Horcher kam nicht einmal mehr an die Alarmglocke heran. An der Steuerbordseite, Vorkante Brücke, getroffen, bekam UJ 2204 starke Schlagseite nach Backbord und kenterte dann.

UJ 2201 ging sofort mit der Maschine an und drehte hart Steuerbord vor dem Anker. Obwohl bereits 60 Grad aus dem Ankerkurs herausgedreht, reichte es nicht mehr aus, um die Gefahr abzuwenden. Schon knallte es – Torpedotreffer!

Die Kraft der Explosion überschüttete das Boot mit Wasser und Öl. Eine große Stichflamme stieg empor. Sehr schnell bekam der U-Jäger Schlagseite nach Backbord und sank dann über den Achtersteven auf ebenen Kiel ab. Auch hier war – wie bei UJ 2204 – gerade noch so viel Zeit, um Rettungsmittel über Bord zu werfen.

Matrosenobergefreiter Brandenberger, Maschinengefreiter Anders und Matrose Völker waren gefallen; sie befanden sich in der Maschine bzw. im Kesselraum von UJ 2201 und wurden bei der Detonation vermutlich sofort getötet. Auch auf UJ 2204 gab es Tote: Es handelte sich um Matrosenobergefreiter Zdunek, Matrose Meinke, Matrose Diekmann, Matrose Kokreka und Matrose Burghardt. Sie waren gerade im Laderaum mit der Konservierung der übernommenen Wasserbomben beschäftigt, als das Schicksal sie ereilte.

Korvettenkapitän Grossmann, auf UJ 2201 eingeschifft gewesen, war bei der Torpedierung verwundet worden (drei Rippen gebrochen). Zusammen mit den Kommandanten UJ 2201 und 2204 flog er nach Neapel. Die Besatzungen folgten auf dem Schienenweg.

Für Grossmann hatte der Verlust der beiden U-Jäger noch ein Nachspiel, da eine kriegsgerichtliche Untersuchung eingeleitet wurde. Der Flottillenchef war sich selbst jedoch keines Fehlverhaltens bewusst: »Die TAG haben völlig versagt. Sie brachten die Torpedogeräusche erst, als auch bereits die Blasenbahnen auf etwa 200 bis 300 Meter zu sehen waren. Die Boote hätten, wie ich es auch bei der Aufstellung der Flottille verlangt habe, mit einem weitreichenden akustischen Horchgerät (KDB) ausgerüstet werden müssen und hätten dann wahrscheinlich das in die Bucht einlaufende U-Boot, auch wenn es mit geringer Fahrt lief, gehört. Die S-Geräte waren für diesen Fall nicht zu gebrauchen, da sie Geräuschpeilungen von langsam fahrenden U-Booten auf größere Entfernungen überhaupt nicht bringen, gute Echos auf dem flachen Wasser andererseits nicht erwartet werden konnten. Außerdem hätte das Aussenden von Impulsen die beiden U-Jäger auf größte Entfernung bereits U-Booten angezeigt, selbst wenn das U-Boot die U-Jäger unter der Küste noch nicht einmal gesichtet hätte.«

Die kriegsgerichtliche Untersuchung der Schuldfrage blieb für Grossmann ohne Folgen; ein strafbares Verhalten war ihm nicht nachzuweisen.

Das britische U-Boot UNRIVALLED. Es versenkte u.a. die U-Jäger 2201 und 2204. *Royal Navy Submarine Museum, Gosport*

Auf dem Marsch nach Afrika

Ende März 1943 lief der Afrika-Seetransportverkehr, welcher aufgrund schlechten Wetters vorübergehend eingestellt worden war, wieder an. Erstmals sollten nun auch Fahrzeuge der 22. U-Jagdflottille bis nach Bizerta bzw. Tunis marschieren.

Supermarina stellte drei Geleitzüge zusammen: Zug »RR« mit dreizehn Knoten Geschwindigkeit sowie die langsamer laufenden Verbände »SS« und »GG«.

Die U-Boot-Jäger 2205 und 2208 wurden dem Geleitzug »SS« (sieben Knoten Geschwindigkeit), bestehend aus CHARLES LE BORGNE, AQUILA, BIVONA, GIACOMO (nur bis Palermo), dem italienischen Zerstörer LUBIANA sowie den Torpedobooten TIFONE und DEZZA (nur bis Palermo) zugeteilt, während UJ 2202, 2203 und 2207 neben den Torpedobooten CIGNO und CASSIOPEIA sowie der Korvette CICOGNA als Schutz für die Dampfer NUORO, BENEVENTO, CHIETI (nur bis Palermo) und CREMA bestimmt wurden (Geleitbezeichnung »GG«, neun Knoten Geschwindigkeit).

Als Ansteuerungswege wurden der Zembretta- und der Pantelleria-Kurs vorgesehen. Minensperren schnürten Erstgenannten bis auf drei Seemeilen an der engsten Stelle ein, so dass er nur bei mäßig bewegter See befahren werden konnte.

Eine nicht zu verkennende Gefahr bildete der auftretende Querstrom in der Sizilienstraße, der besonders die mit unzureichenden navigatorischen Mitteln ausgerüsteten Schiffe leicht vom rechten Weg abbringen und dann auf Minen driften ließ. Jüngstes Opfer stellten die italienischen Zerstörer MALOCELLO und ASCARI dar, die, mit deutschen Truppen an Bord, am 24.03.1943 auf Minen gelaufen und gesunken waren.

Nicht weniger gefährlich der östliche Weg über Pantelleria: Er führte bei Kap Bon so dicht zwischen Minensperren und Küste, dass ein Passieren bei starkem auflandigem Wind nicht möglich war.

Da die Geschwindigkeit der genannten Geleitzüge das Durchfahren der Straße von Sizilien weder gänzlich bei Tage noch bei Nacht gestattete, musste nun neben U-Boot-Attacken sowohl mit Überwasser- als auch Luftangriffen gerechnet werden. Der Gegner setzte seine Überwasserschiffe in diesem Seeraum vorwiegend nachts ein. Soweit es sich um Zerstörer handelte, lag ihr Einsatzgebiet in der nördlichen Hälfte der Sizilienstraße, zwischen dem Nordende des Zembrettakurses und der Insel Marettimo.

Eine außerordentlich große Bedrohung stellten auch die alliierten Bomber, Torpedo- und Jagdflugzeuge dar, die der »Achse« in den letzten Wochen und Monaten erhebliche Verluste beschert hatten. Von besonderem Vorteil wirkte sich für sie die Zurücknahme der Fronten in Tunesien aus, so dass die Fliegerkräfte das Operationsgebiet jetzt von beiden Seiten umfassen konnten.

Bei der Flugabwehr setzte man nun besonders auf die Boote der 22. U-Jagdflottille: Sie wurden so eingeteilt, dass sie den durchweg schlecht mit Flugabwehrwaffen bestückten italienischen Torpedobooten wirksamen Flakschutz geben konnten. Dass diese Aufstellung nicht den Erfordernissen einer optimalen U-Boot-Abwehr entsprach, wurde bewusst in Kauf genommen.

»Schlauchboot Steuerbord voraus!«, meldete um 15.00 Uhr des 30.03.1943 einer der Soldaten, die auf dem U-Jäger 2205 als Ausguck eingesetzt waren. Bald hatte man das kleine Boot erreicht. In ihm kauerten zwei Briten, derart erschöpft, dass sie ihren Rettern nur mit Mühe erzählen konnten, was passiert war: »Unser Flugzeug ist vor einer Woche wegen Maschinenschaden abgestürzt«, äußerte Sub-Lieutenant Michael William Barbour, der nur wenige Stunden später den Folgen der völligen Entkräftung erlag.

UJ 2205 hatte sich dem Geleit wieder angeschlossen, als U-Boot-Alarm ausgelöst wurde.

Mit äußerster Kraft (AK) voraus nahm UJ 2208 Kurs auf die Ortungsstelle, die sich östlich von Kap Bon befand. Eine erste Messung ergab, dass das Objekt gestoppt lag. Ein Submarine auf Schussposition? Oder lediglich ein dort liegendes Wrack?

Da man es nicht wusste, mussten die Fahrzeuge des Geleits auf die mögliche Gefahr aufmerksam gemacht werden. Und schon tönte die Dampfsirene und machten Flaggensignale deutlich, dass die Dampfer sofort nach Backbord abzudrehen hatten.

»Verfahren Grün, 12 Sekunden Salventakt!«, befahl der Kommandant, Oberleutnant z.S. Oskar Schmidt. Fünf Wasserbomben »D«, auf Tiefen zwischen 70 und 120 Metern eingestellt, fielen kurz darauf aus Ablaufbahnen über Bord und ließen nach ihrer Explosion einen Luftschwall sichtbar werden.

Schmidt ging sofort zum zweiten scharfen Anlauf über. Nach Detonation der geworfenen »Dora«, 20.38 Uhr, quoll in großen Mengen Öl herauf. Es breitete sich rasch auf ca. 100 Meter Breite und ca. 500 Meter Länge aus. Als dann UJ 2205 seine Bomben in die Ölaustrittstelle warf, kam weiteres »schwarzes Gold« empor.

Gegen 22.00 Uhr verließen die U-Jäger die Bekämpfungsstelle; ihre Besatzungen waren überzeugt, dass das U-Boot[24] vernichtet sei.

Lange konnten sich die Männer allerdings nicht über den vermeintlichen Erfolg freuen, kam es doch auf den letzten Seemeilen, die das Geleit »SS« noch zurücklegen musste, zu einer Reihe tragischer Zwischenfälle: Westlich Kap Bon geriet der italienische Zerstörer LUBIANA vom Kurs ab, lief bei Ras el Amar auf Grund und brach auseinander. Der im Kielwasser folgende Dampfer CHARLES LE BORGNE hatte nicht minder Pech: Ebenfalls aufgelaufen, wurde er noch von der AQUILA gerammt. Letzterer konnte die Fahrt mit BIVONA noch ein paar Seemeilen fortsetzen, dann aber musste sich die AQUILA wegen Wassereinbruch kurz vor Bizerta auf Strand setzen.

Auch die Besatzungen von UJ 2202 und 2203, die mit ihren Fahrzeugen zur Sicherung der Dampfer CREMA und NUORO eingesetzt waren, erlebten dramatische Stunden.

Es begann mit einem U-Boot-Alarm, der am Morgen des 30.03.1943 ausgelöst wurde, als der vor dem S-Gerät des U-Jägers 2202 sitzende Obermaat ein Echo in 10 Grad, 2600 Meter Entfernung, meldete.

Während die im Quadrat CJ 8349 stehende ehemalige JÜTLAND mit AK auf die Ortungsstelle zudrehte und zwei weiße Sterne in die Höhe zischten, feuerte die Bedienung des vorderen Zweizentimetergeschützes einige Geschosse in die Richtung, wo sich das U-Boot[25], das jetzt mit sechs Knoten mitlaufend festgestellt wurde, befand.

Wenige Minuten später, 07.51 Uhr, befahl Leutnant z.S. Banzhaf den Wurf der ersten Wabos. »Nach Detonation der Wasser-

Auf dem Marsch nach Afrika – UJ 2208.

Foto: Hermann Himstedt

bomben erscheint Steuerbord achteraus ein 6 bis 8 Meter hoher und ca. 35 bis 40 Meter breiter Wasserschwall. Gleichzeitig sind im Schiff und im TAG starke, donnerähnliche Unterwassergeräusche zu vernehmen.«

»Das U-Boot muss als vernichtet betrachtet werden«, nahm Korvettenkapitän Grossmann zum Bericht des Kommandanten Banzhaf Stellung, »bei Seegang 1 waren in der Morgenfrühe die Ortungsverhältnisse ausgezeichnet, wie die Erfassung des U-Bootes auf 2600 m zeigt.

Der besonders hohe und lange Wasserschwall kann nur durch eine sehr große ausströmende Luftmenge entstehen, so dass mit einer Sprengung des Druckkörpers zu rechnen ist.

Die anhaltenden starken Unterwassergeräusche im akustischen Horchgerät lassen nur den einen Schluss zu, dass das U-Boot bei dem Absinken auf Tiefe durch den Wasserdruck zerbrach. Wassertiefe 3000 m.

Das Fehlen der Ortung auf die kurze Entfernung nach dem Umkehren bei vorzüglichen Ortungsverhältnissen ist ein weiterer Beweis für die Vernichtung. Der Kommandant hat den Anlauf hervorragend angesetzt, sofort eine Vernichtung erzielt und die Dampfer vor der Torpedierung bewahrt. Ich bitte, die Vernichtung anerkennen zu wollen.«

Vor Trapani stießen UJ 2202 und UJ 2203 auf UJ 2207, DEZZA und BENEVENTO (5229 BRT), die in der Frühe des 30.03.1943 Neapel verlassen hatten.

Die Besatzung der BENEVENTO hatte Glück, dass ihr Frachtschiff noch schwamm, denn es war wenige Stunden zuvor vom britischen U-Boot TRIBUNE ins Visier genommen und beschossen worden. DEZZA hatte nach dem Torpedofehlschuss des U-Bootes sofort Jagd auf das von Lieutenant Porter geführte Submarine gemacht und es mit derart gut liegenden Wasserbombenwürfen eingedeckt, dass schwere Schäden an der Maschinenanlage entstanden und der Rückmarsch nach Algier angetreten werden musste.

Es waren nur wenige Stunden seit Zusammenschluss des Geleites vergangen, als Flugzeuge zum Angriff ansetzten. Trotz der zahlenmäßig dreifachen Überlegenheit des Gegners nahmen die Besatzungen der Sicherung fliegenden Messerschmidt Me 109 und Junkers Ju 88 sofort den Kampf auf. Wenngleich es ihnen unter tatkräftiger Unterstützung des Geleites »GG« auch gelang, den Großteil der gegnerischen Jagdflugzeuge zu binden, so konnte aber nicht verhindert werden, dass einige Bomber bis zu den Schiffen durchdrangen und sich ihrer gefährlichen Fracht entluden.

Und schon krachte es auf NUORO, züngelten Flammen, stiegen dunkle Rauchwolken empor. Die Bemühungen seiner Besatzung, den Dampfer schwimmfähig zu erhalten, blieben jedoch nicht lange von Erfolg gekrönt, explodierte er doch nur wenig später nach einem Lufttorpedotreffer …

»16.00 Uhr der nächste Fliegeralarm«, hielt der Steuermann Herbert Scheuffler in seinem privaten Tagebuch betreffend dieser Minuten fest, »unzählige Bomber und Torpedoflieger greifen uns in großer Höhe bzw. Tiefflug an. UJ 2207 und 2203 melden je einen Abschuss.

Ein plötzlich einsamer deutscher Jäger trifft ein und wird vom Gegner abgeschossen. Der deutsche Pilot kann mit dem Fallschirm abspringen und wird von UJ 2202 geborgen.«

U-Jäger 2207. Foto: Sammlung Erwin Hatting

Mit Einbruch der Dunkelheit musste verstärkt mit dem Erscheinen von gegnerischen Überwasserstreitkräften gerechnet werden, deshalb wurde die Zahl der Ausguckes jetzt erhöht. Die stockfinstere Nacht machte es den Posten jedoch fast unmöglich, die in Höhe der Hundeinsel befindlichen britischen Motortorpedoboote 266 und 315 rechtzeitig zu erkennen …

»Torpedos los!«, hieß es gegen 00.50 Uhr. Augenblicke später zerrissen Detonationen die Stille, drangen gewaltige Wassermassen in den getroffenen Dampfer CREMA ein.

Auch BENEVENTO hatte das Glück verlassen: Von einem Torpedo getroffen, sah die Besatzung sich gezwungen, den Dampfer auf Grund zu setzen. Als man auf UJ 2207 die MTBs erkannte, wurde sofort das Feuer eröffnet. Zahlreiche 2-, 3,7- und 8,8-cm-Geschosse flogen den mittlerweile den Rückzug antretenden Schnellbooten entgegen. Doch die Briten hatten Glück; sie konnten sich ohne ernste Treffereinwirkung aus der Gefahrenzone bringen.

Von den drei Geleitzügen, die Ende März bzw. Anfang April 1943 nach Afrika liefen, kam letztlich nur »RR« ungeschoren davon. Der Verlust der Dampfer NUORO, CREMA, CHARLES LE BORGNE und des italienischen Zerstörers LUBIANA sowie eines Teils der Ladung der gestrandeten Dampfer AQUILA und BENEVENTO war äußerst bitter. Etliche Tonnen wertvollste, von der Heeresgruppe Afrika dringend benötigte Nachschubgüter lagen nun auf dem Grund des Mittelmeeres oder auf Strand. Das Dt. Markdo Italien sah eine Mitschuld an den verlustreichen Fahrten in der mangelhaften, nicht im deutschen Sinne geführten Geleitsicherung: »Die Geleite wurden nicht straff genug durchgeführt, rissen auseinander und verloren damit die Möglichkeit der optischen Verständigung und der gegenseitigen Unterstützung durch konzentrierten Waffeneinsatz«, bilanzierte Vizeadmiral Weichold. Dessen ungeachtet müsse man die Leistungen der italienischen Geleitstreitkräfte im Geleitdienst im Ganzen gesehen und in Anbetracht der großen Überlegenheit des Gegners an Kampfmitteln aber anerkennen, brachte der Befehlshaber des Dt. Markdo Italien zum Ausdruck. »Es besteht jedoch kein Zweifel, dass deutsche Geleitstreitkräfte oder deutsche Besatzungen vor allem auf die Dauer mehr leisten würden.«

Auf Weicholds Feststellung, dass das Verhältnis zu den Italienern gut sei, entgegnete Großadmiral Dönitz: »Ist das nicht schade? Man sollte ihnen doch mit aller Deutlichkeit und Klarheit Forderungen stellen und sie auf die Mängel hinweisen!«

Dank Historikern wie Alberto Santoni wissen wir heute, dass »Ultra« in nicht unerheblichem Maße für die vielen Schiffsverluste der »Achse« verantwortlich war. Unter der Bezeichnung »Ultra« ist sowohl die während des Krieges in Bletchley Park, Buckinghamshire, gebildete britische Organisation zur Nachrichtengewinnung durch die Entzifferung feindlicher Funksprüche – die Government Code & Cypher School – als auch das Ergebnis der Arbeit (also die Nachrichten selbst) zu verstehen.

Die Zahl der aufgrund »Ultra« versenkten Handelsschiffe betrug auf den Routen nach Libyen 54 (mit insgesamt 222.578 BRT) und auf den Routen nach Tunesien 32 (mit 134.120 BRT).

Zu den Opfern der britischen Funkaufklärung gehörten auch die Dampfer NUORO, CREMA und BENEVENTO, deren Schicksal zuvor beschrieben wurde: Als sich die Geleitzüge SS und GG vor Trapani zusammenschlossen, hatte »Ultra« bereits die Weitergabe von vier Funksprüchen des Operational Intelligence Centre ermöglicht.

- *27. März: »CREMA, NUORO, BENEVENTO, CAPUA und CATARINA COSTA werden aus Italien kommend in Kürze in Tunesien erwartet.«*
- *28. März: »BENEVENTO, NUORO und CREMA müssen, wenn das Wetter es erlaubte, am 27. aus Neapel nach Tunesien ausgelaufen sein.«*
- *29. März: »Abhängig von der Wetterlage werden erwartet: in Tunis am 31. gegen 23.00 Uhr die CREMA, NUORO und BENEVENTO.«*
- *31. März: »CREMA, NUORO und BENEVENTO sind am 29. um 22.00 Uhr aus Neapel ausgelaufen. Sie werden am 31. um 06.30 Uhr die Insel Marettimo umfahren und Richtung Bizerta weiterlaufen.«*

Die operative britische Führung setzte nach Empfang der letzten und ins Detail gehenden Nachricht insbesondere auf die Luftwaffe, die am Nachmittag des 31.03.1943 mit ihren Angriffen begann.

Auch war es kein Zufall, dass die in der Nähe der Hundeinsel befindlichen britischen Motortorpedoboote 266 und 315 sich in einer guten Angriffsposition befanden; die Fahrzeuge der 7. MTB-Flottille waren aufgrund von »Ultra« dorthin entsandt worden!

Erfahrungsbericht des Flottillenchefs

1.) »Die Ortungsverhältnisse waren im Mittelmeer vom Golf von Genua bis zu den Gewässern um Sizilien herum durchweg ausgezeichnet, solange sich die Boote auf tiefem, offenem Wasser befanden. Größere Reichweitenverluste traten über Mittag durch Sonneneinstrahlung bisher noch kaum in Erscheinung. Der bei steifen und stürmischen Winden schnell aufkommende, kurze steile Seegang verminderte die Reichweiten von Seegang 4 an erheblich.

In den Golfen von Neapel, Eufémia und Palermo wurde ein zum Teil gewaltiges Absinken der Reichweiten gegenüber dem freien Wasser beobachtet, das manchmal so weit ging, dass Echos von Dampfern und Nachbarbooten selbst auf 200 Meter Entfernung ausblieben. Ähnliche Reichweitenminderung ist in Küstennähe beobachtet worden. Die Reichweite betrug hier oft weniger als 800 Meter. Steil ansteigender Meeresboden unter der Küste führte zu Fehlortungen an der 200 bis100-Meter-Wasserlinie.

Um gute Ortungsverhältnisse zu erhalten, ist es notwendig, mindestens 3–4 Seemeilen außerhalb der 200-Meter-Wasserlinie zu bleiben. Ich halte es daher nicht für richtig, freie Jagd unter der Küste anzusetzen. Damit sucht man den Kampf in einem Gebiet, in welchem sich der U-Jäger seiner eigenen Vorteile behebt und in welchem er meistens nicht mehr in der Lage ist, Torpedos auszuweichen, weil der Gegner unbemerkt bis auf 800 m und näher an ihn herankommen kann.

Die Fischdampfer der Flottille, die ohnehin schon schwerfällig manövrieren, sind bei steifen Winden nur schwer durch den Wind zu drehen und verlieren von Seegang der Stärke 4 an überdies stark an Fahrt, so dass das Wasserbombenwerfen bei der verringerten Fahrt dann nicht mehr möglich ist. Da die Boote bei solchen Wetterverhältnissen schlecht manövrieren und auch ausgesprochen schlechte Ortungsbedingungen haben, sollten sie unter diesen Voraussetzungen nicht zur freien U-Jagd eingesetzt werden.

Es ist bekannt, dass an besonderen Punkten wie Kap Vito, Kap Milazzo, Kap Spartivento usw. dauernd Feind-U-Boote auf Position sind. Wenn diese Boote, deren Vorhandensein bekannt ist, dann überdies noch gesichtet werden, so ist dies meines Erachtens ziemlich gleichgültig, und ich halte es für zwecklos, Stunden später dorthin noch eine U-Jäger-Rotte zu schicken, die doch nichts mehr ausrichten wird, da ein U-Boot nur zu leicht vor zwei U-Jägern ausweichen kann. Die Kraft der wenigen vorhandenen U-Jäger sollte man nicht durch rottenweise freie Jagd verzetteln, sondern lieber die Geleitzüge besonders reichlich mit U-Jägern besetzen, damit eine Rotte bei einem U-Boot-Angriff auf das Geleit zur U-Boot-Bekämpfung zurückbleiben kann und der Geleitzug trotzdem noch genügend Schutz durch die restlichen verbleibenden U-Jäger besitzt.

Die eigentliche U-Boot-Bekämpfung zeigte einen recht günstigen Verlauf. Vom ersten Einsatz der Flottille am 25. Februar bis zum 01. April 1943 sind sieben Feindboote durch das S-Gerät geortet und anschließend vernichtet worden. Aus den vorliegenden Mittelmeererfahrungen hatte ich für meine Flottille unter Berücksichtigung ihrer Ausrüstung und Geschwindigkeit ein Angriffs- und Wurfverfahren ausgearbeitet, das unter sorgfältiger Berechnung der Wurfzeiten die größte Aussicht auf Erfolg bot. In der Praxis hat sich dieses Verfahren bewährt.

Der Flottillenchef bei der Musterung einer U-Jäger-Besatzung.
Foto: Bibliothek für Zeitgeschichte

Das Schnellplanverfahren mit ›Jägern‹ und ›Hilfsjägern‹ sollte dem OKM zur Weitergabe an andere U-Jagdflottillen vorgelegt werden, da es sich ebenfalls bewährt hat. Diese Taktik ist besonders geeignet, wenn es darauf ankommt, das U-Boot möglichst schnell zu vernichten, weil z.B. die U-Jäger sich nur für kurze Zeit von dem Geleit entfernen dürfen.

Gerade für Schiffe mit schwierigen WB-Nachlademöglichkeiten bietet dieses Verfahren den Vorteil, die scharfen Anläufe ohne Pausen durchzuführen.

Die erfolgreichen Kommandanten, die entweder bisher Wachoffiziere in anderen U-Jagdflottillen waren oder noch keine Gelegenheit zur U-Boot-Bekämpfung hatten, haben sich hervorragend in ihre Aufgabe hineingefunden. Mit Schneid und Umsicht haben sie ihre Boote geführt und ihre Besatzungen tadellos ausgebildet.

2.) Geleitzugwesen

In den italienischen Geleitzügen fiel mir auf, dass zu viel gefunkt wird. Das italienische Funkwesen hat an sich den Nachteil, dass der Empfangende quittieren muss, wodurch ein Geleit in See schon verraten werden kann. Der Geleitzugführer funkt auch mit den Kriegsschiffen seines Geleits, obwohl ein Morse- oder Winkspruch abgegeben werden könnte. Ferner stehen alle Geleitschiffe auf einer Telefoniewelle miteinander in Verbindung, die dauernd benutzt wird.

Die Geleittorpedoboote sind durchweg ungenügend mit Fla-Waffen Kaliber 2–4 cm ausgerüstet, um Tiefflieger erfolgreich abwehren zu können. In den Geleitbesprechungen wurde dann von italienischer Seite der Wunsch laut, die gut bewaffneten deutschen U-Jäger so aufzustellen, dass sie Flakschutz geben könnten. Anstatt die U-Jäger rein U-Boot-Abwehr-mäßig 1500–2000 Meter von den Schutzobjekten herauszusetzen, musste ein Kompromiss geschlossen werden, um auch noch wirksamen Flakschutz bieten zu können. Dies führte zur Aufstellung der U-Jäger etwa 1000 Meter seitlich herausgesetzt. Diese Aufstellung hat einige Male genügt, um die Schutzobjekte vor Torpedierungen zu bewahren. In einem anderen Falle war die Entfernung aber nicht ausreichend, um den angegriffenen Dampfer, als der U-Jäger das U-Boot erst bei den Torpedoschüssen ortete, Zeit genug zum Abdrehen zu lassen.

Aus dem Vorgesagten über die Ortungsverhältnisse unter der Küste und in den Golfen ergibt sich, dass es unzweckmäßig ist, die Geleite, die von U-Jägern geschützt werden, unter der Küste fahren zu lassen. Die Küstenkurse haben außerdem den Nachteil, dass sie dem Gegner bekannt sind, wie aus den Torpedierungen an immer den gleichen Stellen hervorgeht. Mit dem Aufsuchen der freien See und ständiger Verlegung der Marschrouten wird den feindlichen U-Booten das Aufsuchen unserer Geleite erschwert. Ein Vorteil ist es auch schon, wenn das U-Boot sich nicht auf den ihm bekannten Weg legen kann, sondern unter Wasser danach trachten muss, mit hoher Fahrt noch eine günstige Schussposition zu erreichen, da dann die Aussichten für unsere Ortungsgeräte größer.

Ich habe beobachtet, dass alle U-Boot-Angriffe aus achterlicher Lage erfolgten. Die U-Boote versuchen den Geleitzug, ohne bemerkt zu werden, passieren zu lassen, um erst aus Lage 90 Grad oder achterlicher zu schießen. Es ist dann angebracht, die U-Jäger seitlich auf die Höhe der Dampfer zu stellen und den Voraussektor nur von den Seiten her mit zu überwachen, wenn man nicht noch einen weiteren U-Jäger als Spitzenschiff zur Verfügung hat.

3.) Italienische Marine

Bei den italienischen Marinestellen in Neapel und Messina fand ich Verständnis und Entgegenkommen und erreichte stets, dass meine Forderungen berücksichtigt wurden. Zweimal allerdings nur dadurch, dass ich erklärte, bei der vorliegenden Planung sehe ich mich außerstande, an dem Geleit teilzunehmen. Die Geleitzugführer hielten zweimal ohne erkennbaren Grund die befohlenen Marschrouten nicht ein und steuerten entgegen Befehl schließlich doch unter die Küste. Fahrtechnisch verhielten sich die Geleitzugführer in zwei Fällen unsinnig, ohne jedes Gefühl für Taktik.

4.) Minenlage

Die Minenlage muss jeder Kommandant eines U-Jägers kennen, und zwar nicht nach italienischer Form, dass nur die Zwangskurse bekannt sind, sondern mit tatsächlicher Lage der Sperren, weil er sonst U-Boote nicht jagen kann. Entweder muss der U-Jäger-Kommandant ohne Kenntnis der tatsächlichen Sperren die U-Jagd unterlassen, oder er läuft Gefahr, in die eigenen Sperren zu geraten.

5.) Befehlsgebung

Die Befehlsgebung war bis zur Schaffung des Deutschen Stabes bei Supermarina nicht in Ordnung. In Palermo und Messina passierte es mir, dass ich drei verschiedene Befehle zur gleichen Zeit hatte und nicht mehr übersehen konnte, was eigentlich ausgeführt werden sollte.

Im Widerspruch standen Deutsches Marinekommando Italien, die örtlichen italienischen Marinestellen und die Seetransportstellen, die alle verschiedene Uhrzeiten, verschiedene Geleitzusammenstellungen und verschiedene Bestimmungshäfen aufgaben.

Auch nach der jetzt erfolgten Neuorganisation dürfte es in vielen Fällen vorteilhaft sein, rein deutsche Verbände direkt vom Deutschen Stab bei Supermarina mit FT zu steuern, um bei dem Abwarten für eine Aufgabe den deutschen Verband frei von den örtlichen italienischen Marinebehörden zu machen. Die Nachrichtenübermittlung zwischen Supermarina und den anderen italienischen Marinestellen scheint unter einem zu großen Verzug zu leiden. Dadurch kommt es vor, dass die örtlichen italienischen Marinestellen nicht voll mit den Absichten des Deutschen Stabes bei Supermarina in Übereinstimmung sind. Durch Einschalten der 7. Sicherungsdivision werden diese Misshelligkeiten im Sizilien-Bereich sicherlich bald behoben sein. Eine direkte Steuerung unserer Boote durch vorgesetzte deutsche Dienststellen wäre aus dem Grund begrüßenswert, weil nicht jedes Boot einen Dolmetscher an Bord hat, die Einsatzbefehle von den örtlichen italienischen Marinestellen jedoch stets in italienischer Sprache gegeben werden. In Palermo ist ferner die italienische Marinestelle von der Stadt weit entfernt, so dass die Verbindung schwierig ist, umso mehr, als es einen geordneten Betrieb über eine Signalstelle im Hafen nicht gibt.«

Bomben-Volltreffer

Am 04. bzw. 06.04.1943 marschierten die in Tunesien befindlichen U-Jäger Richtung Sizilien bzw. Italien zurück. Das Marinekommando Tunesien beantragte, dass die U-Jäger bei ihrem nächsten Afrika-Einsatz[26] Nachschubgüter mitnehmen und – wie bereits geschehen – einen Anteil Brennstoffs aus ihren Vorräten abgeben.

Der Morgen des 04.04.1943 graute, als UJ 2208 den Hafen von Bizerta verließ, um mit dem italienischen Torpedoboot SAGITTARIO den Dampfer MIN und den Tanker BIVONA nach Neapel zu geleiten. Kaum ein paar Stunden unterwegs, griffen 32 alliierte Flugzeuge den Verband an und warfen aus ca. 5000 Meter Höhe Bomben ab. Die Sprengstoffträger, die unweit von BIVONA und UJ 2202 detonierten, richteten aber nur geringe Schäden an.

Auch UJ 2203, 2205 und 2207, die sich am 06.04.1943 von Bizerta aus auf dem Weg nach Trapani gemacht hatten, wurden von gegnerischen Flugzeugen mit Bomben attackiert. Hartruderlage und Fahrtsteigerung bewahrten die U-Jäger jedoch vor der Vernichtung.

Am selben Tag erwischte es den erst wenige Stunden zuvor in Trapani eingelaufenen UJ 2202, als britische Bomber den Hafen angriffen und ihre tödliche Last aus ca. 7500 Meter Höhe abwarfen. Ein Volltreffer vor der Brücke rief derart schwere Schäden hervor, dass der U-Jäger auf den Grund des Hafenbeckens sank. Lediglich Back, Brücke und Achterschiff ragten noch aus dem Wasser.

Gleich nach Versorgung der sieben Verwundeten machten sich die unversehrten Besatzungsangehörigen daran, die Geheimsachen, die FT-Geräte, das S-Gerät und die Zweizentimeterwaffen von der ehemaligen JÜTLAND zu bergen.

Glück im Unglück hatte der längsseits UJ 2202 liegende U-Jäger 2210, dessen Besatzung einen wegen Bombennaheinschlag erlittenen Wassereinbruch schnell zum Stillstand bringen konnte.

Aufgrund der eingetretenen Fahrzeugverluste forderte die SKL nun die beschleunigte Fertigstellung der U-Jäger 2211 bis UJ 2215 und drängte auf den schnellstmöglichen Abschluss der Arbeiten an den Fahrzeugen der 3. und 4. Geleitflottille.

3. und 4. Geleitflottille

Das OKM hatte die Aufstellung der 4. Geleitflottille (Chef: Fregattenkapitän von Kamptz) am 05.04.1943 überraschend als 10. Torpedobootsflottille angeordnet. Da die ehemaligen französischen Schiffe BOMBARDE, L'IPHIGENIE, POMONE, MATELOT LEBLANC und RAGEOT DE LA TOUCHE aber von den Italienern ausdrücklich als Geleitfahrzeuge abgegeben worden waren, beantragte das Dt. Markdo Italien mit Unterstützung des DSS den Beibehalt der ursprünglichen Absicht, aus diesen Fahrzeugen die 4. Geleitflottille aufzustellen.

In der Begründung hieß es u.a.: »Es ist verständlich, dass der Führer der Zerstörer in den Torpedobooten in erster Linie Torpedoträger sieht. Sie sind aber nach Sinn und Wortlaut des Abkommens zwischen der italienischen und deutschen Marine Geleitfahrzeuge, und das muss auch nach außen hin einwandfrei erkennbar sein.«

Wenn die Bezeichnung »10. Torpedobootsflottille« auch in »4. Geleitflottille« geändert wurde, so setzte das OKM durch, dass die Geleitboote SG 48 ex BOMBARDE, SG 47 ex POMONE und SG 46 ex L'IPHIGENIE am 18.05.1943 die Bezeichnung TA (Torpedoboot Ausland) erhielten also Tag, TA 10 und TA 11.

Neben der 4. Geleitflottille stellten auch die Fahrzeuge der am 01.05.1943 aufgestellten 3. Geleitflottille (Chef: Korvettenkapitän Kramer) wertvolle Einheiten dar. Unter anderem mit S-Geräten und Wasserbombenwerfern ausgerüstet, waren die Geleitboote SG 10 ex FELIX-HENRI, SG 11 ex ALICE ROBERT, SG 13 ex CYRNOS sowie die Minenschiffe BRANDENBURG ex KITA und POMMERN ex BELAIN

Der Antrag des Dt. Marinekommandos Italien auf Zuweisung der ehemaligen belgischen Yacht INSUMA wurde zunächst von der Seekriegsleitung abgelehnt. Das Fahrzeug wurde erst im September 1943 der 22. U-Jagdflottille als UJ 2219 zugeteilt. Foto: Ulrich Albrecht

D'ESNAMBUC in der Lage, auch gegnerische U-Boote zu bekämpfen. Die ehemaligen Handelsschiffe, die in größter Eile zu Kriegsschiffen umgebaut worden waren, wurden wegen ihrer guten Bewaffnung zunächst als »Flakkorvetten« bezeichnet. Mit kaum ausgebildeten Mannschaften wurden die Fahrzeuge im Mai und Juni 1943 von Frankreich nach Italien überführt, um hier den Geleitschutz zu den Inseln Sardinien und Korsika zu verstärken. Die Minenschiffe BRANDENBURG und POMMERN wurden zudem zu Sperrunternehmungen eingesetzt.

Trotz technischer Schwierigkeiten sind diese Fahrzeuge und die Boote der 4. Geleitflottille (sie wurde Ende August 1943 aufgelöst, die noch vorhandenen Schiffe in die 3. Geleitflottille übernommen) fast ununterbrochen im Einsatz gewesen. Nach der Kapitulation Italiens haben die Angehörigen der 3. Geleitflottille mehrere Fahrzeuge des ehemaligen Bündnispartners übernommen (TA 23, TA 24, TA 26, TA 27, SG 20, das Geleitboot DELPHIN sowie die Minenleger JUMINDA, KEHRWIEDER, DWARSLÄUFER und NIEDERSACHSEN), die nach kürzester Zeit und unter zum Teil primitivsten Verhältnissen zum Einsatz kamen.

Die 3. Geleitflottille (geleitete Tonnage insgesamt: 850.833 BRT) wurde am 31.01.1944 aufgelöst. Es fielen 221 Flottillenangehörige, verwundet wurden 162 Unteroffiziere und Mannschaften.

Bis die Boote der Geleitflottillen jedoch zum Einsatz kamen, verging noch einige Zeit, so dass sich die Last der zu bewältigenden Geleitsicherungs-, U-Jagd-, Minensuch-/räum- und Sperraufgaben zurzeit auf die wenigen vorhandenen kriegsbereiten Fahrzeuge verteilte.

Hierzu zählte auch der Zerstörer ZG 3 HERMES, der Ende März 1943 aus der Ägäis beordert und dem Dt. Markdo Italien direkt unterstellt wurde.

Am 10.04.1943 wurde das Dt. Markdo Italien von der SKL um Beantwortung der Frage gebeten, ob die in Monte Carlo liegende ägyptische Yacht NIMET ALLAH[27] trotz hohen Preises als U-Boot-Jäger angekauft werden solle. Der Befehlshaber bejahte dies und bat um Zuteilung an die 22. U-Jagdflottille, die durch den Verlust von drei U-Jägern eine deutliche Schwächung erfahren hatte.

Fünf Tage später, 15.04.1943, beantragte das Dt. Markdo Italien im Einvernehmen mit dem DSS, auch die drei kleinen U-Jäger CETONIA, INSUMA und TADORNA der 22. U-Jagdflottille zuzuteilen und schlug vor, dafür der 6. Sicherungsflottille den U-Jäger 2214 zu überlassen.

»Dieser Antrag ist nicht recht verständlich«, antwortete die SKL, »die drei kleinen U-Jäger, die das Dt. Markdo Italien selbst als wetterempfindlich und damit weniger leistungsfähig bezeichnet, werden nicht früher einsatzbereit als UJ 2214, der mit UJ 2211, 2212, 2213 und 2215 voraussichtlich etwa am 25. April den Marsch nach Italien wird antreten können, während von den drei kleinen U-Jägern die ersten beiden Anfang / Mitte Mai und der dritte erst zu einem noch unbestimmten Zeitpunkt einsatzbereit werden. Andererseits ist der 6. Sicherungsflottille mit nur einem U-Jäger nicht gedient. Sie wird ihre Aufgaben mit den drei kleineren, wenn auch weniger einsatzfähigen U-Jägern besser ausfüllen können. Es dürfte also sowohl im Interesse der 22. U-Jagdflottille als auch der 6. Sicherungsflottille sein, wenn an der befohlenen Verteilung der U-Jäger nichts verändert wird (CETONIA, INSUMA und TADORNA bleiben vorerst bei der 6. Sicherungsflottille, 22. U-Jagdflottille behält UJ 2214).«

Die SKL war sich der Tatsache bewusst, dass CETONIA, NSUMA und TADORNA die U-Boot-Gefahr an der südfranzösischen Küste nicht würden beseitigen können. Trotzdem wurde an ihrem Einsatz festgehalten, da man hoffte, dass diese U-Jäger eine gewisse abschreckende Wirkung auf den Gegner ausüben würden.

Die U-Boot-Tätigkeit an der südfranzösischen Küste gegen den eigenen und spanischen Schiffsverkehr unter deutscher, italieni-

Im Frühjahr 1943 für die 22. U-Jagdflottille vorgesehen gewesen – UJ 6073 ex NIMET ALLAH. *Foto: Erhard Henrich*

scher, französischer und spanischer Flagge ließ sich im März 1943 in gewisser Weise mit der Tätigkeit deutscher U-Boote vor der USA-Küste im Jahr 1941 vergleichen. Der Gegner lief bis dicht unter Land und attackierte unbewaffnete Einzelziele artilleristisch. Die Ortungsgeräte waren kaum in der Lage, die bei Nacht anlaufenden U-Boote zu erfassen. Die Luftaufklärung hatte nur bei ruhiger See Aussicht auf Feststellung und Bekämpfung, da sie über Ortungsgeräte nicht verfügte. Die Bekämpfung durch eigene vorhandene Seefahrzeuge (MS-Boote, HS-Boote, Seenotboote) erwies sich wegen ihrer Unterlegenheit an Waffen und Geschwindigkeit als ebenso unzweckmäßig wie deren Einsatz im Geleitdienst, so dass vorläufig als einzige Aufklärungs- und Kampfmittel Flugzeuge der Luftwaffe eingesetzt werden konnten.

In Anbetracht der gewaltigen Verluste im Seetransportverkehr zwischen Italien, Sizilien und Tunesien bzw. der katastrophalen Lage bei der seit 09.03.1943 von Generaloberst von Arnim geführten Heeresgruppe Afrika war die Sicherung der südfranzösischen Küste aber nur von sekundärer Bedeutung.

Am 20.03.1943 hatte Montgomerys 8. Armee an der Mareth-Linie eine Offensive begonnen, welche die italienische 1. Armee zum Rückzug in die Wadi-Akarit- und schließlich Enfidaville-Stellung trieb. 5. Panzerarmee und italienische 1. Armee vereinigten sich zur Verteidigung des 150 km langen Bogens von Enfidaville bis zur Nordküste. Trotzdem war diese verkürzte Linie aufgrund der Materialverluste und des unzureichenden Nachschubs immer noch viel zu lang, um auch nur eine hinhaltende Verteidigung zu gewährleisten. Ende März 1943 wies Generaloberst von Arnim das OKW auf die hoffnungslose Lage hin, doch er fand bei Hitler kein Verständnis – Tunesien sollte »bis zur letzten Patrone« verteidigt werden.

»Deutsche U-Boot-Jäger schlagen zu«

Nachdem es im Wehrmachtsbericht vom 25.03.1943 bereits geheißen hatte, dass Unterseebootjäger der deutschen Kriegsmarine während weniger Tage fünf britische U-Boote im Mittelmeer versenkt haben, sollten nun Angehörige der Propagandakompanien dem Zeitgeist entsprechende Artikel für die Zeitungen fertigen. Einer der Kriegsberichterstatter, Fritz Böltz, verfasste Anfang April 1943 die folgenden Zeilen:

Deutsche U-Boot-Jäger schlagen zu

Bei den dauernden gewichtigen Verlagerungen im gegenseitigen Kräfteverhältnis der seit über zwei Jahren tobenden Schlacht im Mittelmeer ist ein Faktor des Kampfes immer wieder von gleicher Wichtigkeit geblieben: Der Nachschub nach Nordafrika. Er ist die Grundlage für alle militärischen Maßnahmen der Offensive und Defensive überhaupt. Der Feind versucht daher seit der gleichen Zeit, durch den Einsatz der verschiedenartigsten Angriffsmittel, den Strom von Menschen und Material, den die Achse über das Mittelmeer leitet, immer wieder zu stören oder gar zu unterbinden. Manches Mal hat der Brite zu Beginn des Krieges unsere U-Boot-Waffe geringschätzig als die Waffe des Schwächeren bezeichnet. Aber davon sprach ein Jahr später in London kein Mensch mehr. Denn diese deutschen U-Boote hatten inzwischen recht empfindliche Tonnagelücken in das wacklige Gebäude der britischen Seemacht geschlagen. Man begann darüber nachzudenken und versuchte nun, den Einsatz der deutschen Unterwasserkräfte zu kopieren.

An den Schlagadern des offensiven deutschen Seekrieges bemühte sich der Gegner, uns immer wieder mit unseren »eigenen« Waffen zu schlagen. So auch im Mittelmeer. Dass der britische Versuch dort sofort die Abwehrbereitschaft der italienischen Kriegsmarine fand, damit hatte der Feind nicht gerechnet. Die wohlausgewogene Friedensausbildung der italienischen Flotte, die in Erkenntnis der besonderen seestrategischen Lage Italiens sowohl auf die Offensive, als aber vor allem auf die Defensive ausgerichtet war, warf dem Briten eine Abwehrkraft entgegen, die ihm manchen Verlust von seinen wenigen U-Booten und einen hohen Blutzoll der kaum ausgebildeten U-Boot-Besatzungen kosteten.

Wenn nun seit einigen Wochen neben den italienischen Zerstörern, Torpedobooten und schnellen Korvetten deutsche U-Boot-Jäger die Abwehrfront zur See im Mittelmeer verstärken, dann ist das eine vom Feind selbst herbeigeführte Entwicklung. Durch die Besetzung der französischen Mittelmeerhäfen, die dem Raubüberfall der Briten und Amerikaner in Nordafrika vonseiten der Achse folgen musste, wurde die deutsche Kriegsmarine schlagartig in die Lage versetzt, eine große Anzahl von Hilfsschiffen in kürzester Zeit in den Kampf um Tunesien, in die Schlacht um das Mittelmeer überhaupt zu werfen.

An der Themse ist in Sachen der U-Boot-Bekämpfung ja manches große Wort gesprochen worden. Und wenn auch Herr Cripps von Churchill mit entsprechenden Vorschusslorbeeren zum Vorsitzenden des neugebildeten Ausschusses für U-Boot-Abwehr gemacht worden ist, so hatte doch die deutsche Kriegsmarine auf diesem Gebiet zwar weniger geredet, aber umso mehr gehandelt. Aus der Summe der vielfältigen Erfahrungen der vor der Atlantikküste, in der Nordsee bis hinauf zum Eismeer oder im Finnischen Meerbusen eingesetzten deutschen U-Boot-Jäger ist eine deutsche Abwehrwaffe systematisch entwickelt worden, in stiller Kleinarbeit ein neues Kampfmittel entstanden als ein scharfes Schwert für die lange Front der deutschen U-Boot-Jäger im Küstenvorfeld Europas.

Auf ehemaligen Fischdampfern, auf denen früher französische Fischer in friedlicher Seemannsarbeit ihr hartes Brot verdienten, stehen heute deutsche Matrosen hinter ihren Waffen, vor den Maschinen, an den Brückenschanzkleidern, auf Ausguck und an den neuesten Geräten deutscher Technik. Das Wild, das sie jagen, lauert in den Tiefen der weiten See.

Das Gesicht des Fischdampfers hat sich verändert. Wo früher der silbrige Strom der Fischleiber an Bord floss und verarbeitet wurde, stehen jetzt eng aneinander gereiht Wasserbombe um Wasserbombe. Der frühere Mast ist von einem Waffenhochstand abgelöst worden. Hinter der Ankerwinsch droht die schwere Kanone, ergänzt durch eine Unzahl mittlerer und leichter Fla-Waffen, die von vorne nach achtern das Boot fast unangreifbar aus der Luft machen. Wo sich fast gestern noch Tonne um Tonne von Fischen stapelten, lagern heute unter Deck die schweren Brocken der Wasserbomben, sind neben den Wohnräumen der Besatzung die scharfen Augen und wachen Ohren des U-Boot-Jägers die neuesten Kampfmittel der Kriegsmarine eingebaut. Anstelle des französischen Kapitäns steht heute ein junger Leutnant oder Oberleutnant als Kommandant auf der Brücke des modernen Dampfers. Bei ihm konzentrieren sich die Beobachtungen und Meldungen seiner Besatzung, die, ausgerüstet mit den modernsten Geräten der U-Boot-Ortung, durch seine Führung zu einem schwerbewaffneten und gefährlichen Anti-Uboot-Stoßtrupp wird. Oft tagelang liegen sie bis aufs Höchste angespannt auf der Lauer. Keine Sekunde bleibt das Seegebiet im weiten Umkreis und vielfacher Tiefe unbewacht. Und sobald die Skalen der Instrumente sich geheimnisvoll verändern, werden auf dem Signaldeck die bunten Wimpel für »U-Boot-Alarm« geheißt.

Und aus den Lauernden sind die Angreifer geworden. Wie schwere Hammerschläge saust die schwere Last der Wasserbomben zu dem Feind in die Tiefe, der nun, zu Tode gehetzt, ein furchtbares Ende erlebt. In nicht ganz vier Wochen hat eine deutsche U-Jagdflottille sechs britische Unterseeboote versenkt – das ist ein einmaliger, bisher nie gekannter Erfolg …«

U-Boot-Jäger der 22. U-Jagdflottille im Einsatz.
Foto: Sammlung Willi Debrich

Luftvorrat dürfte nicht ausreichen

Der Artikel »Deutsche U-Boot-Jäger schlagen zu« war kaum zu Papier gebracht, als die Propagandakompanien neuen »Brennstoff« erhielten – schien der von Leutnant z.S. Pollmann geführte U-Jäger doch gleich zwei U-Boote an einem Tag vernichtet zu haben!

Der U-Jäger 2210 war am 11.04.1943 als Steuerbord-Sicherung eines in Richtung Palermo fahrenden Geleitzuges unterwegs, als es im Quadrat CJ 8678 zu einer Ortung kam.

Betreffend der Ereignisse ist dem von Pollmann gefertigten Gefechtsbericht zu entnehmen:

»12.22 Uhr: Orten in 30° 800 m ein gutes Echo, das sofortige Umschalten auf Geräuschpeilung ergibt ebenfalls eine starke Geräuschpeilung. Es werden laut italienischer Geleitzugsvorschrift sofort rote Sterne geschossen und das Signal Y K gesetzt (U-Boot an Steuerbord).

12.23 Uhr: Boot dreht in die Peilung. Befehle, dass eine Salve W.B. abgeschossen wird (3 W.B.), damit das U-Boot unter Wasser gedrückt wird.

12.25 Uhr: U-Boot wandert daraufhin stark nach Stbd. aus. Sehr gute Geräuschpeilung, gutes Echo. Überlaufe Echo. Drehe auf Gegenkurs. Echo während der ganzen Zeit nicht verloren.

12.28 Uhr: Echo jetzt in 70° 900 m. Boot dreht in die Peilung.

12.29 Uhr: Das Echo ist klar und deutlich, ebenfalls stets eine sehr gute Geräuschpeilung. Entfernung langsam abnehmend. Die Geschwindigkeit des U-Bootes wird mit 3 sm/h festgestellt. Ich befehle daher Verfahren Grün 10 sek. Salventakt. Das Echo ist bis auf 160 m gut zu halten. Sofortiges Umschalten auf Geräuschpeilung ergibt eine klare Geräuschpeilung.

12.30 Uhr: U-Boot versucht nur wenig nach Stbd. auszuwandern.

12:31 Uhr: 1. scharfer Anlauf begonnen 46 sek. nach Abstoppen Echo bei 200 m.

Boje geworfen. Erfolg: ca. 3 m hoher, 50 m langer Luft- und Wasserschwall, starker Ölaustritt.

12.36 Uhr: Sehr gutes Echo und starke Geräuschpeilung in 30° 600 m. Italienisches Flugzeug wirft zwei Bomben, keine Wirkung.

12.37 Uhr: U-Boot versucht mit 2 sm/h mitlaufend nach Bbd. abzulaufen. Boot dreht laufend in die Peilung. Entfernung abnehmend. Echo bleibt klar bis auf 180 m, dann klare scharfe Geräuschpeilung auszumachen.

12.38 Uhr: 2. scharfer Anlauf begonnen 35 sek. nach Abstoppen Echo bei 200 m.

Boje geworfen. Erfolg: ca. 3–5 m hoher und langer Ölschwall mit mehreren nachfolgenden ca. 3–4 m hohen Luft- und Wasserschwallen.

12.42 Uhr: 2 starke zerberstende Luftausbrüche, klar im N.H.G. zu vernehmen.

Leichte Erschütterungen im Boot, nachfolgende Luftschwalle.

12.58 Uhr: An der Stelle der letzten Luftschwalle treibt eine rote zweiteilige Gummischwimmweste auf. Eine Seite zerrissen, die andere noch mit Luft gefüllt. Setzen Schlauchboot aus und nehmen Schwimmweste an Bord. Trotz klarem S-Gerät und erwiesener guter Ortungsverhältnisse ist kein Echo wiederzufinden.

13.18 Uhr: U-Boot-Alarm beendet. Aufgrund der nach dem 2. Anlauf erfolgten starken Luftausbrüche und der auftreibenden Schwimmweste muss mit der Vernichtung des U-Bootes gerechnet werden.«

UJ 2210 hatte sich nur ca. 40 Seemeilen von der vermeintlichen Vernichtungsstelle abgesetzt, als um 16.46 Uhr – ca. 90 Minuten nach Wiederanschluss an das Geleit – ein sich rasch nähernder Torpedofächer gesichtet wurde. Die vier auf zwölf Fuß Tiefe eingestellten »Aale« waren vom britischen U-Boot SIBYL abgeschossen

HMS SIBYL. *Foto: Royal Navy Submarine Museum, Gosport*

worden. Vorsichtig hatte das von Lieutenant Turner geführte Boot sich dem deutsch-italienischen Geleitzug genähert, hatte sich dabei immer nur für kurze Zeit auf Sehrohrtiefe gehalten, um der Entdeckung durch jene Flugzeuge, die den Schiffsverband sicherten, möglichst zu entgehen – und das war dem S-Klasse-Boot auch geglückt!

Während die Sprengstoffträger den U-Jäger achtern passierten, drehte UJ 2210 dem U-Boot mit äußerster Maschinenkraft entgegen. »Transporter CARBET schießt mit 2 cm auf Abschussstelle. Da das in der Nähe befindliche italienische Torpedoboot weder angreift noch W.B. wirft, stoße ich mit A.K. nach Bbd. durch, um Echo aufzunehmen und zu bekämpfen.

Ritterkreuzträger Otto Pollmann mit Bordhund.
Foto: Sammlung Otto Pollmann

16.52 Uhr: Sehr gutes Echo und Geräuschpeilung in 300° 1400 m aufgenommen. Das Echo bleibt klar und deutlich. Boot dreht in die Peilung. Das U-Boot kommt uns mit 4 sm/h direkt entgegen. Ich befehle daher Verfahren Rot 8 sek. Salventakt. Gutes Echo bis auf 180 m. Geräuschpeilung dann nur noch in 360° aufflackernd.

16.55 Uhr: 1. scharfer Anlauf begonnen 10 sek. nach Abstoppen Echo bei 200 m. Boje geworfen. Erfolg: 5–7 m hohe Ölsäule, in der sich, von der gesamten an Deck befindlichen Besatzung beobachtet, große und kleine Wrackteile befinden, die aber wieder absacken.

16.56 Uhr: Italienisches Flugzeug wirft gut liegende Bombe, wieder Wrackteile hochgeschleudert.

16.59 Uhr: 320° 500 m gutes Echo, ebenfalls sehr starke klare Geräuschpeilung etwa 100 m neben dem ersten WB-Wurffeld.

17.00 Uhr: U-Boot versucht mit geringer Fahrt nach Bbd. abzulaufen (ca. 1–2 sm), ich befehle daher Verfahren Grün 8 sek. Salventakt.

17.02 Uhr: 2. scharfer Anlauf begonnen 28 sek. nach Abstoppen Echo bei 200 m.

Erfolg: 5 m hohe Wasser-, Luft- und Ölfontäne, wieder Wrackteile mit hochschleudernd.

Sehr starker Ölaustritt.

17.25 Uhr: Kein Echo mehr zu bekommen. U-Boot muss auf Grund gegangen sein (Wassertiefe 150–200 m). An letzter Wurfstelle während der ganzen Zeit starke Luftblasen und Ölaustritt.

17.27 Uhr: Werfe 3. scharfen Anlauf mit tiefster Einstellung auf letzte Wurfstelle.

Weiterer starker Ölaustritt.

17.32 Uhr: Kann das Auftreiben weiterer Wrackteile nicht abwarten, da Sicherheit des Geleites vorgeht.

17.33 Uhr: U-Boot-Alarm beendet.

18.37 Uhr: Anschluss mit Geleit wiederhergestellt.

Aufgrund des starken Ölaustrittes und der hochgekommenen Wrackteile ist die Vernichtung des U-Bootes als sicher anzunehmen.«

Dass weder SIBYL (»Der einzige möglicherweise eingetretene Schaden entstand am backbordäußeren Abgasrohr, das einen Riss bekommen haben dürfte«)[28] noch ein anderes U-Boot am 11.04.1943 vor der sizilianischen Küste verloren gegangen war, konnte Pollmann, der nun zur Verleihung des Ritterkreuzes eingereicht wurde, nicht wissen.

Zwar hielt es Vizeadmiral Ruge für nicht ausgeschlossen, »dass die englischen U-Boote nach Bekämpfung mit Wasserbomben Luft, Öl und Trümmer ausstoßen, um die U-Jäger zu täuschen«, doch sei »die Vernichtung in beiden Fällen wahrscheinlich, da der Luftvorrat nicht ausreichen dürfte, um dieses Manöver mehrfach zu machen.«

Anlässlich der am 19.05.1943 erfolgten Verleihung des Ritterkreuzes zum Eisernen Kreuz an den UJ-2210-Kommandanten hieß es am 21.05.1943 in der Presse:

»Leutnant zur See d.R. Otto Pollmann hat als Kommandant eines Unterseebootjägers im Mittelmeer in der kurzen Zeit von nur sieben Wochen vier feindliche Unterseeboote vernichtet; an der Vernichtung eines weiteren Unterseebootes ist er maßgeblich beteiligt.

Leutnant zur See Pollmann, der am 3. März 1915 in Wesermünde geboren wurde, steht seit Kriegsausbruch mit seinem Boot in vorderster Front. Er zeichnete sich durch große Pflichttreue, Einsatzbereitschaft und hervorragendes seemännisches Können aus. Die Nachricht über die Verleihung erreichte ihn im Marinelazarett Genua.«

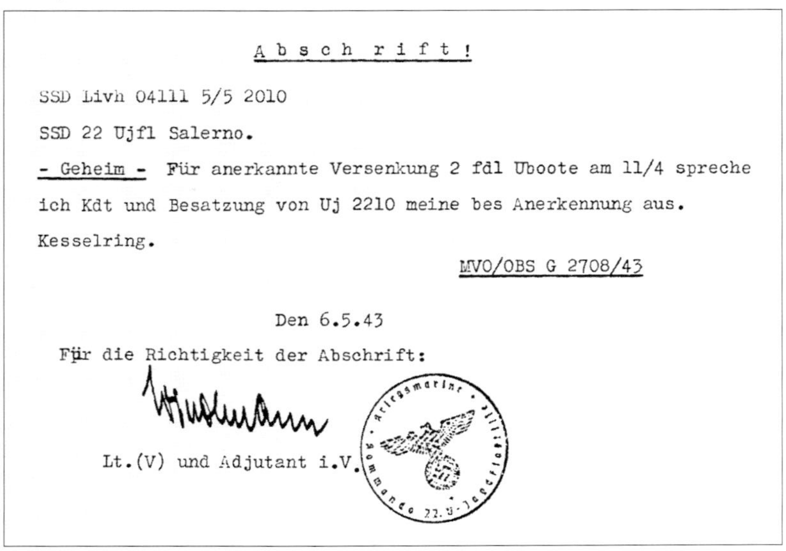

A b s c h r i f t !

SSD Livh 04111 5/5 2010

SSD 22 Ujfl Salerno.

- Geheim - Für anerkannte Versenkung 2 fdl Uboote am 11/4 spreche ich Kdt und Besatzung von Uj 2210 meine bes Anerkennung aus. Kesselring.

MVO/OBS G 2708/43

Den 6.5.43

Für die Richtigkeit der Abschrift:

Lt.(V) und Adjutant i.V.

Sackte das U-Boot durch?

Zwei Tage nach dem vermeintlichen »Doppelerfolg« von UJ 2210 verließ die ehemalige SAINT MARTIN LEGASSE den Hafen von Genua. Aufgabe für den am 24.03.1943 in Dienst gestellten UJ 2206 war es, U-Boot-Überwachung zwischen Genua und San Remo zum Schutze eines Geleites durchzuführen, das in der Nacht zum 14.04.1943 von Imperia nach Genua laufen sollte. Da am Mittag unweit San Remo ein aufgetauchtes feindliches U-Boot gesichtet worden war, musste mit einem Angriff auf den Geleitzug gerechnet werden.

Mit 8,5 Knoten Marschfahrt suchte der von Oberleutnant z.S. Hanekamp geführte U-Jäger das Seegebiet bis zum Quadrat CJ 1517 ab und ging am Morgen des 14.04.1943 auf Gegenkurs. Das Quadrat CJ 1288 erreichend, änderte UJ 2206 den Kurs auf rechtweisend 43 Grad.

Der Besatzung stockte der Atem, als wenige Minuten später in rechtweisend 243 Grad ein U-Boot der T-Klasse auftauchte. Es handelte sich um die TRIDENT, die am 31.03.1943 Algier verlassen hatte, um Agenten an der Ostküste Korsikas abzusetzen bzw. im Golf von Genua den Versuch zu unternehmen, einen »Anti-Submarine-Schooner« zu kapern.

Sein Kommandant, Lieutenant Newstead, hielt den U-Jäger 2206 für einen kleinen Tanker, den er nun mit der Artillerie versenken wollte. Er erschrak, als er erkannte, dass das Zielobjekt alles andere als harmlos war.

Und dann knallte es auch schon!

Die achtere 3,7-cm-Einzel- und die vordere 3,7-cm-Doppellafette des U-Jägers 2206 schickten der TRIDENT zahlreiche Geschosse entgegen. Gleichzeitig drehte der Gefechtsrudergänger den U-Jäger mit Hart-Backbord-Ruder auf rechtweisend 250 Grad und hielt das U-Boot mit wechselnden Kursen voraus.

Schließlich eröffnete auch TRIDENT das Feuer. Die ersten Schüsse des U-Bootes lagen kurz, ca. 50 bis 70 Meter vom Boot entfernt. Mit Zickzackkursen und hoher Fahrt versuchten die Briten, den Abstand zu UJ 2206 zu vergrößern.

Der U-Jäger drehte laufend in die Peilungen, schaffte es aber nicht, näher als 3000 Meter an das U-Boot, das nun die Tauchtanks flutete, heranzukommen.

»Ging sofort auf 120 Fuß«, hielt Lieutenant Newstead schriftlich fest, »änderte den Kurs um 90° nach Steuerbord auf 160° und machte das Boot klar für eine Wasserbombenverfolgung, da ich nun annahm, dass es sich wegen der schnellen Reaktion um eine U-Boot-Falle handeln könnte. Um 06.20 Uhr wurde auf 200 Fuß Tiefe gegangen, anschließend, da das Boot sich in guter

HMS TRIDENT. *Foto: Royal Navy Submarine Museum, Gosport*

Trimmlage befand, auf 300 Fuß. Um 06.40 Uhr überlief ein Fahrzeug das Boot. Kurz danach explodierten 14 Wasserbomben in unangenehmer Nähe, wahrscheinlich weniger als 100 Fuß, an der Backbordseite. Der Gegner drehte Backbord achteraus und man konnte S-Gerät-Impulse auf der Frequenz 13 kHz vernehmen. Kursänderung auf 130°, langsame Fahrt voraus…

06.54 Uhr: Gegner überläuft das Boot von Backbord achteraus nach Steuerbord vorn. Eine weitere Salve von 5 Wasserbomben explodierte etwas achteraus, wahrscheinlich oberhalb des U-Bootes. Der Gegner erhielt wieder Kontakt von Steuerbord voraus, und um 07.10 Uhr lief er zu einem weiteren Angriff an. Der U-Jäger überlief wiederum das Boot und eine weitere Lage aus 5 Wasserbomben explodierte über dem Boot …«

Öl und ein starker Luftschwall, darin ein in Richtung rechtweisend 300 Grad wandernder Luftpilz von etwa 30 bis 50 Meter Höhe, kamen aus der Tiefe empor. War das U-Boot angeschlagen? Hanekamp hielt es für wahrscheinlich – und setzte zum nächsten von insgesamt zehn weiteren scharfen Anläufen an.

Betreffend der letzten Attacke hielt der Oberleutnant schriftlich fest: »12.10 Uhr Anlaufbeginn. Verfahren »Grün«, 8 Sekunden Salventakt. 5 Heckbomben geworfen.

12.16 Uhr dreht Boot auf Gegenkurs rechtweisend 210 Grad. Einwandfreie Impulspeilungen Abstand 12 hm. Da nur noch sieben Wasserbomben an Bord, keine scharfen Anläufe mehr. Beabsichtigt war, die Ortung so lange zu halten, bis das U-Boot auftauchen musste.

Boot läuft mit langsamer Fahrt. Impulspeilungen sehr gut, Geräuschpeilungen schwach.

12.21 Uhr fällt, nachdem kurz zuvor noch eine schwache Geräuschpeilung vorhanden war, das bis dahin einwandfreie Echo in sich zusammen bei einem Abstand von 4 hm.

U-Boot vermutlich durchgesackt. Wassertiefe 2400 Meter.«

Grossmann bemerkte zum Gefechtsbericht: »Die Leistung der Bedienung der 3,7-cm-Doppellafette ist anzuerkennen, da es ihr gelang, auf eine Entfernung von 30 bis 50 hm auf dem kleinen Ziel Treffer anzubringen.

Nur dieser guten Schussleistung ist es zu verdanken, dass das feindliche U-Boot den Artilleriekampf abbrach, obwohl ihm dieser Vorteile geboten hätte, da es durch größere Geschwindigkeit die Entfernung bestimmen konnte und über stärkere Artillerie verfügte.

Der Kommandant, Oberleutnant zur See Hanekamp, ist trotz seiner Unterlegenheit schneidig herangegangen. Es ist ihm in vorbildlicher Weise gelungen, das Boot unter Wasser zu drücken und damit die Vorteile auf seine Seite zu bringen. Es zeigt sich jedoch, wie wichtig es ist, dass die U-Jäger mit einer Kanone 8,8 oder 10,5 cm ausgerüstet werden.«

Korvettenkapitän Grossmann befürwortete die Anerkennung einer U-Boot-Vernichtung nicht, da er glaubte, dass das U-Boot entkommen konnte. Der Flottillenchef vermutete richtig – die von U-Jäger 2206 geworfenen 81 Wasserbomben hatten das Unterwasserfahrzeug nicht zerstört: »Das Boot erlitt nur geringfügige Schäden (zerbrochene Lampen, Glasschaden, Tiefenlot undeutlich, Nr. 3 Batteriesicherungsschalter herausgefallen durch Explosion, Anlasser für den Druckluftkompressor aus dem Fundament gebrochen, Waschbecken zerbrochen).«

U-Jäger 2206. *Foto: Bibliothek für Zeitgeschichte*

In die Luft geflogen

Am Tag des Artilleriegefechtes zwischen UJ 2206 und H.M.S. TRIDENT, 14.04.1943, lief das zur britischen 10. U-Boot-Flottille gehörende U-Boot UNSEEN zu einer neuen Patrouillenfahrt aus. Zielgebiet für das unter dem Kommando von Lieutenant Crawford stehende Submarine war die Nordküste Siziliens. Vier Tage später erreichte UNSEEN das Seegebiet vor Isola delle Femmine, wo dann auf Position 38° 16′ Nord, 13° 45′ Ost mehrere Zielobjekte gesichtet wurden. Crawford entschied, das ihm am größten erscheinende Schiff, das er gleichzeitig als Tanker ansprach, zu attackieren. Dass es sich um einen deutschen U-Boot-Jäger – UJ 2205 – handelte, ahnte er nicht!

UJ 2205 sinkt. *Foto: Heini Neubert*

Langsam schlich sich UNSEEN an den Geleitzug, der aus dem Tanker BIVONA ex französisch SOCOMBEL, den U-Jägern 2203 und 2205 sowie einem italienischen VAS-Boot bestand, heran. Die Briten hatten Glück, dass das Sehrohr bei der ruhigen See nicht gesehen wurde, da die deutschen und italienischen Wachmannschaften durch ein kurz zuvor passierendes P-38-Flugzeug derart abgelenkt waren, dass sie die Beobachtung der See vernachlässigten.

Als das Zielobjekt sich nur noch 800 Yards entfernt befand, gab Crawford Feuerbefehl.

Vier »Aale« rauschten gegen 11.03 Uhr der ehemaligen LE JACQUES COUER – dem vermeintlichen Tankschiff – entgegen.

»Torpedolaufbahnen Backbord querab!«, hieß es kurz darauf auf UJ 2205. Fast gleichzeitig meldete der vor dem S-Gerät sitzende Horchmaat eine starke Geräuschpeilung aus 270 Grad. »Hart Backbord! AK voraus!«, befahl der Kommandant, Oberleutnant z.S. Eizinger.

UJ 2205 drehte herum, doch viel zu langsam, um das Schicksal abzuwenden. Zwar gingen drei Torpedos gerade eben am Bug vorbei, aber dem vierten Sprengstoffträger konnte nicht mehr ausgewichen werden.

Eine ohrenbetäubende Explosion erschütterte den U-Jäger. In den Maschinenraum getroffen, sackte UJ 2205 sofort mit dem Achterschiff weg. Die Bergung der dreizehn verwundeten Kameraden begann sofort. Für Obermaschinist Mathes, Maschinenmaat Staak, Matrose Plath und einen weiteren, dem Verfasser namentlich nicht bekannten Soldaten, gab es keine Rettung mehr; sie wurden vermutlich bei der Detonation des Torpedos sofort getötet.

Das italienische VAS-Boot kam längsseits UJ 2205 und übernahm den Großteil der Besatzung. Da es zunächst den Anschein hatte, dass das Boot sich halten würde, blieb Kommandant Eizinger mit einem Oberfähnrich und zwei Soldaten noch an Bord, um ein eventuelles Abschleppen einleiten zu können.

Um 11.40 Uhr sackte der Achtersteven des U-Jägers weiter ab. Oberleutnant z.S. Eizinger entschloss sich deshalb, mit den drei Kameraden das Schiff zu verlassen. Einer der Soldaten, der Funkgefreite Heini Neubert, lief noch schnell in das Mannschaftsdeck und holte seine Fotokamera aus dem Spind. Dann stieg auch er in das Dingi über. Kaum an Bord des italienischen VAS-Bootes, ging UJ 2205 in den Fluten des Mittelmeeres unter. Mit der Kamera, die Heini Neubert trotz des hohen Risikos quasi in letzter Minute geborgen hatte, hielt er nun das Sinken seines Bootes fotografisch fest.

Während Tanker BIVONA, der nach Torpedierung von UJ 2205 Befehl zur Umkehr erhalten hatte, Kurs auf Palermo nahm, bekam der U-Jäger 2203 eine S-Gerät-Peilung und nahm die Bekämpfung des Zielobjekts auf. Starker Luftaustritt und große Wasserblasen ließen den U-Jäger-Kommandanten Zelle schließlich annehmen, dass die englische Marine ein weiteres Unterwasserfahrzeug im Mittelmeer verloren hatte. »Auffallend ist, dass nicht der Tanker BIVONA torpediert wurde. Zufallstreffer auf UJ 2205, gezielt auf den Tanker, halte ich für ausgeschlossen. Vermute, dass Anweisung bestand, auf U-Jäger zu schießen, die durch Berichte aller Art stark herausgestellt waren. Halte jede bekannt gegebene Einzelheit für äußerst abträglich für eine weitere erfolgreiche Tätigkeit!«

Die Vermutung des Oberleutnants z.S. Zelle, dass Anweisung zur Torpedierung des U-Jägers bestand, entsprach aber nicht der Tatsache. Auch die Annahme, dass das U-Boot vernichtet sei, war falsch. Ein paar unangenehme Augenblicke hatte es allerdings gegeben, und zwar gegen 14.00 Uhr: »Zu diesem Zeitpunkt sank UNSEEN unterhalb einer geringen Wasserschichtung bei 160 Fuß aufgrund eines stetigen Eindringens von Wasser durch die Heckstopfbuchsen. Da die Anblaseleitung für die Haupttauchzelle 1 ebenso leckte, wurde das Boot mit zunehmender Tiefe immer schwerer und konnte nur durch Fahrterhöhung auf 300 Fuß gehalten werden. Obwohl die uns verfolgenden Schiffe die Suche weiter fortsetzten, entgingen ihnen die höheren Fahrgeräusche.«

Um 15.50 Uhr ging UNSEEN auf Sehrohrtiefe. Als Crawford erkannte, dass der Gegner sich sehr weit achteraus befand, gab er Befehl zum Ablaufen Richtung Bucht von Palermo, wo das U-Boot gegen 06.45 Uhr des nächsten Tages ankam. Da sich der Kommandant aber aufgrund zahlreicher hier patrouillierender deutscher und italienischer Flugzeuge sowie ruhiger See entschloss, weiter in Richtung Cap Cefalu zu marschieren, kam UNSEEN auch nicht in Kontakt mit dem Geleit UJ 2203/UJ 2208/BIVONA, das gegen 08.00 Uhr des 19.04.1943 den Hafen von Palermo verließ.

Und so erhielt nun das britische U-Boot UNRIVALLED die Chance zum Angriff auf die mit Treibstoff beladene BIVONA. Es befand sich nicht zufällig in einer günstigen Angriffsposition, vielmehr konnte sich das Submarine gezielt zum Ort des Geschehens, der nordwestlich von Trapani lag, begeben: Als UJ 2205 versenkt wurde und der Tanker BIVONA daraufhin nach Palermo zurückbeordert wurde, war das Operational Intelligence Centre der britischen Admiralität aufgrund der von den Italienern abgesetzten und nunmehr entschlüsselten Funksprüche in der Lage, wertvolle Informationen zu liefern …

1400 Yards vom Geleitzug entfernt, gab Lieutenant Turner gegen 15.47 Uhr Befehl zum Abfeuern von vier Torpedos. Als diese

LE JACQUES COUER vor dem Umbau zum U-Jäger 2205.
Foto: Sammlung Jack Daussy

den Tanker auf 38° 22′ Nord 12° 36′ Ost trafen, zerrissen heftige Explosionen die Stille. »Alles was zurückblieb, waren eine riesige Wolke aus schwarzem Rauch und Flammen auf dem Meer.«

Während der Kommandant der UNRIVALLED seine Kamera vor das Sehrohr hielt und das schaurige Szenario fotografierte, wurde von U-Jäger 2203 der als dringend ausgewiesene FT-Spruch »BIVONA IN DIE LUFT GEFLOGEN, VERMUTLICH TORPEDOTREFFER, MACHEN U-JAGD« abgesetzt. Von den Ereignissen derart mitgenommen, vergaß der Funker den Standort des Geleites mitzuteilen.

Als das U-Boot von UJ 2203 geortet wurde, drehte der U-Jäger sofort in die Peilung und nahm die Bekämpfung in fünf scharfen Anläufen mit insgesamt 69 Wasserbomben auf. Mehrmalige Luftschwalle und ein plötzlich abreißendes Echo trotz guter Horchverhältnisse ließen Oberleutnant z.S. Zelle vermuten, dass UJ 2203 erfolgreich war: »U-BOOT-VERNICHTUNG WAHRSCHEINLICH, GEHE TRAPANI«, hieß es in einem Kr-FT an den DSS.

Der Flottillenchef bemerkte zum Gefechtsbericht des Oberleutnants z.S. Zelle: »Der Öl- und Luftaustritt nach dem zweiten Anlauf ist noch kein Beweis für die Vernichtung, es ist allerdings auffallend, dass das U-Boot von der Zeit ab keine Eigenbewegung mehr zeigt. Es muss hoch gestanden haben, da der dritte Anlauf erfolglos blieb. Hinterher müsste es allerdings auf größere Tiefe gegangen sein, da der vierte Anlauf mit streuender Tiefenlage keinen Erfolg brachte, während nach dem fünften Anlauf mit größter Tiefeneinstellung starker Luftaustritt beobachtet wurde. Ein Beweis für die Vernichtung des U-Bootes ist nicht erbracht. Es ist möglich, dass das U-Boot gesunken ist, dann musste die Ortung bei der Wassertiefe von 1500 m verloren gehen. Es ist aber bei der geringen Reichweite des S-Gerätes von UJ 2203 von 1000 bis 1100 m auch möglich, dass sich das U-Boot der weiteren Verfolgung entzogen hat. Die Anerkennung einer U-Boot-Vernichtung kann daher nicht beantragt werden.«

Eine richtige Entscheidung, denn UNRIVALLED stand der Royal Navy auch weiterhin zur Verfügung: »Ein Teppich von 10 Wasserbomben lag sehr nahe, so dass ein Schaden an verschiedenen Anzeigegeräten eintrat und eine Niete sowie eine Schweißnaht im Bugraum anfingen zu lecken.«

Der U-Boot-Kommandant hielt es für möglich, dass der Gegner das U-Boot in Richtung eines stationär liegenden Geleitfahrzeuges zu drängen versuchte unter der Annahme, dass das U-Boot die festgestellten Schraubengeräusche des Verfolgers immer achteraus hielt. »Diese Theorie ist durchaus ernst zu nehmen; es stellt eine sehr subtile Form der Verfolgung dar«, bemerkte der Chef der britischen 10. U-Flottille zu Turners Gefechtsbericht. »Bei mehreren Gelegenheiten in der letzten Zeit konnte festgestellt werden, dass der Gegner bewaffnete Küstenfrachter, grob vergleichbar mit unseren Korvetten, als Geleitfahrzeuge einsetzte. Sie führen offensichtlich eine große Anzahl Wasserbomben mit sich und die Zielgenauigkeit ihrer Gegenangriffe ist nicht zu unterschätzen.

Es besteht die Einschätzung, dass diese Einsatzfahrt sehr gut durchgeführt wurde und die Vernichtung des Tankers am 19. April ein besonders schwerer Schlag war zu einem Zeitpunkt, als die Unterbindung des gegnerischen Treibstoffnachschubs am wichtigsten war.«

Kriegslage erfordert vollen Einsatz

»Friedrich Wunderlich hat sich als Kommandant eines Unterseebootjägers und später als Chef einer Unterseebootjagdflottille hervorragend bewährt«, hieß es anlässlich der Ritterkreuzverleihung (03.12.1942) an den Korvettenkapitän, der am 19.04.1943 in Neapel eintraf, um den beim Untergang von UJ 2201 verwundeten Fritz Grossmann als Chef der 22. U-Jagdflottille abzulösen.

Der am 13.08.1891 Geborene ging sofort auf Suche nach geeigneten Räumlichkeiten, um hier den neuen Sitz der 22. U-Jagdflottille einzurichten.

Wider Erwarten blieben seine Bemühungen jedoch fruchtlos, so dass er sich schließlich nach Salerno begab, wo er fündig wurde und am 20.04.1943 eine erste Musterung der dort befindlichen unterstellten Kräfte durchführte.

Während Wunderlich einen ersten Eindruck von »seinen« Männern und Schiffen gewann, stellte in Marseille der U-Jäger 2212 ex PESCAGEL in Dienst. Mit UJ 2211 ex HARDI sowie UJ 2214 ex CLAIRVOYANT und UJ 2215 ex VOLONTAIRE, die am 24.04.1943 bzw. am 18.04.1943 Flagge und Wimpel setzten bzw. gesetzt hatten, wuchs der Bestand an vorhandenen und in Dienst gestellten U-Jägern auf zehn Stück an:

- UJ 2203 (Kommandant: Oberleutnant z.S. Zelle)
- UJ 2206 (Kommandant i.V.: Leutnant z.S. Hanekamp)
- UJ 2207 (Kommandant i.V.: Leutnant z.S. Börner)
- UJ 2208 (Kommandant i.V.: Leutnant z.S. Banzhaf)
- UJ 2209 (Kommandant: Oberleutnant z.S. Fenkner)
- UJ 2210 (Kommandant: Leutnant z.S. Pollmann)
- UJ 2211 (Kommandant: Oberleutnant z.S. Erich Peters)
- UJ 2212 (Kommandant: Kapitänleutnant Wachhausen)
- UJ 2214 (Kommandant: Oberleutnant z.S. Erwin Peters)
- UJ 2215 (Kommandant: Leutnant z.S. Becker)

Die meisten von ihnen waren jedoch nicht einsatzbereit: UJ 2203 und 2208 verlegten am 26.04.1943 zwecks Grundüberholung nach Toulon bzw. La Ciotat (bis 06.07.1943 aKB), UJ 2207 wurde in Torre Annunziata repariert bzw. ausgerüstet (28.04.1943 bis 14.05.1943 aKB), UJ 2206 lag vom 24.04.1943 bis Anfang Mai in Marseille in der Werft, des Weiteren fielen UJ 2209 (Grundüberholung vom 24.04.1943 bis 17.08.1943) sowie UJ 2210 (Grundüberholung 20.04.1943 bis 25.07.1943) vorübergehend aus. Und bis die »neuen« U-Jäger 2211, 2214 und 2215 zum Einsatz kamen, verging noch einige Zeit.

Zeitweise konnte Korvettenkapitän Wunderlich lediglich auf UJ 2212, der am 29.04.1943 seinen ersten Einsatz (Geleit Dampfer SIDI MABROUK von Marseille nach St. Tropez) durchführte, zurückgreifen.

Vizeadmiral Ruge bedauerte den KB-Zustand der Schiffe: »Die Bezeichnung »U-Jäger« täuscht häufig über die Tatsache hinweg, dass es sich um alte, zum Teil maschinell sehr anfällige Fischdampfer handelt, die einem kriegsschiffmäßigen Einsatz nicht gewachsen sind … Bei allen Booten, einschließlich der Flakkorvetten, zeigt sich immer wieder, dass die schnelle Fertigstellung und die mehrfache Änderung der Termine, verbunden mit der Werftlage (Sabotage, Mangel an Facharbeitern), eine volle Einsatzbereitschaft nicht zulässt. Hinzu kommen schlecht ausgebildete Besatzungen und halbfertige Ausrüstung. Die Boote haben keine volle Kampfkraft, fallen nach kurzer Zeit wieder aus und belegen nur die Werften auf längere Dauer für Reparaturarbeiten. Die augenblickliche Kriegslage im Mittelmeer erfordert aber den schnellen vollen Einsatz.«

Friedrich Wunderlich.
Foto: Sammlung Krellenberg

Der OBS, Generalfeldmarschall Kesselring, sah die Heeresgruppe Afrika kräftemäßig in der Lage, sich im tunesischen Brückenkopf gegen die große feindliche Überlegenheit zu behaupten, wenn es gelänge, die jetzige Kampfkraft zu erhalten und ausreichend Munition, Betriebsstoffe und Waffen zuzuführen.

In Anbetracht des Verlustes des Tankers BIVONA beantragte Kesselring am 20.04.1943 bei der SKL den Einsatz aller kriegsbereiten U-Jäger für den Benzintransport nach Tunesien. Der deutsche Admiral bei Supermarina hegte jedoch stärkste Bedenken gegen die Pläne des OBS: »Hiesige U-Jäger mit 8–9 sm/h Geschwindigkeit für Aufgabe nicht geeignet. BIVONA wurde aus gleichem Grund von hier abgelehnt, auf Befehl OBS eingesetzt …«

Die Folgen, die Vizeadmiral Ruge sah, wenn der Antrag Kesselrings genehmigt würde, wären

- Ausfall U-Boot-Bekämpfung,
- Entfallen vorgesehener U-Boot-Sicherung bei Überführung der Tanker LANGANGER und ETHYLENE durch Messinastraße bzw. Tyrrhenisches Meer,
- Verlustgefahr der langsamen U-Jäger in der Sizilienstraße.

Großadmiral Dönitz bemerkte zum Fernschreiben des Vizeadmirals Ruge: »Zum Schutze des Verkehrs nach Tunis müssen unbedingt offensive Maßnahmen beibehalten werden, von denen im Kampf gegen U-Boote sich der Einsatz der deutschen U-Jäger als wirkungsvollste erwiesen hat. Ich mache mir deshalb die Bedenken, die von Vizeadmiral Ruge im Fernschreiben 926 gegen Einsatz U-Jäger zum Treibstofftransport geäußert worden sind, voll zu Eigen.

Da die U-Jäger als langsame, kleine Schiffe außerdem keinerlei Voraussetzungen für Einsatz als Brennstofftransporter mitbringen, bin ich der Auffassung, dass sie für ihre eigentlichen Aufgaben eingesetzt werden müssen. Werden sie diesen entzogen, werden sich sehr bald weitere Rückschläge im Transportverkehr, z.B. durch vermehrte U-Boot-Erfolge, bemerkbar machen. Ich rate von einem Einsatz als Brennstofftransporter ab.«

Und so sollten nun U-Boote aus dem Offensiveinsatz herausgezogen bzw. weitere Unterwasserfahrzeuge in das Mittelmeer überführt werden, um sie Treibstoff nach Tunesien bringen zu lassen.

Auch HERMES, lange Zeit der einzige deutsche Zerstörer im Mittelmeer, kam für einen Transport des kostbaren Gutes in Betracht. Der Kommandant, Fregattenkapitän Rechel, erhielt am 22.04.1943 in Salerno durch einen Läufer der 22. U-Jagdflottille die Anfrage des Dt. Markdo Italien übermittelt, welche Mengen Benzin in Fässern HERMES an Deck lagern bzw. in Kanistern in Kammern und Gängen unter Deck unterbringen könne.

Am Tag darauf traf dann folgendes Fernschreiben in Salerno ein: »FÜR VERSENKUNG U-BOOT SPLENDID AUSSPRECHE KOMMANDANT UND BESATZUNG MEINE BESONDERE ANERKENNUNG. KESSELRING.«

Den Männern von HERMES war am 21.04.1943 die erste im Jahr 1943 nachweisbare U-Boot-Vernichtung im Mittelmeer durch ein deutsches Kriegsschiff gelungen. Der Zerstörer befand sich auf dem Weg von Neapel nach Pozzuoli zwecks Ölergänzung, als um 08.38 Uhr auf Position 39° 31′ Nord, 14° 16,3′ Ost ein Sehrohr gesichtet wurde. Fregattenkapitän Rechel ließ HERMES sofort auf das rund 1000 m entfernte U-Boot zuhalten.

Nach drei scharfen Anläufen sah sich der Kommandant der SPLENDID, Lieutenant Mc Geoch, aufgrund schwerer Schäden zum Auftauchen des U-Bootes gezwungen. Kaum an der Oberfläche, wurde es von HERMES beschossen.

Wenige Minuten nachdem die Bedienungsmannschaften der Seezielartillerie den Befehl zur Versenkung des Unterwasserfahrzeuges erhalten hatten, sank SPLENDID über den Achtersteven auf den Grund des Mittelmeeres.

Dreißig überlebende Besatzungsangehörige des U-Bootes wurden an Bord der HERMES genommen, darunter Mc Geoch, der Fregattenkapitän Rechel später mitteilte, dass er HERMES für einen italienischen Beutezerstörer aus Jugoslawien gehalten habe und er bei sei-

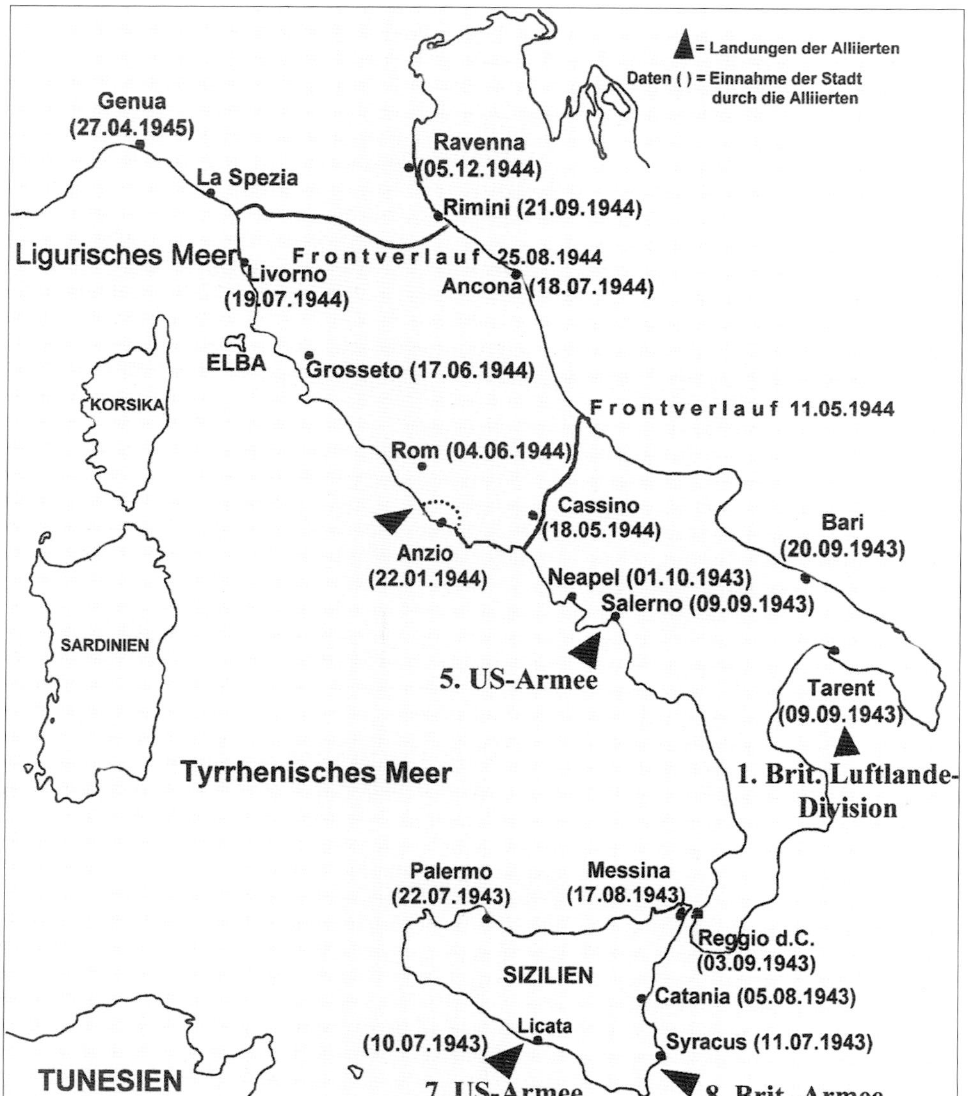

nem Handeln bedeutend vorsichtiger gewesen wäre, wenn er gewusst hätte, dass sein Gegner ein deutsches Fahrzeug sei.

Die bei der U-Boot-Bekämpfung gewonnenen Erkenntnisse waren auch für den Chef der 22. U-Jagdflottille aufschlussreich: »Bei keinem Wabo-Angriff wurden Beobachtungen auf dem Wasser gemacht. Erst kurz vor dem Auftauchen des U-Bootes wurde ein langer Luftblasenstreifen, vermutlich von beschädigten Tauchtanks, gesehen. Die Annahme, dass erst durch das Aufkommen von Öl oder Luft eine Beschädigung des U-Bootes erwiesen ist, trifft also nicht immer zu.«

Die Royal Navy musste im April 1943 aber nicht nur den Verlust der SPLENDID hinnehmen; auch zwei andere Submarines – REGENT (vermutlich Minentreffer) und SAHIB (von der italienischen Korvette GABBIANO zum Auftauchen gezwungen und daraufhin von der U-Boot-Besatzung versenkt) – kehrten nicht mehr von Feindfahrt zurück.

Drei in Verlust geratene Unterwasserfahrzeuge innerhalb weniger Tage – ein harter Schlag für die Briten, die seit Jahresanfang 1943 sieben ihrer U-Boote in mediterranen Gewässern verloren hatten. Trotzdem blieben den »Tommies« weitere Erfolge nicht verwehrt: Von 32 deutschen und italienischen Schiffen, die im April 1943 im Tunesien-Verkehr eingesetzt wurden, erreichten nur 21 das Ziel.

Angesichts der kritischen Lage ließ Dönitz dem Oberbefehlshaber der italienischen Marine, Admiral Riccardi, per Fernschreiben übermitteln, dass alle zur Verfügung stehenden Mittel – und dazu gehörten auch die Kreuzer – eingesetzt werden müssten, um Tunesien zu halten. Riccardi erklärte hierauf, dass die italienische Marine bisher in jeder Beziehung größte Opfer gebracht habe, er aber die noch verbliebenen wertvollen großen Einheiten nicht mehr im Tunesien-Verkehr einsetzen werde, da sie zur Verteidigung der Inseln und des Festlands benötigt würden.

Die Heeresgruppe Afrika kapituliert. Generaloberst Hans-Jürgen von Arnim vor Unterzeichnung der Urkunde. Foto: British Information Service/Die Brücke

Als alliierte Truppen Tunis und Bizerta einnahmen (07.05.1943), wurde die Verbindung zwischen West- und Südfront zerrissen. Nachdem die Zerstörung der Hafenanlagen befohlen und durchgeführt worden war, entfiel die Möglichkeit der Versorgung der Heeresgruppe mit großen Schiffen. Mit Einstellung des Nachschubverkehrs (10.05.1943) war das baldige Ende des Kampfes in Afrika besiegelt: Am 13.05.1943 kapitulierten die letzten deutschen und italienischen Einheiten auf der Halbinsel beim Kap Bon.

Ihr Schicksal war nicht mangelhafter Kampfgeist: Sie waren in jeder Beziehung hinter ihrem Rücken ausgehungert worden, was neben »Ultra« hauptsächlich auf die zu langsame Geleitzugfolge zurückzuführen war, die ihrerseits eine Auswirkung der Seekriegslage, des Störfaktors Malta, zum anderen der Sicherungsschwierigkeiten und manchmal auch des Wetters war. Beladene Transporter lagen tage-, manchmal wochenlang in den Abgangshäfen, und oftmals war weder der verfügbare Frachtraum noch die Leistungsfähigkeit der afrikanischen Häfen richtig ausgenutzt worden.

Rund 250.000 deutsche und italienische Soldaten gingen in Gefangenschaft – Hitler und Mussolini hatten das Gros ihrer kampferprobten Truppen im Mittelmeerraum verloren.

Schlägerei mit italienischen Offizieren

Aus dem Tagebuch von Herbert Scheuffler

13.05.1943: Nachmittags fährt die Backbordwache geschlossen nach Pompeji. Fahre mit Kommandant nach Neapel. Abends wurde durch ein Attentat auf einen Tankzug die Strecke nach Süden unterbrochen. Dadurch erst gegen 02.30 Uhr an Bord gekommen.

14.05.1943: Der Kampf in Afrika ist beendet. Morgens 08.00 Uhr abgelegt. Vor Capri Punkt »B« UJ 2212 getroffen. Zusammen U-Jagd gefahren. Gegen 18.00 Uhr in Capri festgemacht.

UJ 2207 erhält eine »Zigarre« vom Chef (Signaldienst haut nicht hin). Mit Verwaltungsobermaat Rust Kantinenabschluss gemacht.

15.05.1943: Gegen 11.15 Uhr mit Boot 2212 zur U-Jagd ausgelaufen. Oberleutnant z.S. Schmidt steigt bei uns ein; er soll sich einfahren.

Gegen 17.00 Uhr Maschinenschaden (Schläge im Zylinder). Laufen nach Capri zurück.

Der Geleitzug mit den U-Jägern 2206, 2211 und 2213 – von Frankreich nach Süden unterwegs – ist von einem U-Boot angegriffen worden.

16.05.1943: Die Maschine macht Probelauf. Boot 2212 läuft aus. Gegen 15.00 Uhr mit LM Brandes und weiteren 13 Mann mit Mietbooten zur »Blauen Grotte« gefahren. Später bei der »Kristall-Grotte« mit LM, Bootsmaat Schewe und Dolmetscher ausgestiegen und rauf nach Anacapri geklettert. Dort oben bei großer Hitze dann eingekehrt und mit einigen italienischen Soldaten Verbrüderung gefeiert. Unser Boot hatte inzwischen Auslaufbefehl erhalten. Es wurde mit der Dampfpfeife geblasen, auch ein Suchtrupp wurde ausgeschickt, um uns an Bord zu holen. Davon aber haben wir nicht das Geringste mitbekommen. Wir kehrten erst gegen 01.30 Uhr an Bord zurück. Dabei von der sehr schräg stehenden Stelling in den Bach gefallen. Alles klar gegangen.

17.05.1943: Morgens Kommandanten-Musterung. Kommandant wird Oberleutnant z.S. Günther Schmidt. Wir Spätheimkehrer erhalten eine »Zigarre«.

20.05.1943: Morgens um 07.00 Uhr abgelegt und nach Torre Annunziata gelaufen. Dort gegen 11.00 Uhr festgemacht. 18.00 Uhr Fliegeralarm.

21.05.1943: Weitere Urlauber kehren an Bord zurück. Nachts an Land in Torre Annunziata Schlägerei zwischen Besatzungsangehörigen und Italienern, darunter auch hohe italienische Offiziere. I. WO geht mit einem Stoßtrupp an Land. Wie es heißt, sind an der Schlägerei beteiligt: Maschinenobergefreiter Weichert, Maschinengefreiter Milotzki, Maschinengefreiter Trenkhahn, Signalgefreiter Abel, Sani-Gast Meißner. Sie haben sogar als Trophäe eine italienische Obersten-Schirmmütze mit an Bord gebracht.

22.05.1943: Morgens Kommandanten-Musterung. Leutnant zur See der Reserve Börner steigt aus.

Vormittags große Musterung auf der Pier. Der deutsche Stadtkommandant (Oberst Schnoll), ein deutscher Oberstleutnant, weitere deutsche und italienische Offiziere sowie italienische Polizei und Gendarmerie schreiten die in »Blau« angetretenen Besatzungsmitglieder ab. Aber der eigentlich gesuchte Sündenbock wurde nicht erkannt. Alle verdächtigten Soldaten, einschließlich Obersteuermann Wochenfuß, werden festgenommen und müssen mit nach Neapel fahren (Obersteuermann wegen unmilitärischem Verhalten). Glückwunschtelegramme der deutschen Führung sollen für Leutnant z.S. der Reserve Otto Pollmann zur Verleihung des Ritterkreuzes bei der Flottille eingegangen sein.

23.05.1943: Vormittags weitere Verhöre an Bord durch die deutsche Feldgendarmerie.

Kommandant kehrt abends aus Salerno zurück.

24.05.1943: Kommandant wird nach Neapel beordert. Die sechs Mann, die Schlägerei beteiligt gewesen waren, kehren an Bord zurück.

25.05.1943: Mittags kommt Kommandant aus Neapel zurück. Fahre 13.30 Uhr zum Zahnarzt nach Neapel.

26.05.1943: LM Brandes und ich erhalten vom Kommandanten, Oberleutnant z.S. Schmidt, einen Verweis wegen des unerlaubt langen Landganges in Capri. Bootsmaat Schewe und Dolmetscher Eismann erhalten eine Rüge aus demselben Grunde.

Spielen 18.00 Uhr Fußball gegen Besatzung eines kleinen Minensuchers und verlieren 3:5. Vormittags hatte der Kommandant ein kurzes Gespräch mit Admiral Ruge auf der Pier.

28.05.1943: Nachmittags spielt die Backbord-Wache gegen die Steuerbord-Wache Fußball. Die Backbord-Wache gewinnt 4:3. Mittags und abends Fliegeralarm.

29.05.1943: Die an der Schlägerei beteiligten Soldaten von UJ 2207 müssen erneut nach Torre Annunziata zur Vernehmung durch die Polizei, anschließend nach Neapel.

30.05.1943: Die Seeleute von UJ 2207 spielen Fußball gegen die Funktionäre[29] von UJ 2207.

In der Halbzeitpause musste das Spiel beim Stande von 3:2 für die Funktionäre (Unteroffiziere + Feldwebel) wegen Fliegeralarm abgebrochen werden. Schwerer Bombenangriff auf Neapel.

Kommandant liegt wegen Magenverstimmung in der Koje. Laut Flottillenbefehl erhält ein Matrosengefreiter sieben Tage verschärften Arrest wegen Apfelsinendiebstahls in Marseille. Matrosengefreiter Nitschke erhält vier Wochen nachträglichen Arrest wegen Plünderung von Fischnetzen im Englischen Kanal.

Der deutsche Tanker HERRENSCHMIDT hat in Neapel beim gestrigen Bombenangriff fünf Treffer erhalten. Dabei ist der Schwager von LM Brandes durch Splitterwirkung tödlich verletzt worden. Ein Minentransporter ist explodiert.

Abwürgungsgefahr durch den Gegner

Jetzt, nach Beendigung der Kämpfe in Tunesien, erwartete das Oberkommando der Wehrmacht eine weitere alliierte Großlandung im Mittelmeerraum. Welche Stoßrichtung vom Gegner gewählt wurde, konnten die Achsen-Mächte allerdings nur vermuten.

Im Bereich des westlichen Mittelmeeres galt es daher, vor allem die Verteidigungskraft Siziliens, Sardiniens und Korsikas zu forcieren und alles bereitzustellen, um im Falle eines Angriffs die militärischen Machtmittel auf der angegriffenen Insel weiter zu verstärken. Truppen- und Materialtransporte sowie Versorgung der Bevölkerung bedeuteten einen umfangreichen Schiffsverkehr, der gesichert werden musste.

Vizeadmiral Ruge war der Auffassung, dass der Gegner versuchen wird, »diesen Seeverkehr genauso abzuwürgen, wie ihm das beim Tunesien-Nachschub gelungen ist. Seine Mittel sind die gleichen, nämlich Luftstreitkräfte, Unterseeboote, Minen und Überwasserstreitkräfte. Ihre Anwendung wird sich im Einzelnen etwas ändern, entsprechend den veränderten geographischen Verhältnissen.«

Entgegen großer Bemühungen gelang es im Mai 1943 nicht, den monatlichen Nachschubbedarf (Korsika 15.000 Tonnen, Sardinien 70.000 Tonnen, Sizilien 200.000 Tonnen) annähernd zu befriedigen. Sehr bedenklich entwickelte sich die Lage auf Sizilien, da es dort in großem Maße an Schiffen, Geleitstreitkräften und aufnahmefähigen Häfen mangelte. Vom 13. bis 26.05.1943 wurden nur 15.000 Tonnen in Sizilien entladen – die 4.700.000 Einwohner und Truppen benötigten jedoch allein an Lebensmitteln 560 Tonnen täglich!

Durch die Zerstörung der Eisenbahnbrücke und der Eisenbahntransportfähre bei Messina wurde das Tonnageproblem immer ernster. Fast alle verfügbaren Kleinfahrzeuge wurden nun zwischen Kalabrien und Sizilien eingesetzt, um die Lage in den Griff zu bekommen. Ein reger Schiffsverkehr bot nicht nur den feindlichen Luftstreitkräften zahlreiche Ziele, sondern auch den U-Booten, die in diesem Gebiet operierten. Neben dem Einsatz von U-Jagdfahrzeugen im sizilianisch-kalabrischen Raum durften auch die Wege Livorno-Bastia-Olbia und Civitavecchia-Olbia sowie der Golf von Genua nicht vernachlässigt werden, da auch hier die gegnerischen U-Boote wirkten und Anteil daran hatten, dass die Versorgung von Korsika und Sardinien in zunehmendem Maß gefährdet wurde. Für Aufgaben im Sardinien- und Korsika-Verkehr standen an Fahrzeugen der 22. U-Jagdflottille jedoch nur UJ 2206 und 2211, im Sizilien-Verkehr nur UJ 2207 und 2212 bereit.

Aber auch in anderen Flottillen sah es nicht besser aus: Von den am 24.05.1943 nominell zur Verfügung stehenden 167 Sicherungsfahrzeugen konnte auf den weitaus größten Teil nicht zurückgegriffen werden. Im Bau befanden sich 44 Fahrzeuge, 11 waren in Fertigstellung, 64 in Werftliegezeit bzw. in Reparatur!

Somit waren für die Sicherung von 360.000 BRT Schiffsraum, die für die Versorgung der drei großen Inseln und zur Überführung von Truppen zur Verfügung standen, zurzeit lediglich 48 Fahrzeuge – davon 27 Boote älteren Baujahrs – kriegsbereit.

U-Jäger 2211 ex HARDI. *Foto: Bibliothek für Zeitgeschichte*

Verstärkte U-Boot-Gefahr vor Südfrankreich

Die U-Boot-Gefahr verstärkte sich jetzt auch an der gesamten südfranzösischen Küste, so dass sämtliche Geleite unbedingt eines Schutzes bedurften. Die vordringlichste Forderung sah der BSW in der Verstärkung der Sicherung des Küstenvorfeldes. Vorposten- und

HMS SICKLE. Foto: Royal Navy Submarine Museum, Gosport

U-Jägergruppen sollten alsbald möglich aufgestellt werden, da die Kräfte der Luftwaffe nicht ausreichten, um eine laufende U-Boot-Sicherung für die täglich laufenden Geleite zu stellen. Zu den U-Booten, die im Mai 1943 an der südfranzösischen Küste operierten, gehörte auch SICKLE, die seit 13.04.1943 in mediterranen Gewässern fuhr. Das von Lieutenant Drummond kommandierte Boot hatte am 10.05.1943 den Hafen von Algier zur dritten Feindfahrt verlassen und stand am Mittag des 15.05.1943 in Höhe Monaco, als mehrere Zielobjekte – u.a. die U-Jäger 2206, 2211 und 2213 – gesichtet wurden.

Drummond hielt betreffend der nun folgenden Ereignisse schriftlich fest: »Das Schiff an der Spitze war ein kleiner Tanker von ungefähr 1500 tons, obwohl ich es bis kurz vor dem Schuss als sehr viel größer glaubte. Es besaß achtern einen kurzen Schornstein und lag offensichtlich tief im Wasser. Es ist möglich, dass es sich nicht um einen Tanker, sondern um einen gewöhnlichen Küstenfrachter handelte. Der Geleitschutz bestand aus einem U-Jagd-Fischkutter steuerbord achteraus, ein zweites Schiff stand backbord achteraus nahe unter der Küste. Es gelang mir nicht, den Typ oder die Größe dieses Schiffes festzustellen. Zwischen diesem Schiff und dem Tanker befanden sich vier kleine Boote. Es gab keinen Luftschutz, aber die völlig glatte See behinderte den Gebrauch des Sehrohrs erheblich. Ich beschloss, vor dem Trawler vorbei anzugreifen.

11.39 Uhr: Ein Torpedotreffer, Schraubengeräusche hörten auf, Sinkgeräusche über die Dauer von 3 Minuten gehört. Es bestehen wenig Zweifel daran, dass das Schiff gesunken ist. Auf 100 Fuß Tiefe gegangen.

11.44 Uhr: Zweite Explosion gehört. Ich nehme an, dies war die Explosion des Torpedos an der Küste. Unsere Position beim Abschuss war 3 Meilen, 170° von der nördlichen Außenmole des Ha-

UJ 2206 (im Foto noch als Fischereimotorschiff SAINT MARTIN LEGASSE) übernahm die Bergung der Besatzung des versenkten UJ 2213. Foto: Jack Daussy

fens von Monaco, und obwohl ich nicht den Titel »Der Mann, der die Bank von Monte Carlo knackte« anstrebe, beanspruche ich dennoch, dass ich ihre Grundmauern erschüttert habe, da der Torpedo innerhalb von 400 Yards Abstand zum Casino explodiert sein muss. Ich habe, wie viele andere Leute auf dieser Welt, seit langer Zeit eine persönliche Abneigung gegen Casinos, und daher war es besonders erhebend, die Möglichkeit eines physischen Schlages gegen den Vater und die Mutter aller Casinos gehabt zu haben.«

Das berühmte Casino existierte noch – der U-Jäger 2213 nicht!

Das ehemalige französische Fischereischiff HEUREUX, das sich auf der Überführungsfahrt von Marseille nach Livorno befand, hatte binnen 50 Sekunden die Wasseroberfläche verlassen. Sieben Besatzungsangehörige waren gefallen, zwölf Mann verletzt.

Während der U-Jäger 2206 die Bergung der 67 Überlebenden übernahm, setzte UJ 2211 zur Bekämpfung des U-Bootes an. Über das, was sich nun in der stählernen Röhre abspielte, schrieb Lieutenant Drummond in den Gefechtsbericht:[30]

11.59 Uhr: Gegner hat anscheinend das Boot erfasst. Er erhöhte die Fahrt und überlief das Boot von Steuerbord vorn. Ich lief mit geändertem Kurs ab.

12.05 Uhr: Gegner hat das Boot erneut erfasst. Lief erneut von Steuerbord vorn an, ständig ortend.

12.07 Uhr: Überläuft Boot.

12.14 Uhr: Nähert sich wieder von Backbord achteraus. Direkt über dem Boot warf er acht Wasserbomben, die unangenehm nah lagen. Dadurch fiel zeitweilig das Asdic-Gerät aus und weiterer geringfügiger Schaden entstand:

1. Leckage im Asdic-Schacht.
2. Leckage in Batterieabluftleitung.
3. Ventile der Trimmzelle zu äußerem O.F.-Tank gelockert, dadurch erheblicher Wassereinbruch in die Maschinenraumbilge. Offenbar öffneten sich teilweise die tankinnenseitigen Regelventile.
4. 3 Tiefenmesser und verschiedene Druckmesser im Maschinenraum beschädigt.
5. Bugraumlampen zersprungen.
6. 53 Lampen im gesamten Boot zersprungen.

Wie auch immer, dieser Angriff hatte auch seine angenehmen Seiten, da kurz danach drei halb betäubte und erschreckte Mäuse aus dem Bootsinneren hervorkamen. Nachdem sie sich davon überzeugt hatten, dass noch nichts verloren war und kein Fall für »Frauen und Kinder zuerst« vorlag, verschwanden sie wieder dahin, wo sie herkamen, und wurden seitdem nicht mehr gesehen.«

Kaum im Einsatz – und schon versenkt: UJ 2213. Das Foto zeigt den U-Jäger noch als französischen Fischdampfer HEUREUX.
Foto: Sammlung Jack Daussy

Vereinbarung mit Supermarina

Das Dt. Markdo Italien unterrichtete am 19.05.1943 zum wiederholten Male alle deutschen Flottillen innerhalb des Kommandobereichs davon, dass in Küstennähe nur mit geringer Reichweite des Sondergeräts gerechnet werden könne: »U-Jäger und alle Boote mit S-Gerät müssen ihre Kurse in Abstand von mindestens 4 bis 5 sm von der 200-m-Linie nehmen. Die Kommandanten der eingesetzten Boote machen ggf. die italienischen Marinedienststellen darauf aufmerksam, falls die Wegeführung nicht dieser Forderung entspricht. Supermarina wird in gleichem Sinne unterrichtet. Es ist nicht ausgeschlossen, dass die Torpedierung der U-Jäger 2205 und 2213 hierauf zurückzuführen ist.«

Der Kommandant von UJ 2212, Kptlt. Wachhausen.
Foto: Sammlung Richard Schulz

Leider wurde der Forderung des Dt. Markdo Italien nur unzureichende Beachtung geschenkt, so dass es zu weiteren möglicherweise vermeidbaren Verlusten kam, z.B. dem Untergang des Tankers HENRI DESPREZ (9805 BRT), der sich am 03.06.1943 zusammen mit dem italienischen Torpedoboot CLIO auf dem Weg von Neapel nach Tarent befand. Dicht unter der Küste fahrend, ortete CLIO das britische U-Boot UNRUFFLED nicht rechtzeitig genug, um den Tanker vor der Torpedierung durch das von Lieutenant Stevens geführte Submarine zu bewahren.

UJ 2212 erhielt am Abend des 03.06.1943 Befehl, zusammen mit VAS 217 Messina zu verlassen, um die Suche nach dem U-Boot aufzunehmen. Als das Boot von Kapitänleutnant Dr. Wachhausen den Seeraum Paola erreichte, hatte sich UNRUFFLED aber schon aus der Gegend abgesetzt.

Während erstmals der U-Jäger 2214 zum Einsatz kam (Sicherung des Zerstörers SCIROCCO von Toulon nach Genua), sorgten UJ 2207 und 2212 dafür, dass die im Sizilien-Verkehr eingesetzten Dampfer TIVOLI, POSTUMIA, LUCERA und PESCARA ihre Bestimmungshäfen erreichten. Die U-Jäger 2207 und 2212 getrennt von den Geleiten fahren zu lassen hielt der italienische Admiral Sansonetti bei einer am 07.06.1943 stattfindenden Besprechung für vollkommen zwecklos, da für erfolgversprechende freie U-Jagd mehr U-Jäger und auch ASV-Flugzeuge benötigt würden. Die Wahrscheinlichkeit für die U-Jäger, auf U-Boote zu stoßen, sei höher, wenn sie vor oder bei den zu geleitenden Schiffen führen.

Drei Tage später, 10.06.1943, vereinbarte der Befehlshaber des Dt. Markdo Italien, Vizeadmiral Ruge, mit Vertretern der Supermarina, dass die U-Jäger 2207, 2212 und die in einigen Wochen wieder einsatzbereiten UJ 2203 und 2210 der Marina Messina unterstellt werden.

Folgende Richtlinien wurden festgelegt:

- Befehlsübermittlung durch Deutschen Stabschef,
- Einsatz möglichst paarweise zur U-Jagd und Geleitschutzverstärkung, derart, dass sie gesichtete U-Boote jagen können, ohne an weitere Sicherung der Geleitzüge gebunden zu sein,
- Aufenthalt möglichst verteilt an Plätzen bei Messina,
- wenn außerhalb Messina, sind die Einheiten von Messina aus mit direkten Befehlen über dortige deutsche Funkstation einzusetzen, wobei die interessierten deutschen Marinebehörden von erteilten Weisungen zu unterrichten sind.

Entsprechendes wurde hinsichtlich der U-Jäger 2206, 2211 und 2214 vereinbart, die nun in Verbindung mit dem Deutschen Stabschef der Marina Maddalena unterstellt wurden. Als Einsatzgebiet wurde hierbei die Zone Maddalena/Korsika/Elba bezeichnet, als Aufenthaltshäfen vorzugsweise Bastia und Portoferraio.

Ruge schlug dem Bündnispartner vor, der U-Boot-Gefahr durch laufende von See- und Luftstreitkräften zu praktizierende U-Jagd zu begegnen, wobei außerhalb des feindlichen Jägerbereichs die Flüge zur U-Boot-Überwachung und U-Boot-Sicherung zugleich zur Schulung junger Besatzungen ausgenützt werden sollten.

Die Ausrüstung der Dampfer selbst mit S-Gerät oder TAG sollte vorangetrieben und Minensperren an den Punkten der Küste, wo die U-Boote häufiger auftraten, ausgelegt werden. »Tiefeneinstellung so, dass ein U-Boot auf Sehrohrtiefe gerade erfasst wird!«

Supermarina lehnte den Vorschlag, Sport- und Schulflugzeuge einzusetzen, ab, da dies nicht erfolgversprechend sei. »Auch die zur Verfügung stehenden Kampfmaschinen sind für andere Zwecke da. Und die alten vorhandenen Bomber fressen nur Brennstoff«, hieß es von italienischer Seite.

Da unter den gegebenen Verhältnissen Großgeleite nicht angesetzt werden konnten, sondern einzelne Dampfer in verschiedene Häfen gebracht werden mussten, fiel der Jagdgeleitschutz praktisch aus. Umso notwendiger war daher der Ausbau der Alarmorganisation.

Bei dem Überwiegen der Bombergefahr bei Tage war es notwendig, die Fahrten – je näher sie an der feindlichen Basis lagen – in die Dunkelheit zu verlegen. Die U-Boot-Gefahr im Küstengebiet zwang ohnehin, diese Gebiete während der Nacht zu passieren. Nur im nördlichen Tyrrhenischen Meer konnte der Tag noch ausgenutzt werden.

Die alliierten U-Boote zeichneten in der ersten Hälfte des Monats Juni 1943 für fünf Schiffsverluste im Tyrrhenischen und Ligurischen Meer verantwortlich. Neben der bereits erwähnten HENRI DESPREZ sanken KT 12, VALENTINO CODA, RINGULV und No. 92 durch Torpedotreffer in die Tiefe. Die Zahl wäre vermutlich höher ausgefallen, wenn die Royal Navy nicht zeitweise einige Submarines aus dem Patrouillendienst herausgezogen hätte, um sie an der süd- bzw. südöstlichen Küste Siziliens zwecks Vorbereitung »Husky« (Landung auf Sizilien) einzusetzen. Von UNRIVALLED, UNRUFFLED, UNSEEN und UNISON wurden Spezialisten mittels Faltbooten und bemannten Lenktorpedos – so genannten »Chariots« – zu den Stränden gebracht, wo es das vorgesehene Landungsgebiet bestmöglich auszukundschaften galt.

UNITED und UNSHAKEN waren zuvor für »Snapdragon« abgestellt worden. Diese Operation sollte die Antwort auf die Frage geben, ob und an welchen Stellen Truppen auf der Insel Pantelleria gelandet werden könnten. Die in der Straße von Sizilien befindliche 83 Quadratkilometer große Insel beherbergte eine rund 11.000 Mann starke italienische Truppenbesatzung.

Die Luftstreitkräfte, die hier stationiert waren, bildeten für die in Kürze stattfindende Operation »Husky« eine Gefahr, die es auszuschalten galt. Die Kapitulation der auf Pantelleria befindlichen Kräfte musste jedoch nicht mehr von See aus erzwungen werden; eintretender Wassermangel und starke Luftbombardements brachen am 11.06.1943 den letzten Widerstand.

Tags darauf kapitulierte auch die Insel Lampedusa.

UJ 2212 – Opfer der Royal Air Force

Britische und amerikanische Flugzeuge griffen jetzt verstärkt Eisenbahnlinien, Flugplätze und Häfen an. Salerno, Stützpunkt der 22. U-Jagdflottille, wurde am 21. und 22.06.1943 schwer bombardiert, was erhebliche Schäden in der Stadt und einige Beschädigungen im Flottillengelände zur Folge hatte.

Auch Torpedoflieger operierten nun vermehrt im Tyrrhenischen Meer. Zu ihren Opfern gehörte u.a. der U-Jäger 2212:

Die ehemalige PESCAGEL war zusammen mit UJ 2207 zur Sicherung des Dampfers NERUCCI von Neapel nach Palermo eingesetzt, als der Verband gegen 11.00 Uhr des 23.06.1943 von einem Seeaufklärer gesichtet wurde. Kurz darauf nahm die an Bord UJ 2212 eingeschiffte B-Dienstgruppe einen an Malta gerichteten Funkspruch auf. Dieser besagte, dass auf 39° 53′ Nord, 14° 20′ Ost zwei Tanker und ein Handelsschiff, Kurs 190° steuernd, gesichtet wurden. Wachhausen entschloss sich, den Kurs nicht zu ändern, da die angegebene Position sechzig Seemeilen nördlicher lag und der eigene Kurs 217° betrug.

In der Hoffnung, dass der vom Aufklärer abgegebene Funkspruch auch von deutschen Kräften an Land gehört wurde, gab er keinen FT-Spruch ab. Vorsorglich ließ er jedoch die Rettungsmittel zusätzlich mit Lebensmitteln bestücken und sorgte dafür, dass noch mehr 2- und 3,7-cm-Granaten an Deck gebracht wurden.

Um 13.00 Uhr nahm die B-Dienstgruppe einen weiteren gegnerischen Funkspruch auf. Es war zu entnehmen, dass Flugzeuge Startbefehl erhalten hatten, um das vom Seeaufklärer gemeldete Geleit zu attackieren. Für die beiden U-Jäger erfolgte nun erhöhte Alarmbereitschaft und verschärfter Luftausguck.

36 Seemeilen nordöstlich Palermo befindlich, kamen 14.08 Uhr in etwa 50 Grad Schiffspeilung drei Torpedoflieger im Tiefflug herangebraust. Bis auf 3000 Meter ließ Wachhausen die Maschinen herankommen, dann erteilte er Feuererlaubnis. Die Flugzeuge zogen sich auseinander, als ihnen die ersten Geschosse entgegenkamen. Auf 500 Meter Entfernung genähert, klinkten sie dann je einen Torpedo aus.

Der spätere UJ 2212 vor seinem Umbau zum U-Jäger. *Foto: Sammlung Jack Daussy*

»Zweimal AK voraus, Ruder hart Steuerbord!«, befahl Wachhausen. Das Abwehrfeuer des 10,5-cm- und des vorderen 3,7-cm-Geschützes von UJ 2212 lag gut im Ziel. Ein Flugzeug wurde getroffen und stürzte brennend ins Meer.

Während zwei anlaufenden Torpedos ausgewichen werden konnte, traf ein dritter »Aal« den U-Jäger 2212. Das Boot sackte sofort über den Achtersteven ab, so dass Wachhausen das Klarmachen der Rettungsmittel sowie das Verlassen des Fahrzeuges anordnen musste.

Die letzten Geheimbefehle von Marina Napoli wurden noch schnell im gepanzerten Spind verschlossen, damit nichts aufschwimmen konnte. Der Funkraum war zusammengestürzt, ein Betreten nicht mehr möglich.

Kurz nachdem auch Wachhausen von Bord gegangen war, richtete sich UJ 2212 steil auf und glitt mit dem Heck voran in die Tiefe des Mittelmeeres. Die Schiffbrüchigen, darunter 16 Verwundete, wurden von U-Jäger 2207 aufgenommen. Wachhausen ließ sofort eine Vollzähligkeitsmusterung durchführen. Vermisst wurden Oberbootsmaat Werne, Maschinenmaat Schramm, Obergefreiter Wurm, Matrose Mannot, Matrose Wermuth und Matrose Zapp.

Nachdem an der Untergangsstelle weder eine Spur von den vermissten Besatzungsmitgliedern noch von den Angehörigen des abgeschossenen Flugzeuges gesichtet worden war, setzten UJ 2207 und NERUCCI den Marsch nach Palermo fort, wo um 20.45 Uhr festgemacht wurde. Bis auf einige Verletzte, die nach Neapel geflogen und im Lazarett »23. März« behandelt wurden, traf der Rest der Besatzung des auf Position 38° 33′ Nord 13° 55′ Ost versenkten U-Jägers 2212 am 25.05.1943 im Stützpunkt Salerno ein.

Mit dem Heck voran in die Tiefe – wieder einmal versinkt ein Schiff in den Fluten des Mittelmeeres.
Foto: Sammlung Richard Schulz

In Panik über Bord

Am 01.07.1943 befürworteten die Chefs der 6. Sicherungs- und 22. U-Jagdflottille gemeinsam beim BSW und Dt. Markdo Italien den Austausch der U-Jäger 2211, 2214 und 2215 gegen die kleineren, aber schnelleren UJ 6070 ex CETONIA (260 BRT), UJ 6071 ex TADORNA (231 BRT) und UJ 6072 ex INSUMA (280 BRT).

Vergleichende S-Gerät-Erprobungen vor der südfranzösischen Küste hatten ergeben, dass mit den ehemaligen Fischereifahrzeugen bessere Ortungsleistungen erzielt werden konnten als mit den Ex-Yachten. Nachdem das OKM den Austausch[32] der U-Jäger befohlen hatte, besichtigten die beiden Flottillenchefs die Fahrzeuge 2214, 2215, 6070, 6071 und 6072. Man kam überein, dass die Boote grundsätzlich mit der jetzigen Besatzung ausgetauscht werden.

Ausnahme: Leutnant z.S. Becker, der Kommandant des U-Jägers 2215, verblieb bei der 22. U-Jagdflottille zwecks Übernahme des Kommandos auf U-Jäger 2206, und der I. WO von UJ 2214, Oberfähnrich z.S. Blank, wurde als Kommandant für den U-Jäger 2215 vorgesehen.

Korvettenkapitän Wunderlich klärte Einzelheiten der Übergabe, als der U-Jäger 2207 den mit 5788 BRT vermessenen Dampfer SABBIA in Richtung Porto Santo Stefano geleitete. Am Morgen des 04.07.1943 standen die Fahrzeuge im Quadrat CJ 5525, wenige Seemeilen südwestlich von Civitavecchia, als ein Sehrohr gesichtet wurde.

»U-Boot-Alarm! Ruder hart Steuerbord, Maschine zweimal AK voraus!«, befahl der Kommandant des U-Jägers 2207, Leutnant z.S. Osse. Doch alle Bemühungen, das U-Boot auf Tiefe zu drücken, bevor es zum Schuss auf das Geleit ansetzen konnte, kamen zu spät.

Schon krachte es – SABBIA hatte einen Torpedotreffer erhalten! Der Dampfer sackte dermaßen schnell mit dem Achterschiff weg, dass Besatzungsangehörige in Panik gerieten und über Bord sprangen.

Leutnant z.S. Osse sah wegen der im Wasser schwimmenden Menschen von der sofortigen Bekämpfung des U-Bootes ab; er ließ zunächst die Schiffbrüchigen bergen.

Die Rettungsaktion war beendet, als sich der S-Raum meldete: »Echo in null-sechs-null Grad, Entfernung zehnhundert!« UJ 2207 drehte sofort in die Peilung und nahm die Bekämpfung des U-Bootes – der niederländischen DOLFIJN – auf. Die von der ehemaligen CAP NORD um 07.31 Uhr geworfenen sechs Wabos detonierten laut U-Boot-Gefechtsbericht unterhalb des Submarines, welches sich zurzeit in fünfzehn Meter Tiefe befand. Auch die während des zweiten scharfen Anlaufs geworfenen neun Wasserbomben, die relativ nah bei DOLFIJN zur Explosion gelangten, vernichteten das von Van Oostrom Soede geführte Unterwasserfahrzeug nicht; lediglich kleinere Schäden waren die Folge.

Während SABBIA von UJ 2207 und R 8 nach Civitavecchia gebracht wurde, wo sie dann wenige Tage später bei einem Luftangriff Feuer fing und vollständig ausbrannte, setzte sich DOLFIJN vom Ort des Geschehens ab. Zusammen mit diversen U-Booten der 1., 8. und 10. britischen U-Flottille trug es schließlich zum Gelingen der Operation »Husky« bei.

280 Kriegs- und rund 2300 Transport- und Landungsschiffe setzten die Alliierten ein, um fünf Divisionen der britischen 8. Armee, vier Divisionen der US-Armee und kanadische Einheiten auf Sizilien anzulanden.

Hitler bezeichnete die Haltung des Bündnispartners, der seine Flotte nicht zum Einsatz brachte, als »unerhört«. Die deutschen Forderungen gegenüber Admiral Riccardi, mit italienischen Seestreitkräften in der Messinastraße »aufzuräumen«, blieben fruchtlos. Und auf Sizilien begann jetzt das, was US-Präsident Franklin D. Roosevelt als »Anfang vom Ende« bezeichnete …

Schon zwei Wochen später waren weite Teile der Insel von den Alliierten besetzt. Die zum Teil sehr zähe Verteidigung Siziliens, insbesondere durch die deutschen Truppen, vereitelte jedoch die Realisierung des alliierten Plans, die Insel binnen zwei Wochen einzunehmen – nicht weniger als 38 Tage sollten vergehen, bis das »Tor zur Festung Europa« aufgebrochen werden konnte.

Dampfer SABBIA kurz nach der Torpedierung durch das niederländische U-Boot DOLFIJN. *Foto: Sammlung Herbert Scheuffler*

Vierlinge dringend erforderlich

Zwar dehnten alliierte Zerstörer und S-Boote ihren Wirkungsbereich nach Norden aus, doch ging die größte Gefahr noch von den gegnerischen Unterwasser- und Luftstreitkräften aus. Insbesondere begannen sich jetzt die Angriffe der Torpedoflieger zu häufen. Die Minenschiffe BRANDENBURG und POMMERN sowie das Geleitboot SG 13 (alle zur 3.Geleitflottille gehörend) wurden in diesen Tagen ebenso attackiert wie UJ 2203, 2207 und 2208.

Zwar konnten die drei U-Jäger am 14.07.1943 drei der acht angreifenden »Bristol-Beauforts« abschießen, sie waren jedoch

Im Vordergrund eine Vierlingsflak, im Hintergrund das Minenschiff POMMERN. Foto: Sammlung Willy Ruf

Gefechtsbericht des Flottillenchefs Wunderlich betreffend des Abschusses von gegnerischen Flugzeugen am 14./15. Juli 1943

Am 14.7.1943 01.00 Uhr war das Geleit U-Jäger 2203, 2207, 2208 und Dampfer CAPITAINE LE DIABAT aus Portoferraio mit dem Bestimmungshafen Maddalena ausgelaufen. Führung Chef 22. U-Jagdflottille auf UJ 2203. Wegen U-Boot-Gefährdung war der Kurs östlich von Elba – Montecristo – nördliche Ansteuerung Maddalena vom ital. Marinekommando befohlen.

Um 11.15 Uhr steht das Geleit in CJ 5175 mit Kurs 200°, leichter Südostwind, Sonnenschein, gute Sicht. Ein Seeaufklärer (Boston) fliegt den Verband von Backbord an und zieht im Abstand von etwa 5000 m nach achtern und wieder nach vorn. Er wird von den U-Jägern 2207 und 2208 ohne beobachtete Wirkung beschossen und fliegt nach Südwest ab. Fli-Meldung.

Um 11.40 Uhr meldet uns der Aufklärer durch FT als ein Tanker von 3000 t, zwei Tanker von 2000 t und ein Handelsschiff von 1500 t mit genauer Positions- und Kursangabe.

Ich gebe darauf 1155/95 KR: »In CJ 5174 gemeldet von Seeaufklärern. Chef 22. U-Jagdflottille.«

Da der Dampfer nur etwa 5,8 Meilen/Stunde läuft, erscheint ein Ausweichmanöver sinnlos. Dampfer erhält Befehl: »Vollste Abwehrbereitschaft, da ein Angriff vermutlich von Torpedofliegern mit Sicherheit zu erwarten ist.« Auf den U-Jägern sind beide Kriegswachen auf Gefechtsstationen.

16.00 Uhr: Befehlsstelle Malta setzt acht Einheiten auf das Geleit an. 17.11 Uhr stoßen drei italienische Savoya-Jäger zum Geleit und ziehen auf etwa 3000–4000 m Höhe.

17.30 Uhr Quadrat CJ 4339. Backbord – etwas achterlicher als quer – kommen acht Bristol-Maschinen niedrig über Wasser im Anflug in Sicht. Zwei kurven nach links zum Angriff von vorn, zwei nach rechts zum Angriff von achtern, vier fliegen direkt Dampfer an, wobei das rechte Flugzeug dieser Gruppe U-Jäger 2208 überfliegt.

U-Jäger 2207 eröffnet auf 4000 m, UJ 2208 auf 5000 m, UJ 2203 auf 4500 m mit 8,8 cm und 3,7 cm das Feuer. Die beiden Flugzeuge, die nach links abgeflogen sind, fliegen U-Jäger 2207 an und werfen Torpedos. Boot dreht hart Backbord, drei Laufbahnen ziehen hinten vorbei. Gleichzeitig Bordwaffenbeschuss, Boot hat 35 MG-Einschüsse. Flugzeug Nr. 1 wird von UJ 2207 in Brand geschossen, zieht auf UJ 2203 zu, erhält ein volles Magazin 2 cm von UJ 2203 und stürzt etwa 100 m vor dem Boot 17.32 Uhr hell brennend ins Wasser (Abschuss Nr. 1). Flugzeug Nr. 2 dreht nach Backbord, überfliegt Vorschiff UJ 2207 und stürzt vor dem Boot in etwa 400 m Entfernung 17.33 Uhr mit Rauchfahne ins Wasser (Abschuss Nr. 3).

Von den beiden nach rechts abgekurvten Flugzeugen wird Flugzeug Nr. 7 von den hinteren Geschützen UJ 2208 getroffen und zeigt starke Rauchfahne, fliegt aber mit Flugzeug Nr. 8 an Steuerbordseite von UJ 2203 ab und kommt voraus aus Sicht. Auch diese Flugzeuge haben Torpedos geworfen, zwei Blasenbahnen ziehen dicht hinter dem Heck des hart Backbord drehenden UJ 2203 vorbei. Vier Flugzeuge (Nr. 3–6) fliegen U-Jäger 2208 und Dampfer an. UJ 2208 dreht hart Backbord. Zwei Torpedolaufbahnen gehen vor dem Bug vorbei. Flugzeug Nr. 6 überfliegt dabei UJ 2208, wirft Torpedos auf Dampfer, wird von UJ 2208 in Brand geschossen, fliegt hell brennend auf UJ 2203 zu und stürzt nach zahlreichen 3,7-cm-Treffern U-Jäger 2203 etwa 200 m vor dem Boot 17.32 Uhr ins Wasser (Abschuss Nr. 2).

U-Jäger 2208 beobachtet fünf Torpedolaufbahnen auf Dampfer und mindestens drei Torpedotreffer. Dampfer fliegt 17.33 Uhr in die Luft. Zwei von den mittleren Flugzeugen überfliegen UJ 2203, eine wirft eine Bombe mittleren Kalibers etwa 10 m an Backbordseite Höhe Back, eine wirft eine Brandbombe, die den hinteren 3,7-cm-Stand durchschlägt. Gleichzeitig Bordwaffenbeschuss, ein Schuss bringt hintere 3,7-cm-Bereitschaftsmunition zur Entzündung, Bodenbelag hinterer Stand brennt.

Ein 4-cm-Treffer oder ein Explosionsstück vom Dampfer trifft das bei der Explosion des Dampfers und der Detonation der Bombe hart nach Steuerbord krängende Boot 1 m unter Wasser im Maschinenraum. Starker Wassereinbruch.

Der Wachmaschinist, Maschinenobergefreiter Möller, übergibt das Absperrventil dem Heizer und versucht zunächst das Leck mit seinem Jackett zu verstopfen. Mithilfe des Matrosen II Krügel gelingt es ihm dann, durch Leckpfropfen und Werg das Leck fast völlig abzudichten. Maschine bleibt fahrklar.

Die restlichen fünf Flugzeuge sammeln weit ab vom Geleit und fliegen nach Süden ab. U-Jäger gehen nach Abflug zur Sinkstelle und bergen zunächst 12, dann weitere 7 Mann der 73-köpfigen Besatzung, darunter 11 Verwundete. Auf dem Wasser treiben Laufräder, zwei Tragflächen und durch Brand entstellte Leichen in Flieger-Kombination.

Ausfälle: UJ 2203: Ein Toter (Matrose I Werner Thiede), zwei Schwerverwundete (Maschinenobergefreiter Heinz Reimers, Matrosengefreiter Erich Göller), ein Leichtverletzter (Signalgefreiter Hans Ott).

Unterwassertreffer Maschine, Leck mit Bordmitteln abgedichtet und versteift. MES mehrfach durchschossen. Plattform hinterer 3,7- cm-Stand durch Brandbombe durchschlagen, 3,7-cm-Bereitschaftsmunition durch Brandbombe und 2-cm-Treffer hochgegangen, Holzbelag brennt. Durch Treffer in Bordwand Brand von Sprengkapseln. Brände mit Bordmitteln gelöscht. Ein Rohr 3,7-cm-Doppellafette und Visier ausgefallen, ein 2-cm-Geschütz ausgefallen.

UJ 2207: MES-Kabel durchschossen, Kompass schwimmt, offenbar Magnet herausgefallen, sonst keine Ausfälle.

Munitionsverbrauch: U-Jäger 2203: 445 Schuss 2 cm, 135 Schuss 3,7 cm, 27 Schuss 8,8 cm.
U-Jäger 2207: 1280 Schuss 2 cm, 130 Schuss 3,7 cm.
U-Jäger 2208: 720 Schuss 2 cm, 61 Schuss 3,7 cm, 7 Schuss 8,8 cm.

Nach Sinken des Dampfers scheint mir der Weitermarsch nach Maddalena nicht mehr unbedingt erforderlich. Andererseits besteht dort keine Reparaturmöglichkeit für UJ 2203, dagegen ist das Boot bei jedem eigenen Wasserbombenwurf und bei jeder neben dem Boot einschlagenden Fliegerbombe mit dem nur notdürftig abgedichtetem Leck stark gefährdet. Ich entschließe mich daher, nach dem nicht wesentlich entfernteren Civitavecchia zu gehen.

18.30 Uhr sind die Bergungsarbeiten beendet. Marsch nach Civitavecchia wird angetreten.

Nach B-Dienstmeldungen sind sechs Torpedoflugzeuge auf ein Geleit von drei Zerstörern (in Wirklichkeit R-Boote) und einem Fahrgastschiff angesetzt. Eins dieser Flugzeuge erhält von Malta Befehl, ein weiteres Geleit festzustellen. Damit sind offenbar wir gemeint ... Volle Gefechtsbereitschaft. 23.55 Uhr kommt eine große Maschine Backbord querab in Sicht, zieht vor uns vorbei und dann zu Backbordseite zurück. Als sie ungefähr Backbord mit Kurs wieder in Fahrtrichtung erneut in Sicht kommt, wird sie von UJ 2208 ohne Wirkung unter Feuer genommen. Da UJ 2208 das Feuer zu früh eröffnete, nach meiner Überzeugung aber alles darauf ankommt, den Aufklärer, der uns laufend ortet, abzuschießen, verbiete ich für die Dauer der Nacht Feuereröffnung ohne meinen ausdrücklichen Befehl.

01.27 Uhr werden Backbord achteraus von uns drei Leuchtbomben geworfen. Quadrat CJ 5436 01.38 Uhr Flugzeuggeräusche an Steuerbord ... Maschine kommt in Sicht, fliegt an Backbordseite nach achtern, dreht in Richtung auf Boot und fliegt mitlaufend mit Annäherungskurs nach voraus. Vordere Geschütze melden laufend Ziel aufgefasst. Als die Maschine in etwa 400 bis 500 m Abstand Backbord voraus steht, gebe ich Feuererlaubnis für 8,8 und 3,7 cm. Nach den ersten 3,7-cm-Treffern gerät Maschine in Brand und stürzt etwa 2000 m vor Boot ins Wasser. Insgesamt wurden drei 8,8-cm und zehn 3,7-cm-Schuss abgegeben. Etwa drei Minuten nach dem Absturz starke Unterwasserdetonation, entweder Wasserbomben (dafür ist aber der Zeitunterschied zu groß) oder detonierte Torpedos. UJ 2203 hat zunächst, da Hochgehen von Wasserbomben befürchtet wurde, nach Backbord abgedreht und dreht jetzt nach der Detonation auf die Absturzstelle. Die 7-köpfige Besatzung schwimmt im Wasser und auf einem Rundfloß, fünf Mann werden verwundet geborgen, zwei sind tot, dem einen ist der Kopf abgerissen. Nach Aussagen der Gefangenen war die Maschine ein »Wellington«-Bomber. Durch die ersten 3,7-cm-Schüsse sind zwei Mann getötet und ist das Armaturenbrett zerschossen, durch weitere Treffer ist die Maschine in Brand geraten und abgestürzt ...«

nicht in der Lage, den im Geleit befindlichen Dampfer CAPITAINE LE DIABAT vor der Torpedierung und Versenkung zu bewahren.

»Dringend erforderlich ist die Bewaffnung der U-Jäger mit Vierlingen«, schrieb Flottillenchef Wunderlich an die vorgesetzten Dienststellen. »Fast alle Dampfer haben Vierlinge. Der Dampfer hat nur ganz wenige Schuss herausgebracht, weil der Ausguck und die militärische Befehlsgebung naturgemäß nicht so zuverlässig und schnell sind wie auf einem Sicherungsboot. Da die Flugzeuge die Torpedos auf Entfernungen von 300 bis 500 m geworfen haben, hätten einsetzende Vierlinge vielleicht wesentlich größeren Erfolg gehabt. Auf meinen drei Booten befand sich überhaupt keine Vierling!«

Am 22.07.1943 griffen mehr als 100 alliierte Bomber und Jagdflugzeuge Salerno an. Während die deutschen Kommandos – so auch die 22. U-Jagdflottille – von Schäden und Ausfällen verschont blieben, wurden viele Straßen und Häuser in der Stadt zer-

Vorschiff abgerissen – Geleitboot SG 13. *Foto: Dr. jur. Rolf Löwe*

stört. Die in Salerno befindliche Besatzung des am 11.07.1943 bei einem Lufttorpedoangriff nur knapp dem Untergang entgangenen Geleitbootes SG 13 erhielt jetzt im Barackenlager der 22. U-Jagdflottille Unterkunft, da im Hafen keine freien Bunkerkapazitäten mehr vorhanden waren. Korvettenkapitän Wunderlich wünschte eine umgehende Verlegung seiner Flottille und setzte am Abend ein entsprechendes FT an das Dt. Markdo Italien ab.

Tags darauf wurde die Stadt erneut angegriffen. Zahlreiche Spreng- und Brandbomben verursachten schwere Beschädigungen, unter anderem wurde das Lager des Marinenachrichtenmittelbetriebs (MNB) zerstört, welches sich im Keller des Hotels »Montestella« befand. Wunderlich befahl daraufhin die sofortige Verlegung der Kraftfahrbereitschaft und des MNB in das Lager der 22. U-Jagdflottille, um weitere unnötige Ausfälle zu vermeiden.

»Einstecken« musste aber auch die Royal Air Force. Mehrere Briten fanden den Tod, als der U-Jäger 2208 während des Geleites des Tankers ROMAGNA (1416 BRT) von Portoferraio nach Maddalena vier angreifende Torpedoflugzeuge abschoss. Der Kapitän des Tankers, Umberto Lombardi, bedankte sich beim Kommandanten, Oberleutnant z.S. Oskar Schmidt, und bestätigte ihm schriftlich die Vernichtung der »Bristol-Beaufort«-Maschinen.

Die Meldungen betreffend des für UJ 2208 erfolgreich verlaufenden Gefechts interessierten an jenem Tag allerdings nur wenig – zu unbedeutend waren sie angesichts der neuesten Nachrichten: Benito Mussolini war entmachtet und anschließend verhaftet worden. König Viktor Emanuel III. ernannte anstelle Mussolinis den Marschall Pietro Badoglio zum Regierungschef, der nun, 26.07.1943, ein neues Kabinett ohne Beteiligung der Faschisten vorstellte und die Partito Nazionale Fascista auflöste. Die politische Wende in Rom war das Ergebnis der Unruhe in der kriegsmüde gewordenen Bevölkerung und eines Stimmungsumschwungs innerhalb der italienischen Faschisten. Badoglio erklärte zwar nach seiner Regierungsübernahme, dass er den Krieg an der Seite des Deutschen Reiches fortsetzen werde, aber beim Achsen-Partner stieß dies zu Recht auf Skepsis.

Als Korvettenkapitän Wunderlich von der Verhaftung Mussolinis erfuhr, ließ er sofort das Barackenlager räumen. Noch am selben Abend begaben sich Teile des Stützpunktpersonals nach Viareggio, der neuen »Heimat« der 22. U-Jagdflottille.

»Asdic nicht unfehlbar«

In Viareggio war man mit der Einrichtung des neuen Stützpunkts beschäftigt, als der nach dreimonatiger Werftüberholung wieder im Einsatz befindliche U-Jäger 2210 die beiden Dampfer CHATEAU YQUEM und CAP CORSE in Richtung Marseille geleitete.

Die ehemalige MARCELLA – jetzt zusätzlich mit einem 8,8-cm-Geschütz und anstelle einer 3,7-cm-Doppel- mit einer 2-cm-Vierlingskanone ausgerüstet – bildete das letzte Schiff des in Kiellinie laufenden Verbandes, der den Hafen von Ajaccio um 16.00 Uhr des 27.07.1943 verlassen hatte.

Trotz eingeschalteter S-Geräte orteten weder UJ 2210 noch das an der Spitze des Geleites fahrende italienische Torpedoboot ORSA das britische U-Boot USURPER, das sich ihnen im Quadrat CJ 4234 näherte. Und so kam das von Lieutenant Mott geführte Unterwasserfahrzeug unbemerkt bis auf Schussweite heran. Sechs Seemeilen südwestlich Ajaccio gab der Kommandant Feuerbefehl.

»17.07 Uhr: Zwei Einzelschüsse auf das führende Handelsschiff, verteilt auf 2/3 der Länge des Ziels. Das Boot stieg bis auf 20 Fuß Tiefe trotz Fluten der Untertriebszelle, so dass ich die Absicht, zum erneuten Schuss aufzudrehen, aufgab und mich damit beschäftigte, das Boot auf 150 Fuß zu bringen.

1 Minute und 25 Sekunden nach dem ersten bzw. 1 Minute und 12 Sekunden nach Abschuss des zweiten Torpedos wurde ein Treffer gehört. Ich glaube, es war der zweite Torpedo, da die Laufzeit etwas weniger als erwartet betrug, weshalb die geschätzte Geschwindigkeit von 8 Knoten zu hoch war. Der andere Torpedo muss knapp an der Insel Sanguinaire vorbei ins weite Meer gelaufen sein. Es wurde keine Detonation wahrgenommen.«

HMS USURPER entkam zwar den Wasserbomben des U-Jägers 2210, wurde jedoch schon wenige Wochen später vermutlich von UJ 2208 versenkt.
Foto: Bibliothek für Zeitgeschichte

Eine riesige Wassersäule schoss an der CHATEAU YQUEM empor. Das mit 2536 BRT vermessene Schiff begann sofort über den Achtersteven zu sinken.

Während gewaltige Wassermassen in den Leib des Dampfers eindrangen, drehte der U-Jäger 2210 hart Backbord, um die Suche nach dem U-Boot aufzunehmen. Schon wenig später meldete sich der S-Gerät-Raum: »Echo in drei-vier-null Grad, Entfernung sechshundert!«

Pollmann ließ den U-Jäger sofort in die Peilung drehen – der Gegenangriff begann!

»17.12: Befehle Verfahren Grün, 12 Sekunden Salventakt.

17.13: Echo und Geräuschpeilung in 360° 250 m.

17.14: 60 m vorm Bug Torpedoabschuss, verursacht eine sehr gute Geräuschpeilung. Über Wasser ist eine 1–2 m hohe Fontäne und der ablaufende Torpedo zu sehen, der etwa 150 m hinter CAP CORSE vorbeigeht und später am Felsen detoniert. Boje geworfen.

Befehle: WBD 70 m, WBF 45 m, Salventakt 6 Sekunden. Werfe sofort 12 WB in die Abschussstelle, 6 Sekunden Salventakt. 9 WBD (70 m), 3 WBF (45 m).

Erfolg: Hoher Öl- und Wasserschwall.

Danach kein Echo und keine Geräuschpeilung trotz guter Horchverhältnisse (2500 m) mehr zu bekommen. Bleibe 18 Stunden an und in der Nähe des Bekämpfungsortes.

Nach 18 Stunden kommt immer noch Öl hoch, das sich auf mindestens zwei Seemeilen ausgebreitet hat. Aufgrund dieser Tatsache muss mit der Vernichtung des U-Bootes gerechnet werden.«

Doch USURPER existierte noch; das U-Boot tauchte um 00.28 Uhr des 28.07.1943 wieder auf!

»Die Wasserbombenverfolgung hat uns allen gezeigt, dass Asdic nicht unfehlbar ist – und dass das U-Boot aus stabilerem Material gebaut ist, als die vielen erlittenen Schäden annehmen lassen«, schrieb Lieutenant Mott abschließend in den Bericht betreffend jenen Angriffs »der ohne große Zielgenauigkeit durchgeführt wurde.«

Wenige Wochen später weilten seine Besatzung und er nicht mehr unter den Lebenden – USURPER geriet bei der nächsten (zweiten) Mittelmeer-Feindfahrt in Verlust ...

Von HMS USURPER versenkt – CHATEAU YQUEM.
Foto: Sammlung Guy Mercier

Mehr Panzersprengmunition einsetzen!

Alarmiert von den Erfolgen der gegnerischen Unterwasserwaffe, forderte Supermarina eine erhebliche Verstärkung der U-Boot-Abwehr im Raum La Spezia/Maddalena/Civitavecchia. Der Mangel an geeigneten und kriegsbereiten Seefahrzeugen gestattete es jedoch nicht, dieser Sache im notwendigen Umfang nachzukommen. Der zumeist sehr schlechte technische Zustand der Boote, der manchen Werftaufenthalt zur Folge hatte, trug ebenso zur schlechten Lage bei wie die Erfüllung der Forderung der SKL, Sicherungsfahrzeuge (u.a. TA 10) für den Einsatz im östlichen Mittelmeer abzugeben.

UJ 2210 bei der Abwehr von gegnerischen Luftstreitkräften. Foto: Sammlung Otto Pollmann

Auch bei der 22. U-Jagdflottille sah es in der ersten Hälfte des Monats August 1943 alles andere als zufrieden stellend aus, was den einsetzbaren Fahrzeugbestand betraf: Lediglich UJ 2203, UJ 2207, UJ 2208 und UJ 2210 waren »KB«.

Die U-Jäger wurden ausnahmslos im Geleitdienst eingesetzt und sicherten die Dampfer NIKOLAUS, COLLEVILLE, PANIGAGLIA, DOLICITAS, MACERATA, SASSARI, VINCENZINA, PORTO VECCHIO, SIBILLA, ANGELA und TELLARO, die einen Teil der insgesamt 60.000 BRT umfassenden Handelsschifftonnage bildeten, die für den Sardinien- und Korsika-Verkehr zur Verfügung stand.

Den U-Jägern 2208 und 2210 gelang am 03.08.1943 jeweils der Abschuss eines Torpedoflugzeuges. Das von Leutnant z.S. Pollmann geführte Boot lief die Absturzstellen beider »Bristol-Beaufort«-Flugzeuge an und barg einen schwer verwundeten Angehörigen der Royal Air Force, der am Morgen des nächsten Tages seinen Verletzungen erlag.

Der Leichnam eines abgeschossenen britischen Bomber-Piloten wird geborgen. Foto: Sammlung Herbert Scheuffler

Eine Woche später, 10.08.1943, schoss UJ 2210 während des Marsches von Maddalena nach Bastia erneut ein Flugzeug – eine »Bristol-Beaufighter« – ab. Die Wirkung des Abwehrfeuers auf die »Beaufighter« war scheinbar wesentlich geringer als bei »Bristol-Beaufort«-Maschinen. »Nach Meldung beider Kommandanten haben alle Flugzeuge zahlreiche Treffer auch auf nächste Entfernung bekommen – Munitionsverbrauch 269 Schuss 3,7 cm und 1608 Schuss 2 cm –, nur eine Maschine ist brennend abgestürzt. Nach unseren Erfahrungen geraten »Bristol-Beaufort«-Maschinen bedeutend leichter in Brand. Es muss daher in Zukunft mehr Panzersprengmunition eingesetzt werden«, schrieb Korvettenkapitän Wunderlich in das KTB.

Vorschiff abgerissen

Die ehemalige CAP NORD hatte sich jetzt dringenden Wartungsarbeiten (07.08.1943 bis 09.11.1943) zu unterziehen. »U-Jäger 2207 ist das einzige Boot, das noch nicht zur Grundüberholung in Frankreich war. Hauptmaschine und Hilfsmaschinen sind in einem Zustand, der es als eine beachtliche Leistung des Kommandanten und des Leitenden Maschinisten erscheinen lässt, dass das Boot überhaupt noch so viel gefahren ist,« schrieb der Flottillenchef in das KTB.

Der II. WO von UJ 2207, Herbert Scheuffler[34] (ab 01.08.1943 Fähnrich zur See mit Portepee), hielt betreffend dieser Tage folgende Zeilen fest:

30.07.1943	Um 09.20 Uhr bleibt plötzlich unsere Maschine vier Seemeilen vor der Hafeneinfahrt von Livorno stehen. Das deutsche Räumboot R 12 schleppt uns in den Hafen ein (Mitteldruck-Rückwärts-Exzenterstange war verbogen). Im Hafen liegen die Boote UJ 2203, 2208 und SG 10; sie laufen aber alle noch gegen Abend aus. Unsere Maschine ist gegen 22.00 Uhr wieder betriebsklar. Geben Wasserbomben an Land ab. Nachts zweimal Fliegeralarm.
31.07.1943	Nachmittags an die Pier verholt. Mehrere Male Fliegeralarm.
01.08.1943	Heißes, herrliches Wetter. Um 21.00 Uhr mit einem ital. Frachter ausgelaufen. Alarmstufe I.
02.08.1943	Gegen 11.00 Uhr in Genua eingelaufen. Kommandant an Land zum ital. Marinekommando und zum Stabschef. Gegen 21.00 Uhr alleine wieder ausgelaufen.
03.08.1943	Mit Hellwerden in Imperia eingelaufen. An der Pier liegt SG 13. Hat durch Fliegertorpedo ca. 13 Meter seines Vorschiffes verloren. 08.00 Uhr schleppen wir SG 13 – mit seiner Maschinenunterstützung – von der Pier ab. Auf See läuft SG 13 ohne Schlepphilfe alleine weiter (kann aber schlecht Kurs halten und läuft ziemliche Haken).
04.08.1943	Vormittags SG 13 nach La Ciotat entlassen und alleine nach Marseille gelaufen. Ankunft ca. 17.00 Uhr. Boot 2209 liegt ebenfalls in Marseille.
05.08.1943	Marseille. Keine besonderen Vorkommnisse.
06.08.1943	Abends im Soldatenkino gewesen und den Film »Clarissa« angesehen.
07.08.1943	Marseille. Werftarbeiten beginnen
09.08.1943	I. WO, Obersteuermann Wochenfuß, fährt auf Heimaturlaub.
10.08.1943	Die erste Hälfte der Bordurlauber fährt nach Hause. Fähnrich Dolz wird abkommandiert und stiftet zum Abschied 200 französische Franc.
11.08.1943	Abends mit Kommandant und Flottilleningenieur Leutnant (Ing.) Seyer, Oberfähnrich Grothe und Leitender Maschinist Brandes zwei große Enten verputzt.
12.08.1943	Dienst nach Plan. Abends mit Bootsmaat Waltenberger eine Flasche Bols gelenzt. Nachts kam zum Matrosengefreiten Schwenzfeier der »Heilige Geist«, da er eine Wurst geklaut hatte.
13.08.1943	Dienst nach Plan. Abends im Soldatenkino den Film »Diener lassen bitten« angesehen.
14.08.1943	Matrosengefreiter Dengel wegen Trunkenheit eingesperrt worden. Nachts Alarmstufe I. Von ca. Mitternacht bis gegen 04.00 Uhr noch mit Bootsmaat Waltenberger und Bootsmaat Kreie gefeiert.

Der Besuch von Pompeji war nicht nur für Herbert Scheuffler ein Erlebnis. Foto: Sammlung Herbert Scheuffler

Heftige Detonationen im Wurffeld

Am 17.08.1943 waren die Kampfhandlungen auf Sizilien beendet. Trotz aller alliierten Planungen, der doppelten Anzahl von Bodentruppen sowie der großen See- und Luftüberlegenheit war es dem Seetransportführer Messina in einer gut organisierten Räumungsaktion gelungen, über 40.000 deutsche Kräfte mitsamt großer Mengen Materialien auf das Festland zu bringen. Den »Löwenanteil« der Transporte bewältigten die Marinefährprähme der 2. Landungsdivision unter Fregattenkapitän d.R. Dipl.-Ing. Gustav Frhr. von Liebenstein, zugleich Seetransportführer Messinastraße.

Marinefährprahm bei der Räumung von Sizilien.
Foto: Archiv Peter Tamm

Nach dem Fall von Sizilien bildeten die Sicherung des Sardinien- und Korsikaverkehrs sowie die Aufrechterhaltung des Küstenverkehrs zur Ergänzung der Versorgungstransporte über Land die Hauptaufgaben der deutschen Kriegsmarine im Bereich des Dt. Markdo Italien.

Heftige Detonation. Foto: Sammlung Herbert Scheuffler

Die kriegsbereiten Fahrzeuge der 22. U-Jagdflottille wurden in der zweiten Hälfte des Monats August 1943 ausschließlich im Geleitdienst zwischen dem Festland, Elba, Sardinien und Korsika eingesetzt. Sie erhielten jetzt Unterstützung durch die 11. Räumbootflottille, die über die französischen Kanäle in das Mittelmeer verlegt worden war. Zusammen mit der 6. und 12. Räumbootflottille stellten die Kräfte der von Kapitänleutnant Freytag geführten »Elften« wertvolle Einheiten dar, die einen Großteil der von der deutschen Kriegsmarine zu bewältigenden Lasten »auf ihren Schultern« trugen.

Die 24.000 Quadratkilometer große Insel Sardinien litt zur Zeit unter größerem Nachschubmangel. Nach dem am 02.08.1943 durch Minentreffer erfolgten Verlust des Tankers ROMAGNA wurde die Brennstofflage kritisch, insbesondere für die dort stationierten Luftwaffenkräfte. Auch die Munitionsbestände, die nach Vernichtung des zum Muni-Transport vorgesehenen italienischen U-Bootes PIETRO MICCA (29.07.1943 durch H.M.S. TROOPER) nur noch durch zwei kleine Schiffe mit 60 Tonnen Transportraum aufgefüllt wurden, waren knapp.

Umso wichtiger war es, dass die für Sardinien bestimmten Frachtschiffe ihr Ziel erreichten – so auch die mit Gütern beladenen Dampfer TIGRAI und ARPINO, die im Geleit der beiden U-Jäger 2203 und 2210 gegen 17.00 Uhr des 17.08.1943 den Hafen von Portoferraio mit Ziel Maddalena verließen. Doch kaum aus dem Hafen, schrillte auf UJ 2210 auch schon die Glocke – U-Boot-Alarm!

Ursächlich hierfür war die Meldung aus dem S-Gerät-Raum, dass in 350 Grad, 800 m Entfernung ein sehr gutes Echo aufgenommen worden war. Pollmann ließ den U-Jäger 2210 sofort in die Peilung drehen, befahl Verfahren »Grün« mit 10 Sekunden Salventakt und setzte zum ersten von drei scharfen Anläufen an.

»18.03 Uhr sehr hoher (5 bis 7 m) und starker Luft- und Wasserschwall. Ölaustritt konnte nicht beobachtet werden.

18.08 Uhr. Drei Minuten, nachdem alle W.B. detoniert waren, sind in dem Wurffeld zwei heftige Detonationen, im Boot und im N.H.G. sehr gut auszumachen, mit nachfolgendem starken und hohen Luft- und Wasserschwall. Später trotz sehr guter und des Öfteren nachgeprüfter Ortungsverhältnisse von U-Jäger 2210, 2203 und einer italienischen Korvette keine Ortung mehr zu erreichen. Bleibe bis 20.30 Uhr an der Bekämpfungsstelle. Laufe dann Portoferraio ein, da Boot nur noch 5 sm laufen kann, um die durch W.B.-Wurf entstandenen Schäden zu reparieren.«

Die Annahme, dass der U-Jäger 2210 ein weiteres gegnerisches U-Boot versenkt hatte, sollte sich als nicht richtig erweisen – die britische SARACEN, welche am 14.08.1943 unweit von Bastia von den italienischen Korvetten MINERVA und EUTERPE durch gut liegende Wasserbomben an die Oberfläche gezwungen worden war, wo das Unterwasserfahrzeug von seiner Besatzung zur Selbstversenkung vorbereitet wurde, stellte das einzige U-Boot dar, das in diesen Tagen und in diesem Teil des Mittelmeeres in Verlust geriet.

Rette sich wer kann

Mittlerweile war auch UJ 2209 wieder einsatzbereit; er verließ am 17.08.1943, dem Tag des vermeintlich neuen Erfolges von UJ 2210, den Hafen von Marseille.

Zehn Tage später geleitete die ehemalige MINERVA zusammen mit U-Jäger 2208[35] und dem zur 3. Geleitflottille gehörendem Geleitboot SG 10 (Geleitführer) die italienischen Dampfer VINCENCINA, SCIO und ARPINO von Maddalena in Richtung La Spezia.

Als Formation war Kiellinie, wenig gestaffelt, Abstand 400 Meter, befohlen worden. U-Jäger 2208 sicherte an Steuerbord, UJ 2209 an Backbord. Die Spitze bildete SG 10 ex FELIX-HENRI. Gegen 07.00 Uhr am Morgen des 28.08.1943 befanden sich die Schiffe auf Position 42° 24′ Nord und 9° 41′ Ost. Infolge Nachsackens des Dampfers ARPINO war das Geleit mittlerweile so weit auseinander gezogen, dass die Entfernung von dem als Schluss-Schiff sichernden UJ 2209 bis zum Spitzenschiff SG 10 über 2200 Meter betrug. Ein Umstand, der neben falscher Geleitaufstellung und unglücklich gewählter S-Gerät-Suchsektoren dazu beitrug, dass das britische U-Boot SICKLE auf seiner fünften Mittelmeer-Feindfahrt nicht erfolglos blieb!

»Ich war gut platziert, als der Gegner gesichtet wurde …«, schrieb der Kommandant der SICKLE, Lieutenant Drummond, in die Anlage 1 des Gefechtsberichts. Drummond visierte das mit 2526 BRT vermessene und über keine Schotteneinteilung verfügende Geleitboot SG 10 an, gab die Daten für die Einstellung der Torpedos durch und befahl den Abschuss dreier Sprengstoffträger. Dass trotzdem ein vierter »Aal« die SICKLE verließ, war auf einen Irrtum zurückzuführen: Drummonds Befehl »Hard a port!« wurde missverstanden und als »Fire four!« gedeutet.

Während die Torpedos die Bugrohre des U-Bootes verließen und auf das nur 800 Yards entfernte SG 10 zuliefen, trat Korvettenkapitän Bottke vom Funkraum in das Kartenhaus des Geleitbootes ein. Hier vernahm er plötzlich ein klirrend-zischendes Geräusch, das nach einem anschwellenden Stoß zunächst schwächer, dann aber wieder lauter wurde. In der Vermutung, dass es ein Unterwassergeräusch sein könnte, eilte er in den S-Raum, dessen Tür offen stand. Er stellte fest, dass die Töne aus dem NHG (L) kamen. Im gleichen Moment teilte ihm der Horcher mit, dass er eine Geräuschpeilung habe, wahrscheinlich von einem anlaufenden Torpedo hervorgerufen.

Bottke stürzte aus dem Raum. Als er das Ruderhaus erreichte, hörte er den an Backbord stehenden Wachoffizier rufen: »Torpedolaufbahn! U-Boot-Alarm!«

Augenblicke später ging ein ungeheurer Stoß, der mit einem lauten Detonationsknall einherging, durch das Boot – Torpedotreffer im Bereich des Heiz- und Maschinenraums!

Als Bottke auf die Steuerbordbrückenseite hinaustrat, erkannte er eine starke Verzerrung in den Aufbauten der achteren Schiffshälfte – und sah mit Schrecken die plötzlich herunterprasselnden Bruchstücke verschiedensten Materials, die ihn aber glücklicherweise nicht trafen. Etwa 12 Sekunden nach der ersten Explosion traf ein zweiter Torpedo das Schiff, welcher das Heck vollends zerstörte. Große Teile der Ruderanlage, Poller, Wasserbomben und vieles andere mehr wurden in die Höhe gerissen und gingen teilweise auf dem Vorschiff nieder.

Das 10,5-cm-Geschütz wurde einige Meter nach vorn geschleudert und erschlug mehrere Soldaten, die an Oberdeck und auf dem 2-cm-Stand achterlich vom Kesselraum standen.

Heinz Becker, als Befehlsübermittler auf SG 10 eingesetzt, erinnert sich an jenen Tag, an dem 85 seiner Kameraden das Leben verloren:

»Ich richtete mich nach dem Kommandanten, Bottke, weil er ein erfahrener Seemann war. Der »Alte« blies seine Schwimmweste auf, ich warf meine Kopfhörer weg und tat das Gleiche.

Der I.WO, Oberleutnant z.S. Rosenbusch, rief: »Rette sich wer kann!«

Das Schiff sank dermaßen schnell, dass der Kommandant durch die Schräglage zu Boden stürzte und auf dem Rücken ins Wasser rutschte. Ich wollte über die Reling springen, aber das Wasser stand schon an der Oberkante. Ehe ich mich versah, lag ich schon im Wasser und trieb sofort vom Schiff weg. Ich erwischte eine Gräting, etwa 1 Quadratmeter groß, und hielt mich daran fest. Dann blickte ich zu SG 10, das gerade mit dem Leitstand untertauchte, hinüber. Der Bug ging weg, ein paar starke Wellen kamen, dann war alles vorbei – Untergang in knapp 40 Sekunden! Als ich mich nun auf die Gräting schwingen wollte, tauchten Hände auf. Spontan ergriff ich diese und zog einen ölverschmierten Kameraden hinauf. In etwa 20 Meter Entfernung ein Gewimmer und Gestöhne; hier kämpfte ein weiterer Kamerad gegen das Ertrinken an. Seine Schwimmweste war nicht aufgeblasen. Vergeblich versuchte er, den Stöpsel aus dem Ventil zu ziehen Ich konnte ihm nicht helfen, da ich mich um den Kameraden auf der Gräting kümmern musste, der gerade aus der Bewusstlcsigkeit erwachte – Matrose Finger.

Wie gerufen kam Ickels, ein sportlicher Kamerad, mit einer Rettungsboje zu mir geschwommen. Ich schickte ihn zu dem Soldaten, der im Wasser treibend dringender Hilfe bedurfte.

Plötzlich rief mich jemand an: »Becker, ist alles klar?«

»Nein, ich habe einen Schwerverletzten hier«, antwortete ich und erkannte unseren Kommandanten, der sich an einem Brett festhielt und sofort zu uns rüberkam. Er erzählte, dass er vom Sog unter Wasser gezogen wurde und nur unter Schwierigkeiten wieder auftauchen konnte. Wir behandelten dann den Matrosen Finger gemeinsam. Bottke wusch mit der Hand dessen Augenhöhlen aus, dann gab er mir den Auftrag, die Augenlider Fingers auseinander zu halten. Nun spritzte er sauberes Meerwasser in die Augen. Finger wehrte sich und schrie, doch es musste sein, denn Salzwasser reinigt, wie der »Alte« sagte. Inzwischen waren die U-Jäger auf Verfolgung des U-Bootes gegangen. Bei jeder Wasserbombe kam ein Gluckser von unten und wir jumpten 1–2 Handbreiten aus dem Wasser. Nach erfolgloser Jagd[36] fuhren die U-Jäger zum »Knochensammeln«. Eines der Boote kam mit mittschiffs ausgebrachten Fallreeps zu uns. Gerettet! Ich ging als Letzter von uns dreien an Bord. Ein Löffel Rizinus-Öl, den jeder zu schlucken bekam, sorgte für Betrieb auf den wenigen Bordklos.«

Rettung aus höchster Not. *Foto: Sammlung Willy Ruf*

Erfolg durch Rücksichtslosigkeit

»Nachdem wir Sizilien erobert haben, ist jetzt der Tag gekommen, an dem wir auf das Festland Italiens übersetzen werden. Die britische 8. Armee hat die Ehre, dies als erster Truppenverband der alliierten Armeen tun zu dürfen...«, verlautete General Montgomery anlässlich der Operation »Baytown«, die am 03.09.1943 begann.

Minenschiff BRANDENBURG. *Foto: Helmut Hammer*

Mit der Bildung eines Brückenkopfes an der »Fußspitze« von Kalabrien sollte die freie Durchfahrt durch die Straße von Messina gewonnen, durch Vorstöße nach Norden deutsche Kräfte gebunden und von der Hauptlandung bei Salerno (08.09.1943) fern gehalten werden.

Während die ersten Truppen der 8. Armee das italienische Festland betraten, schloss die italienische Regierung unter Ministerpräsident Pietro Badoglio in Cassibile/Sizilien ein Waffenstillstandsabkommen mit den Alliierten ab. Die öffentliche Bekanntgabe durch US-General Dwight D. Eisenhower erfolgte jedoch erst am späten Nachmittag des 08.09.1943, wenige Stunden bevor Truppen bei Tarent (Operation »Slapstick«) und im Raum Salerno (Operation »Avalanche«) landeten.

Für alle Dienststellen im Bereich des Dt. Markdo Italien kam der Zeitpunkt der italienischen Waffenstillstandserklärung überraschend. Zwar wurde bereits seit dem Ende der Kämpfe in Nordafrika und insbesondere nach dem Sturz Mussolinis mit dem Abfall Italiens aus dem Achsenbündnis gerechnet, »aber es war doch erwartet worden, dass in irgendeiner Form etwas von der tatsächlichen Vorbereitung des Waffenstillstandes bemerkt würde«, wie Konteradmiral Meendsen-Bohlken in das von ihm geführte KTB schrieb.

Als der Chef der 22. U-Jagdflottille die Nachricht im Radio hörte, befahl er Auslösung Alarmstufe II, dann ließ er den Kommandoblock in Viareggio durch acht Doppelposten sichern und die Geheimsachen zum Abtransport bzw. zur Vernichtung vorbereiten. Wunderlich unterstellte sich mit seinem Stab dem Kampfgruppenleiter, Fregattenkapitän von Liebenstein. Ein aus dem Stab der 22. U-Jagdflottille gebildeter Stoßtrupp entwaffnete schließlich mit Unterstützung eines herangezogenen Sturmgeschützes eine Infanterie-Kaserne in Viareggio.

Der U-Jäger 2209 befand sich zum Zeitpunkt der Bekanntgabe der Waffenstillstandserklärung im Hafen von Piombino. Ein mit MG und MP ausgerüsteter Stoßtrupp unter Führung des I. WO, Leutnant z.S. Hans Otto Müller, machte sich sofort daran, die Hafenmole zu sichern und auch das Hafenkapitänsgebäude zu besetzen.

Als plötzlich 15 italienische Panzer aus der Ortsmitte anrollten und teils feuernd die Küstenstraße besetzten, entschloss sich der Kommandant von UJ 2209 zur Rücknahme des Stoßtrupps, ferner zur Aufnahme von Verhandlungen mit dem Kommandeur der italienischen Panzereinheit. Zwar kam man überein, dass die Deutschen die Pier und die Italiener die Landseite besetzen, doch Oberleutnant z.S. Schmidt traute dem »Frieden« nicht und traf Vorbereitungen, den Hafen schnellstmöglich zu verlassen. Als dies von italienischer Seite bemerkt wurde, flammte ein großer Scheinwerfer auf und beleuchtete den U-Jäger 2209. Oberleutnant z.S. Schmidt befahl, diesen sofort mit einem 2-cm-Geschütz zu zerstören. Nach Ausführung des Befehls lief UJ 2209 mit den deutschen Räumbooten 12 und 15 nach Livorno, um sich den dort befindlichen U-Jägern 2208 und 2210 anzuschließen.

Der Chef der 7. Sicherungsdivision, Kapitän zur See Diederichs. Foto: Sammlung Willi Lohmeier

In Livorno war der Chef der 7. Sicherungsdivision, Kapitän zur See Diederichs, aufgrund unterbrochener Nachrichtenverbindungen (Befehle vom Dt. Markdo Italien kamen nicht durch) auf sich allein gestellt. Er musste deshalb selbst eine Antwort auf die Frage finden, was jetzt mit den im Hafen befindlichen U-Jägern 2208 und 2210, den Minenschiffen BRANDENBURG und POMMERN, SG 11, Mutterschiff KREBS sowie mehreren Vorposten- und Räumbooten geschehen sollte.

Er entschied, sich mit einem Teil des Stabes auf der BRANDENBURG einzuschiffen, um als Verbandschef die ihm unterstellten Einheiten in der sich aus der Lage ergebenden Situation selbst zu führen. Dann traf er Vorbereitungen, um italienische Schiffe am Verlassen des Hafens von Livorno zu hindern, da der Eingang eines entsprechenden Befehls zu erwarten war.

Diederichs befahl für alle fahrbereiten Schiffe im Hafen Sofortbereitschaft und ließ die Kommandanten um 22.00 Uhr zu einer Lagebesprechung auf dem Minenschiff BRANDENBURG zusammenkommen. Er teilte ihnen mit, dass wegen unterbrochener Nachrichtenverbindung eventuelle Weisungen seitens des Dt. Markdo Italien[37] nicht bekannt seien, es aber damit gerechnet werden müsse, dass der Bekanntgabe der italienischen Kapitulation eine Landung im hiesigen Raum folge.

Diederichs zog in Betracht, die U-Jäger 2208 und 2210, das Mutterschiff KREBS und die Vorpostenboote nach Bastia zu entsenden, ferner SG 11, BRANDENBURG, POMMERN sowie die acht fahrbereiten Räumboote nach Toulon bzw. Genua zu verlegen, um sie aus der vermeintlichen Gefahrenzone herauszubringen.

Da die Italiener mittlerweile die Hafensperre geschlossen hatten, befahl Diederichs den Räumboot-Kommandanten, im Falle des notwendig werdenden Auslaufens die Sperre wieder zu öffnen, notfalls durch Sprengung oder Abschießen der Tragebojen.

In der Hoffnung, dass der Chef der Seetransportstelle über nähere Informationen zur Lage verfügte, begab sich der Chef der 7. Sicherungsdivision schließlich zu ihm. Kapitän zur See Engelhardt, der als ältester Seeoffizier im Raum den Befehl über die Landmarine-Einheiten übernommen hatte, teilte Diederichs mit, dass die Befehle »Ernte einbringen« und »Achse«[38] zwischenzeitlich erteilt wurden. Er nannte als Zeitpunkt des Anlaufens der Aktionen 05.00 Uhr des 09.09.1943.

Da keine fahrbereiten italienischen Seekriegsfahrzeuge im Hafen waren, verblieb als Aufgabe, die Handelsschiffe zu besetzen, was von der Bord-Flak-Abteilung und den in Calambrone bei Auslösung Alarmstufe III zusammenkommenden Marineteilen zu bewältigen war.

Zurück an Bord der BRANDENBURG, ließ Diederichs die Kommandanten der in Livorno liegenden Schiffe erneut versammeln. Er befahl das sofortige Auslaufen von fünf R-Booten, die während der Dunkelheit als Vorposten- und Aufklärungslinie fünf Seemeilen vor Livorno zu stehen und bei Morgendämmerung die Vorpostenlinie auf 15 Meilen vorzuschieben hatten. Aufgabe: Meldung eventuellen Aufmarsches feindlicher Streitkräfte unter Vermeidung von Gefechtsberührung mit stärkeren Einheiten.

Zur Unterstützung der Aktion »Ernte« sollten die U-Jäger 2208 und 2210, die Minenschiffe BRANDENBURG und POMMERN sowie das Geleitboot SG 11 ab 05.00 Uhr die Geschütze besetzt halten. Aufgabe war es, das Auslaufen italienischer Schiffe mit allen Mitteln zu verhindern. Bei etwaiger Annäherung feindlicher Streitkräfte musste die Hafeneinfahrt unter vollem Einsatz der Schiffe verteidigt, eventuell durch Selbstversenkung der Schiffe gesperrt werden.

Alle Schiffe hatten für den Fall, dass man in die Hände des Gegners zu fallen drohe, die Sprengung vorzubereiten. Diese durfte jedoch nur auf ausdrücklichen Befehl des Chefs der 7. Sicherungsdivision erfolgen.

Diederichs wusste aufgrund der immer noch unterbrochenen Nachrichtenverbindung nicht, dass just zu dieser Stunde die ersten Truppen der 5. US-Armee (Generalleutnant Clark) bei Salerno landeten, der Raum Livorno also nicht unmittelbar gefährdet war.

Während sich alliierte Soldaten von der aus rund 500 Schiffen bestehenden Landungsflotte an die Küste zwischen Agrópoli und Maiori begaben, wo sie von den momentan einzig dort befindlichen Verteidigungskräften der deutschen 16. Panzerdivision attackiert wurden, liefen in Livorno die Aktionen »Ernte« bzw. »Achse« an. Zu größeren Gefechten kam es wider Erwarten nicht; nur vereinzelt mussten Handfeuerwaffen eingesetzt werden, um den deutschen Forderungen Nachdruck zu verleihen. Die Geschütze der U-Jäger 2208 und 2210 gelangten nicht zum Einsatz. Teile der Besatzungen, die auf den U-Jägern abkömmlich waren, leisteten bei der Besetzung der im Hafen von Livorno liegenden Handelsschiffe Unterstützung.

Schließlich verließen UJ 2208, UJ 2210 und der Livorno erreichende UJ 2209 den Hafen, um gemäß Anforderung der Seetransportstelle einige MFPs nach Genua zu geleiten.

Die Besatzungen der U-Jäger konnten sich später glücklich schätzen, dass die Absicht des Chefs der 7. Sicherungsdivision – die Fahrzeuge nach Bastia zu entsenden – nicht realisiert wurde; war Korsika doch zur Zeit ein »heißes Pflaster«, wie die Kameraden des U-Jägers 2203 und des seit dem 03.09.1943 zur 22. U-Jagdflottille gehörenden Bootes UJ 2219 ex UJ 6072 nach Bekanntgabe der italienischen Kapitulation leidvoll feststellen mussten ...

Die Besatzungen der U-Jäger 2203 und 2219 befanden sich mit ihren Schiffen im Hafen von Bastia, als sie vom Waffenstillstandsabkommen erfuhren. Sofort wurden die Wachen verstärkt, sämtliche Handwaffen verteilt und die Geschütze klargemacht.

Der Kommandant des U-Jägers 2219, Steuermann Matzen, erhielt vom 2203-Kommandanten, Oberleutnant z.S. Zelle, Befehl, sein Schiff auf die gegenüberliegende Seite zu legen, um die beiden im Hafen von Bastia befindlichen italienischen Torpedoboote ALISEO und ARDITO besser beobachten und bei Bedarf unter Kreuzfeuer nehmen zu können.

Zelle begab sich dann zum Kommandanten eines der im Hafen liegenden fünf MFPs. Zelle bestimmte zusammen mit diesem, Leutnant z.S. Heuse, zwei Stoßtrupps.

Zu Trupp 1, von Zelle selbst geführt, gehörten Bootsmaat Schmidt, drei Soldaten der seemännischen Laufbahn I, Maschinenmaat Engelmann, ein »Heizer« und zwanzig Mann von den Fährprähmen. Aufgabe dieses Trupps war es, das italienische Torpedoboot ARDITO zu besetzen.

Der zweite Stoßtrupp, aus dem Truppführer Leutnant z.S. Heuse, Bootsmaat Kirberg, drei Soldaten der seemännischen Laufbahn I, Maschinist Franke, einem »Heizer« sowie zwanzig Mann vom MFP-Personal gebildet, sollte das neben ARDITO liegende Torpedoboot ALISEO besetzen.

Es war 23.45 Uhr, als die beiden Stoßtrupps zum Einsatz kamen. Um die Besetzung so unauffällig wie möglich zu gestalten, wurden die Trupps in kleinen Gruppen zunächst zu den neben den Torpedobooten liegenden MFPs entsandt, wo sie sich sammeln sollten.

Wider Erwarten legte jedoch plötzlich das Torpedoboot ALISEO von der Pier ab und lief aus. Oberleutnant z.S. Zelle vereinigte nun die beiden Stoßtrupps und gab Befehl zur Besetzung der ARDITO. Zusammen mit dem Dolmetscher Lerxner betrat Zelle die Brücke des italienischen Torpedobootes, um mit dessen Kommandanten, Korvettenkapitän Cavo, zu verhandeln. Dieser konnte jedoch nicht angetroffen werden. Die Besatzung der ARDITO befand sich unterdessen auf Manöverstationen und war im Begriff, das Boot auslaufklar zu machen. Zelle sah sich genötigt, seine Pistole zu ziehen. »Stop!«, rief er von der Brücke herunter.

Während die im Ruderhaus befindlichen Soldaten die Hände erhoben, fielen an Bord des Torpedobootes mehrere Schüsse, die von Kameraden der Bordflak Süd auf dem in der Nähe befindlichen italienischen Dampfer HUMANITAS zum Anlass genommen wurden, mit ihrer Zweizentimeter-Vierlingskanone das Feuer auf ARDITO zu eröffnen, was mehreren italienischen Soldaten das Leben kostete.

Oberleutnant z.S. Zelle versuchte zunächst vergeblich, sich mit der Batteriepfeife verständlich zu machen; das Schießen wurde erst nach mehreren Minuten eingestellt. Da ARDITO zu brennen begann, verließen die Deutschen nun das Torpedoboot und führten seine Besatzung unter Bewachung an Land.

Gegen 04.30 Uhr erhielten Obersteuermann Eisenblätter, Fähnrich z.S. Hennis, Maschinist Franke, Maschinenmaat Strobel und Maschinengefreiter Koch von Zelle Befehl, den hinter U-Jäger 2219 liegenden italienischen Dampfer SASSARI zum Auslaufen seemännisch und maschinell klarzumachen. Es war beabsichtigt, den Dampfer im Geleit der beiden U-Jäger nach Marseille zu bringen. Die Mitnahme des Dampfers HUMANITAS, auf dem ein großer Brand ausgebrochen war, wurde aufgegeben.

Das Feueraufmachen auf SASSARI nahm einige Zeit in Anspruch. Während dieser Tätigkeit bekam Maschinist Franke den Befehl, die Arbeiten einzustellen und das Schiff zu verlassen, da Gefahr bestand, dass die Munition des durch den Beschuss ebenfalls in Brand geratenen Torpedobootes ARDITO zur Explosion gelangt.

Kurz nach sechs Uhr morgens erschien der Adjutant des Standortältesten und machte darauf aufmerksam, dass nunmehr damit gerechnet werden müsse, dass die deutschen Schiffe beim Verlassen des Hafens von Bastia unter Beschuss genommen werden. Trotz der Warnung machten die U-Jäger 2203 und 2219 sowie die Fährprähme F 612, 459, 387, 366 und 623 ihre Leinen los und strebten der Hafenausfahrt zu.

Als UJ 2203 und 2219 die Hafensperre passierten, eröffneten die italienischen Landbatterien das Feuer auf die Fahrzeuge der deutschen Kriegsmarine. Gleich der erste Schuss eines leichteren Kalibers setzte das Signaldeck von UJ 2203 in Brand. Zwar konnte das Feuer schnell gelöscht werden, doch taten sich gleich neue

Das italienische Torpedoboot ALISEO. *Foto: Sammlung Dr. Achille Rastelli*

Brandherde auf, als weitere Geschosse die Back und den Funkraum trafen.

Nachdem Oberleutnant z.S. Zelle dem Maschinenmaaten Engelmann Befehl zum Nebeln erteilt hatte, lief dieser nach achtern, um die Nebelapparate in Gang zu bringen. Kaum, dass er dort angekommen war, explodierte nahe der Brücke eine Granate, die Zelle tödlich verletzte. Splitter sausten umher und verwundeten einige Soldaten, so auch Engelmann, der jetzt nach unten in den verqualmten Maschinenraum nach eventuell noch dort befindlichen Kameraden rief. Eine Antwort blieb jedoch aus.

Währenddessen sprangen der I. WO und große Teile der Besatzung über Bord. Kaum im Wasser, schlug eine Granate in den Horchraum ein. Bootsmaat Schmidt stand auf der Brücke neben der Funkbude und erlebte mit, wie ein Teil derselben auseinander brach. Er beabsichtigte, nun selbst von Bord zu gehen, sah dann aber beim Hinuntersteigen den Kameraden Warschewski mit blutüberströmtem Oberkörper neben dem Schornstein liegen. Schmidt gab sein Vorhaben zunächst auf und versuchte dem Matrosen zu

Französisches Fischereifahrzeug AUSTRAL vor dem Umbau zum U-Jäger 2203. Foto: Sammlung Jack Daussy

helfen. Nachdem er feststellen musste, dass Warschewski tot war, traf er auf dem Achterschiff fünf Soldaten an, die von ihm jetzt Befehl erhielten, außenbords zu springen. Dann tat er es ihnen nach.

Maschinenmaat Engelmann war einer von den Leuten, die sich noch an Bord des U-Jägers 2203 befanden. Er befahl einem Obergefreiten, das Ruder zu besetzen. Noch wusste Engelmann nicht, dass der Kommandant gefallen war. Er suchte ihn und fand den Leichnam Zelles schließlich in der Backbord-Brückennock. Über Zelle lag mit abgerissenem Kopf der Bootsmaat Kirberg. Engelmann bewahrte trotz des schrecklichen Anblicks einen klaren Verstand und stellte in den folgenden Minuten fest, dass sich noch 22 Mann an Bord befanden, darunter auch Maschinenpersonal. Er überzeugte sich, dass kein Unteroffizier mehr auf dem Schiff war und unterrichtete die Soldaten, dass er die Führung des U-Jägers 2203 übernommen habe.

Er befahl zunächst das Löschen des Feuers auf der Back, um nach Möglichkeit die 8,8-cm-Kanone wieder klarzumachen, dann entsandte er drei Mann vom technischen Personal in den Maschinenraum.

Die Landbatterien schossen derweil immer noch, erzielten aber wegen des zwischenzeitlich vergrößerten Abstandes keine Treffer mehr.

An UJ 2219 erging nun der Winkspruch »KOMMANDANT UND OBERSTEUERMANN AUSGEFALLEN, FOLGE IHREM KURS.«

Hinter UJ 2203 fuhren in größerem Abstand die fünf MFPs. F 612 und F 623, die als letzte Bastia verließen, wurden bei der Hafenausfahrt besonders schwer unter Feuer genommen. Erstgenannter Marine-Fährprähm MFP erhielt mehrere Volltreffer und begann zu brennen. Seine Besatzung musste aber nicht nur den Brand bekämpfen, sondern auch noch zwei Torpedos eines U-Bootes ausweichen, dessen Kommandant sich diesen Fährprahm als Ziel auserkoren hatte. Unter dem energischen Abwehrfeuer der fünf MFPs tauchte das U-Boot schließlich weg.

Um 07.05 Uhr hörte der Beschuss von den Landbatterien auf. Von einer Entspannung der Situation konnte jedoch keine Rede sein, da ARDITO und ALISEO Kurs auf die deutschen Fahrzeuge nahmen und sie bald darauf mit Granaten eindeckten. UJ 2203 erwiderte das Feuer, doch wurden die Geschosse den Italienern nicht gefährlich, da die T-Boote außerhalb der Reichweite der 8,8-cm-Kanone des U-Jägers blieben.

Trotz der Aussichtslosigkeit feuerte die deutsche Geschützbedienung weiter. Nach 15 Minuten waren sämtliche großkalibrigen Granaten verschossen. Während ARDITO seine momentane Position beibehielt, steuerte ALISEO dichter an die Boote der deutschen Kriegsmarine heran. Als das Schiff in Reichweite der 3,7-cm-Kanone des U-Jägers 2219 kam, erteilte der Kommandant, Steuermann Matzen, Feuererlaubnis.

Es dauerte nicht lange, bis auf UJ 2203 die Munition des achteren 3,7-cm-Standes verschossen war. Engelmann gab Befehl, die 3,7-cm-Einzellafette vor der Brücke zu besetzen. Zwanzig Schuss waren mit dieser Kanone abgegeben, als eine von der ALISEO abgefeuerte Granate das Geschütz traf und zerstörte. Als der Rest der Bereitschaftsmunition detonierte, flogen unzählige Splitter umher und fügten einigen Soldaten schwerste Verletzungen zu.

Mit Ausfall der letzten Kanone war UJ 2203 kampfunfähig geworden. Maschinenmaat Engelmann befahl die Besatzung auf das Achterschiff, wo die Verwundeten versorgt wurden.

U-Jäger 2203 scherte dann dichter an F 459 heran, um seinen Leuten die Möglichkeit zum Übersteigen zu geben. Ein Maschinengefreiter bekam unterdessen Befehl, fünf Sprengladungen im Maschinenraum anzubringen. Als Engelmann Kenntnis von dessen Ausführung erhielt, ging UJ 2203 bei F 459 längsseits. Bis auf Engelmann, den Maschinengefreiten Krügel und den Obergefreiten Möller stieg die U-Jäger-Besatzung über, dann lief der U-Jäger wieder ab.

Engelmann erteilte nun den Befehl zum Sprengen des Bootes. Er selbst legte das Ruder hart Backbord. Krügel brachte die Maschine auf volle Touren, zog die Sprengladungen ab und sprang dann mit Engelmann und Möller über Bord, um kurz danach von einem MFP aufgenommen zu werden. Als um 08.10 Uhr die

Sprengladungen explodierten, sank UJ 2203 über den Achtersteven in die Tiefe.

Ernst wurde die Lage jetzt auch für die fünf Fährprähme. Dem KTB der 4. Landungsflottille ist zu entnehmen: »Nachdem UJ 2203 versenkt ist, verlegt das ital. Torpedoboot den Weg nach Norden. Sämtliche Boote halten deshalb in Richtung Marina di Sisco auf die Küste von Korsika zu, um anzulanden. Dieses gelingt jedoch nur F 387, 459 und 623.

F 612 hat starke Schlagseite, sämtliche Geschütze sind ausgefallen. Das Torpedoboot kommt immer näher. Als der Abstand nur noch 800 Meter beträgt, gibt der Gruppenführer den Befehl zum Über-Bord-Gehen und zur Selbstversenkung. Boot sinkt rasch nach der Sprengdetonation etwa 2000 Meter von der Küste Korsikas bei Porticiolo. Ein Teil der Besatzung, vor allem die Verwundeten, geraten an Bord des Torpedobootes bzw. an Land vorübergehend in italienische Gefangenschaft.

F 366 schwere Treffer im Maschinenraum, Backbord- sowie Steuerbordmaschine ausgefallen. Durch mehrere Treffer im Achterdeck Boot in Brand geraten und im sinkenden Zustand. Ein Toter, mehrere Verwundete. Kommandant befiehlt Über-Bord-Gehen. Boot sinkt schnell ab.

F 387 kommt nach verhältnismäßig wenig Treffern an die Küste. Da Seebeschuss anhält und Kriegslage auf Korsika völlig ungeklärt ist, gibt Kommandant Befehl zur Sprengung. Boot durch Sprengung restlos vernichtet, Besatzung vollzählig an Land. F 459 Überlebende des U-Jägers 2203 auf See übernommen (17 Mann). Mit fünf Treffern kaum noch schwimmfähig. Kommandant gibt aus der gleichen Lage wie F 387 Befehl zur Selbstvernichtung. Boot restlos zerstört.

F 623 brannte mit Treffern im U-Raum am Strande. Boot ist vollkommen ausgebrannt.

Verluste bei 4. Landungsflottille: Ein Toter, 19 Verwundete.«

Nachdem F 366 gesunken war, konzentrierten sich die Besatzungen der italienischen Torpedoboote auf den U-Jäger 2219. Die Geschützbedienungen der ehemaligen INSUMA wehrten sich verzweifelt, konnten aber nicht verhindern, dass mehrere Geschosse den U-Jäger trafen. Als der Kommandant des U-Jägers 2219, Steuermann Matzen, tödlich verletzt wurde, sprang die Besatzung über Bord und schwamm zur ungefähr zwei Seemeilen entfernten Küste. Sie hatten nur wenige hundert Meter zurückgelegt, als eine von der ALISEO abgefeuerte Granate die Munitionskammer des UJ 2219 traf. Nach einer gewaltigen Explosion sank das Boot in die Tiefe. Zahlreiche Trümmer auf der Wasseroberfläche waren alles, was nach Auflösen der Detonationswolke von UJ 2219 sichtbar blieb. ALISEO nahm dann die auf Rettungsflöße treibenden Soldaten des gesunkenen Fährprahms 366 und den Fähnrich zur See Hennis an Bord. Zusammen mit ARDITO lief das Torpedoboot in den Hafen von Portoferraio ein. Der Kommandant der ALISEO, Korvettenkapitän di Cossato, sprach Hennis sein Bedauern über die Vorkommnisse aus und deutete an, dass der Kommandant der ARDITO (Korvettenkapitän Cavo) und er nach Zusicherung entsprechender Behandlung die Boote unklar melden und sie nicht – wie es die Bedingungen des Waffenstillstandsabkommens forderten – an die Alliierten übergeben[39] bzw. selbst versenken würden.

217 Kriegs- und Hilfskriegsschiffe[40] fielen den Deutschen im Bereich des Dt. Markdo Italien schließlich in die Hände. Diese Fahrzeuge befanden sich allerdings zum größten Teil in einem nicht kriegsbereiten Zustand, da viele Boote versenkt oder zerstört worden waren bzw. sich noch im Bau befanden.

Die Kräfte der Kriegsmarine, die in den Stunden und Tagen nach Auslösung Stichwort »Achse« zum Einsatz gelangten, erzielten zum Teil bemerkenswerte Erfolge. Sie konnten aber nicht verhindern, dass das Gros der italienischen Flotte ihre Stützpunkte in La Spezia, Genua und Tarent verließ, um sich nach Malta, Afrika bzw. zu den Balearen zu begeben. Das Schlachtschiff ROMA sowie die Zerstörer VIVALDI und DA NOLI erreichten ihre Ziele nicht: Von Gleitbomben, Küstenbatterien bzw. Minen getroffen, gerieten sie in Verlust.

UJ 2219 ex Insuma, heute ein gern betauchtes Wrack. *Foto: Andrea Ghisotti*

Korvette MARANGONE, später U-Jäger 2223, beim Stapellauf.
Foto: Sammlung Dr. Achille Rastelli

Mit Ende des Achsen-Bündnisses gingen sämtliche Aufgaben der Seekriegsführung im westlichen Mittelmeer vollverantwortlich an das Dt. Markdo Italien über. Es galt, zunächst den stillgelegten Handelsschiffsverkehr wieder in Gang zu setzen, besonders um die mit der Rückführung der Truppen von Sardinien nach Korsika in Verbindung stehenden Aufgaben lösen zu können. Ferner musste umgehend ein Küstenverkehr eingerichtet werden, da mit einer vorübergehenden Lahmlegung des Landnachschubs durch Sabotageakte und Luftangriffe zu rechnen war.

Obwohl bereits in der letzten Zeit bis an die Grenze ihrer Leistungsfähigkeit beansprucht, fielen den Kräften der deutschen Kriegsmarine durch die notwendige Übernahme der bisher von der italienischen Marine geleisteten Dienste weitere Aufgaben zu. Sie waren jedoch nur zu bewältigen, wenn es u.a. gelang, möglichst rasch den Großteil der sichergestellten italienischen Kriegs- und Hilfskriegsschiffe in den Dienst der deutschen Kriegsmarine zu stellen.

Früh am Morgen des 12.09.1943 erhielt der stellvertretende Chef der 22. U-Jagdflottille, Kapitänleutnant Dr. Wachhausen, einen telegrafischen Funkspruch, der als äußerst dringend gekennzeichnet war: »MIT SCHÄRFSTEM MASSSTAB STÄBE UND STÜTZPUNKTE AUF ÜBERFLÜSSIGES PERSONAL AUSKÄMMEN. SEEBEFAHRENE SOLDATEN ZUR BESETZUNG ITAL. FAHRZEUGE, ÜBRIGE NACH LA SPEZIA ZUM EINSATZ KÜSTENBATTERIEN. NUR RÜCKSICHTSLOSE MASSNAHMEN VERBÜRGEN ERFOLG!«

Wachhausen kommandierte daraufhin 35 Mann für die gestellten Aufgaben ab und begab sich zwecks Erfassung der als U-Jäger gut geeigneten italienischen Korvetten von Viareggio nach Livorno. Da die dort liegenden fünf Korvetten sich in einem nicht fahrbereiten Zustand befanden, bat er die 7. Sicherungsdivision, für das Abschleppen der Fahrzeuge zu sorgen.

In der Hoffnung, dass mindestens zwei der Korvetten noch in diesem Jahr in Dienst stellen, machte er sich auf den Weg nach La Spezia, um das Vorhandensein von für die Flottille geeigneten und in Kürze einsetzbaren Fahrzeugen festzustellen.

»Ergebnis gleich null. Korvetten sind alle versenkt. Hebung und Instandsetzung wird längere Zeit in Anspruch nehmen.«

UJ 2221 ex Korvette VESPA. *Foto: Sammlung Richard Schulz*

In Genua angekommen, stellte Wachhausen die Korvetten-Neubauten TUFFETO, MARANGONE, STROLAGA und ARDEA fest. Ihr Bauzustand schloss einen baldigen Einsatz als U-Jäger aber ebenfalls aus.

Einzig die LAGO ZUAI kam für eine rasche Verwendung in Betracht. Der Stabschef Genua erteilte dem Kommandanten des U-Jägers 2208 am 13.09.1943 Befehl, das 1940 in Taranto gebaute Einschraubenschiff von 64,76 Meter Länge und 9,78 Meter Breite umgehend einsatzklar zu machen. Die bei den Italienern als Hilfskreuzer D 23 eingesetzte LAGO ZUAI wurde daraufhin gesäubert, instand gesetzt und im Benehmen mit dem Chef der 3. Geleitflottille (Korvettenkapitän Kramer), dem Werftbeauftragten sowie dem Leiter der Bordflak Süd am 27.09.1943 erfasst und als U-Jäger 2220 (Kommandant: Kapitänleutnant Fenkner) in die 22. U-Jagdflottille übernommen.

Zwei Tage später, 29.09.1943, wurde die in Pozzuoli erbeutete und nunmehr in Livorno liegende ehemalige italienische Korvette VESPA[41] erfasst und als U-Jäger 2221 in den Fahrzeugbestand der Flottille eingereiht. Korvettenkapitän Wunderlich beauftragte seinen Stellvertreter, Kapitänleutnant Dr. Wachhausen, mit der Führung der 1942 gebauten Korvette von 64,40 Meter Länge und 8,70 Meter Breite, die bei guten Bedingungen über 19 Seemeilen in der Stunde zurücklegen konnte. UJ 2221 ex VESPA war die einzige Korvette, die noch in 1943 bei der 22. U-Jagdflottille zum Einsatz kam; mit Ausnahme von UJ 2225 und 2230 stellten die anderen erst im Laufe des nächsten Jahres in Dienst:

- UJ 2222 (ex TUFFETO) am 20.02.1944
- UJ 2223 (ex MARANGONE) am 18.03.1944
- UJ 2224 (ex STROLAGA) am 18.04.1944
- UJ 2225 (ex ARDEA) – nicht fertig gestellt
- UJ 2226 (ex ARTEMIDE) am 12.07.1944
- UJ 2227 (ex PERSEFONE) am 02.12.1944
- UJ 2228 (ex EUTERPE) am 15.10. 1944
- UJ 2230 (ex RENNA) am 22.08.1944 zugeteilt, kein Einsatz

Für die Wahrnehmung der Aufgaben im Sardinien-Korsika-Verkehr wurde UJ 2221 aber nicht mehr rechtzeitig kriegsbereit, so dass an U-Jägern zunächst nur die Boote von Oberleutnant z.S. Günter Schmidt (UJ 2209) und Leutnant z.S. Otto Pollmann (UJ 2210) zur Verfügung standen.

Die Räumung der Insel Sardinien war durch Stichwort »Achse« ausgelöst worden. Teile der auf ihr stehenden 90. Panzergrenadierdivision hatte das OKW bereits im August 1943 in den Raum Tempio befohlen, damit im Krisenfall sofort die wichtigen sardischen Häfen an der Straße von Bonifacio gesichert werden konnten. Die Überführung der deutschen Truppen von Sardinien nach Korsika ging relativ rasch und ohne größere Verluste vonstatten[42] und ähnelte in ihren Grundzügen der Räumung Siziliens. Die allgemeinen Verhältnisse waren jetzt jedoch wesentlich ungünstiger, da – anders als in der Straße von Messina – kaum landgestützte Geschützbatterien zum Schutze des Übersetzverkehrs zur Verfügung standen.

Schotten und Bulleyes eingedrückt

In Übereinkunft mit der auf Korsika befindlichen italienischen Besatzung durften die Angehörigen der 90. Panzergrenadierdivision und der ebenfalls auf Sardinien stationiert gewesenen fünf Festungsbataillone nach Bastia marschieren. Die dort anwesenden Italiener lehnten die deutsche Forderung, Stadt und Hafen zu übergeben, ab, so dass es hier zu Kampfhandlungen kam. Als am 13.09.1943 französische Truppen bei Ajaccio landeten, wurde die Situation in zunehmendem Maße kritisch. Hitler befahl am selben Tag die Räumung Korsikas, was die Kriegsmarine erneut vor eine große Aufgabe stellte.

Das Deutsche Marinekommando Italien bestimmte den vorher bei der Räumung Siziliens bewährten Chef der 2. Landungsdivision, Fregattenkapitän von Liebenstein, zum Seetransportführer Korsika. Nach »Bereinigung« der Lage in Bastia durch die Waffen-SS-Sturmbrigade »Reichsführer-SS« (15.09.1943) leitete von Liebenstein die ersten Abtransporte von Soldaten und Gerät nach Italien in die Wege.

Nachdem Elba am 17.09.1943 in deutschen Besitz gelangt war, konnte auch diese größte toskanische Insel angesteuert werden, was die Räumung Korsikas beschleunigte.

Überfülltes Räumboot bei der Evakuierung deutscher Soldaten von der Insel Korsika.

Foto: Sammlung Richard Schulz

U-Jäger 2218 ex niederländische Yacht TADORNA.
Foto: Sammlung Willi Debrich

Zu den Fahrzeugen, die den Schutz des Übersetzverkehrs zwischen Korsika, Elba und dem italienischen Festland zu übernehmen hatten, gehörte auch der U-Jäger 2218, welcher am 20.09.1943 gegen den U-Jäger 2215 eingetauscht worden war. Der Einsatz der 1937 in Southampton gebauten und mit 231 BRT vermessenen ehemaligen niederländischen Yacht TADORNA war allerdings nur von sehr kurzer Dauer – sie geriet nach nur sechs Tagen Zugehörigkeit zur 22. U-Jagdflottille in Verlust.

Der Kommandant UJ 2218, Steuermann Reck, hielt betreffend der letzten Fahrt des U-Jägers die folgenden Zeilen fest: »U-Jäger 2218 und 2209 haben für den 25. und 26.09.1943 die Aufgabe, Überwachung des Weges Livorno-Bastia zur Sicherung des aus Bastia kommenden Geleites, bestehend aus Dampfer SAN PEDRO und 4 Räumbooten.

Am 25.09.1943 um 22.00 Uhr ist der Standort der U-Jäger-Rotte etwa 8 sm nordöstlich Bastia. Kurs Nord, Marschfahrt 9 sm, Wind West 4 bis 5, Seegang 3 bis 4.

Gegen 23.30 Uhr in der Höhe von Kap Corse kommt im Westen ein starkes Gewitter auf, Böen in Windstärke 10 bis 11. Durch den ansteigenden Seegang aus Westen lässt sich für UJ 2218 der Nordkurs wegen zu starker Dwarssee nicht mehr beibehalten, so dass ab 24.00 Uhr der rechtweisende Kurs 45 Grad befohlen wird. Das Gewitter überzieht die Boote langsam nach Osten und bleibt in einer dicken schwarzen Wand vor der Festlandsküste liegen.

Gegen 03.35 Uhr des 26.09.1943 stoßen die Boote in Dwarslinie südlich Livorno auf die Küste, die erst nach ES-Anforderung der Küstenbatterien einwandfrei erkannt wird.

Durch UK wird für UJ 2209 sofort Kiellinie befohlen, und bei Verminderung der Fahrt nach Osten abgedreht. Nach dieser Kursänderung stößt das Boot mit dem Hüllkörper des S-Gerätes auf und erhält Wassereinbruch im Vorschiff. Durch Rückwärtsgang der Schrauben kommt das Boot vorübergehend frei, aber der Wassereinbruch ist so stark, dass das Boot mit der Pumpe nicht lenz gehalten werden kann. Auch nach Ausbringung des Lecksegels vermindert sich der Wasserstand im Vorschiff nicht; das Boot wird deshalb aufgesetzt. Zunächst ist nur im Vorschiff Wassereinbruch. Bei weiter zunehmendem Seegang wird das Boot quer zur Brandung getrieben, obwohl beide Anker ausgebracht sind, die den Bug gegen die See halten sollen. Es erhält etwa 20 Grad Schlagseite. Da der Sturm anwächst, ist kein Abschleppmanöver möglich. Mithilfe von Schlauchbooten werden G-Sachen und G-Geräte (S-Gerät, FT-Anlage, FuMG usw.) sowie Handwaffen und Bekleidungsstücke geborgen. Durch die aufkommende starke Brandung, die über das ganze Oberdeck wegrollt, werden Schotten und Bulleyes eingedrückt. Maschine und Achterschiff laufen nun ebenfalls voll Wasser.

Am 27.09.1943, nach Abflauen des Windes, sind weitere Bergungsarbeiten möglich.

Alle Wasserbomben und Abschuss-Stempel an Oberdeck werden an Land gebracht. Der Taucher, der den Schiffsboden untersucht, kann kein Leck feststellen. Der Wassereinbruch ist also nur bei dem abgerissenen Hüllkörper möglich gewesen. Hebungsversuche werden ab 27.09.1943 mithilfe einer Lenzpumpe, die auf einer Schute montiert ist, begonnen.«

Die Bergungsversuche des U-Jägers 2218 wurden bis zum 08.10.1943 fortgesetzt. Durch einen anderen Taucher wurde festgestellt, dass durch das Aufsetzen des Bootes in der Brandung eine ein bis zwei Meter lange Nietenreihe im Kiel aufgerissen war, so dass auch von hier Wasser in das Schiff eindrang. Da nur eine Pumpe zur Verfügung stand, war das Auspumpen des U-Jägers 2218 unmöglich. Unterfang- und Abschleppversuche scheiterten, weil der Schlepper ebenfalls auf Grund lief. Nachdem alle Waffen und Geräte geborgen waren, wurden die Bergungsversuche am 09.10.1943 eingestellt.

Totalverlust UJ 2218. *Foto: Sammlung Willi Debrich*

Keine Maschine sprang an

Ende September 1943 war der KB-Zustand des am 21.08.1943 in Dienst gestellten U-Jägers 2216 endlich so weit fortgeschritten, dass die ehemalige Yacht L`INCOMPRISE II von Toulon nach Marseille überführt werden konnte.

Das mit 915 BRT vermessene Schiff, 1926 auf der Werft von Ramagne & Ferguson in Leith/Großbritannien gebaut, stellte mit 65,10 m Länge und 9,78 m Breite ein imposantes Fahrzeug dar. Aufgrund der Krise in der Tschechoslowakei war es am 17.04.1939 von der französischen Marine requiriert und in Ajaccio mit der Bezeichnung AD 227 in Dienst gestellt worden. Am 04.05.1939 an den Eigner, den französischen Multimillionär Baron Henri de Rothschild, zurückgegeben, wurde das auf den Namen EROS getaufte Boot schon bald wieder beschlagnahmt; es erhielt die Bezeichnung AD 196 und wurde zunächst dem französischen Flottenkommando in Marokko für repräsentative Aufgaben zur Verfügung gestellt.

Neu klassifiziert und als P 140 bezeichnet, verlegte es dann von Toulon nach Tanger. Von hier aus führte es einige Einsätze durch,

Yacht L'INCOMPRISE II während des Umbaus zum U-Jäger 2216. Foto: Sammlung Erwin Höfling

Indienststellung des U-Jägers 2216. Foto: Sammlung Erwin Höfling

u.a. die Eskortierung der U-Boote ARIANE und ESPADON. Nach Verbringung der französischen Marinemission nach Gibraltar (letzter Einsatz vor dem deutsch-französischen Waffenstillstand) lag P 140 fast zwei Jahre mehr oder weniger untätig in Marokko. Nach Toulon verbracht, erhielt es den Namen L`INCOMPRISE II und zählte hier schließlich zu den wenigen schwimmenden Einheiten, die sich nach der Selbstversenkung der französischen Flotte als nutzbar erwiesen.

Das nunmehr zum U-Jäger ausgerüstete Zweischraubenschiff mit zwei Burmeister-&-Wain-Dieselmotoren (6 Zylinder Viertakt), die je etwa 1000 PS leisteten, benötigte lange Zeit, um kriegsbereit zu werden: Zum Zeitpunkt der Übernahme des Bootes in die deutsche Kriegsmarine befanden sich die Maschinen teilweise in demontiertem sowie ungepflegtem Zustand. Sämtliche Ersatzmaterialien waren nicht vorhanden, so dass diese erst aus Kopenhagen beschafft werden mussten.

Die zwanzig Jahre alten Hauptmaschinen stellten veraltete Konstruktionen dar, die seit Inbetriebnahme laufend Störungen an den Brennstoff-, Anlass- und Ausblasventilen zeigten und somit viel Ärger verursachten. Während der Überführungsfahrt, die am 28.09.1943 erfolgte, bewährte sich UJ 2216 in jeder Weise.

Zwei Tage später erhielt der Kommandant des Schiffes, Oberleutnant z.S. Hanekamp, Befehl zum ersten U-Jagdeinsatz. »Nach Loswerfen der Leinen wurde das Kommando Backbordmaschine langsam voraus, Steuerbordmaschine langsam rückwärts gegeben«, hielt Flottilleningenieur Seyer schriftlich fest, »doch trotz verzweifelter Bemühungen des Maschinenpersonals sprang keine der beiden Maschinen an.«

Nach Untersuchung des Zustandes der Maschinen wurden starke Undichtigkeiten in den Luftanlassventilen und zu großes Spiel der Kolben in den Zylindern als Ursache vermutet. »Die günstigste, durchgreifendste und schnellste Herrichtung des Bootes ist sicherlich gegeben durch beschleunigten Einbau zweier neuer Haupt- und evtl. Hilfsmotoren-Aggregate; eine Lösung, die bei dem sonstigen Zustand des Bootes und seinem hohen Wert als Kriegsfahrzeug unbedingt vertretbar ist und eher eine Beschleunigung der Fertigstellung des Bootes als eine Verzögerung bedeuten würde«, schrieb Seyer am 05.10.1943.

Der Bug von UJ 2216. Das Wrack des im September 1944 versenkten U-Jägers befindet sich in ca. 60 m Tiefe. *Foto: Andrea Ghisotti*

Bei der Suche nach entsprechenden Austausch-Aggregaten wurde die Werft Toulon kurz darauf bei der MEDITERRANE LE HAVRE fündig. Und so machte man sich nun in den nächsten Wochen daran, die »neuen« 800 PSE kompressorlosen Diesel auf UJ 2216 einzubauen. Trotz aller Bemühungen, den U-Jäger schnellstmöglich zum Einsatz zu bringen, sollte die KB-Meldung aber erst Anfang April 1944 erfolgen.

Der Ausfall des U-Jägers 2216 wog angesichts der eingetretenen Fahrzeugverluste und der Tatsache, dass die meisten der von den Italienern übernommenen Schiffe zum gegenwärtigen Zeitpunkt nicht fahrbereit waren, schwer, zumal die Kräfte der britischen 8. und 10. U-Boot-Flottille zurzeit besonders erfolgreich waren:

Allein zwischen dem 15. und 30.09.1943 versenkten sie das Minenschiff BRANDENBURG, das Nachtjagdleitschiff KRETA (beide am 21.09.1943, H.M.S. UNSEEN), die Dampfer NIKOLAUS (am 21.09.1943 durch das polnische U-Boot DZIK), ANDREA SGARALLINO (22.09.1943, H.M.S. UPROAR) und ST. NAZAIRE (23.09.1943, H.M.S. SIBYL), den Motortanker CHAMPAGNE (27.09.1943, H.M.S. UPROAR), die Segler ANGIOLINA und MARIA LUISA B. (28.09.1943, H.M.S. SPORTSMAN) und den Minensucher M 7022 (30.09.1943, H.M.S. SIBYL).

Gerammt

Anfang Oktober 1943 wären beinahe auch UJ 2209 und Kriegstransporter KT 19 in Verlust geraten.

Die Schiffe befanden sich auf dem Weg von Portoferraio nach Bastia, wo der Kriegstransporter mit von der Insel Korsika zu evakuierenden Truppen beladen werden sollte, als der U-Jäger in der Frühe des 01.10.1943 eine Geräuschpeilung erhielt.

Während UJ 2209 auf die Ortungsstelle zulief, morste KT 19 herüber: »HABEN SIE AUCH UM 03.20 DIE TORPEDOLAUFBAHN ACHTERAUS GESEHEN?«

Oberleutnant z.S. Günter Werner Schmidt folgerte daraus, dass die erhaltene Geräuschpeilung von diesem Torpedo verursacht worden war. Doch hatte man es nun mit einem U-Boot oder mit Überwasserstreitkräften, z.B. S-Booten, zu tun? Horch- und Ausguckpersonal vermochten keine Antwort darauf zu finden.

Mit 10 Knoten Fahrt lief der U-Jäger wieder an den Kriegstransporter KT 19 heran. Blankes Entsetzen stellte sich ein, als man an Bord UJ 2209 erkannte, dass der Kriegstransporter Backbord-Ruder gelegt hatte – und den U-Jäger jetzt zu rammen drohte.

Mittels Klappbuchse und Typhon machte UJ 2209 auf die Gefahr aufmerksam, doch war eine Kollision nicht mehr abzuwenden. Mit rund 12 Knoten rammte KT 19 den U-Jäger zwischen den beiden Steuerbord-Wasserbombenwerfern, wodurch das Bootsdeck bis zum Schornstein eingedrückt wurde. Auch der Kriegstransporter trug schwere Schäden davon: Vorsteven bis zum Kettenkastenschott eingedrückt. Es gelang, die beiden Fahrzeuge nach Livorno einzubringen, von wo aus UJ 2209 sich mit eigener Kraft auf den Weg nach Genua machte, um dort Werfthilfe in Anspruch zu nehmen. Und so fiel nun die ehemalige MINERVA für die U-Jagd vorübergehend aus – zu einer Zeit, wo die Räumung der Insel Korsika auf Hochtouren lief und der rege Schiffsverkehr den feindlichen U-Booten zahlreiche Ziele bot.

Französisches Fischereimotorschiff MINERVA vor dem Umbau zum U-Jäger 2209. Foto: Sammlung Jack Daussy

UJ 2209. Die Bemühungen seiner Besatzung, das britische U-Boot SICKLE zu versenken, blieben erfolglos. Foto: Sammlung Günther Brede

Man könnte sich leicht täuschen lassen

Auch der U-Jäger 2210, der am frühen Nachmittag des 02.10.1943 den Hafen von Portoferraio verließ, geriet ins Visier des Gegners. Lieutenant Whitton, Kommandant des U-Bootes UNSHAKEN, das Malta am 26.09.1943 mit Ziel Golf von Genua verlassen hatte, sprach die ehemalige MARCELLA als »Benzintransporter« an, als er das Fahrzeug auf größere Entfernung durch das Sehrohr betrachtete. Nach Ermittlung der Werte für die Einstellung der Torpedos gab Whitton schließlich Befehl zum Abschuss zweier »Aale«.

Die Zeiger des Chronometers standen auf 14.48 Uhr, als man auf UJ 2210 die auf 6 Fuß Tiefe und 45 Knoten Geschwindigkeit eingestellten sowie aus 1600 Yards Entfernung abgeschossenen Torpedos erkannte. Legen von Hartruder sowie Steigerung der Fahrt bewahrten den U-Jäger vor der Vernichtung; die Sprengstoffträger rauschten achtern vorbei. UJ 2210 steuerte mit AK voraus die Torpedoabschussstelle an, als Pollmann die Meldung über den Erhalt einer Ortung in 15 Grad Schiffspeilung erhielt – der U-Jäger drehte nun entsprechend nach.

»Beim Anlauf auf das U-Boot versuchte dieses, unsere Impulse durch Gegenimpulse zu stören, so dass für kurze Zeit das Echo sehr schlecht wurde (ähnlich Geräuschpeilung).

Ein wenig erfahrener Horcher könnte sich leicht täuschen lassen und das U-Boot verlieren«, hielt Pollmann im Gefechtsbericht u.a. fest.

Um 14.52 Uhr detonierten die Wasserbomben des ersten scharfen Anlaufs. »Erfolg: hoher Öl- und Wasserschwall. 14.56 Uhr berstende Geräusche in Wurfstelle, starker Ölaustritt.

HMS UNSHAKEN entging den Wasserbomben des UJ 2210 nur knapp. *Foto: Royal Navy Submarine Museum, Gosport*

Zweiter Anlauf 15.20 Uhr. Echo in erster Wurfstelle, weiterer starker Ölaustritt. Kein Echo mehr. Halte Vernichtung für wahrscheinlich.«

Aber Pollmann irrte sich; UNSHAKEN (»10 Wasserbomben fielen ziemlich nah«)[44] war nicht versenkt worden. Während das U-Boot sich weiterhin um Störung des Übersetzverkehrs von Korsika nach Elba bzw. Italien bemühen konnte, bemerkte der Chef der 22. U-Jagdflottille zu Pollmanns Gefechtsbericht: »Ich halte die Vernichtung des U-Bootes für einwandfrei und bitte, sie dem U-Jäger 2210 anzuerkennen. Die Leistung des Kommandanten, Leutnant z.S. Pollmann, der in sieben Monaten Fronteinsatz sieben U-Boote vernichtet hat, ist ausgezeichnet … Mir ist die Beobachtung neu, dass ein geortetes U-Boot versucht, das Echo durch Gegenimpulse zu stören. Diese Erfahrung habe ich bisher weder bei der 14., noch bei der 22. U-Jagdflottille gemacht. Es wäre interessant festzustellen, ob ein derartiges Verfahren sonst schon beobachtet wurde.«

Ostfriesische Tageszeitung vom 05.11.1943

Das siebte englische U-Boot versenkt

Neuer Erfolg des ostfriesischen Ritterkreuzträgers Leutnant z.S. Pollmann

Und schon liegt der U-Boot-Jäger auf Gegenkurs, rauschen die Torpedos ungefährlich vorbei und detonieren am Felsufer. Das U-Boot wird indessen auf gleichem Kurs mitlaufend gemeldet. Also sofort die ersten Wasserbomben los. Klatschend schlagen sie in die See, detonieren dumpf. Und wieder wird der Standort des U-Bootes ausgemacht. Da liegt der Bursche nun, den haben wir sicher!

Pollmann fährt nun seinen berühmten ersten Anlauf. Aufs Neue dröhnen die Explosionen der Bomben, ein Zittern und Beben geht durch den U-Boot-Jäger. Das Meer scheint sich aufzubäumen, ein ungewöhnlich hoher Wasserschwall wölbt sich hoch, schillernd mit Öl durchsetzt. Der Gegner ist angeschlagen, kann wohl kaum noch entkommen. Es muss bitter sein für die in dem Stahlleib auf dem Grunde des Meeres eingeschlossene Besatzung, nun den Fangschuss des Jägers abwarten zu müssen. Denn Jäger und Gejagte wissen: Die nächste Wasserbombensalve bringt das Ende.

Und schon rauschen die wuchtigen Bomben aufspritzend in die See, gehen genau an der Stelle in die Tiefe, an der der Schwall sich aufwölbte und das Öl immer noch austritt.

Der Erfolg ist eindeutig. Etwa 500 bis 600 Meter entfernt werden mehrere starke berstende Geräusche gehört. Dann schießt plötzlich springbrunnartig meterhoch Öl wie ein Geysir aus der Tiefe, durchsetzt mit festen Körpern. Da – ganz deutlich: Wrackteile!

Offenbar große Eisenstücke, die einen Augenblick lang in dem Ölgeysir drei bis vier Meter aus der See hochtanzen, um dann wieder schwer und klatschend abzusacken. Das war das Ende! Aber sicher ist sicher. Unter dem ausströmenden Öl muss das U-Boot auf Grund liegen.

Die Wasserbomben, die nun in das quellende Öl geworfen auf Tiefe zerbersten, sind buchstäblich der Gnadenstoß. Wieder steigt eine riesige, perlende Wasserblase hoch, der Ölaustritt hält unvermindert an. Dann ist es aus. Das Drama ist zu Ende.

Wenn die Vernichtung des Feindes auch sicher ist, so bleibt der U-Boot-Jäger dennoch weiterhin am Feind. Am nächsten Morgen treibt es ihn wieder zum Kampfort. Mit einem kleinen Boot fährt Pollmann hinaus und braucht nicht lange zu suchen. Ein gewaltiger Ölfleck von drei bis vier Seemeilen Durchmesser kennzeichnet noch jetzt die Stelle, an der das siebente Unterseeboot seiner britischen Majestät im Zweikampf unterlag …

Flottillenchef Wunderlich (rechts) beglückwünscht Otto Pollmann zum vermeintlich neuen U-Boot-Vernichtungserfolg.
Foto: Sammlung Otto Pollmann

Gefürchtete Gegenangriffe

»Man sollte ihnen den gleichen Respekt zollen wie Zerstörern ...« schrieb der Captain (S) Eighth Submarine Flotilla, Fawkes, am 23.10.1943 an den Commander-in-Chief Mediterranean, Admiral Cunningham. Mit »ihnen« meinte er die »Anti Submarine Trawler« der 22. U-Jagdflottille, die in vielen Fällen den auf sie abgefeuerten Torpedos auszuweichen vermochten, so dass die U-Boot-Jäger zu den gefürchteten Gegenangriffen übergehen konnten.

Anlass zu dieser Äußerung war der Bericht des Lieutenants Drummond gewesen, dessen U-Boot SICKLE den Hafen von Algier am 22.09.1943 verlassen hatte. Drei Tage später im zugewiesenen Operationsgebiet, dem Golf von Genua, angekommen, setzte es am 28.09.1943 zwei Agenten an der italienischen Küste ab. Eine erfolglose Attacke auf einen kleinen Dampfer lag hinter der Besatzung des U-Bootes, als am 03.10.1943 ein neues Ziel – der U-Jäger 2208 – gesichtet wurde.

Drummond ließ das U-Boot auf günstige Schussposition zusteuern, dann gab er Feuerbefehl. Auf sechs Fuß Tiefe eingestellt, verließen die »Aale« die Bugrohre und bahnten sich ihren Weg zum 800 Yards entfernten U-Jäger 2208, der sich auf dem Weg nach Portoferraio befand, um dort gemeinsam mit UJ 2210 auf U-Jagd zu gehen.

»Ruder hart Steuerbord, dreimal AK voraus!«, befahl der Kommandant des U-Jägers 2208, Oskar Schmidt, nachdem er die Torpedolaufbahnen gesichtet hatte. Viel zu schwerfällig drehte das Boot herum, doch es reichte gerade eben aus, um den Sprengstoffträgern auszuweichen. Schmidt hatte den Kurs auf 200 Grad ändern lassen, als die Meldung »Ortung in Lage null, Entfernung vierhundert!« aus dem S-Raum kam.

Jetzt war UJ 2208 am Zug – das U-Boot wurde zum Gejagten!

Es war 14.32 Uhr, als die Wasserbomben des ersten scharfen Anlaufs detonierten; sie kamen oberhalb der SICKLE zur Explosion. Gewaltige Kräfte wirkten auf die stählerne Röhre ein und drückten sie nach unten. »Bei 300 Fuß auf Grund gelaufen. Ein Stoß war im ganzen Boot nicht zu spüren, und wir liefen die nächsten zwanzig Minuten weiter mit langsamer Kraft voraus, bevor wir realisierten, dass wir im Schlick steckten«, hielt Lieutenant Drummond in seinem Gefechtsbericht u.a. fest.

»Zweiter Anlauf! Dreizehn Dora auf 120 Meter einstellen, zwei Friedrich auf 75«, befahl Schmidt, als die Entfernung zum U-Boot (EU) gleich eigener Fahrt festgestellt wurde und daraus gefolgert werden konnte, dass das U-Boot auf dem Meeresboden lag.

Wenige Minuten später klatschten die nächsten Wabos in das Wasser – dem U-Boot, das immer noch im Schlamm steckte, entgegen. Dann zerbarsten sie. Emporkommendes Öl gab zwar Anlass zur Annahme, dass das U-Boot Schaden genommen hatte, doch Oberleutnant z.S. Schmidt konnte sich jetzt gar nicht darüber freuen:

»Wassereinbruch im Maschinenraum. Seeventilstutzen zur Hauptmaschine gerissen!«

Schmidt hastete sofort nach unten. »Wir müssen umgehend in die Werft«, hörte er den Leitenden Maschinisten, Notholt, äußern.

»Werde sofort FT absetzen lassen«, erwiderte der Kommandant. Kaum, dass der Funker dies getan hatte, vernahm Schmidt die nächste Hiobsbotschaft aus dem Reich der »Bilgenkrebse«, wie die Männer vom Maschinenpersonal im Marinejargon bezeichnet wurden:

»Starker Wassereinbruch an beiden Seiten des Seeventilkastens!«

»Den Kasten mit Balken absteifen!«, entgegnete der Kommandant, der kurz darauf mit Wohlwollen zur Kenntnis nahm, dass das Boot lenz gehalten werden konnte. Also brauchte man nicht sofort nach Genua zurück – und konnte noch einen weiteren Anlauf wagen ...

Oskar Schmidt, Kommandant UJ 2208.
Foto: Sammlung Otto Pollmann

»Fünfzehn Friedrich fertig machen, auf 75 Meter einstellen!«, befahl Schmidt. Dann ließ er den U-Jäger zu jener Stelle steuern, wo das U-Boot vermutet wurde. Obwohl mit dem S-Gerät keine Ortung mehr zu erzielen war, fielen die Wabos offensichtlich an der richtigen Position hinunter, kam doch augenscheinlich Maschinenöl empor. Hatte man das U-Boot »geknackt«?

Die Besatzung von UJ 2208 war sich dessen sicher!

Bis 07.00 Uhr des 04.10.1943 blieb der U-Jäger an der vermeintlichen Position des U-Bootes, das man für vernichtet hielt, dann machte sich UJ 2208 auf den Weg in Richtung Genua.

Und SICKLE? Das U-Boot war zu dieser Zeit schon längst »über alle Berge«! Nachdem es sich aus dem Schlick befreit und die noch folgenden Wasserbombenwürfe ohne Schäden überstanden hatte, war es um 19.42 Uhr des 03.10.1943 aufgetaucht. Das zur **S-Klasse** gehörende U-Boot lief schließlich am 10.10.1943 in Algier ein.

*Die **S-Klasse** zählte zu den besten Entwürfen und stellte von der Zahl der U-Boote her die größte Klasse dar, die je für die Roy-*

al Navy gebaut worden war. Die relativ einfache Bedienungsweise und Instandhaltung machten die 62 Boote der S-Klasse, die in drei Gruppen eingeteilt war, sehr leistungsfähig und sicher. Die Satteltankboote mittlerer Reichweite mit einer Einsatztauchtiefe von maximal 110 m (Gruppe 3) erzielten getaucht eine Höchstgeschwindigkeit von zehn Knoten. Die Abmessungen der Fahrzeuge betrugen 61,70 m x 7,30 m x 3,20 m (Gruppe eins), 63,60 m x 7,30 m x 3,20 m (Gruppe zwei) bzw. 66,10 m x 7,20 m x 3,40 m (Gruppe drei).

Von einfacher Konstruktion, ausgezeichneter Handhabung und schneller Tauchzeit geprägt, gehörten die Boote der S-Klasse zu den hervorragendsten Unterwasserfahrzeugen der Royal Navy. Ihre Erfolge (allein in mediterranen Gewässern versenkten sie über 100 Fahrzeuge mit rund 142.000 BRT) waren beachtlich.

17 Boote der S-Klasse gingen während des Zweiten Weltkrieges verloren: Neun in der Nordsee und im Atlantik, zwei im Pazifik und Indischen Ozean, sechs im Mittelmeer.

UJ 2208 hatte sich nur gut zehn Seemeilen von der vermeintlichen U-Boot-Vernichtungsstelle entfernt, als Kommandant Schmidt gegen 10.00 Uhr des 04.10.1943 eine neue Ortung gemeldet bekam. »Echo in null-eins-null Grad, Entfernung neunhundert!«

Wieder ein U-Boot?

Was zunächst als unwahrscheinlich galt, wurde plötzlich zur Gewissheit: »Zielobjekt läuft uns mit vier Knoten entgegen, wandert jetzt stark nach Steuerbord aus!«

Schmidt ließ sofort Ruder legen, damit man den Gegner mitlaufend bekam. Luft- und Ölblasen kamen aus der Tiefe empor, als der erste scharfe Anlauf zu Ende war. Gegen 10.19 Uhr hatte man das Submarine erneut aufgefasst; es befand sich jetzt ca. 600 Meter von UJ 2208 entfernt.

Der Befehl des Kommandanten zur Ausführung des zweiten Anlaufs war kaum ausgesprochen, als der Leitende Maschinist verstärkten Wassereinbruch im Maschinenraum meldete. Schmidt entschied deshalb, keine WBD, sondern die schwächeren WBF zu verwenden.

»10.21 Uhr zweiter scharfer Anlauf. Alle WB detoniert. Um Erfolg besser beobachten zu können, stoppt Boot über Wurfstelle. Beobachtet wurden zwei weitere Stellen mit anhaltenden, starken Luftblubbern und aus der Tiefe kommende kleine Holzteilchen, etwa ein halbes Pfund weißes Fett, das als Schmalz oder Vaseline angesprochen werden kann und geborgen wurde. Es machte sich sehr starker Gasölgeruch bemerkbar. Ich entschließe mich, eine

U-Jäger 2208 ex ALFRED. *Foto: Erwin Hatting*

zweite Boje zu werfen in etwa 150 m Entfernung von der ersten und hatte nun zwischen beiden Bojen drei Stellen mit Luft- und Ölblubbern, von denen die beiden äußersten etwa 80 m voneinander entfernt waren. Ich erhielt jetzt kein Echo mehr. Meine Überlegung war, dass innerhalb dieser Blasenstellen das U-Boot liegen musste.

10.44 Uhr dritter scharfer Anlauf mit 15 WB »F«, tiefste Einstellung 75 m, 8 Sek. Salventakt. Richtunggebend waren beide geworfene Bojen. Erfolg: Verstärkter Öl- und Luftaustritt.

11.14 Uhr vierter scharfer Anlauf mit 15 WB »F«, 75 m Tiefeneinstellung, 8 Sek. Salventakt. Beginn des Anlaufs auf Gegenkurs, Abstand 30 m von der Boje.

11.30 Uhr fünfter scharfer Anlauf mit 6 WB »D«, Einstellung 120 m, in Richtung beider Bojen. Beginn 50 m vor der ersten Boje. Erfolg: Öl breitet sich sehr schnell aus.

11.55 Uhr sechster scharfer Anlauf auf Gegenkurs mit 6 WB »D« über Ablaufbahn. Einstellung 120 m, 8 Sek. Salventakt. Außer verstärktem Ölaustritt keine besonderen Veränderungen.

Da Boot viel Wasser machte und ich die Vernichtung des U-Bootes für wahrscheinlich hielt, brach ich die U-Boot-Überwachung ab und lief nach Genua zum Eindocken.«

Möglicherweise handelte es sich um das britische U-Boot USURPER, das dem U-Jäger 2208 zum Opfer gefallen war. Das von Lieutenant David Mott geführte Boot hatte sich am 24.09.1943 von Algier aus zu seiner zweiten Mittelmeerpatrouille in Richtung La Spezia begeben und am 03.10.1943 Befehl erhalten, den nördlichen Teil des Golfs von Genua zu bestreifen. Einen Tag vor der planmäßigen Rückkehr nach Algier (12.10.1943) wurde das zur U-Klasse gehörende Boot zur Meldung aufgefordert – sie blieb für immer aus …

Fiel HMS USURPER den Wasserbomben des U-Jägers 2208 zum Opfer? *Foto: Bibliothek für Zeitgeschichte*

Einsatz aller U-Jäger dringend geboten

Nach Beendigung der Evakuierung deutscher Truppen von Korsika (03.10.1943) waren die Sicherungs- und Geleitaufgaben durchaus nicht abgeschlossen.

Das Minenschiff JUMINDA ex italienisch F8 ex ELBANO GASPERI stellte im Bereich der 7. Sicherungsdivision das erste der von den Italienern übernommenen Schiffe dar, das unter deutscher Kriegsflagge zum Einsatz gelangte. Als nach der BRANDENBURG (21.09.1943 torpediert) auch noch das Minenschiff POMMERN in Verlust geriet (05.10.1943 Minentreffer), trugen die von den Italienern erbeuteten Minenleger und Torpedoboote die Hauptlast bei den zu bewältigenden Sperraufgaben. Die Gefahr einer überholenden Landung auf dem italienischen Festland war höchst prekär geworden. Nur mithilfe eines starken Walles von zahlreichen defensiven und offensiven, immer wieder ergänzten und erweiterten Minensperren konnten sich die hart bedrängten Deutschen in diesem Raum noch halten, vermochten sie zwei gegnerische Armeen binden und am allzu frühen Vorrücken nach Deutschland hindern.

Neben den Sperrunternehmungen, die nun an der korsischen Ost- und italienischen Westküste ausgeführt werden mussten, lief auch der Materialabtransport aus den italienischen Häfen bis nach Gaeta an, da die Alliierten inzwischen Neapel eingenommen hatten (01.10.1943) und weiter nordwärts kamen. Fest stand, dass der Gegner seine Angriffe auf den Geleitdienst zu steigern trachtete. Dieser Geleitdienst sollte künftig weniger reinen Transportinteressen dienen, sondern mehr und mehr unter militärisch-operativen Gesichtspunkten vonstatten gehen.

Angesichts der beängstigenden geringen Zahl an kriegsbereiten Sicherungsfahrzeugen ließ der Befehlshaber des Dt. Markdo Italien, Konteradmiral Meendsen-Bohlken, den folgenden Funkspruch an Korvettenkapitän Wunderlich übermitteln: »AN CHEF 22. U-JAGDFLOTTILLE. GESAMTLAGE ERFORDERT DRINGEND EINSATZ ALLER U-JÄGER. ERSUCHE MIT ALLEN MITTELN SCHNELLSTENS EINSATZBEREITSCHAFT UNTERSTELLTER BOOTE SICHERZUSTELLEN. SOFORT TERMINE MELDEN. BEFEHLSHABER DT. MARKDO ITALIEN.«

Wunderlich veranlasste daraufhin, dass Tag und Nacht einschließlich Samstag und Sonntag auf den Werften an den U-Jägern gearbeitet wurde. Als die Termine für die Herstellung der Kriegsbereitschaft feststanden, meldete er dem Dt. Markdo Italien: »UJ 2208 und 2210 am 8.10. morgens einsatzbereit, UJ 2220 ohne S-Gerät. Weitere Meldungen folgen. Einstehe für größte Beschleunigung mit allen Mitteln. Chef 22. U-Jagdflottille.«

S-Boot-Alarm

Erstmals machten sich nun von Maddalena aus Kräfte der alliierten Coastal Forces auf den Weg, um den deutschen Küstenverkehr zu stören.

Nachdem die S-Boot-Stützpunkte Augusta und Messina zwischenzeitlich zu weit entfernt vom Kriegsgeschehen lagen, war es notwendig geworden, neue Basen zu schaffen, von wo aus die italienische Westküste bis hinauf zur Insel Elba bestreift werden konnte. Der ehemalige italienische Militärstützpunkt, an der Straße von Bonifacio gelegen, eignete sich hierfür hervorragend, wie Royal Navy-Commander Robert Allan nur wenige Tage nach der Übergabe Sardiniens an die Alliierten (18.09.1943) feststellen konnte.

Allan, der zu diesem Zeitpunkt dem Commander-in-Chief Mediterranean (Admiral Cunningham) direkt unterstellt war, ließ seine mobile Schnellboot-Basis auf drei LCTs (Panzerlandungsboote) verladen und gab Befehl, zusammen mit dem Tanker EMPIRE DAMSEL, sechs »Dog-Boats« (Fairmile D-Klasse) und zwei Motorlauncher zum neuen Stützpunkt zu verlegen.

Schon nach kurzer Zeit gingen die ersten Motor Torpedo Boats (MTBs) und Motor Gun Boats (MGBs) von Maddalena aus auf Patrouille und bestreiften den Raum zwischen Civitavecchia und Li-

Britisches Motortorpedoboot.

Foto: Bibliothek für Zeitgeschichte

vorno. Am 07.10.1943 trafen weitere Kräfte der Royal Navy in Maddalena ein: Drei »Dog-Boats« und acht Boote der 7. MTB-Flottille.

Zu ihnen gehörten auch die MTBs 76 und 79. Als die beiden »Vosper«-Boote drei Tage später zur ersten Einsatzfahrt in Richtung Nordosten starteten, vergingen nur wenige Stunden, bis die ersten Ziele gesichtet wurden ...

Es war 22.45 Uhr, als Besatzungsangehörige des U-Jägers 2211, der sich zusammen mit UJ 2208 auf freier U-Jagd in der Straße von Piombino befand, in Schiffspeilung 90 Grad dunkle Schatten wahrnahmen. Eigene Fahrzeuge oder gegnerische Boote? Um Klarheit zu schaffen, wurde Erkennungssignal (ES) angefordert. Die Besatzungen der beiden MTBs »antworteten« mit drei Torpedos, die nun auf das Wasser klatschten.

UJ 2206 (im Foto noch als Fischereifahrzeug SAINT MARTIN LEGASSE) war der erste U-Jäger der 22. U-Jagdflottille, welcher von gegnerischen Schnellbooten auf den Grund des Mittelmeeres torpediert wurde. Foto: Sammlung Jack Daussy

»S-Boot-Alarm!«, rief der Kommandant des U-Jägers 2211, Oberleutnant z.S. Zoller. Während hektisch das Handruder betätigt wurde, da die Rudermaschine kurz zuvor ausgefallen war, schossen die von den MTBs 76 und 79 abgefeuerten »Aale« heran. Glücklicherweise lief der erste Torpedo unter dem Heck hindurch, und die beiden anderen gingen am Bug vorbei. Der U-Jäger 2208 wich den Torpedos nach Geräuschpeilung aus und eröffnete nun ebenfalls das Feuer, das von den MTBs erwidert wurde. Mehrere Geschosse trafen UJ 2211. Zwar richteten diese am Boot keine größeren Schäden an, doch verletzten sie ein Besatzungsmitglied.

Von der heftigen Abwehr der U-Jäger überrascht, sah sich der Gegner schließlich zum Rückzug gezwungen. Das erste Gefecht der britischen S-Boote im hiesigen Seegebiet war alles andere als zufrieden stellend verlaufen. Und nur vier Nächte später verlor die Royal Navy im Kanal von Piombino das MTB 636; es war im Laufe eines Kampfes mit deutschen Siebelfähren[45] von einer eigenen Einheit, dem MTB 658, beschossen und versenkt worden...

Etwas erfolgreicher verlief der Einsatzbeginn von Patrol Torpedo-Boats (PT-Booten) im hiesigen Raum. Die 15. MTB-Squadron war das erste amerikanische Schnellboot-Geschwader, das in das Kampffeld Mittelmeer entsandt worden war. Aufgestellt am 20.01.1943 in Lake Pontchartrain mit den PTs 201 bis 212, hatte man es wenig später um die PTs 213 bis 218 ergänzt. Erste Kräfte des Geschwaders waren im April 1943 in Gibraltar angekommen. Sie nahmen unter operativer Führung der britischen Coastal Forces zunächst von Bone, später dann von Bizerta, Palermo und Capri aus ihre Aktivitäten auf.

Mit vier PT-Booten erreichte der Chef des 15.MTB-Geschwaders, Lieutenant-Commander Stanley M. Barnes, am 04.10.1943 den Stützpunkt Maddalena. Barnes erfuhr von Commander Allan, dass bereits erste Vorbereitungen für die Errichtung einer weiteren Basis in Bastia liefen, so dass die MTBs, MGBs und PTs in Kürze bis zur italienischen Riviera hinauf operieren konnten.

Die Insel Elba bildete quasi eine Trennlinie für ihre Einsätze: Die in Bastia stationierten Boote sollten in erster Linie nördlich der größten toskanischen Insel patrouillieren, die Maddalena-Kräfte südlich davon. Zwar dauerte es nicht mehr lange, bis amerikanische und britische Schnellboote gemeinsam das Tyrrhenische und Ligurische Meer bestreiften, bei den ersten Einsatzfahrten blieben die Männer der »Ron Fifteen« aber noch unter sich.

Das Minenschiff JUMINDA wurde von den US-amerikanischen PT-Booten 206, 212 und 216 versenkt. Foto: Sammlung Krellenberg

In der Nacht vom 21. auf den 22.10.1943 erzielten die amerikanischen S-Boote ihren ersten Versenkungserfolg im Großraum Elba: Die PT 206, 212 und 216 orteten um 00.23 Uhr einen Konvoi, der aus Räumbooten und dem Minenschiff JUMINDA bestand. Unbemerkt kamen sie bis auf Schussentfernung an den kleinen Minenleger (742 BRT) heran.

Nordwestlich Porto Santo Stefano befindlich, feuerten sie gegen 01.16 Uhr ihre Torpedos ab. Von zwei »Aalen« des Typs MARK VIII getroffen, sank das 1928 in Genua gebaute Schiff innerhalb weniger Sekunden auf den hier rund 100 Meter tiefen Meeresgrund.

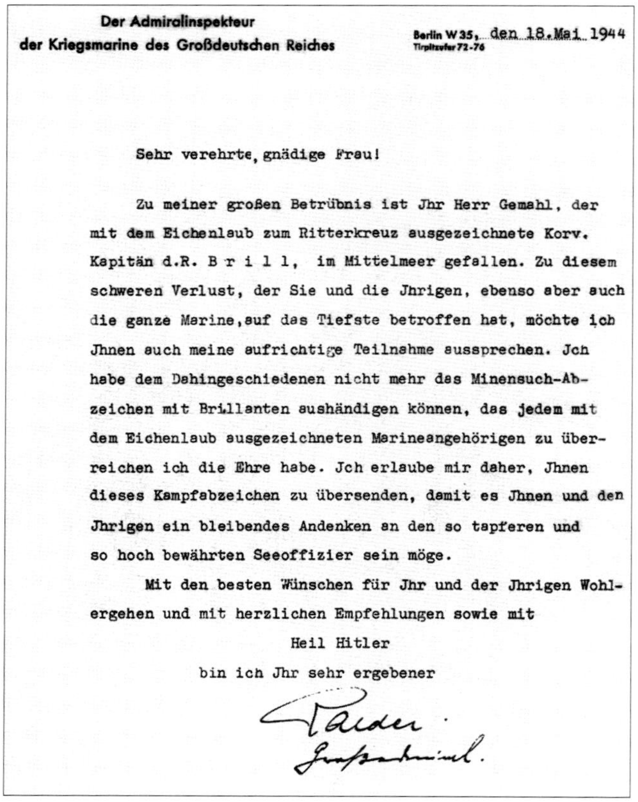

Der Admiralinspekteur
der Kriegsmarine des Großdeutschen Reiches

Berlin W 35, den 18.Mai 1944
Tirpitzufer 72-76

Sehr verehrte, gnädige Frau!

Zu meiner großen Betrübnis ist Jhr Herr Gemahl, der mit dem Eichenlaub zum Ritterkreuz ausgezeichnete Korv. Kapitän d.R. B r i l l, im Mittelmeer gefallen. Zu diesem schweren Verlust, der Sie und die Jhrigen, ebenso aber auch die ganze Marine, auf das Tiefste betroffen hat, möchte ich Jhnen auch meine aufrichtige Teilnahme aussprechen. Jch habe dem Dahingeschiedenen nicht mehr das Minensuch-Abzeichen mit Brillanten aushändigen können, das jedem mit dem Eichenlaub ausgezeichneten Marineangehörigen zu überreichen ich die Ehre habe. Jch erlaube mir daher, Jhnen dieses Kampfabzeichen zu übersenden, damit es Jhnen und den Jhrigen ein bleibendes Andenken an den so tapferen und so hoch bewährten Seeoffizier sein möge.

Mit den besten Wünschen für Jhr und der Jhrigen Wohlergehen und mit herzlichen Empfehlungen sowie mit

Heil Hitler

bin ich Jhr sehr ergebener

Raeder
Großadmiral

63 Menschen verloren dabei ihr Leben, darunter der berühmteste Minenschiffskommandant der deutschen Kriegsmarine, Fregattenkapitän der Reserve Karl-Friedrich Brill, und der Großvater des Autors, Maschinenhauptgefreiter Karl-Heinz Waack.

Knapp zwei Wochen nach dem Untergang der JUMINDA versenkten Kräfte des amerikanischen 15. MTB-Geschwaders den U-Jäger 2206. Die ehemalige SAINT MARTIN LEGASSE befand sich mit dem Räumboot R 162 auf dem Marsch von Civitavecchia nach Piombino, als PT 207, 211 und 212 den U-Jäger und das zur 11. R-Flottille gehörende Boot kurz nach 01.00 Uhr des 03.11.1943 orteten. Der Verbandsführer, Lieutenant O'Brien, befahl den Angriff auf das größte Zielobjekt, das von ihm fälschlicherweise als Tanker von ungefähr 4000 Tonnen angesprochen wurde. Mit langsamer Fahrt näherten die drei »Higgins«-Boote sich dem U-Jäger 2206, dann torpedierten sie ihn hier, unweit der Inselgruppe Formiche de Grosseto, auf den Grund des Mittelmeeres.

Der Kommandant UJ 2206, Leutnant z.S. Becker, hielt betreffend des Bootverlustes u.a. die folgenden Zeilen fest: »Um 01.24 Uhr kommen drei Fahrzeuge in etwa 290 bis 300 Grad in Sicht, die wie R-Boote aussehen. Ich befehle ES-Anforderung und gebe an alle Stellen höchste Feuerbereitschaft durch. ES wird richtig beantwortet. Unmittelbar darauf ruft ein Ausguckposten: »Torpedolaufbahn an Backbord!«

Ich gebe sofort Feuererlaubnis und befehle: »Hart Steuerbord!« Die Maschine lief bereits mit zweimal großer Fahrt. Im S-Gerät wieder stärkste Geräuschpeilung. Alle Waffen feuern auf die durch LG beleuchteten Einheiten. Ein S-Boot gerät in Brand. Ar Backbord und Steuerbord passieren in Kursrichtung je ein Torpedc. Unmittelbar darauf zerreißen zwei aufeinander folgende Detonationen die Luft. U-Jäger 2206 krängt hart nach Backbord, dann nach Steuerbord. Das ganze Achterschiff mit den Aufbauten steht in Flammen. Eine Stichflamme schießt bis auf die Back. Das Boot hat einen Treffer im Ölbunker und einen zweiten in der Maschine.

Ich befehle: »Alle Mann bleiben an Bord, Rettungsmittel klarmachen!«

Das Boot richtet sich wieder auf und sinkt schnell über den Achtersteven ab. Ich gebe Befehl zum Verlassen des Bootes, das unmittelbar darauf untergeht. Alle Rettungsmittel (acht Flöße, ein Kutter, ein Motorboot) schwimmen auf. Ich selbst werde vom Kutter aufgenommen.

Die drei S-Boote sind durch die Sinkstelle gelaufen und liegen gestoppt in Dwarslinie etwa 80 m vom Kutter entfernt. Anscheinend nehmen sie die im Wasser liegenden Soldaten auf.

Das mittlere S-Boot[46] zeigt starke Rauchentwicklung. R 162 fischt ebenfalls im Wasser liegende Soldaten, wobei es etwa 400 m vor den S-Booten steht. Ein Feuerwechsel fand dabei nicht statt, anscheinend haben die Boote einander nicht gesehen. Die S-Boote kamen dann außer Sicht. R 162 übernahm 42 Überlebende und lief mit ihnen nach Piombino ab, obwohl ich gebeten hatte, die Soldaten an der etwa vier Seemeilen entfernten Küste ab-

Das Abzeichen für Minensuch,-Ujagd- und Sicherungsverbände mit Brillanten – eine absolute Rarität!

Foto: Dr. Karl-Friedrich Brill

zusetzen, um mit mir zu weiterem Suchen an die Sinkstelle zurückzukehren.

Nach Ergänzung seines Frischwassers lief R 162 wieder mit mir und dem LM vom UJ 2206 zur Sinkstelle, die wir gegen 7.00 Uhr erreichten. Nach langem Suchen fanden wir noch 27 Besatzungsmitglieder, die der I. WO, Obersteuermann Valjeur, während der Nacht in umsichtiger Weise auf Flößen gesammelt hatte. Die Flöße hatte er aneinander binden lassen und das Kommando übernommen. Von der 76-köpfigen Besatzung wurden 69 Soldaten gerettet, davon waren acht Soldaten leicht verletzt. Sieben Soldaten werden vermisst. Drei von ihnen, und zwar Maschinenhauptgefreiter Matthias Fleck, Maschinengefreiter Siegfried Mohns, Maschinengefreiter Stolt, waren in der Maschine und sind offenbar sofort durch den Treffer getötet worden. Ebenso ist der Koch, Verwaltungsobergefreiter Karl-Heinz Torker, anscheinend nicht rechtzeitig von Bord gekommen. Die restlichen drei Soldaten, und zwar Fähnrich z.S. Karl-Heinz Schröder-Ehrbeck, Matrosenobergefreiter Theodor Dammann, Matrose Willi Ruhe, sind im Wasser gesehen worden. Es besteht eine große Wahrscheinlichkeit dafür, dass sie von den englischen S-Booten aufgenommen wurden.«[47]

Wunderlich nahm die ersten Gefechtsberührungen mit feindlichen Motortorpedobooten im hiesigen Raum zum Anlass, den unterstellten Kräften zu befehlen, nachts sich nähernde Boote sofort unter Feuer zu nehmen, wenn keine Begegnungsmöglichkeit gemeldet war. Der Chef der 7. Sicherungsdivision bezeichnete diese Entscheidung des Chefs der 22. U-Jagdflottille allerdings als sehr bedenklich, steuerte die Division doch nicht sämtliche Schiffsbewegungen.

Während man deutscherseits Gefahr lief, eigene Kräfte zu beschießen, strukturierten die Briten ihre mediterranen »Dogboat«-Flottillen neu (sowohl MTBs als auch MGBs in einer Flottille). Eine weitere Optimierung des alliierten Schnellboot-Einsatzes im Mittelmeer wurde durch eine Anfang November 1943 zwischen Lieutenant-Commander Barnes (U.S. Navy) und Commander Allan (Royal Navy) getroffene Vereinbarung erzielt, die zukünftig vermehrt gemeinsame Patrouillen vorsah.[48]

Fast zeitgleich stellte der Befehlshaber des Dt. Markdo Italien, Konteradmiral Meendsen-Bohlken, beim OBS und bei der Luftflotte 2 den Antrag, die Stützpunkte der alliierten Küstenstreitkräfte zu bombardieren. Zunächst von der Luftwaffe abgelehnt (»Angriff nicht möglich, da laut Führerbefehl Einsatz Kampfverbände nur gegen feindliche Tonnage«), fielen schließlich in der Nacht zum 11.11.1943 erstmals doch Bomben auf Maddalena.

Knapp zwei Wochen später starteten 119 Maschinen des Typs Ju 88, um neben der kleinen Insel an der Straße von Bonifacio auch Bastia anzugreifen. Trotz der erlittenen Schäden wurden beide Coastal-Forces-Stützpunkte aber nicht ausgeschaltet; neben einigen Gebäuden verloren die Alliierten nur das britische MTB 73.

Obwohl S-Boot-Überwachung nun immer häufiger von den U-Jägern durchgeführt werden musste, bildeten Geleitsicherung und U-Boot-Überwachung zunächst weiterhin den Aufgabenschwerpunkt der 22. U-Jagdflottille. Die U-Jäger 2207, 2208, 2209, 2210 und 2211 erhielten hierbei in den letzten Wochen des Jahres 1943 Unterstützung durch die U-Jäger 2220 und 2221, die am 08.10.1943 bzw. 12.11.1943 erstmals zum Einsatz gelangten.

Die Rotte UJ 2207 / 2209 wurde zur Intensivierung der U-Überwachung in das Gebiet südwestlich Genua beordert. Befehlsgemäß setzten sie sich nachts etwa 8 bis 10 Seemeilen von der Küste ab, um zum Aufladen der Batterien aufgetauchte U-Boote zu erfassen und zu bekämpfen, doch blieben Sichtungen bzw. Ortungen aus.

Da es nach ersten Erfahrungen nicht ausreichend erschien, U-Überwachung mit nur einer Rotte durchzuführen, wurde beabsichtigt, bestimmte Seegebiete planmäßig mit drei Rotten zu überwachen.

Acht Tage nachdem die italienische Regierung unter Ministerpräsident Pietro Badoglio dem Deutschen Reich den Krieg erklärt hatte, gab Leutnant z.S. Börner, der den erkrankten Pollmann als Kommandant des U-Jägers 2210 vertrat, eine U-Boot-Vernichtungsmeldung ab. Börner hatte Auftrag erhalten, das Gebiet Elba – Piombinokanal nach gegnerischen U-Booten abzusuchen, als man auf dem unweit Portoferraio befindlichen UJ 2210 um 07.42 Uhr des 21.10.1943 eine Ortung erhielt. Öl, Luft und Wrackteile kamen nach Wurf einiger Bomben an die Oberfläche und gaben Anlass zur Annahme, dass das U-Boot zumindest schwer beschädigt worden war.

Trotz des allgemein knappen Wasserbombenbestandes ließ der stellvertretende U-Jäger-Kommandant bei den folgenden scharfen Anläufen zahlreiche Wabos werfen – und der sichtbare Erfolg schien dies zu rechtfertigen: Eine ca. 4 Meter hohe und 50 Meter lange Wasserblase, die um 09.22 Uhr aus der Tiefe kam und dann laut in sich zusammenstürzte, bekräftigte Börner in der Entscheidung zur Abgabe eines ersten Erfolgsberichtes mittels FT.

»Gut gemacht, U-Boot-Vernichtung[49] wird anerkannt«, übermittelte Meendsen-Bohlken dem Leutnant z.S. Börner, der »die Bekämpfung umsichtig und energisch durchgeführt hat, wobei ihm allerdings die gut eingefahrene Besatzung des bisher erfolgreichsten U-Jägers zustatten kam.«

Einmalig erfolgreiches Boot

Leutnant z.S. Otto Pollmann hatte wieder das Kommando über UJ 2210 übernommen, als der U-Jäger am 07.11.1943 Savona verließ, um zusammen mit UJ 2209 und SG 15 die Dampfer PALLAS, LANGANGER, ORFT und SAHEL nach Marseille zu geleiten.

Otto Pollmann (vorne links), Korvettenkapitän Wunderlich (Mitte) und der Chef der 7. Sicherungsdivision, Diederichs, anlässlich der Feierlichkeiten zum 10. anerkannten U-Boot-Versenkungserfolg. *Foto: Sammlung Erwin Höfling*

»Backbord querab U-Boot-Turm!«, hieß es um 09.11 Uhr.

»U-Boot-Alarm!«

Mit AK voraus ließ Otto Pollmann den U-Jäger auf das ca. 1000 Meter entfernte U-Boot zudrehen, um es nach dem Schnellverfahren vom Geleit abzudrücken.

Um 09.15 Uhr, als sich die ehemalige MARCELLA dem Zielobjekt bis auf wenige Meter genähert hatte, fielen die ersten Wasserbomben in die vom starken Wind sehr aufgewühlte See.

»Sämtliche W.B. detoniert. Bei der Detonation der 2. Salve kam zusätzlich eine weit stärkere Detonation, die den U-Jäger heftig erschütterte, mit einer nachfolgenden mindestens 5 m hohen Feuersäule.

Die Wrackteile wirbelten mindestens 20 m hoch durch die Luft. Die Wasseroberfläche war sofort im Umkreis von 100 m mit Öl bedeckt. Ich setzte sofort zum 2. Anlauf an.

09.21 Uhr zwei Salven (6 W.B.) mit tiefster Einstellung in den Ölblubber. Keine besonderen Anzeichen.

Öl kommt weiterhin dick hoch. Nach dem kein Echo mehr zu erreichen. Die in dem Öl treibenden Wrackteile sind wieder abgesackt.

10.00 Uhr. Wind und See nehmen laufend an Stärke zu. Das U-Boot wurde mit Sicherheit durch die 2. Salve des 1. Anlaufes direkt getroffen, wie die hohe Feuersäule und die vielen großen und kleinen Wrackteile beweisen. Halte U-Boot-Vernichtung für sicher.

18.00 Uhr. Laufe Savona ein, da der Steuerkompass durch W.B.-Wurf ausgefallen war und dadurch der hohe Seegang sowie die große Abdrift das Boot nachts leicht auf die ganz in der Nähe befindlichen Minensperren drücken kann.«

»Ich bitte, dem U-Jäger 2210 die Vernichtung des U-Bootes anzuerkennen«, schrieb Korvettenkapitän Wunderlich an 7. Sicherungsdivision und Dt. Markdo Italien. »Es ist das zehnte U-Boot[50], das UJ 2210 vernichtet hat, davon neun unter Führung des Leutnants zur See Pollmann. Die Leistung des Kommandanten und seiner Besatzung ist ganz ausgezeichnet, der Erfolg dieses Bootes einmalig.«

Als UJ 2210 am Morgen des 08.11.1943 in den Hafen von Genua einlief, erwartete die Besatzung ein großer Empfang. Der Chef der 7. Sicherungsdivision und der Flottillenchef gratulierten im Beisein des Flottillenunterstabs und der Angehörigen der im Hafen liegenden U-Jäger zur zwischenzeitlich anerkannten U-Boot-Versenkung, bei der »auch Leichenteile an die Wasseroberfläche gewirbelt wurden«, wie Wunderlich im KTB vermerkte.

UJ 2210 läuft nach dem zehnten anerkannten U-Boot-Vernichtungserfolg in den Hafen von Genua ein. *Foto: Sammlung Erwin Höfling*

Ostfriesische Tageszeitung vom 22.12.1943

Pollmann knackt sein Neuntes

Ein einziger deutscher U-Jäger versenkt zehn feindliche U-Boote
Von Kriegsberichter Dr. Karl Graack

Durch die Versenkung von neun feindlichen U-Booten setzte sich unser Westrhauderfehner Landsmann, Ritterkreuzträger Leutnant zur See Pollmann, an die Spitze der deutschen U-Boot-Jäger. Nachstehend berichten wir über die Feindfahrt, auf der Leutnant zur See Pollmann das neunte U-Boot »knackte«.

Vor nicht allzu langer Zeit trafen wir den erfolgreichsten deutschen U-Jäger-Kommandanten in einem italienischen Lazarett an der italienischen Westküste. Kaum genesen, übernahm er wieder die Führung seines Bootes und konnte – wenige Tage später – bereits seinen neuesten Erfolg melden. Einen Erfolg, der ihn unwiderruflich an die Spitze der deutschen U-Boot-Jäger stellte: Es war das neunte U-Boot, das unter seiner Führung versenkt wurde, der zehnte Erfolg seines Bootes.

Wir fragten uns damals vergeblich, worauf diese einmaligen Erfolge wohl beruhen mögen. Glück? – Können? – Erfahrung? Alle diese Worte beantworten die Frage nicht eindeutig. Es ist das Odium der Einmaligkeit, das auch diesen deutschen Kommandanten begleitet. Es ist, sozusagen, das künstlerische Talent im Bereich des Soldatischen, die einmalige Begabung, die sich bei ihm auch in bisher unerreichten Ergebnissen niederschlagen. Die Soldaten seines Bootes fassen es in die weniger problematischen Worte: »Unser Alter hat eben die richtige Nase!«

Wie war das nun mit dieser zehnten Vernichtung? Der U-Boot-Jäger des Leutnants zur See Pollmann hatte mit einem anderen Boot seiner Flottille sowie einem Geleitsicherungsfahrzeug gemeinsam die Sicherung eines größeren Geleites im westlichen Mittelmeer übertragen bekommen. Eine sture Aufgabe. Dazu noch bei dem Wetter: Windstärke 6–7, Seegang 3–4. Herbststürme über dem Mittelmeer. Der Wind pfeift über Deck, peitscht die See hoch über Bug und Reling hinweg, bis sie als feiner Sprühregen den Leuten auf der Brücke entgegenweht. Von Sicht kaum zu reden. Immer wieder müssen die Gläser trocken gerieben werden, da sonst ein trüber Schleier zwischen ihnen und dem zu überwachenden Raum hängt.

Otto Pollmann erhält Glückwünsche und einen großen Blumenstrauß anlässlich der Anerkennung des 10. U-Versenkungserfolges.
Foto: Sammlung Otto Pollmann

An Steuerbordseite fährt das Geleit. Immerhin drei Tanker und ein dicker Transporter. Ein gefundenes Fressen für den Tommy! Ob er wohl kommen wird? Das Wetter wäre schon richtig für einen gut angelegten Angriff. Und das Objekt verlohnte wohl den Einsatz. Dazu ist das Pech auf Seite des deutschen Geleites: Einer der Dampfer hat Maschinenschaden und senkt damit die Geschwindigkeit des gesamten Verbandes. Ja, jetzt ist es sogar so weit, dass sie stoppen müssen.

Leutnant zur See Pollmann ist auf der Wacht. Er kennt dieses Seegebiet wie seine Westentasche, er kennt vor allem den Gegner, mit dem zu rechnen ist. Kaum, dass er sein Glas von den Augen nimmt. Gerade bei diesem Wetter heißt es, achtsam zu sein. Und so ist er auch der Erste, der den Feind ausmacht. Eine einmalige Sache – wie die ganze Unternehmung.

Da – Backbord querab – der Turm eines U-Bootes mit weit herausgerecktem Spargel! Der Bursche muss sich bei dem Seegang irgendwie vertan haben, muss beim Tauchen herausgeschossen sein. Kommando an die Maschine. Kursänderung! Da sackt der Turm auch schon ab, das feindliche U-Boot taucht.

Aber zu spät! Der U-Jäger wirft eine Wasserbombensperre zwischen Geleit und U-Boot und schießt auf den Gegner zu. Haargenau wird der Brite ausgemacht.

Wieder Kursänderung und Vorbereitung zum neuen Anlauf. Jeder Mann an Bord weiß bei den nun folgenden Kommandos: Der ist geliefert, der geht uns nicht aus! Und richtig! Kaum ist die erste Wasserbombensalve auf Tiefe detoniert, da birst die See förmlich auf. Das bisher Einmalige geschieht: Eine über fünf Meter hohe Feuersäule bricht wie ein unglaubliches Wunder aus den schäumenden Fluten auf, durchsetzt mit unschätzbaren Mengen von Öl und zahllosen Wrackteilen. Da fliegen Teile des Bugs, des Netzabweisers, menschliche Körper durch die Luft. Es ist ein Inferno, wie es die Besatzung eines deutschen U-Boot-Jägers kaum je erlebt hat. Es ist die klassische U-Boot-Vernichtung durch unbestreitbaren Volltreffer.

Noch ein zweiter Anlauf, noch einmal Wasserbomben. Und wieder speit das Meer Teile des tödlich getroffenen Gegners aus: Stücke der Turmverkleidung. Fetzen eines Ölfasses. Tonnenweise quillt Öl hinterdrein. Das Ende des Gegners ist zur endgültigen Gewissheit geworden. Dennoch bleibt der U-Jäger am Kampfplatz, während das Geleit unter dem Schutz der weiteren Sicherungsfahrzeuge sicher und ungehindert abläuft und dem Zielhafen zustrebt.

Auf der Brücke ist es wieder still geworden. Als wäre nichts besonders Aufregendes geschehen, ruft der Kommandant mit ruhiger Stimme: »Funker!« Und als der sich zur Stelle meldet: »Funkspruch an Sicherungsdivision – feindliches U-Boot vernichtet!«

Und so eindeutig sicher ist diese Vernichtung, dass die Bestätigung dieses Erfolges durch die vorgesetzten Kommandostellen bereits vorliegt, als der U-Jäger des Leutnants zur See Pollmann nach erfolgreicher Fahrt an der Pier festmacht.

Berliner Illustrierte Zeitung

Flucht aus dem Krankenhaus

Auszug aus dem von Richard Kaufmann verfassten Propagandabericht »Pollmann kämpft gegen Unsichtbare«

Gegen Abend erscheint neben dem Seiteneingang des Lazaretts ein Marinewagen. Pollmann, nur in Pyjama und Mantel, schleicht auf leisen Sohlen die Seitentreppe des Gebäudes hinab, eine dunkle Gestalt macht halblaut »Psst, Herr Leutnant, hier!« Er steigt ein und wird in Decken eingeschlagen. Zwanzig Minuten später meldet er seinem Vertreter, dass er vom Lazarett zurück ist und das Kommando wieder übernimmt.

Im Krankenhaus entsteht inzwischen keine geringe Aufregung. Pollmann ist verschwunden – ausgerechnet der Ritterkreuzträger, auf den man besonders achtete, da jedermann wusste, was dieser Mann für die deutsche Seefahrt im Mittelmeer bedeutet. Zu ärgerlich! So viel Fieber hatte er doch gar nicht, dass er nicht mehr wusste, was er tat. Und Neigung zum Schlafwandeln war bei ihm auch nicht festgestellt worden. Eigenartig …

Das Rätsel wird gelöst, als man einige Tage darauf erfährt, dass Leutnant zur See Pollmann sein neuntes Unterseeboot im Mittelmeerraum versenkte. Dieser Satansbraten, denkt der Stationsarzt – dieser verfluchte Himmelhund von einem Seemann. Reißt aus dem Lazarett aus, um feindliche Unterseeboote zu jagen – und das Tollste: Hat sogar Erfolg dabei …

Einige Tage später meldet sich ein immer noch schwer grippekranker Leutnant zur See reumütig im Lazarett zurück, wird ausgeheilt und muss das Boot nun doch noch einmal einem anderen Vertreter überlassen …

Der Zufall spielt oft merkwürdig. Was anderen Booten oft völlig versagt blieb, scheint bei diesem U-Boot-Jäger Selbstverständlichkeit. Auch der zweite Vertreter von Pollmann stößt auf seinen Geleitfahrten auf ein U-Boot, auch er beherrscht die wunderbare Maschine dieses erfolgreichen Bootes und bringt es in hartem Kampf zur Strecke.

Elf U-Boote hat das Boot nun versenkt, neun unter der Führung von Pollmann, zwei unter anderen Kommandanten. Will diese Serie denn überhaupt nicht mehr abreißen?

Bis zum Hals im Wasser

Aufgrund der zunehmenden Schwierigkeiten bei der Besetzung der noch vorhandenen Großschiffe musste im Nachschubverkehr, der jetzt wegen zunehmender Fliegergefahr nur noch während der Dunkelheit abgewickelt werden konnte, weitgehend auf den Kleinschiffsraum zurückgegriffen werden. Ihren Hauptanteil bildeten die Penichen, die mangels lohnender Torpedoziele nun vermehrt mit der Artillerie attackiert wurden – ein Umstand, der zum Verbot von Alleinfahrt und ungesicherter Kleinschifffahrt zwang!

Doch womit sichern? Nicht nur, dass die Zahl der kriegsbereiten Sicherungsstreitkräfte einen Besorgnis erregenden Umfang[51] angenommen hatte: Das OKM befahl zum Bedauern von Dt. Markdo Italien[52] und 7. Sicherungsdivision nunmehr auch noch die Verlegung von Schnell- und Räumbooten in das östliche Mittelmeer. »Die Versorgung der kämpfenden Front erscheint gefährdet«, hielt Konteradmiral Meendsen-Bohlken in der Lagebetrachtung betreffend der ersten November-Hälfte 1943 fest. »Wenn dies der Gegner erkannt haben wird, wird es ihm auch ohne größere Landungen – unmittelbar hinter der Front oder im norditalienischen Raum – möglich sein, die Aufgabe der Bernhard-Stellung zu erzwingen. Die damit verbundene Rückverlegung der Front wird unabsehbare Folgen sowohl für den südfranzösischen Raum wie für den Balkan haben. Da nun einmal auf der italienischen Halbinsel der Anfang der 2. Front errichtet ist, muss immer wieder eindringlich darauf hingewiesen werden, dass hier zurzeit der Schwerpunkt des Mittelmeerkrieges liegt und alles getan werden muss, um hier einen Erfolg des Gegners zu verhindern.«

Auch von der 22. U-Jagdflottille, die ihren Stützpunkt von Viareggio nach Genua verlegte, wurde voller Einsatz verlangt, um den Nachschub zur Front auf dem Seeweg, den Abtransport von Rückstaugütern oder die Überführung von Großschiffsraum nach Frankreich zu sichern. Ob unmittelbar in der Geleitsicherung eingesetzt oder auf freier U-Jagd in den besonders gefährdeten Seegebieten befindlich, stets waren die Besatzungen bemüht, den ihnen gestellten Aufgaben gerecht zu werden.

Zwar zog die Royal Navy diverse U-Boote aus dem mediterranen Raum ab, um sie nun im Pazifik einzusetzen, doch waren im westlichen Mittelmeer noch immer so viele gegnerische Unterwasserfahrzeuge präsent, dass sie ein erhebliches Gefahrenpotenzial darstellten. Hierzu zählten auch die freifranzösischen U-Boote CURIE, ORPHÉE, PROTÉE, CASABIANCA und LA SULTANE, die hauptsächlich an der südfranzösischen Küste agierten.

Am 08.11.1943 ging die operative Befehlsgewalt über die alliierten U-Boote im westlichen Mittelmeer vom Captain (S) 8 an den Captain (S) 10 über. Der Chef der »Fighting Tenth«, George Philipps, begab sich Anfang Dezember von Malta nach Maddalena, um hier den neuen Stützpunkt der 10. U-Flottille aufzubauen.

Als das erste britische U-Boot in Maddalena einlief (UPROAR, 13.12.1943), flatterte am Periskop der »Jolly Roger«[53]: Es war seiner Besatzung am Morgen des 06.12.1943 nordöstlich St. Tropez gelungen, die 11.718 BRT große VIRGILIO aus 7800 Yards Entfernung zu torpedieren.

»QUADRAT CJ 1443 DAMPFER TORPEDOTREFFER, BRAUCHE DRINGEND UNTERSTÜTZUNG. SG 15«, lautete der Funkspruch, der vom Geleitboot an die 7. Sicherungsdivision abgegeben wurde, nachdem einer der von UPROAR abgeschossenen »Aale« die VIRGILIO am Heck getroffen hatte. Kapitän zur See Diederichs befahl daraufhin das sofortige Auslaufen der U-Jäger 2210 und 2221, die dann gegen 09.30 Uhr den Hafen von Nizza verließen.

Der U-Jäger 2210, dessen erneut erkrankter Kommandant Leutnant z.S. Pollmann von Oberleutnant z.S. Hanekamp vertreten wurde, hatte am 02.12.1943 die Korvette UJ 2221 an deren Steuerbordseite, Mitte Back, gerammt und sie oberhalb der Wasserlinie aufgeschnitten. Mit eingeschränkter Seetüchtigkeit fuhr die ehemalige VESPA nun voran und traf als erster von den beiden U-Jägern auf SG 15 und den torpedierten, aber noch schwimmfähigen Dampfer VIRGILIO ex jugoslawisch DUBROVNIK.

Die Besatzung des von Oberleutnant z.S. Heinz Obenhaupt geführten Geleitbootes 15 hatte schon einiges hinter sich: »Die Sicherung der VIRGILIO und das Werfen von Schreckbomben gestalteten sich sehr schwierig, da der Wind auf Stärke 9 aufgefrischt hatte und grobe See herrschte. Das Boot konnte nur vor dem Wind auf Wurffahrt gehen. Die Wasserbomben-Bedienungsmannschaften standen dabei teilweise bis zum Hals im Wasser ...«

SG 15, später U-Jäger 2229.
Foto: Sammlung Heinz Obenhaupt

UJ 2221, UJ 2210 und SG 15 sicherten das Einlaufen der VIRGILIO in die Bucht von St. Raphael. Versuche des U-Jägers 2210, das große Schiff nach Toulon zu schleppen, schlugen fehl. Dem in der Nacht eintreffenden U-Jäger 6076 (ex UJ 2215) gelang es schließlich, VIRGILIO bis zur Durchfahrt der westlichen Sperrlücke der Bucht von Hyeres zu bringen. Als die Schlepptrosse in die Schraube des U-Jägers 6076 geriet, trieb VIRGILIO mit dem Heck in die Netzsperre und kam darin fest. Der tatkräftigen Leistung der Besatzung von SG 15 und eines Schleppers war es zu verdanken, dass das ehemalige Lazarettschiff VIRGILIO schließlich aus der misslichen Lage befreit werden konnte!

Lazarettschiff VIRGILIO ex DUBROVNIK (jugosl.). *Foto: Sammlung Dr. Achille Rastelli*

Der Horcher ist zu belehren

Fand der Bericht des SG-15-Kommandanten betreffend des Einbringens der VIRGILIO große Anerkennung, so gab es für die nachstehenden und vom Horchstellenleiter des U-Jägers 2210 verfassten Zeilen negative Kritik:

»Am 13.12.1943, 10.15 Uhr, bekam der Matrosenobergefreite Kuske Peilung in 60°, 1000 Meter. Ich übernahm daraufhin die Peilung als Gefechtshorcher und gab laufend Peilung und Entfernung zur Brücke. Es wurde in dieser Gradzahl und Entfernung kein zu peilendes Objekt gesichtet. Daraufhin wurde U-Boot-Alarm gegeben. Vorher hatte sich der Kommandant selbst von dem Echo überzeugt. Das Echo war sehr gut und ließ sich nach Backbord und Steuerbord umlegen, ohne dass aus dem Strich eine Elypse wurde, was sicher darauf schließen lässt, dass es eine U-Boot-Peilung war. Ein U-Boot-Echo erscheint kurz als Strich ohne ein Nachecho. Dagegen hat man bei Wrackpeilungen ein breites Echo, welches sich beim Umlegen in eine Elypse verwandelt und bei abnehmender Entfernung zum Kreis wird.

Das Verschwinden bei Wrackpeilungen liegt zwischen 400 bis 600 Meter. Unsere Peilungen bekamen wir bis auf 150 Meter sehr gut.

Ich selbst habe 10 U-Boot-Vernichtungen mitgemacht und selten ein so gutes Echo gesehen. Von diesen U-Booten habe ich selbst fünf geortet und bei allen Anläufen gefahren. Aufgrund meiner praktischen Erfahrungen bin ich der Überzeugung, dass auch dieses Echo ohne Zweifel ein U-Boot-Echo war.«

Detonation.
Foto: Sammlung Herbert Scheuffler

Nachdem der erste Angriff ohne erkennbares Ergebnis geblieben war, erfolgte beim zweiten scharfen Anlauf eine sehr große Unterwasserdetonation, die im GHG, S-Gerät und TAG, ferner an Ober- und Unterdeck gehört wurde. Öl breitete sich auf der Wasseroberfläche aus. Beim dritten Anlauf meldete der Horcher Geräusche von anspringenden, hochtourigen Elektro-Maschinen an die Brücke.

Sieben scharfe Anläufe, bei denen insgesamt 79 der 81 an Bord befindlichen Wasserbomben geworfen wurden, waren gefahren, als der Kommandant in Vertretung, Hanekamp, die Bekämpfung einstellen ließ. 24 Stunden später steuerte er die Stelle nochmals an. Da immer noch Öl emporkam, hatte der Oberleutnant keinen Zweifel mehr: »Halte U-Boot-Vernichtung für sicher«, lautete der letzte Satz in seinem Gefechtsbericht.

Zwar bat Flottillenchef Wunderlich die 7. Sicherungsdivision und das Dt. Markdo Italien um Anerkennung des Erfolges, doch blieb diese aus. In der vom Dt. Markdo Italien abgegebenen Begründung hieß es u.a.: »Es kann nur davor gewarnt werden, daraus, dass im GHG keine Geräusche mehr gehört werden, zu schließen, dass das U-Boot sich auf Grund gelegt hat. Boote, welche mit ca. 2 Meilen Fahrt sich unter Wasser bewegen, werden bekanntlich mit dem GHG bei einer eigenen Fahrtstufe von 5 bis 8 Meilen höchstens auf 200 m erfasst …

Der Matrosenobergefreite Speik gibt eine Erklärung über ein U-Boot-Echo ab, die durchaus irrig ist.

Das Echo eines Wracks kann bei mäßigen Wassertiefen selbstverständlich genauso klar und deutlich erscheinen wie das eines U-Bootes. Es unterscheidet sich auch beim Umlegen in keiner Weise vom U-Boot-Echo.

Auch die Erklärungen über Nachecho und das Verschwinden einer Wrackpeilung bei 400 bis 600 m sind abwegig. Der Horcher ist entsprechend zu belehren, gegebenenfalls zur Schule nach Varignano zu schicken.

Zu der Meldung, dass im GHG um 12.02 Uhr anspringende E-Maschinen gehört worden sind, ist zu sagen, dass es sich dabei wahrscheinlich nicht um die Antriebsmaschinen eines U-Bootes handelt, wie anscheinend angenommen wird. Angehende E-Maschinen eines U-Bootes machen durchaus nicht den Eindruck hochtouriger Maschinen.

Es deuten auch alle Anzeichen darauf hin, dass hier kein wirkliches U-Boot bekämpft worden ist, sondern dass es sich um die Bekämpfung eines Wracks handelt, welches bereits früher durch andere Boote bekämpft wurde. Ein Wrack gibt auf 70 bis 80 Meter Wassertiefe noch völlig klare und einwandfreie Echos.

Die Messung eines EU von 2 und 3 Seemeilen beim ersten Anlauf kann durch Strom, Abdrift oder durch Meldefehler zustande gekommen sein.

Der Ölaustritt wird bei Bekämpfung von Wracks stets im großen Umfang beobachtet. Detonationen unter Wasser können, wie die Erfahrung beweist, bei Munitionsladungen häufig vorkommen.

Ist ein Wrack durch WB zerschlagen, so gibt es selbstverständlich schlechtere Echos.

Die Vernichtung eines feindlichen U-Bootes ist möglich, jedoch sind irgendwelche klare Anhaltspunkte für eine Vernichtung nicht vorhanden. Die Vernichtung eines feindlichen U-Bootes[54] am 13.12.1943 kann daher dem U-Jäger 2210 nicht anerkannt werden.«

Brodelnde Luftblase

Was der Besatzung der ehemaligen MARCELLA nicht gestattet wurde, durften nun die Männer des U-Jägers 2208: Sie brachten als Zeichen eines Vernichtungserfolges einen weiteren U-Boot-Schattenriss auf der Brückenumkleidung ihres Fahrzeuges an.

Das von Oberleutnant z.S. Oskar Schmidt kommandierte Boot hatte am 18.12.1943 die Aufgabe, zusammen mit dem U-Jäger 2211 die Dampfer LA FOCE, ALMA und GEORGIO von Piombino nach Genua zu geleiten, als es am späten Vormittag zu einem erfolgreichen Torpedoangriff auf den Frachter LA FOCE (2497 BRT) kam.

Während das getroffene Schiff zu sinken begann, sichteten Besatzungsangehörige des U-Jägers 2208 das Periskop des gegnerischen Unterwasserfahrzeugs, so dass nun zum Gegenangriff angesetzt werden konnte.

»Die Bekämpfung war richtig und führte zur Vernichtung des U-Bootes«, hielt der Chef der 22. U-Jagdflottille nach Sichtung des von Schmidt gefertigten Gefechtsberichtes fest. »Beim ersten Anlauf ist es offenbar angeschlagen, beim zweiten Anlauf tödlich getroffen. Die brodelnde Luftblase von 50 x 25 Meter erkläre ich mir so, dass das U-Boot Wassereinbruch hatte und Pressluft auf alle Tanks gab. Die Maschinen waren offenbar nicht mehr fahrklar (Ausfall der E-Anlage?), denn das Echo wanderte nach dem zweiten Anlauf nicht mehr aus. Nach meiner Überzeugung ist das U-Boot nach Erschöpfen der Pressluft immer schwerer geworden und nach etwa einer Stunde auf den Grund durchgesackt. Damit musste bei der Wassertiefe von 360 m das Echo verschwinden. Das Ölfeld von 1 bis 2 Seemeilen Breite, das 14 Stunden lang festgestellt wurde, beweist meines Erachtens die Vernichtung des U-Bootes.«

Auch das Dt. Markdo Italien war vom Erfolg des U-Jägers 2208 überzeugt; es erkannte die Vernichtung an. Der Stellungnahme ist aber auch Bedauern betreffs der Tatsache zu entnehmen, dass bei der ruhigen Wetterlage und der angeblich geringen Schussentfernung von 1000–1200 Meter keiner der beiden U-Jäger den vom Submarine abgefeuerten Sprengstoffträger im NHG (L) gehört hatte. »Dieses war nicht der Fall, weil wahrscheinlich infolge mangelhafter Schallplattenschulung weder Kommandant noch Brückenpersonal und Horcher einen anlaufenden Torpedo jemals gehört haben. Auf die besondere Wichtigkeit dieser Schallplattenschulung wird in diesem Zusammenhang nochmals hingewiesen!«

Es waren Mark-VIII-Torpedos gewesen, die LA FOCE unweit Sestri Levante getroffen und versenkt hatten. Lieutenant Gordon, Kommandant des britischen U-Bootes UNIVERSAL, das Malta am 12.12.1943 verlassen hatte, um zwischen Rapallo und La Spezia zu patrouillieren, hatte Befehl zum Abfeuern der »Aale« gegeben, als sich das Fahrzeug der U-Klasse seinem Zielobjekt bis auf 2700 Yards Entfernung genähert hatte. Die Wasserbomben, die anschließend auf UNIVERSAL geworfen worden waren, vernichteten das U-Boot nicht: »Das war eine schlecht ausgeführte U-Boot-Jagd«[55], urteilte Lieutenant Gordon, »nur ein Wasserbombenteppich kam unweit von uns zur Detonation.«

LA FOCE. *Foto: Sammlung Dr. Achille Rastelli*

Lenzmittel nicht in Betrieb

Die Zeiger des Chronometers standen auf 09.48 Uhr, als am 28.12.1943 auf U-Jäger 2220 postierte Ausgucks Torpedolaufbahnen sichteten. Während grüne Sterne in die Höhe schossen, um den im Geleit befindlichen Dampfer CHISONE vor der drohenden Gefahr zu warnen, drehte das neben UJ 2220 und R 215 als Sicherungsfahrzeug eingesetzte Geleitboot SG 15 mit Höchstfahrt auf das bei Cap Camarat stehende U-Boot zu. Noch bevor die ersten Wasserbomben das zur 3. Geleitflottille gehörende Kriegsschiff verließen, hallte ein gewaltiger Donnerschlag über das Meer – was dem britischen U-Boot UPROAR ca. 20 Minuten zuvor nicht gelungen war, hatte das französische Unterwasserfahrzeug CASABIANCA vollenden können: Torpedotreffer bei CHISONE (6168 BRT).

Als SG 15 das Echo an UJ 2220 übergab, setzte der von Kapitänleutnant Fenkner geführte U-Jäger in mehreren scharfen Anläufen zum Angriff an. Starker Ölaustritt, drei Meter hohe Luftschwalle und das plötzliche Abbrechen der Ortung gaben schließlich Anlass zur Annahme, den Gegner versenkt zu haben.

»Bisher ist es im Mittelmeer noch nicht festgestellt worden, dass zwei feindliche U-Boote in solch unmittelbarer Nähe zusammenarbeiten, wohl dass in einem Abschnitt zwei U-Boote taktisch zusammenarbeiten, was hier womöglich zum Zusammentreffen geführt hat«, bemerkte das Dt. Markdo Italien zum Gefechtsbericht des Kapitänleutnants Fenkner, der sich seines ersten U-Boot-Vernichtungserfolges sicher war.

Was sich in der vermeintlich versenkten stählernen Röhre nun tatsächlich ereignete, ist der Anlage des Monatsberichts Nr.5 EMG SE 22 TS vom 14.01.1944, herausgegeben durch den »Service Historique de la Marine«, zu entnehmen: »40 Meilen vom Ort seines ersten Erfolgs entfernt trifft CASABIANCA auf einen etwa 4000 Tonnen großen Frachter, der von einem Ballon und einer Eskorte von drei Booten geschützt wird. Es greift ohne Zögern an, obwohl es die Ultraschallwellen der Begleitschiffe hört. Als es vier Torpedos über die Bugrohre abschießt, scheint es noch nicht entdeckt, befindet sich jedoch in einer Entfernung von etwa 300 Meter von einem der Geleitboote, das Kurs auf ihn hält. Ein Torpedo trifft, doch die Reaktion ist prompt und heftig: Eine Serie von Wasserbomben geht nieder. Bei der Explosion der ersten Salve sind die vorderen Rohre noch nicht geschlossen. Eines der Rohre wird beschädigt, ein Sicherheitsventil über ein anderes bewegt, während die Überlastschalter auslösen, die Beleuchtung ausgeht und die Motoren stoppen. Mit einer beispielhaften Ruhe beheben Offiziere und Mannschaft die Schäden: Die Überlastschalter werden wieder eingeschaltet, die Motoren gestartet und die Rohre können endlich wieder geschlossen werden … Nach drei Stunden nimmt man an, dass die Fahrzeuge ihre Wasserbomben verschossen haben… 30 Minuten später taucht CASABIANCA wieder auf.«

U-Jäger 2220 ex LAGO ZUAI. *Foto: Sammlung Willi Debrich*

Im Gegensatz zur U-Boot-Crew entwickelte die Besatzung der CHISONE nur wenig Interesse an der Rettung ihres Fahrzeuges: »Setze Pinasse aus, um die Lage auf dem Dampfer zu überprüfen«, hielt der SG-15-Kommandant, Oberleutnant z.S. Obenhaupt, fest. »Die Nachprüfungen auf CHISONE ergaben, dass noch nichts veranlasst worden war, um das Schiff vor dem Untergang zu bewahren. Ein Torpedotreffer, wodurch die mittschiffs gelegenen Räume vollgelaufen waren. Die vorderen Räume machten langsam Wasser … Lenzmittel waren nicht in Betrieb … Das Herstellen einer Lenzleitung aus den vorhandenen Mitteln war schwierig, da nicht genügend Schläuche gleicher Größe vorhanden waren. Die italienische Dampferbesatzung beteiligte sich an diesen Arbeiten überhaupt nicht …«

Dass das Handelsschiff (noch) nicht verloren ging, war vor allem dem Engagement der SG-15-Besatzung zuzuschreiben!

Unternehmen »Schwimmanstalt«

Nachdem die vergangenen zwölf Monate ein Jahr der Niederlagen für die Armeen der deutschen Wehrmacht gewesen waren, versuchte die Regierung in Berlin die Bevölkerung mit schönfärberischen Durchhalteparolen »bei der Stange« zu halten. Der Führer und Reichskanzler Adolf Hitler verbreitete in seinem Aufruf zum Jahreswechsel Siegeszuversicht und kündigte ein weiteres Mal die »Stunde der Vergeltung« an.

Trotz aller Hoffnung auf eine Wende zu eigenen Gunsten wollten die meisten Deutschen aber vor allem Frieden. Dieser Wunsch sollte sich jedoch für die Kinder, Frauen und Männer im »Reich« in diesem Jahr genauso wenig erfüllen wie für die fern der Heimat befindlichen deutschen Soldaten.

Weit weg von zu Hause, das durch die zahlreichen alliierten Luftangriffe nicht selten schon in Schutt und Asche lag, waren auch jene Marineangehörige, die am Neujahrstag 1944 damit beschäftigt waren, mehrere ehemalige italienische VAS-Boote als Räumboote Ausland (RA) in die 22. U-Jagdflottille zu integrieren.

Als Gruppenführer der bereits bei der 6. Räumbootsflottille in Dienst gestellten RA-Boote 251, 252, 253 (Benzinantrieb) sowie 254, 255, 256 und 257 (Dieselantrieb) wurde zunächst Leutnant z.S. Dahl, ab 07.02.1944 Oberleutnant z.S. Voss eingesetzt. An momentan nicht verwendungsfähigen Booten erhielt die Flottille die VAS-Boote 232, 236, 239 und 308 zugewiesen; sie befanden sich noch in Fertigstellung. Nachdem ein Instandsetzungstrupp abgestellt worden war, übernahm die 22. U-Jagdflottille auch dieVASNeubauten 309, 311 und 312, die in der Ansaldo-Werft in Genua lagen.

Die mit italienischen Horchgeräten ausgerüsteten VAS-Boote der zweiten und dritten Serie (VAS 2. bzw. VAS 3.) waren hauptsächlich für die U-Boot-Überwachung im Küstenvorfeld vorgesehen, sie sollten aber auch zur Geleitsicherung und als Bestandteil so genannter Aufräumgruppen zum Einsatz kommen.

Torpedoausstoßeinrichtungen machten die 34,10 Meter langen Boote der dritten Bauserie für Offensivaufgaben tauglich. Der Einbau der Einrichtungen begann am 24.01.1944 auf RA 252, 253, 255 und 256 bzw. am 28.01.1944 auf RA 251, 254 und 257.

Anfang Januar 1944 erhielt die 22. Jagdflottille ehemalige VAS-Boote italienischer Bauart zugewiesen.
Foto: Sammlung Dr. Achille Rastelli

Unter Leitung des Torpedokommandos La Spezia wurden die Bootskommandanten im Torpedoschießen ausgebildet. Einige Soldaten erhielten eine Unterrichtung in der Wartung der Sprengstoffträger. Die Maßnahmen, die Ende Januar/Anfang Februar 1944 durchgeführt wurden, vermittelten Kenntnisse über Tag- und Nachtanläufe, Formationen und Angriffstaktik.

Als Erstes der neuen Fahrzeuge kam RA 255 ex VAS 304 zum Einsatz (06.01.1944). Einen Tag später folgten RA 254, 256 und 257, deren Maschinenanlagen zunächst nur so weit überholt worden waren, dass die RA-Boote überhaupt fahren konnten.

Der Einbau von drei leichten Geschützen (1,5 cm bzw. 2 cm), Wassertank (1200 Liter) sowie die Lagerung der Kartoffelkiste und der Munition an Oberdeck (da Munitionskammer der Dieselboote jetzt Kombüse und Proviantlast) forderte seinen Preis: Einschränkung der Seetüchtigkeit der mit 22 Mann besetzten Boote.

Knapp drei Wochen zur Flottille zugehörig, nahmen die RA-Boote 251, 254 und 257 am Sonderunternehmen »Schwimmanstalt« teil. Der streng geheime Operationsplan sah eine bewaffnete Aufklärung über die Verhältnisse auf den Inseln Montecristo, Giglio und Giannutri vor. Es sollte festgestellt werden, ob der Gegner sich dort schon festgesetzt hatte, ferner ob ehemalige Badoglio-Truppen anwesend respektive FT- und Signalstationen, Funkmessgeräte usw. vorhanden waren.

Früh am Morgen des 22.01.1944 erreichten die RA-Boote Montecristo. Unter Führung des Leutnants z.S. (Sonderführer) Schwienbacher begab sich der zusammengestellte Landungstrupp mit Schlauchbooten an Land und durchsuchte dort ein paar Häuser, in denen einige Frauen und Männer angetroffen wurden. »Erst beruhigende Worte gaben diesen wieder die Fassung, so dass ich mich vernünftig mit ihnen unterhalten konnte. Es war ihnen anzusehen, dass sie mit einer eventuellen Überraschung durch Soldaten nicht gerechnet hatten und sich vom Kriege fern glaubten«, hielt Schwienbacher u.a. schriftlich fest.

Die Leute erteilten den Deutschen zunächst nur die Auskunft, dass die Insel ausschließlich von ihnen bewohnt wäre und nach dem Abzug der letzten 11 italienischen Soldaten am 05.12.1943 nie mehr ein Soldat die Insel betreten habe. Später, als die anfängliche Furcht vor den Angehörigen der deutschen Kriegsmarine gewichen war, erzählten sie, dass an der Spitze des höchsten Berges von Montecristo ein ehemaliges Nonnenkloster sei, das in den letzten Jahren als Funk- und Mess-Stelle und zur Unterkunft der italienischen Soldaten gedient habe. Die Nachrichtengeräte wären schon vor Abgang der italienischen Soldaten gebrauchsunfähig gewesen und befänden sich noch alle dort. Auch die Handwaffen (Karabiner, Handgranaten, Munition) wären nicht von den Soldaten mitgenommen worden. Ursprünglich hätten sich auf der Insel ca. 20 bis 22 Soldaten des Heeres und der Marine befunden, von denen ein Teil schon einige Tage nach dem Waffenstillstand mit dem Versorgungsschiff abgefahren sei. Der Rest der Soldaten habe die Insel am 05.12.1943 mit einem Ruderboot verlassen, um sich nach Pianosa zu begeben.

Mit der Zusicherung der Inselbewohner, dass diese die im ehemaligen Kloster befindlichen Nachrichtengeräte noch am selben Tag zerstören würden, verließ der deutsche Stoßtrupp Montecristo und begab sich auf den Weg zur Insel Giglio.

Über das, was sich auf Giglio ereignete, hielt Schwienbacher die folgenden Zeilen fest:

»Beim Einlaufen in den Hafen von Giglio Marina am 22.01.1944 um 09.15 Uhr konnten wir sehen, wie die Bevölkerung in Unruhe geriet und in die Berge flüchtete. Verschiedene Leute glaubten schon, wir wären Engländer oder Amerikaner und freuten sich unseres Kommens. Eine Frau wurde vor Freude ohnmächtig, wie ich später feststellen konnte.

Zu mir kam ein italienischer Brigadier der Carabinieri (Unterfeldwebel) und meldete sich als Kommandant der Carabinieri-Station der Insel Giglio. Von ihm verlangte ich gleich Auskunft über die Funkstelle und anderem. Der Bescheid lautete: Die Funkstelle auf der höchsten Spitze des Berges in einem Schloss war von 6 bis 7 Milizsoldaten besetzt. Am 18.01.1944 gab es einen Bombenangriff auf die Funkstelle, bei dem die Geräte nicht beschädigt wurden. Daraufhin rückten die Soldaten am 20.01.1944 nach Orbetello ab und nahmen die Funkgeräte mit zum Kommando der C.R.N. (Nachrichtensammelstelle der faschistischen Miliz).

Der Carabinieri-Unteroffizier begleitete mich auf die Berge, wobei ich Gelegenheit hatte, mit einem Teil der geflüchteten Bevölkerung zu sprechen. Ich stellte fest, dass sie nicht aus Angst vor uns geflüchtet ist, sondern nur, weil sie dachten, durch die Gegenwart der deutschen Kriegsschiffe im Hafen wäre die Ortschaft gleich den feindlichen Bombenangriffen ausgesetzt. Ein anderer Teil, der uns merklich nicht gut gesinnt ist, flüchtete vor Angst, irgendwie zur Rechenschaft gezogen zu werden, weil sie schon im Dezember 1943 zehn mit einem Flugzeug auf See abgestürzten und von den Fischern geretteten Amerikanern die Gelegenheit verschafft haben, samt drei Carabinieri und einigen Zivilpersonen nach Sardinien mit einem Fischerboot zu entfliehen.

Ein großer Teil der Bevölkerung ist bereit, dem Feinde behilflich zu sein. Dasselbe teilte mir auch der Brigadier mit. Das Verhalten dieser Ordnungsorgane schien einwandfrei zu sein. Die jungen Männer der Insel waren durchweg Angehörige der ehemaligen italienischen Kriegsmarine. Ungefähr 20 Mann der Insel sind beim Waffenstillstand zum Feinde übergegangen, die anderen kehrten in ihre Heimat zurück, soweit sie sich nicht im Konzentrationslager befinden, und laufen nun in Zivilkleidern herum.

Auf der Insel befinden sich auch einige ehemalige Soldaten der ehemaligen italienischen Wehrmacht, die aus dem vom Feind besetzten Gebiet stammen und nicht mehr zurückkönnen. Die Ortschaft Giglio, im Innern der Insel, wurde nach dem Bombenangriff am 18.01.1944 von der Bevölkerung verlassen und ist nun vollkommen leer. Die Einwohner leben auf den Bergen verstreut in Lehmkaten und Feldhöhlen.

Gegen Abend kam ein von mir herbeigerufener italienischer Oberleutnant zu mir, der vom Präfekten der Provinz Orbetello als Sonderkommissar der Insel Giglio eingesetzt war und außerdem von einem deutschen Kommando den Auftrag erhalten hatte, die Bergwerke, Sprengstoffe, Brennstoffe und dergleichen zu beschlagnahmen. Er teilte mir mit, dass einige Tage vorher ein Carabinieritrupp auf der Insel Giannutri war, von dort ein FT-Sender und Empfänger mitbrachten und die Insel nach eventuellen feindlichen Agenten abgesucht hatte. Es wurde nichts Auffälliges beobachtet. Auf der Insel befindet sich nur noch ein Leuchtturmwärter.

Außerdem berichtete er mir, dass sich auf Giglio zwei englische Agenten befinden, die bisher noch nicht entdeckt werden konnten, da die Insel viele Stellen und Grotten aufweist, wo man sich leicht verstecken kann. Es wird von den Carabinieri andauernd nachgeforscht, die Schlupfwinkel werden durchsucht. Bisher wurden nur einige englische Stahlhelme und andere feindliche Soldatenausrüstung gefunden.

Beim Verlassen der Insel am 23.01.1944 um 10.25 Uhr wurden in zwei Orten auf der Ostseite der Insel Blinksignale beobachtet. Außer dem Oberleutnant als Sonderkommissar des Präfekten befinden sich auf Giglio noch 6 Carabinieri und 6 Zollbeamte.«

Während deutsche Soldaten bewaffnete Aufklärung auf Giglio betrieben, landeten Truppen des VI. US-Korps zwischen Anzio und Nettuno (22.01.1944). Die als »Shingle« bezeichnete Operation sollte die Einnahme Roms beschleunigen, da der bisherige Vormarsch der 5. US- und britischen 8. Armee langsam und verlustreich vonstatten gegangen war und im Schlamm einiger Täler der Apenninen stecken zu bleiben drohte.

Der Kommandierende General des VI. US-Korps, General John P. Lucas, erkannte jedoch nicht die große und einmalige Chance, dass Rom wahrscheinlich binnen kurzer Zeit hätte eingenommen werden können; er beließ es zunächst bei der Konsolidierung des Brückenkopfes, anstatt schnellstmöglich zu den Albaner Bergen vorzustoßen, um die an der Cassino-Front stehende 10. Armee abzuschneiden.

Am 03.02.1944 starteten die Deutschen eine erste Gegenoffensive, die zwischen dem 16. und 20.02.1944 ihren Höhepunkt erreichte. Doch weder bei diesem noch bei dem zwischen dem 29.02. und 02.03.1944 stattfindenden Angriff gelang es der deutschen Wehrmacht, den alliierten Landekopf einzudrücken und den Gegner auf das Meer zurückzuwerfen.

Die 22. U-Jagdflottille erhielt einige Tage nach Beginn der Operation »Shingle« den Befehl, die RA-Boote zur Einnahme einer erweiterten Vorpostenstellung gegen den Landekopf Anzio/Nettuno einzusetzen. Der Flottillenchef meldete, dass dies zurzeit nicht möglich sei: »Maschinen sehr störanfällig, starke Abnutzung Zylinder und Kolben, sehr schweres Anspringen, sehr hoher Öl- und Brennstoffverbrauch, Lenzmöglichkeit nur durch kleine Handlenzpumpe vom Oberdeck, keine Abstützmöglichkeit, Bilgen schwer zugänglich, Benzinboote keine Kochgelegenheit, keine Heizung (nur bei Landanschluss durch Heizsonnen möglich) – daher starke Personalausfälle durch Erkältungen.

Bei Überfahrt RA 254, 257 von Genua nach La Spezia dauerndes Schwarz- und Weißqualmen, Fahrt über 10 Seemeilen pro Stunde nicht vertretbar. Halte Boote aus diesen Gründen für vorgesehene Aufgabe ohne vorhergehende Überholung für ungeeignet.«

Da die Fahrzeuge bei der herrschenden Lage aber auf das Dringendste benötigt wurden, musste die Flottille nun alles daransetzen, die Fahr- und Einsatzbereitschaft mit allen zur Verfügung stehenden Mitteln in Tag- und Nachtarbeit herzustellen – insbesondere das Maschinenpersonal hatte jetzt allerhand zu tun!

Steil brach der U-Boot-Bug heraus

Am Tag der alliierten Landung bei Anzio/Nettuno, 22.01.1944, geleiteten die U-Jäger 2209 und 2210 den Dampfer POTENZA (2114 BRT) von Piombino nach Genua.

Im Quadrat CJ 1354 stehend, meldete um 07.35 Uhr der Brückenausguck des U-Jägers 2210, Matrosengefreiter Loerwald, die Sichtung eines Sehrohrs in 40 Grad, 1000 Meter Entfernung. Kurz darauf erhielt der nach Krankheit wieder im Dienst befindliche Kommandant, Leutnant z.S. Pollmann, Kenntnis, dass man das U-Boot jetzt mit dem S-Gerät geortet hatte.

Nach Schießen von grünen Sternen zur Warnung des Geleites warf UJ 2210 eine Wasserbombensperre, um das U-Boot vom Geleit abzudrücken. Da das Echo bis auf 50 Meter gut blieb, folgerte Pollmann, dass das U-Boot nicht auf größere Tiefe gegangen war. Er befahl Verfahren »Grün« mit 8 Sekunden Salventakt, Einstellung 40 und 70 Meter.

»07.46 Uhr: 1. scharfer Anlauf. Boje geworfen. Sechs ital. WBD und drei WBF 35 Sek. nach Abstoppen bei 200 m geworfen. Einstellung WBF 45 m, WBD 40 und 70 m. Es detonierten nur die drei über das Heck abgerollten WBF. Sämtliche ital. WBD waren Versager.

Ich befehle, sofort deutsche WBD auf Werfer und Nachladeschale zu legen. Dank des tatkräftigen Zupackens jedes einzelnen Mannes gelang diese Arbeit in acht Minuten.

07.50 Uhr: U-Boot in 10° 800 m wieder erfasst. Um mehr Zeit zum Nachladen zu haben, setzte ich mich etwas weiter vom U-Boot ab.

07.57 Uhr: Echo in 10° 600 m. U-Boot zeigt nochmals sein Sehrohr. U-Boot wird mit 1–2 sm mitlaufend festgestellt. Ich befehle Verfahren Grün 8 Sek. Salventakt. Da U-Boot flach steht, Einstellung WBD für die 1. und 2. Salve 40 m, für die 3. und 4. Salve 70 m. WBF 45 m.

Echo bis 120 m gut.

08.00 Uhr: 2. scharfer Anlauf begann 30 Sek. nach Abstoppen Echo bei 200 m. Boje geworfen. Sämtliche Bomben detoniert. Nach der 2. Salve kamen drei ca. 20 m hohe Wassersäulen hoch; die mittlere war tiefschwarz und voller Öl.

Nachdem diese Säulen fast in sich zusammengebrochen waren, brach unter lautem Getöse der U-Boot-Bug ca. 10 m steil aus dem Wasser. Die von mir geworfene Bezeichnungsboje wird vom U-Boot-Bug mit hochgerissen, fiel aber wieder ab. Das U-Boot sackte sofort, nach hinten überkippend, über Heck in die Tiefe. Nach zwei Minuten war das Aufschlagen des Bootes auf Grund mit bloßem Ohr und im NHG gut auszumachen, erst ein Aufprall, dann ein schurfendes Geräusch, dann ein zweiter Aufschlag. Drei leichte Detonationen folgten mit nachfolgenden leichten Wasserschwallen. Öl trieb laufend in großen Mengen auf.

08.15 Uhr: Werfe in Untergangsstelle 3 WBD mit 120 m Tiefeneinstellung. Erfolg: weiterer starker Ölaustritt. Das Ölfeld hatte sich bereits auf 1 sm ausgedehnt. Kein Echo mehr zu erreichen.

08.25 Uhr: S-Gerät ausgefallen (kein Impuls). Entschließe mich, da Vernichtung sicher und mein S-Gerät ausgefallen war, mit Höchstfahrt wieder Anschluss an das Geleit zu bekommen.

09.15 Uhr: Anschluss mit Geleit hergestellt.«

Korvettenkapitän Wunderlich billigte das Verlassen der Bekämpfungsstelle, da mit dem S-Gerät keine Impulse mehr ausgesandt werden konnten und die Vernichtung sicher erschien.

Mit Schreiben vom 04.02.1944 bat er das Dt. Markdo Italien und die 7. Sicherungsdivision um Anerkennung des Erfolges. »Es ist die 12. U-Boot-Versenkung dieses U-Jägers, die 10. des Leutnant z.S. Pollmann. Die Leistung des Kommandanten und seiner Besatzung ist einmalig.« Beim Dt. Markdo Italien vermutete man zunächst, dass es sich nicht um eine U-Boot-, sondern vielmehr um eine Wrackbekämpfung handelte, weil in besagtem Quadrat der Munitionsdampfer SAINT NAZAIRE gesunken war (am 23.09.1943 durch H.M.S. SIBYL versenkt). Da aber laut Pollmanns Gefechtsbericht Sehrohr und Bug des U-Bootes[56] gesichtet worden waren, erkannte das Dt. Markdo Italien die Vernichtung an und erteilte die Erlaubnis zur Anbringung eines weiteren U-Boot-Schattenrisses.

Ostfriesische Tageszeitung

Der Flottenchef sagt: »Sagenhaft, Pollmann!«

Wie unser ostfriesischer Ritterkreuzträger das zehnte feindliche U-Boot vernichtete

U-Jäger waren im Mittelmeerraum schon immer bei allen Transporteinheiten beliebte Sicherungsboote. Und ist gar das Boot des ostfriesischen Ritterkreuzträgers Leutnant z.S. Pollmann dabei, liegt schon immer von vornherein etwas in der Luft!

Wir, die wir die Ergebnisliste dieses U-Jäger-Kommandanten verfolgten, konnten nur noch den Kopf schütteln, als uns nachts die Mitteilung von der Versenkung eines zehnten U-Bootes erreichte. Ungeduldig warteten wir auf den Augenblick, da sein Boot wieder festmachen sollte. Dem Erfolg entsprechend war der Empfang im Stützpunkt. Im Nu verwandelte sich die Kommandantenkammer in einen prächtigen Blumensalon. Was für ein schönes Bild, als Leutnant z.S. Pollmann seinem Flottenchef die zehnte Versenkung meldete! Stolz und Freude auf den Gesichtern der beiden. Ein kräftiger Händedruck und die spontane Anerkennung seines Chefs: »Sagenhaft, Pollmann!«

Und genauso kräftig und frei erklang das »Heil, Herr Kapitän!« der tüchtigen Besatzung, als er sie begrüßte. Aber nun war es die höchste Zeit, dass Pollmann erzählte, ohne Rücksicht auf Müdigkeit und vergangene harte Stunden.

Er hatte für dieses Geleit die Außensicherung übernommen. Wachsamkeit auf allen Stationen an Bord, denn die Ecke, die sie jetzt passierten, brachte mancherlei Überraschungen. Unablässig das Nachtglas an den Augen, wird der zugewiesene Sektor abgesucht. Geräuschpeilung! »So fängt es an«, meint die Seemännische Nummer Eins und überstreicht den Abschnitt noch intensiver. Hin und her, ruhig und sicher arbeitet der Horchraum und meldet jede noch so geringe Veränderung. Da, plötzlich verweilt das Glas eines Ausgucks auf irgendeiner Stelle der weiten Wasserfläche. »Sehrohr in 50 Grad!«

Der Rabatz beginnt tatsächlich. Wendung und erster Anlauf mit Wasserbomben, zugleich U-Alarm an das Geleit. Alle anderen Sicherungsboote bleiben bei den Transportern und laufen ihren Stropp weiter. Pollmanns U-Jäger greift an!

Der feindliche Spargel verschwindet, jedoch die Geräte halten das U-Boot unerbittlich fest. Nach der ersten Wasserbombenserie zackt es aus. Zweiter Anlauf! Bombe auf Bombe rummst in die See. Jetzt kommt es darauf an! Immer neue »Stücke«, die Verderben bringenden Wasserbomben fallen. Im aufwirbelnden Wasser Öl. Das will noch nicht viel sagen, denn Öl kann ja auch absichtlich zur Täuschung hochgestoßen werden. Aber gleich danach bietet sich den Männern ein Anblick, wie ihn noch keiner der Besatzung sah: Mitten in diesem Ölfleck schießt der Bug des feindlichen U-Bootes fast senkrecht aus dem Wasser. Genauso steil sackt er wieder ab, und, nur Sekunden vergehen, schlägt es mit heftiger Detonation auf den felsigen Grund auf. Vernichtet! Mit dieser eindeutigen Versenkung ist Pollmanns Versenkungsziffer zweistellig geworden. Für den erfolgreichen U-Boot-Jäger ist sogar das Dutzend voll, denn zwei Kommandanten, die vorher mit dieser Besatzung fuhren, konnten ebenfalls je eine U-Boot-Versenkung erzielen. Zehn für Pollmann – zwölf für sein Boot. Ein schönes Beispiel für die erfolgreiche Zusammenarbeit zwischen Kommandant und Besatzung

Kriegsberichter Günther Pichewiek

Die Kommandanten der 22. U-Jagdflottille, so auch der am 26.01.1944 »wegen besonderer Bewährung vor dem Feind« zum Oberleutnant zur See der Reserve beförderte und mit dem Deutschen Kreuz in Gold ausgezeichnete Pollmann, wurden darauf hingewiesen, Wasserbomben des Typs »Dora« nicht mehr auf geringe Tiefe einzustellen: »Bei flachen Einstellungen der WBD wird jedes Mal das Boot selbst aufs Schwerste gefährdet. Entsprechend den Vorschriften soll die WBD von Booten mit ca. 10 sm Fahrt auf keinen Fall für Einstellungen unter 70 m verwendet werden. Für flache Einstellungen sind WBF und WBG an Bord. Die Lage und der Mangel an U-Jägern erlaubt es nicht, mit jeder Ortungsbekämpfung einen längeren Ausfall des U-Jägers in Kauf zu nehmen.«

Tatsächlich war die Zahl der einsatzbereiten U-Jäger sehr bedenklich. Davon betroffen war insbesondere die 6. Sicherungsflottille, die nach Versenkung des U-Jägers 6076 ex UJ 2215 (22.12.1943 durch französisches U-Boot CASABIANCA)[57] nur noch ein U-Jagd-Fahrzeug zur Verfügung hatte. Aus diesem Grunde hatte das Dt. Markdo Italien bereits folgenden Befehl von der SKL erhalten: »Kräftelage an U-Jägern im Bereich 6. Sicherungsflottille zur Zeit katastrophal, erfordert Sofortmaßnahme, da nur noch 1 U-Jäger vorhanden. Dt. Markdo Italien abgibt daher sofort zwei einsatzbereite U-Jäger der 22. U-Jagdflottille[58] mit Besatzungen, meldet umgehend Bootsnummern und Durchführung. Boote vorübergehend einsatzmäßig der 6. Sicherungsflottille unterstellt. Rückgabe an Dt. Markdo nach Indienststellung im Umbau befindlicher für 6. Sicherungsflottille vorgesehener U-Jäger, spätestens 01.03.44.«

Es waren UJ 2207 und 2221, die der 6. Sicherungsflottille vorübergehend einsatzmäßig unterstellt wurden. Gleich am ersten Tag, 04.01.1944, musste man auf der ehemaligen CAP NORD zur Kenntnis nehmen, dass die im Geleit nach Marseille befindliche CIVIDALE bei sehr widrigen Witterungsbedingungen vom Kurs abkam. Der Kommandant des U-Jägers 2207, Oberleutnant z.S. Zoller, ließ mittels Handscheinwerfer Richtung Dampfer morsen: »HIERHER KOMMEN SIE LAUFEN IN MINENSPERRE!«

Doch auf CIVIDALE reagierte man nicht.

Eine starke Detonation zerriss die Stille, als der Frachter fünfzig Minuten nach Mitternacht in Kontakt mit den gefürchteten Sprengstoffträgern kam. Da bei der sehr dunklen Nacht nichts zu erkennen war und die nahe Minensperre keine große Bewegungsmöglichkeit zuließ, wartete Zoller bis zum ersten Tageslicht. Als der Morgen graute, gab es jedoch nichts mehr zu helfen; von dem Dampfer fehlte jegliche Spur …

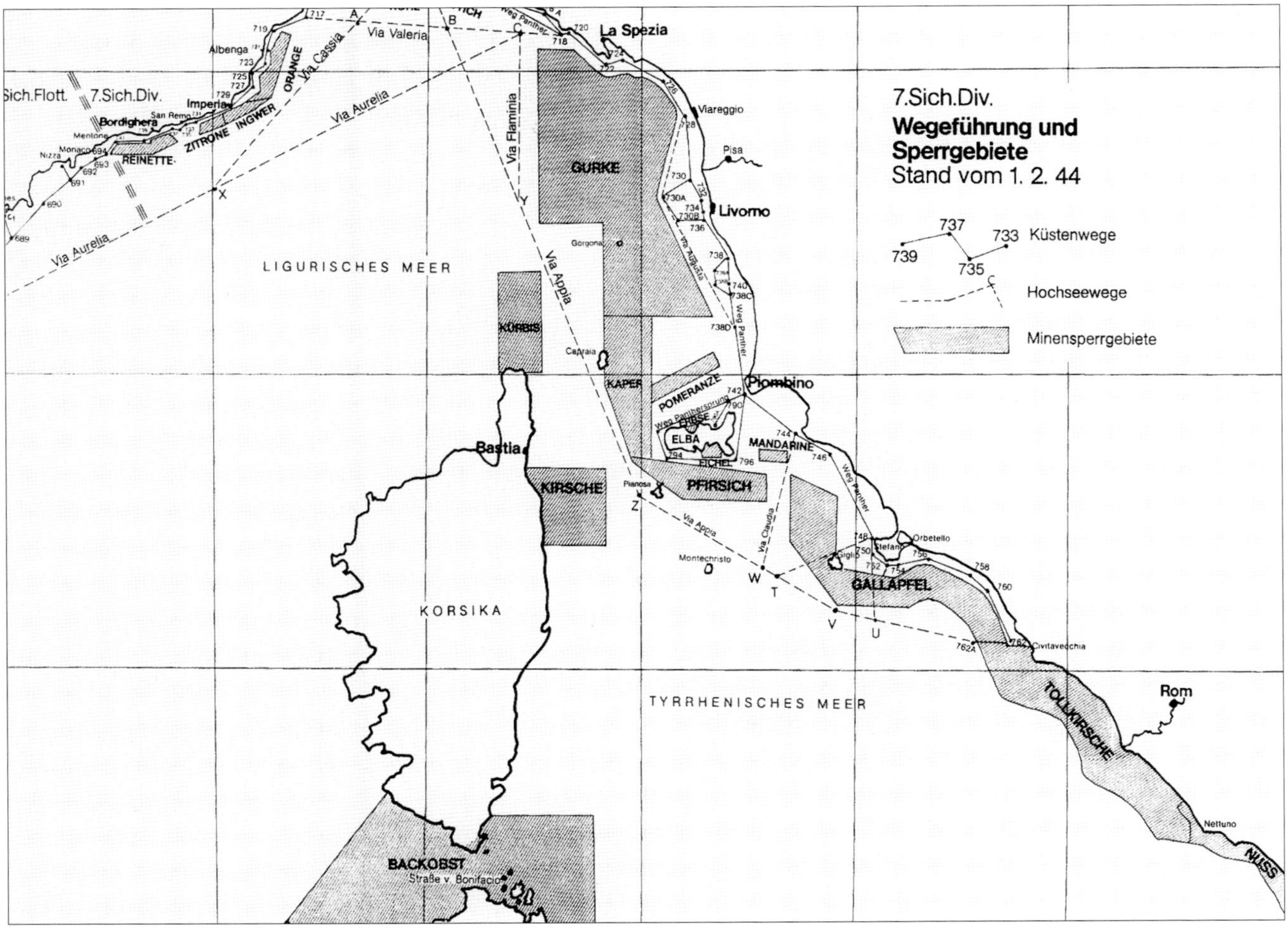

Direkttreffer?

Es war später Vormittag am 02.02.1944, als Korvettenkapitän Wunderlich die Kommandanten der U-Jäger UJ 2207, 2209, 2210 und 2221 sowie der R-Boote 198, 200, 212, 215 und SG 15 zu einer Besprechung versammeln ließ.

Anlass für die Zusammenkunft war die Ortung eines gegnerischen Zieles vor La Spezia gewesen. In der Nacht zum 01.02.1944 hatte ein kurzes Seegefecht stattgefunden, und seitdem war ein Hafenschutzboot verschollen. Aufgabe war es nun, den vor La Spezia auftretenden Gegner festzustellen und zu vernichten. Auf UJ 2221 eingeschifft, ließ Korvettenkapitän Wunderlich den Sondereinsatz beginnen.

Mit den schnellen Einheiten (SG 15, UJ 2221 und den R-Booten) legte er sich dicht unter die Insel Tino, während die langsamen Fahrzeuge (die U-Jäger 2207, 2209 und 2210) unter die hohe Küste bei Punta Corva verholten.

An Bord UJ 2221 ex VESPA. *Foto: Sammlung Richard Schulz*

Um das Unternehmen nicht zu gefährden, hatte die 7. Sicherungsdivision vor Einsatzbeginn alle infrage kommenden Landdienststellen davon in Kenntnis gesetzt, dass in der Nacht eigene Seestreitkräfte vor La Spezia stehen würden, ferner den Seekommandanten gebeten, Hafenschutzboote innerhalb der Linie Palmaria-Lerici zu belassen.

UJ 2221 ex VESPA. *Foto: Sammlung Richard Schulz*

Der Kommandant UJ 2210, Oberleutnant z.S. Pollmann, war zudem beauftragt worden, über den Hafenkapitän von Genua zu veranlassen, dass die Signalstellen Palmaria, Tino und Punta Corvo die in der Nacht zum 3. Februar dicht unter der Küste befindlichen Fahrzeuge der deutschen Kriegsmarine auf keinen Fall mit Lichtsignalen anrufen.

Vierzig Minuten nach Mitternacht erreichte Wunderlich ein von der 7. Sicherungsdivision abgegebenes Funktelegramm. Aus dem FT ging hervor, dass ein feindlicher Funkmessträger in der Bucht von Genua auf Ost-West-Kurs geortet worden war. Wunderlich veranlasste zunächst nichts, da es unklar war, ob das als U-Boot vermutete Objekt innerhalb oder außerhalb der eigenen Minensperren stand.

Weil sich nichts besonderes mehr ereignete, entließ Wunderlich um 06.45 Uhr SG 15 und die Räumboote nach Livorno bzw. UJ 2207 und 2209 in den Hafen von La Spezia. Zusammen mit dem Zweiten Flottilleningenieur, Leutnant (Ing.) Rohlf, ließ er sich auf UJ 2210 übersetzen, um sich zurück nach Genua zu begeben.

Da aufgrund des in der Nacht erhaltenen Funktelegramms mit einem feindlichen U-Boot zu rechnen war, dessen jetziger Standort in der Bucht von Rapallo vermutet wurde, befahl der Flottillenchef ein intensives Absuchen des Steuerbordsektors mit dem

UJ 2221. *Foto: Sammlung Richard Schulz*

S-Gerät. Und tatsächlich bekam man um 09.42 Uhr unweit des Steilufers vor Punta della Chiappa eine Ortung …

Pollmann hielt über die folgenden Ereignisse schriftlich fest:

»09.45 Uhr: 1. scharfer Anlauf begonnen, 35 Sekunden nach Abstoppen Echo bei 200 m.

Boje geworfen. 10 WB detoniert, zwei Versager (ital. »Dora«). Erfolg: ca. fünf Meter hoher Luft- und Wasserschwall.

09.48 Uhr: U-Boot wieder erfasst. Echo in 240 Grad, 600 m. Das U-Boot wird mit 1–2 sm mitlaufend festgestellt. Das S-Gerät führt uns bis auf 80 m heran.

Ich befehle Verfahren Grün. Einstellung WBF 45 m, WBD 70–120 m.

09.52 Uhr: 2. scharfer Anlauf begonnen 32 Sek. nach Abstoppen bei 200 m. Boje geworfen. Sämtliche Bomben detoniert. Erfolg: starker Öl- und Luftschwall. Öl breitet sich auf großer Fläche aus.

09.58 Uhr: Echo in 260 Grad, 700 m. U-Boot wird mit 2 sm mitlaufend festgestellt. Ich befehle Verfahren Grün, 8 Sek. Salventakt. Bis auf 120 m führt uns das S-Gerät heran. Tiefeneinstellung WBF 45 m, WBD 70–120 m.

10.01 Uhr: 3. scharfer Anlauf 35 Sek. nach Abstoppen Echo bei 200 m. Boje geworfen. Sämtliche Bomben detoniert. Erfolg: sehr starke Detonationen, die nicht von WB herrühren, mit nachfolgendem Luft- und Ölschwall von mindestens 10 m Höhe.

U-Boot hat direkten Treffer bekommen. Echo wird von jetzt ab schlechter und führt Boot bei allen folgenden Anläufen nur bis 200 m heran. EU ist von jetzt ab stets gleich eigener Fahrt.

Ich folgere daraus, dass U-Boot auf Grund abgesackt ist.

Um die Lage des U-Bootes genau festzustellen, überlaufe ich das U-Boot von allen vier Seiten und stelle fest, dass das U-Boot ungefähr Ost-West liegt, denn von diesen Richtungen anfahrend gibt es außer hin und wieder kurzem Zeigen eines Echos keine Peilung. Dagegen ergibt das Anlaufen von Süd und Nord ein einwandfreies, wenn auch nur kleines Echo.

Ab 10.30 Uhr: Ich werfe 10 einzelne WBD (120 m) über das Heck. Bei der 8. und 10. Bombe werden – nachdem die Bomben detoniert waren – zwei starke Detonationen festgestellt mit nachfolgendem hohem Öl- und Luftschwall. Nachdem ich das U-Boot

Das Achterschiff von UJ 2221. *Foto: Sammlung Richard Schulz*

durch Bojen genau bezeichnet habe, entschließe ich mich, einen 4. Anlauf mit drei Salven WBD (120 m) zu laufen. Zu diesem Anlauf befehle ich, Kartuschen von 40 m zu benutzen, um den Teppich dichter zu legen.

11.08 Uhr: 4. scharfer Anlauf genau zwischen den Bezeichnungsbojen geworfen. Sämtliche WB detoniert.

Nach der 2. Salve brachen zwei mindestens 30 m hohe Detonationswolken aus der Tiefe, vermengt mit sehr viel Luft und Öl. Bei keiner meiner vorherigen U-Boot-Bekämpfungen habe ich Explosionen von solcher Heftigkeit gesehen. Das U-Boot muss durch beide Werfer der 2. Salve direkt getroffen sein. Etwa zwei Minuten nach Hochgehen der letzten Bomben drei sehr starke Unterwasserdetonationen mit Luftschwall. Öl kommt laufend hoch.

11.12 Uhr: Meldung vom Flottilleningenieur, dass das Boot vorn und in der Maschine stark Wasser macht, sowie dass die Kühlwasserpumpen und Lenzpumpe ausgefallen sind und dass das Boot sofort einlaufen muss. Da starke Schlagseite nach Steuerbord, ließ ich sämtliche WB nach Backbord bringen und erreichte dadurch eine einigermaßen gute Lage. Die Vernichtung des U-Bootes halte ich für sicher. Zwei RA-Boote übernehmen die Wache und stellen an der bezeichneten Untergangsstelle bis zum Dunkelwerden fest, dass noch laufend Öl hochkommt.«

Korvettenkapitän Wunderlich bemerkte in seiner Stellungnahme zu Pollmanns Gefechtsbericht u.a.: »Der Flottillenchef war bei dieser Bekämpfung an Bord und hat sich persönlich von dem hervorragenden Arbeiten des Kommandanten und seiner Besatzung überzeugt.

Mit vollkommener Ruhe und unbedingter Sicherheit fuhr der Kommandant seine Anläufe. Horcher, Brückenpersonal, Befehlsübermittler, WB-Ladezug arbeiteten einwandfrei wie eine tadellos eingelaufene Maschine. Auf diese vollkommene Zusammenarbeit zwischen Kommandant und Besatzung ist der einmalige Erfolg dieses U-Jagdbootes zurückzuführen.

Ich bitte, dem U-Jäger 2210 die Vernichtung des U-Bootes[59] anzuerkennen.

Der U-Jäger hat durch die starken Detonationen erhebliche Beschädigungen erlitten. Dass er bis zur Vernichtung des U-Bootes die Bekämpfung durchführen konnte, ist ein wesentlicher Verdienst des eingeschifften Flottilleningenieurs, Leutnant (Ing.) Rohlf.

Das Einlaufen 11.12 Uhr war nicht zu vermeiden, zu der Zeit konnte der Flottilleningenieur das Lenzhalten des Bootes nicht gewährleisten. Vermutlich haben die starken Beanspruchungen – UJ 2210 hat (im Laufe der Zeit) etwa 1000 Wasserbomben geworfen – die Maschinen und Hilfsmaschinenanlagen so stark beansprucht, dass jetzt die außergewöhnlich heftigen Detonationen der geschwächten Anlage den Rest gaben.«

Eine Woche nach der scheinbar erfolgreichen U-Boot-Bekämpfung, 10.02.1944, wurde Oberleutnant z.S. Pollmann zur Baubelehrung auf den U-Jäger 2223 kommandiert. Zwar erhielt er nun mit der ehemaligen italienischen Korvette C 52 MARANGONE das Kommando über ein Fahrzeug, das im Vergleich zu seinem »alten Pott« doppelt so schnell und wesentlich manövrierfähiger war, doch bestand die neue Crew aus überwiegend jungen und unerfahrenen Soldaten, die es erst zu einem eingespielten Team zu formen galt.

Das Kommando über UJ 2210 übernahm jetzt der bisherige Kommandant UJ 2211 ex HARDI, Oberleutnant z.S. Zoller, dessen früheres Boot nun von Leutnant z.S. Börner, dem bisherigen I. WO von UJ 2221, befehligt wurde.

Verleihung von Eisernen Kreuzen 2. Klasse an Besatzungsangehörige des U-Jägers 2210. *Foto: Sammlung Otto Pollmann*

Beschuss von allen Seiten

Als die 3. Geleitflottille mit Ablauf des 31.01.1944 aufgelöst wurde, gingen die ehemals zu ihr gehörenden Fahrzeuge TA 23, TA 24, TA 26, TA 27 und SG 15 in die neu aufgestellte 10. Torpedobootsflottille über. Mit dem von Korvettenkapitän Wirich von Gartzen geführten Verband erhielten die Männer von Korvettenkapitän Wunderlich einen kampfkräftigen Partner an ihre Seite. Bevor die neuen Boote der 10. Torpedobootsflottille – TA 25, TA

Das Minenschiff NIEDERSACHSEN.
Foto: Bibliothek für Zeitgeschichte

28 und TA 29 – zusammen mit den schon bei Korvettenkapitän Kramer in Dienst gestellten Einheiten zu Minenunternehmungen bzw. Aufklärungsvorstößen eingesetzt werden konnten, mussten jedoch erst einmal Probefahrten absolviert werden. Um nicht schon hierbei das Opfer des Gegners zu werden, erhielten die Torpedoboote Geleitsicherung, hauptsächlich durch Fahrzeuge der 22. U-Jagdflottille.

Auch die ehemals zur 3. Geleitflottille gehörenden Minenschiffe NIEDERSACHSEN und DWARSLÄUFER, die nun, Anfang Februar 1944, der 7. Sicherungsdivision direkt unterstellt wurden, waren bei ihren Unternehmungen erheblich gefährdet und bedurften des Schutzes.

Am 15.02.1944 – an jenem Tag, an dem die US-amerikanische Luftwaffe das Benediktinerkloster Montecassino in Schutt und Asche bombte – vermochten die den Minenleger NIEDERSACHSEN geleitenden Fahrzeuge der 11. Räumbootsflottille jedoch nicht verhindern, dass das britische U-Boot UPSTART zum Schuss auf diesen mit 1794 BRT vermessenen ehemaligen französischen Frachter GUYANE gelangte. Unweit von Toulon von zwei Torpedos getroffen, kenterte das in Kopenhagen gebaute Schiff und ging einige Minuten später in den Fluten des Meeres unter.

Der Minenleger ruhte gerade einen Tag auf dem hier 385 Fuß tiefen Grund[60], als sich neues Unheil anbahnte – diesmal in Gestalt von gegnerischen Schnellbooten, die sich die auf der Via Augusta auf S-Boot-Jagd befindlichen U-Jäger 2207 und 2209 als Ziele auserkoren. Der von Oberleutnant z.S. Osse geführte U-Jäger 2207 hatte eine Woche zuvor bei der Sicherung des Frachters RANDAZZO drei Flugzeuge abgeschossen und war an der Vernichtung von zwei weiteren beteiligt gewesen, als Besatzungsangehörige der ehemaligen CAP NORD am Abend des 16.02.1944 mehrere Schatten in 350 Grad Schiffspeilung sahen. Osse identifizierte die Objekte als fünf deutsche Fährprähme, deren Entgegenkommen von der 7. Sicherungsdivision gemeldet worden war. Es verging nur kurze Zeit, da wurden plötzlich zwei weitere dunkle Umrisse sichtbar. Freund oder Feind, das war die Frage, die es jetzt zu klären galt ...

UJ 2207 mit Parabolspiegel der Flugzeugortung.
Foto: Sammlung Hans Leerhoff

»ES anfordern!«, befahl der Kommandant des U-Jägers 2207. Kaum, dass das betreffende Signal abgegeben war, setzte auch schon heftiger Beschuss ein. Zwar wusste Osse nun, mit wem er es zu tun hatte, aber die Besatzungen der deutschen MFPs vermochten die Lage nicht klar zu erkennen und feuerten auf ihre eigenen Kameraden, anstatt die britischen MGBs zu bekämpfen: »Gleichzeitig eröffnen die MFP das Feuer auf die U-Jäger 2207 und 2209. Es wird von U-Jäger 2207 eine Leuchtgranate geschossen in Richtung der beiden Boote. Diese sind im Schein der LG einwandfrei als Kanonenschnellboote zu erkennen, die anscheinend gestoppt in Lauerstellung liegen. Sofort nach der LG eine 8,8-cm-Sprenggranate mit Flakzünder 300 Meter Einstellung. Diese trifft ein Gun-Boat unmittelbar hinter der Brücke (Volltreffer). Das Boot explodiert mit einer 20 m hohen und 10 m breiten Stichflamme. Nachdem die Flamme in sich zusammengefallen ist, ist von dem Boot nichts mehr zu erkennen. Es sind nur noch ein großer, brennender Ölfleck auf dem Wasser und viele Wrackteile zu sehen. Auch werden »Help«-Rufe gehört.

UJ 2207 wird von allen Seiten beschossen. Das zweite Gun-Boot wird ebenfalls unter Feuer genommen. Es werden mehrere Treffer und ein Brand beobachtet. Dieses Boot läuft nach Steuerbord. Fast gleichzeitig erhält UJ 2207 von Backbordseite Feuer. Im Schein einer LG wird ein weiteres Gun-Boot ausgemacht und mit allen Waffen beschossen. Es läuft mit hoher Fahrt achteraus ab. Die letzten LG beleuchten nur noch MFP, daraufhin wird das Feuer sofort eingestellt. Eigene Verluste: Ein Toter[61], vier Schwer- und acht Leichtverletzte.«

Unternehmen »Capraia«

Ein am Nachmittag des 18.02.1944 von 12 zweimotorigen Bombern durchgeführter Angriff auf den Hafen von Livorno, bei dem ein Kriegstransporter, ein Fährprahm und eine Peniche versenkt wurden, hätte beinahe auch für Boot und Besatzung UJ 2221 fatale Folgen gehabt, doch rauschten die Bomben glücklicherweise knapp daneben ins Wasser.

Ohne größere Schäden davongetragen zu haben, nahm UJ 2221 schließlich am Sonderunternehmen »Capraia« teil. Es galt festzustellen, ob auf der gleichnamigen Insel gegnerische Küsten- und Flakartilleriestellungen vorhanden waren. Zusammen mit SG 15 machte sich die ehemalige italienische Korvette VESPA am 19.02.1944 auf den Weg und führte die Aufgabe ohne Feindberührung durch. »Es lässt vermuten, dass auf Capraia keine Geschütze, sondern nur leichte Waffen vorhanden sind, obwohl auch diese bei der geringen Entfernung der Boote von der Steilküste leicht hätten zur Anwendung gebracht werden können«, hielt der das Boot UJ 2221 zur Zeit kommandierende Kapitänleutnant Fenkner schriftlich fest.

SG 15, später UJ 2229. *Foto: Sammlung Heinz Obenhaupt*

Vom Ergebnis der Aufklärungsfahrt in Kenntnis gesetzt, ordnete die 7. Sicherungsdivision Sofortbereitschaft für UJ 2221, SG 15, TA 23, TA 24, R 161, R 162, R 198, R 212 und R 215 für 17.00 Uhr des 20.02.1943 an.

Es wurde beabsichtigt, durch Stoßtrupps der 11. Räumbootflottille den Hafen von Capraia unbrauchbar zu machen und durch Minen zu verseuchen, ferner evtl. dort befindliche Signal- und FT-Anlagen sowie militärische Gebäude zu vernichten. UJ 2221 und SG 15 erhielten Befehl, vor dem Hafen zu patrouillieren, das Unternehmen gegen feindliche Seestreitkräfte abzuschirmen und bei Bedarf in den Landkampf einzugreifen, während die beiden Torpedoboote TA 23 und 24 den Hafen von Bastia beschießen sollten, um den Gegner abzulenken.

»Militärische Gebäude wurden nicht festgestellt. Einige angetroffene Männer wurden zwecks Verhör vorübergehend festgenommen. Nach deren Aussagen sollte sich im Innern der Insel Capraia eine amerikanische Funkstation befinden, die aber für unseren Stoßtrupp aus zeitlichen Gründen nicht erreichbar war. Ferner sagten die Männer aus, dass des Öfteren englische Schnellboote anlegen würden und Personal sowie Material und Verpflegung anlandeten.

Daraufhin wurde der Anlegeplatz gesprengt und unsere Boote traten den Rückmarsch an.«

Schmerzliche Verluste

Während sich auf dem gerade erst in Dienst gestellten UJ 2222 viele fleißige Hände bemühten, das von immer neuen maschinellen Problemen geplagte Boot schnellstmöglich kriegsbereit zu bekommen, suchten vor dem Hafen von Genua Kleinfahrzeuge nach Überlebenden des U-Jägers 2208, der um 19.23 Uhr des 20.02.1944 nach einem Minentreffer gesunken war.

Die Besatzung der ehemaligen ALFRED hatte den Auftrag erhalten, zusammen mit UJ 2209 und TA 25 die Dampfer COLLEVILLE (2012 BRT) und NINA (2200 BRT) von Genua nach Nizza zu geleiten, als UJ 2208 und NINA eine Stunde nach dem Auslaufen in eine eigene Minensperre gerieten und binnen Sekunden sanken. 61 Mann der 80-köpfigen Besatzung des U-Jägers 2208 hatten dabei den Tod gefunden, darunter der Kommandant, Oberleutnant z.S. Oskar Schmidt, beide Wachoffiziere und die gesamte Brückenwache. Vom Maschinenpersonal konnten nur zwei Mann (Gefreiter Holzinger und Matrose Adelbrecht) gerettet werden; sie standen gerade an Oberdeck, als die detonierende Mine die Maschinenanlage nach unten durchbrechen ließ.

Nur dreiundeinhalb Wochen später ging UJ 2209 verloren. Gegnerische Luftstreitkräfte, die zurzeit unter Vernachlässigung des Kampfes an der Front zur systematischen Zerstörung sämtlicher Verkehrswege in Mittelitalien und der Nachschubhäfen an der Ost- und Westküste angesetzt waren, zeichneten für den Verlust des U-Jägers und den Tod von fünf Besatzungsangehörigen verantwortlich. Es war am 16.03.1944, als die FuMB-Bedienung der im Hafen von Livorno liegenden ehemaligen MINERVA einen Bomberpulk im Anflug meldete. Kaum, dass die ersten Soldaten einen schützenden Bunker an Land erreicht hatten, erhielt UJ 2209 einen Bombenvolltreffer in die Munitionslast, welche daraufhin explodierte. Mit 15 Grad Neigung legte sich das Schwesterschiff von UJ 2210 auf die Seite, so dass schließlich nur noch Brückenaufbauten und die erhöhten Flakstände sichtbar blieben.

Gleich nach Abflug der Bomber und Versorgung der sieben Verletzten begann die Bergung der Geheimsachen, der Waffen, des S-Gerätes und der FT-Anlage, obwohl die Gefahr des Kenterns des U-Jägers 2209 nicht ausgeschlossen werden konnte.

Es sollte nicht lange dauern, bis der von Korvettenkapitän Wunderlich geführte Verband vom nächsten Schicksalsschlag getroffen wurde – bei einer der Ablenkungsmanöver, die es zum Schutze von eigenen Minenunternehmungen durchzuführen galt. UJ 2221 und SG 15 hatten Befehl erhalten, am Abend des 27.03.1944 den Hafen von La Spezia zu verlassen, um sich durch feindliche Messgeräte orten zu lassen. Man hoffte, dass die beiden Boote die Aufmerksamkeit des Feindes auf sich zuziehen würden, damit sich zur gleichen Zeit deutsche Minenträger ungestört ihrer gefährlichen Fracht entledigen konnten.

Und tatsächlich vergingen nur wenige Stunden, bis der Gegner sich um UJ 2221 und SG 15 kümmerte. Die amerikanischen PTs 212 und 214 stellten die Aufklärungsgruppe einer kampfkräftigen Einheit dar, die sich an jenem Abend zwecks Ausführung der Operation »Gun« im Einsatz befand.

UJ 2221 ex VESPA. *Foto: Sammlung Richard Schulz*

Südwestlich der so genannten »Scoutergroup« standen noch weitere Boote: LCG 14, 19 und 20, MTB 634, MGB 659, 660 und 662, ferner PT 208 und 218 – aus ihnen setzten sich Kampf-, Geleit- bzw. Kontrollgruppe zusammen. Es war das erste Mal, dass die Alliierten einen derartigen Verband formiert hatten, um den deutschen Nachschubverkehr empfindlich zu treffen; konnte die von der »Escort Group« geschützte Kampfgruppe (die mit jeweils zwei 4,7-inch- und 4-cm-Kanonen recht stark armierten LCG (landing raft gun) 14,19 und 20) doch aus sehr großer Entfernung ihre

Ziele treffen. Und sie trafen! Der radarunterstützte Feuerüberfall kam so überraschend, dass die auf dem Küstenweg in Richtung Süden marschierenden deutschen Fährprähme nicht den Hauch einer Chance hatten. Zwar standen UJ 2221 und SG 15 zurzeit einige Seemeilen nordwestlich des Ortes, wo ein MFP nach dem anderen sank, aber auch sie waren längst geortet … »S-Boot-Alarm!«, hieß es an Bord der deutschen Kriegsfahrzeuge, als Motorengeräusche hörbar und kurz darauf die ersten Torpedolaufbahnen sichtbar wurden. Mit Hartruderlage und Fahrterhöhung gelang es schließlich, den anlaufenden »Aalen« auszuweichen. Während die nun abdrehenden und nebelnden feindlichen Schnellboote von den Geschützbedienungen der ehemaligen VESPA unter Beschuss genommen wurden (Treffer in den Maschinenraum von PT 214), schlugen mehrere Projektile in den vorderen Vierling und in die Brücke des U-Jägers 2221 ein. Von SG 15 aus hatte man die Bugwelle eines Torpedos für ein S-Boot gehalten, deshalb in diese Richtung geschossen. Der schwere Irrtum blieb nicht ohne Folgen: Splitter verletzten den UJ-2221-Kommandanten und vier Soldaten, darunter den Gefreiten Gerhard Mierzowski[62], der schließlich seinen schweren Verwundungen erlag.

Auch die an Umfang immer mehr gewinnenden Aktivitäten von Banden und Partisanen forderten schmerzliche Menschen- und Materialverluste. Zwar sollte es ihnen letztlich nicht gelingen, den Nachschubverkehr zur deutschen Front in lebensbedrohlicher Weise einzuschränken, doch waren sie in nicht unerheblichem Maße an der Beschädigung von Stützpunkt- und Landanlagen beteiligt. Wohl organisiert und von den Alliierten mit Waffen, Munition und Nachrichtenmitteln versorgt, gingen sie zu planmäßigen Überfällen über, besonders in den Berggegenden des Apennins und der Voralpen. Sie erhielten laufend Zuzug von Männern, die dem Zwangsarbeitseinsatz in Deutschland auswichen, aber auch durch Soldaten der italienischen Wehrmacht, Miliz und Carabinieri.

Marschall Badoglio war es, der den nachstehend genannten völkerrechtswidrigen Aufruf an seine Landsleute erließ: »Greift die deutschen Kommandostellen und die kleinen militärischen Zentren an. Tötet die Deutschen von hinten, damit ihr Euch ihrer Gegenwehr entziehen und wieder andere töten könnt!« So entwickelte sich schließlich das gleiche unausrottbare Bandenwesen wie in Russland und den Balkanländern, mit den gleichen Grausamkeiten und Vergeltungsmaßnahmen.

Im April 1944 wurden alle Befehlshaber, Führer und Leiter von Dienststellen vom Ob.d.M. 1. SKL auf die Verantwortlichkeit für die abwehrmäßige Sicherung ihres Bereiches hingewiesen. Konteradmiral Meendsen-Bohlken ließ die Truppe sofort eingehend belehren und in der Ausübung ihres Wach- und Sicherheitsdienstes kontrollieren.

Besonderer Aufmerksamkeit verdiente aber auch die Tatsache, dass gegnerische Kräfte trotz eigener Minensperren zum Küstenweg nördlich von Elba vordringen und u.a. eine MFP-Geleit- und eine MFP-Kampfgruppe aufreiben konnten. Mangels leistungsfähigen Funkmessgeräten und ausreichender Luftaufklärung ließ sich die Einbruchstelle nur vermuten. Zwar wurde beabsichtigt, Fahrzeuge der 22. U-Jagdflottille im verstärkten Maße zum Aufklärungs- und Vorpostenstreifen einzusetzen, doch ließ sich dieses Vorhaben erst später realisieren. Einer der Gründe hierfür war das zurzeit erhöhte Agieren gegnerischer Submarines vor Toulon, dem wichtigsten Ausgangspunkt eigener Offensivkriegführung gegen den alliierten Seeverkehr.

Da sie die deutschen U-Boote erheblich bedrohten, sah sich das OKM zum schnellen Handeln gezwungen: Der Auffassung seiend, dass die Schwäche der eigenen Abwehr in diesem Raum es erforderlich mache, »vorübergehend ins Gewicht fallende Nachteile an anderer Stelle in Kauf zu nehmen«, befahl es dem Dt. Markdo Italien die unverzügliche Abgabe von zwei U-Jagd-Fahrzeugen an das Marinegruppenkommando West. Meendsen-Bohlken meldete daraufhin die U-Jäger 2211 und 2221. Als sich 7. Sicherungsdivision und 6. Sicherungsflottille am 04.04.1944 dahin gehend einigten, dass es ausreiche, Fahrzeuge der 22. U-Jagdflottille (u.a. den gerade kriegsbereit werdenden UJ 2216) lediglich bei Bedarf anzufordern,

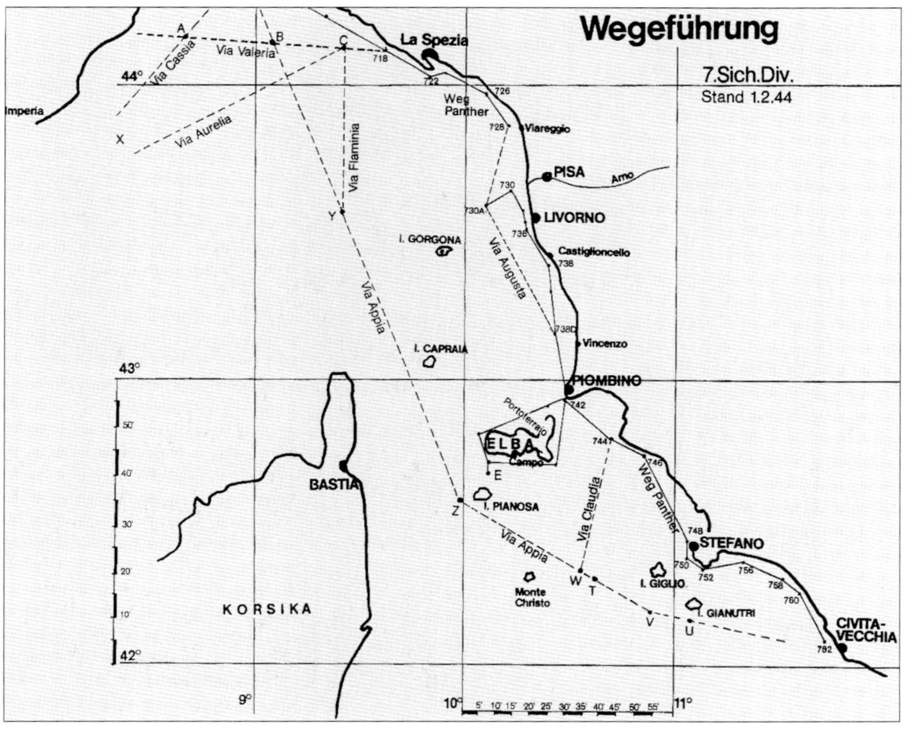

statt sie für einen bestimmten Zeitraum der 6. Sicherungsflottille fest zu unterstellen, lenkte man beim OKM entsprechend ein.

UJ 2222, der – wie die ehemalige Rothschild-Yacht EROS – endlich zum Einsatz kam, diente jetzt als Rottenpartner von UJ 2221. Am 05.04.1944 galt es, den Hafen von La Spezia zwecks Aufnahme des deutschen U-Bootes U 455 zu verlassen. Die Suche nach dem von Kapitänleutnant Scheibe kommandierten Unterwasserfahrzeug blieb jedoch erfolglos; möglicherweise war das zum Typ VII C gehörende U-Boot einer der vielen im Golf von Genua befindlichen Minen zum Opfer gefallen.

Stürmisches Wetter nötigte UJ 2221 und UJ 2222 am 08.04.1944 zum Abbruch ihrer Aufgabe, da sie sehr viel Wasser übernahmen. Kehrt gemacht, zeigte sich, dass diese Schiffstypen bei achterlicher See kaum zu halten waren und bis zu 30 Grad Schlagseite bekamen. Somit stand fest, dass die Korvetten wegen ihres geringen Stabilitätsumfanges nicht mehr als Seegang der Stärke 5 überwinden konnten.

Am 11.04.1944 waren UJ 2221 und UJ 2222 dabei, als der Dampfer POTENZA nach Toulon geleitet wurde. Aber weder sie noch die ebenfalls zum Schutze des Handelsschiffes eingesetzten UJ 2207, 2210 und M 6022 vermochten die sich nähernde Gefahr in Gestalt des britischen U-Bootes UNTIRING rechtzeitig zu erkennen. Aus größerer Entfernung feuernd, vernichtete die Besatzung des zur U-Klasse gehörenden Fahrzeugs den kleinen Minensucher. »M 6022 platzte wie bei einem Bombentreffer nach allen Seiten unter hoher Stichflamme auseinander und sank augenblicklich.«

Zwar gingen die U-Jäger 2221 und 2222 sofort zur Jagd auf das U-Boot über, doch wurde eine Ortung nicht erzielt. Und so setzte UNTIRING seine Aktivitäten fort, wobei es seiner Besatzung gelang, weitere Fahrzeuge, darunter den U-Jäger 6075 (ex UJ 2214), zu torpedieren.

UJ 2221 und UJ 2222 blieb die traurige Aufgabe vorbehalten, die Überlebenden von M 6022 zu bergen. Mit gerade einmal zwölf Männern, die sich von Bord des sinkenden ehemaligen französischen Fischkutters ENSEIGNE (136 BRT) hatten retten können, liefen sie schließlich in Nizza ein.

Gefechtsberichte der Kommandanten von UJ 6075 und H.M.S. UNTIRING zur Versenkung des U-Jägers 6075

»27.04.1944, 16.00 Uhr: UJ 6075 mit UJ 6078 Toulon aus. Aufgabe: U-Boot-Überwachung und U-Jagd in der Bucht von Toulon.

Standort 19.00 Uhr: etwa 3 sm südlich Cap Cepet.

Wetter: Wind West 2 bis 3, See 2, mittelhohe Dünung aus West, Sicht 10 sm.

Formation: Horchsuchdwarslinie. UJ 6078 steht an Steuerbordseite von UJ 6075 etwas achterlich herausgesetzt. Abstand 1000 m. S-Gerät sucht Sektor von 30 Grad über 0 Grad bis 180 Grad ab. Fahrt: 7,3 sm. Beide Wachen auf Gefechtsstation.

19.03 Uhr: Drei Torpedolaufbahnen aus Richtung 250 Grad Schiffspeilung gesichtet, anliegender Kurs 260 Grad rechtweisend. Zwei Torpedolaufbahnen sehr ausgeprägt und nahe beieinander. Wahrscheinlich geringe Tiefeneinstellung. Dritte Torpedolaufbahn nur schwach zu erkennen. Entfernung 800 m. Befehle hart Steuerbord und dreimal große Fahrt voraus. Schiff dreht langsam nach Steuerbord. S-Gerät hatte kein Echo. Abschuss im NHG nicht gehört.

19.04 Uhr: Zwei Torpedos treffen das Achterschiff. Ein Treffer Schraube, ein Treffer Maschine. Dritter Torpedo passiert 5 m vor dem Bug und detoniert später an Land. Schiff hatte noch 35 Grad nach Steuerbord gedreht. Nach Treffer werden Wasserbomben und Wasserbomben-Stempel durch die Luft auf Vordeck und Brücke geschleudert. Schiff sackt achtern sofort weg. Als Wasser das Vordeck überspült, gebe ich Befehl, das Schiff zu verlassen. Flöße und Schlauchboote werden ausgebracht. Die Flöße, die auf dem Achterdeck lagerten, konnten nicht ausgebracht werden, da die umgestürzten 2-cm-Stände auf dieselben gestürzt waren.

19.18 Uhr: UJ 6075 sinkt nach Abblasen von Dampf über Achtersteven ab. Trotz rechtzeitigem Erkennen der Torpedolaufbahnen war es aufgrund des langsamen Andrehens und der geringen Fahrt nicht möglich, den Torpedos auszuweichen.

In der Nähe befindliche Hafenschutzboote liefen sofort auf die Unfallstelle und nahmen die im Wasser und auf den Flößen befindlichen Soldaten an Bord. Bergung war um 19.45 Uhr durchgeführt. UJ 6078 nahm sofort die Bekämpfung des U-Bootes auf. Dass die Abschüsse der Torpedos im NHG nicht gehört wurden, führe ich darauf zurück, dass die Laufbahnen im Moment des Abschusses erkannt wurden und der Rudergänger sofort den Befehl zum Überlegen des Ruders ausführte, seine ganze Aufmerksamkeit nur auf das Ruder konzentrierte und nicht mehr auf das NHG achtete.«

Auszug aus dem von Lieutenant Boyd verfassten Gefechtsbericht: »...At 1901 three torpedoes were fired individually aimed just ahead midships, and just astern of the nearest UJ boat of 800 to 1000 tons on an approximate 100 track. Estimated range 1500 yards. Position on firing 167 Cape Cepet (Rascas Point Lt. 4,4 miles).

1902 one satisfying explosion heard at a running range of 1800 yards. H.E. and Asdic impulses ceased from this craft.

1905 breaking up noises heard from the target. 1915 on endeavouring to come to periscope depth, UNTIRING was accurately attacked by the remaining UJ boat (UJ 6078 – der Verfasser), and again took refuge below a layer at 150 feet. Depth charging continued until 2113

(82 charges being dropped), the first pattern was unpleasantly close, the remainder getting further away. Considerably minor breakage occurred and the depth gauges now show different depth. No major damage resulted.«

Oberleutnant z.S. Becker war der Überzeugung, dass der Verlust des Minensuchers vermeidbar gewesen wäre, wenn die Sicherungsboote mit Funkmessortungsgeräten ausgerüstet gewesen wären. Der stellvertretende Flottillenchef, Kapitänleutnant Dr. Wachhausen, schloss sich dieser Meinung an: »Der Einbau des FuMO als sehr wichtiges Zusatzgerät zum FuMB ist für alle Boote vordringlich. Maßnahmen hierzu sind bereits eingeleitet. Die U-Jäger 2207, 2210 und 2211 haben je in vier verschiedene Richtungen stationär fest eingebaute FuMB-Spiegel, können also die Ortungsrichtung niemals genau bestimmen. Ihr Umbau in einen drehbaren Spiegel (wie auf den Korvetten) ist dringend erforderlich und wird hiermit beantragt.«

Neben den erwähnten U-Jägern leisteten zurzeit auch die RA-Boote 252, 253, 254, 257 und 258 ihren Dienst. Vorposten- und Aufklärungsstreifen, Sicherung von Penichen-, KT- und MFP-Geleiten bzw. auf Probefahrt befindlichen Kriegsfahrzeugen (u.a. TA 30) gehörten in diesen Wochen ebenso zu ihren Aufgaben wie die Jagd auf gegnerische MAS-Boote.

Dass diese kleinen und schnellen Torpedoträger, die nach der Kapitulation Italiens teilweise zu den Alliierten übergegangen waren, hauptsächlich zum Anlanden respektive zur Aufnahme von Agenten im Raum Toulon, Savona, Varazze, Livorno, Elba und Giglio eingesetzt wurden, erfuhren die Deutschen am 10.04.1944, als das die Seiten wechselnde MAS 505 in Porto Santo Stefano einlief. Die Besatzung teilte ferner mit, dass Maddalena seit Mitte Januar 1944 von britischen und französischen U-Booten angesteuert und dass Korsika Ausgangsort für ein bald beginnendes Landungsunternehmen an der südfranzösischen Küste darstellen werde.

Als Grund für ihr Überlaufen gaben sie an, dass sie von den Alliierten nicht die erhoffte Anerkennung und Behandlung erfahren hatten. Das überaus schlechte Verhältnis zu den landsmännischen Vorgesetzten sei dafür verantwortlich gewesen, dass man die drei auf dem Schnellboot befindlichen italienischen Offiziere erschossen habe, bevor man sich mit MAS 505 in Richtung Monte Argentario absetzte …

Italienisches Schnellboot MAS 505. *Foto: Sammlung Dr. Achille Rastelli*

Zwanzigster Versenkungserfolg?

In der zweiten Hälfte des Monats April 1944 wurde die U-Jagd erheblich intensiviert.

Schwergewicht bildete die Überwachung des Geleitweges von der Rapallobucht bis zur Grenze des Bereichs der 6. Sicherungsflottille.

Die 7. Sicherungsdivision nahm an, dass der Gegner der eigenen U-Jagd offenbar nach Westen auswich, da aufgrund mangelnder Abwehrsperren, der Küstengestaltung, der ungünstigen Wasserortungsverhältnisse und der geringen Anzahl von U-Jägern der 6. Sicherungsflottille an der südfranzösischen Küste bessere U-Boot-Verhältnisse bestanden. Sie setzte deshalb die U-Jagd von den eigenen Stützpunkten heraus bis in den Raum Cannes an.

Von UJ 2220 gerammt und versenkt: EQUA.
Foto: Sammlung Dr. Achille Rastelli

»Der Erfolg blieb nicht aus«, bilanzierte die 7. Sicherungsdivision betreffend des Monats April 1944, »bei Portofino und in der Rapallobucht wurden zwei feindliche U-Boote mit Sicherheit versenkt. Damit hat die 22. U-Jagdflottille ihren 20. Erfolg errungen, Oberleutnant z.S. Pollmann ist daran mit 12 Versenkungen beteiligt.

Beide Versenkungen sind Nachterfolge nach Augensicht, also den guten Augen und dem Glück der U-Jäger zu verdanken. Der Erfolg darf nicht darüber hinwegtäuschen, dass mit seiner Fortsetzung nur dann gerechnet werden kann, wenn moderne Funkmessausrüstung den U-Jäger im Nachtkampf den U-Booten mindestens gleichstellt.

Wenn auch der Geleitverkehr von und nach Südfrankreich zurzeit an Bedeutung zurücktritt und damit die U-Jäger als starke und relativ schnelle Artillerieträger im Aufklärungsdienst und zur Fernsicherung der sich nach Süden schwer durchkämpfenden Kleingeleite eingesetzt werden müssen, kann die veränderte Transportlage an Land und Veränderungen an der Erdfront jederzeit diesen Raum und damit die U-Boot-Bekämpfung wieder in den Vordergrund rücken. Der Einsatz der schnellen U-Jäger (Korvetten) zum Vorpostendienst im südlichen Seegebiet ist erst vorgesehen, wenn diese wenigstens zum Teil mit FuMO ausgerüstet sind, um gegen überraschende Angriffe von mit Ortungsgeräten arbeitenden Feindverbänden einigermaßen gewappnet zu sein. Die erhöhte Gefährdung dieser wertvollen Einheiten bei Tage in den stark luftbedrohten südlichen Häfen muss in Kauf genommen bzw. durch häufigen Wechsel der Liegeplätze gemindert werden.«

Eine nicht zu unterschätzende Gefahr bildeten aber auch die Naturgewalten; kann sich doch im Golf von Genua binnen verhältnismäßig kurzer Zeit ein kräftiger Sturm entwickeln, der die See ordentlich aufzuwühlen vermag.

Manchmal reichten aber auch schon eine dunkle Nacht und schlechte Sichtverhältnisse aus, um ein Unglück – wie den Untergang der EQUA[63] – heraufzubeschwören.

Das Schulfahrzeug der italienischen U-Boot-Abwehrschule war in der Nacht vom 18. auf den 19.04.1944 auf dem Marsch nach La Spezia befindlich, als es von dem U-Jäger 2220, der mit den Torpedobooten TA 26 und 27 nach Genua unterwegs war, südlich Levanto gerammt wurde. Deutsche Marinefährprähme, die EQUA begleiteten, retteten die gesamte Besatzung des sinkenden Bootes.

UJ 2220 ex LAGO ZUAI konnte den Marsch fortsetzen und sicherte drei Tage später den am 18.04.1944 in Dienst gestellten U-Jäger 2224 ex C 53 STROLAGA während dessen erster Probefahrt. Zwar war der von Oberleutnant z.S. Osse geführte UJ 2224 hinsichtlich der erzielten Höchstfahrt (19,9 Knoten) sehr zufrieden stellend, doch zwang plötzlicher starker Wassereinbruch in den Rudermaschinenraum zum vorzeitigen Abbruch der Fahrt. Und so teilte der neue U-Jäger jetzt das Schicksal, welches auch UJ 2222 nach seiner ersten Probefahrt widerfahren war – zurück in die Werft!

Einer der beiden vermuteten U-Boot-Vernichtungserfolge im April 1944 entwickelte sich aus einer U-Boot-Überwachung heraus, die der U-Jäger 2223 zusammen mit UJ 2211 am Abend des 18.04.1944 im Seegebiet Recco/Rapallo durchzuführen hatte.

Das genau einen Monat zuvor in Dienst gestellte neue Boot von Oberleutnant z.S. Otto Pollmann stand gerade im Quadrat CJ 1346, als ein aufgetauchtes U-Boot in 800 Meter Entfernung und kurz darauf mehrere Torpedolaufbahnen gesichtet wurden.

Der Kommandant UJ 2223 hielt über die folgenden Ereignisse schriftlich fest:

»Gehen sofort auf AK (20 sm) und manövrieren mit Hart-Backbord-Ruder die Torpedos aus, die ca. 5 und 15 m vor dem Bug vorbeilaufen.

22.46 Uhr: U-Boot bleibt nach dem Schuss noch aufgetaucht. Laufe zum Rammen auf das U-Boot zu.

22.47 Uhr: U-Boot taucht ca. 150 m vor dem Bug. Werfe sofort bei Überlaufen Tauchstelle drei Salven WBD, Einstellung 35 m, im 4-Sekunden-Salventakt. Boje geworfen.

22.49 Uhr: U-Boot wird sofort nach dem Detonieren der WBs aus dem Wasser gedrückt und schlingert stark. Gehe mit AK und Hart-Backbord-Ruderlage auf Gegenkurs, um das U-Boot zu rammen. Das U-Boot liegt dicht vor der Boje und macht keine Fahrt.

22.52 Uhr: U-Boot taucht höchstens 50 m vor unserem Bug. Es werden sofort fünf Salven WBD (35-35-35-70-70 m) im 4 Sekunden-Salventakt geworfen.

22.53 Uhr: Das U-Boot wird durch die 3. Salve ganz aus dem Wasser gedrückt. Schlingert sehr stark und kentert nach Backbord.

22.54 Uhr: Das U-Boot sackt vorne tiefer, so dass beide Schrauben zu sehen sind, kippt dann achtern wieder ins Wasser, richtet sich über den Achtersteven langsam absackend steil auf und verhält einige Sekunden in der steilen Lage, um dann sehr schnell senkrecht auf Tiefe zu gehen.

Als wir mit dem U-Jäger heran waren, war der Bug noch ca. 10 m aus dem Wasser. Ich sah vom Rammstoß ab, da die Vernichtung sicher war und das eigene Boot unter diesen Umständen sicher stark beschädigt worden wäre.

22.57 Uhr: Aufschlag des Bootes auf dem Meeresgrund deutlich vernehmbar. Im selben Moment zwei sehr starke Detonationen mit nachfolgendem hohem Wasserschwall …

Der U-Boot-Typ konnte nicht genau ausgemacht werden. Die Aussagen ergeben übereinstimmend, dass das U-Boot eine stark hochgezogene Back hatte. Das Geschütz schien im Turm eingebaut zu sein, auf dem Achterdeck standen zwei kleine Geschütze, wahrscheinlich Fla-Waffen. Die Größe des Bootes wird auf 1000 t geschätzt.«

Der stellvertretende Flottillenchef, Kapitänleutnant Dr. Wachhausen, bemerkte zu Pollmanns Bericht u.a.: »Die Vernichtung des U-Bootes ist sicher. Ich bitte um Anerkennung der U-Boot-Vernichtung durch U-Jäger 2223.

U-Jäger 2211 befand sich zur Zeit der Bekämpfung etwa 1,5 sm ab und ist an ihr unbeteiligt. Es soll noch bemerkt werden, dass diese erfolgreiche Bekämpfung nur mit einem eng drehenden und schnell laufenden Boot, das bei 20 sm Fahrt einen Salventakt von 4 Sekunden erlaubt, möglich war. Es muss ferner ganz besonders hervorgehoben werden, dass es sich um die erste Unternehmung des U-Jägers 2223 mit größtenteils junger Mannschaft handelt. Es ist die erste nächtliche U-Boot-Bekämpfung und Vernichtung. Sie ist seitens des Kommandanten so schneidig und mit so folgerichtiger Entschlossenheit durchgeführt, dass sie besondere Würdigung verdient.

Die Leistung des Kommandanten, Oberleutnant zur See der Reserve Pollmann, der mit diesem sein 12. U-Boot anerkannt vernichtet hat, ist einzig dastehend.

Oberleutnant Pollmann wurde daher am 19.04.1944 zur Verleihung des Eichenlaubs zum Ritterkreuz des Eisernen Kreuzes eingereicht.«

U-Jäger 2223 ex Marangone. *Foto: Sammlung Otto Pollmann*

Vermutlich vollkommen zerrissen

Der U-Jäger 2210, von Oberleutnant z.S. Zoller geführt, war in der Nacht zum 27.04.1944 zusammen mit SG 15 zur Sicherung des Dampfers TELLARO von Genua nach La Spezia unterwegs, als der vor dem S-Gerät des U-Jägers 2210 Dienst verrichtende Horchmaat ein gutes Echo in 10 Grad, 500 Meter Entfernung, an die Brücke meldete. Das Objekt, scheinbar ein U-Boot, lag auf Angriffskurs zum Dampfer und war nach Meinung des Flottillenchefs vermutlich im Begriff aufzutauchen. Korvettenkapitän Wunderlich bemerkte zum Gefechtsbericht u.a.: »Der U-Jäger überläuft das U-Boot, das gestoppt flach steht, da das S-Gerät den U-Jäger bis auf 100 m an das U-Boot heranführt. Das U-Boot taucht nach Überlaufen durch den U-Jäger drei Minuten später in etwa 1000 m Abstand auf, wohl um die Lage zu klären, da bei mittlerer Sicht nachts durch das Sehrohr nichts Genaues auszumachen

Wabo-Detonation. *Foto: Sammlung Willi Debrich*

ist. Das U-Boot rechnete wohl auch nicht mit der Anwesenheit von U-Jägern, zumal beim ersten Überlauf keine WB geworfen wurden ...

Der erste scharfe Anlauf bringt keinen beobachteten Erfolg. Erst die beiden folgenden Anläufe haben größere Erfolgsaussichten, da der U-Jäger dem U-Boot von achtern aufläuft. Es ist anzunehmen, dass das U-Boot nach dem dritten scharfen Anlauf bereits angeschlagen ist, es wandert nicht mehr aus und liegt gestoppt, wahrscheinlich auf Grund.«

Oberleutnant z.S. Zoller berichtete über die entscheidenden Minuten wie folgt:

»01.35 Uhr: 4. scharfer Anlauf begonnen 30 Sekunden nach Messung bei 200 m. Sämtliche Bomben detoniert. Erfolg: U-Boot hat direkten Treffer durch Heck- und Steuerbordbombe mit 90 m Tiefeneinstellung der 2. Salve bekommen. Zwei sehr hohe Wasser- und Luftsäulen, Höhe etwa 10 bis 15 m. Großes Wrackteil von etwa 8 m Länge, wahrscheinlich Bug oder Heck, wird steil aus dem Wasser geschleudert und sackt überkippend schnell wieder ab.

Zwei Sekunden später zwei kurze, starke Detonationen, nicht von Wasserbomben herrührend mit erneutem starkem Luftaustritt. Zwei Minuten nach Zerknall aller WB nochmals drei schwächere Detonationen. Öl breitet sich auf der Wasseroberfläche aus, wird aber durch den herrschenden starken Wind schnell abgetrieben. Nach diesem Anlauf war trotz Überlaufens der Sinkstelle in verschiedenen Richtungen keine messbare Peilung mehr zu bekommen, außer kurzen, zerflatternden Echos. Ich nehme deshalb an, dass das U-Boot durch die Detonationen vollkommen zerrissen wurde. Wracklage: 44° 16,4' Nord, 9° 15,8' Ost.«

»Beweis für die Anwesenheit eines U-Bootes ist durch das kurze Heraustauchen nach dem ersten blinden Anlauf erbracht«, bemerkte der Chef der 7. Sicherungsdivision. »Der Stellungnahme des Flottillenchefs wird zugestimmt. Die Vernichtung wird durch die Beobachtung nach dem 4. scharfen Anlauf erhärtet. Um ihre Anerkennung wird gebeten.

Die sicheren Anzeichen für die Vernichtung bestehen in den üblichen Ölspuren, dem in dunkler Nacht sichtbaren, großen herausgehobenen Schiffsteil, und den an die letzte Salve anschließenden Bodendetonationen. Keine Überlebenden, keine später aufschwimmenden Wrackteile. Bei Volltreffern solcher Art kann das Fehlen der beiden letzten doch nicht entscheidenden Anzeichen erklärlich sein, es ist aber auffallend, dass eine ganze Reihe der letzten Vernichtungen die gleichen fehlenden Anzeichen bei ähnlicher Trefferart aufweisen, und dass auch immer die nachfolgenden Detonationen eintraten, die als Hecktorpedodetonationen des am Grund aufschlagenden U-Bootes gedeutet werden können. Bei der Entwicklung feindlicher Täuschungsmethode scheint es angebracht, nachdem das Ölablassen keinen U-Jäger mehr täuscht, auf absichtlich herbeigeführte Täuschungsdetonationen in Verbindung mit Luftschwallen usw. zu achten.«

Der Befehlshaber des Dt. Markdo Italien vermutete, dass die beiden im April 1944 scheinbar vernichteten U-Boote im »Agentendienst« eingesetzt gewesen waren. Hatte Meendsen-Bohlken Recht?

Den Naval Staff Histories ist zu entnehmen, dass die Submarines der Royal Navy schon seit geraumer Zeit nur noch vor der südfranzösischen Küste agierten, so dass sich die Frage stellt, wen bzw. was die U-Jäger tatsächlich attackiert hatten. Darf bezüglich der Ereignisse vom 27.04.1944 die Vermutung angestellt werden, dass es sich lediglich um eine Wrackbekämpfung handelte, so lässt sich dieses betreffend der in der Nacht zum 19.04.1944 erfolgten Bekämpfung ausschließen, da sowohl Torpedolaufbahnen als auch der Gegner gesichtet wurden. Es ist an dieser Stelle aber der Hinweis angebracht, dass es vor allem in der Dunkelheit des Öfteren zu Fehlbeobachtungen kam. Hatten es Pollmann und seine Männer in jener April-Nacht vielleicht mit Einheiten der Coastal Forces zu tun? Es ist nachweislich mehrfach vorgekommen, dass PT-Boote wegen ihres U-Boot-ähnlichen Brückenaufbaus mit Unterwasserfahrzeugen verwechselt wurden![64]

Das Eichenlaub

Anfang Mai 1944 wurde Pollmann in das Führerhauptquartier befohlen. Großadmiral Dönitz überreichte ihm hier das Eichenlaub zum Ritterkreuz des Eisernen Kreuzes, welches Hitler dem Oberleutnant zur See der Reserve am 25.04.1944 verliehen hatte.

In der Tagespresse war daraufhin im Jargon der damaligen Zeit u.a. zu lesen.:

Ein gefragter Mann: Otto Pollmann beim Interview.
Foto: Sammlung Otto Pollmann

Führerhauptquartier, 03.05.1944

Eichenlaub für U-Boot-Jäger

»Der Führer verlieh das Eichenlaub zum Ritterkreuz des Eisernen Kreuzes an Oberleutnant zur See der Reserve Pollmann, Kommandant eines U-Boot-Jägers, als 461. Soldaten der deutschen Wehrmacht.

Oberleutnant zur See der Reserve Pollmann, der am 03.03.1915 in Wesermünde geboren wurde und von Beruf Handelsschiffsoffizier ist, steht durch seine ungewöhnlichen Erfolge in der Bekämpfung feindlicher Unterseeboote seit dem Vorjahr an der Spitze aller U-Boot-Jäger.

Bevor Pollmann, der mehrfach im Wehrmachtsbericht genannt wurde, Anfang 1943 sich bewährte, war er bereits als Wachoffizier und Kommandant eines Sicherungsfahrzeuges in den Seegebieten von Norwegen, im Finnbusen, in der Nordsee, im Kanal und in der Biskaya.

Im Mittelmeer wurde er bald der gefürchtete Gegner der britischen U-Boote. Ein U-Boot, das von Pollmanns U-Boot-Jäger einmal gestellt war, war verloren. Kennzeichnend für seine Kampfesweise ist, dass es ihm in allen Fällen gelang, den angreifenden Feind kaltblütig auszumanövrieren, ihn schnellstens auszumachen und anschließend zu vernichten. Durch sein kühnes Zupacken – besonders in kritischen Lagen – hat Pollmann viele Geleite, deren Schutz ihm anvertraut war, vor Verlusten oder Schäden bewahrt.

Er selbst schreibt seine Erfolge dem hervorragenden Können und der fanatischen Kampfentschlossenheit seiner Besatzung zu.

Pollmanns hohes Verdienst ist es, diese glänzend geschulte Besatzung zu dem Kampfinstrument geformt zu haben, das solche Erfolge zeitigte.«

Ostfriesische Tageszeitung, 09.05.1944

Oberleutnant Pollmann macht das Dutzend voll

Der erfolgreichste deutsche Unterseebootjäger, Oberleutnant zur See Pollmann aus Westrhauderfehn, vor wenigen Tagen erst mit dem Eichenlaub zum Ritterkreuz ausgezeichnet, hat nach Meldung des Wehrmachtsberichtes einen neuen Erfolg mit seinem U-Boot-Jäger erzielt. Er versenkte das zwölfte Unterseeboot im Mittelmeerraum. Pollmann hat damit seine Erfolgsserie zu einem Höhepunkt gebracht, der alle bisher gemachten Erfahrungen auf dem Gebiet der Unterseebootjagd übertrifft. Sind es neuartige Abwehrwaffen gegen Unterseeboote? Besitzt Pollmann einen sechsten Sinn? Oder ist es ganz einfaches Soldatenglück? Man muss diesen großen Seemann von der Nordseeküste einmal im Kampf gesehen haben, die Ruhe, die er während des Gefechts auf seine nähere Umgebung und damit auf die ganze Besatzung bis hinab zum Maschinenpersonal ausstrahlt, man muss erlebt haben, mit welchem Spürsinn er den Feind beschleicht, wie hartnäckig er ihm auf der Spur bleibt, um diese Fragen beantworten zu können.

Nach den spärlichen bisher eingegangenen Meldungen fand die letzte U-Boot-Vernichtung nach Einbruch der Nacht statt. Der U-Jäger wurde von einem feindlichen Unterseeboot, das offenbar aufgetaucht fuhr, mit Torpedoschüssen angegriffen, konnte ihnen entgehen und setzte sofort zum Angriff an. Bereits von der ersten Wasserbombensalve wurde das feindliche U-Boot, das inzwischen getaucht war, über die Wasseroberfläche gedrückt, verschwand aber sofort wieder. Es ist anzunehmen, dass es schon durch diesen Angriff schwer beschädigt war.

Ein neues Wasserbombenfeld im zweiten Anlauf warf das feindliche U-Boot zum zweiten Male aus der See. Es kenterte, überschlug sich und ging steil mit sausendem Fall auf Tiefe. Mit bloßem Ohr war das Aufschlagen des riesigen Stahlzylinders auf dem Meeresboden zu vernehmen. Diese sowie einige andere Beobachtungen geben die absolute Gewissheit, dass das Boot mit seiner gesamten Besatzung vernichtet ist.

Das Außerordentliche des Falles Pollmann liegt darin, dass er in relativ kurzer Zeit und in einer nicht abreißenden Erfolgsserie zwölf U-Boote auf diese Weise vernichtete. Häufig wurde er von dem U-Boot zuerst angegriffen, jedes Mal gelang es ihm, aus dem Todesstrudel der Torpedolaufbahn herauszudrehen. Bei einem früheren Gefecht unterlief sogar einmal ein auf ihn abgeschossener Torpedo seinen U-Boot-Jäger, ohne ihn zu berühren. Sämtliche U-Boote, die ihn oder die von ihm geleiteten Dampfer angriffen, wurden seine Opfer. Es spricht für die Fähigkeit dieses Seeoffiziers, dass er noch keinen Gegner, mit dem er einmal Berührung gefunden hatte, entkommen ließ. Pollmann kämpft hartnäckig bis zur Vernichtung.

Der 28-jährige, schlanke, athletisch gebaute Mann mit dem ernsten Gesicht und den hellen Augen des Norddeutschen erhielt im Mai des vergangenen Jahres das Ritterkreuz. Im Januar 1944 wurde er wegen Tapferkeit vor dem Feinde und wiederholter Bewährung außerplanmäßig zum Oberleutnant befördert. Das Eichenlaub, das ihm vor wenigen Tagen verliehen wurde, krönt die Leistung einer besonderen Persönlichkeit. Drei Tage, nachdem er zum ersten Male als Kommandant den Fuß auf einen eigenen U-Boot-Jäger setzte, fiel der erste Engländer, in knapp Monatsfrist der zweite, der dritte folgte bald darauf. Nummer vier und fünf waren Doubletten, die an einem Tage bei der Sicherung eines Großgeleits vernichtet wurden.

Seine späteren Versenkungen reihten sich im ähnlichen Tempo aneinander. Dass die Jagd auf Unterseeboote auch Leidenschaft werden kann, bewies Pollmann im Fall seines neunten U-Bootes. Er verließ heimlich ein Marinelazarett, in dem er mit hohem Fieber lag, und ging an Bord seines Bootes, das auslaufklar an der Pier lag und auf den Seeklar-Befehl zur Sicherung eines Geleitzuges wartete. Acht Tage später kehrte er, um einen Erfolg bereichert, immer noch krank und zitternd, in das Lazarett zurück …

Ostfriesische Tageszeitung, 20.05.1944

Jubelnde Begeisterung um Eichenlaubträger Otto Pollmann

Der erfolgreiche U-Boot-Jäger in Leer – Eine Stunde, die ein Erlebnis in sich trug

Jubelstürme durchbrausten die Abendstunde des unvergesslichen 19. Mai, in der unser ostfriesischer Landsmann Otto Pollmann der Stadt Leer die denkbar große Freude seines Besuches machte. Wir alle sind ja im tiefsten Herzen stolz auf diesen Mann, der ein neues Blatt in das Heldenbuch der deutschen Kriegsmarine beschrieb, dessen großartige Taten vom Führer durch eine der höchsten Auszeichnungen gelohnt wurde, die das Dritte Reich zu vergeben hat: das Eichenlaub zum Ritterkreuz.

Der unbändige Stolz, die heiße Liebe, die nur in der Heimat für die Tapfersten der Tapfern unserer Wehrmacht fühlen, sie standen ihren Ausdruck in einer Begeisterung, wie sie unsere Stadt wohl selten beseelte.

Ein Spalier der Jugend hatte sich in der Adolf-Hitler-Straße bis zum Tivoli gebildet, unter ihren Fahnen und Wimpeln harrten die Mädel und Jungen des Augenblickes, der Oberleutnant zur See Otto Pollmann, von seiner Gattin geleitet, in unsere Mitte führte. Hinter dem Jungvolk stand ein neues Spalier, das der deutschen Frauen und Männer, die, wenn sie schon im Saal keinen Platz mehr finden konnten, dem erfolgreichen U-Boot-Jäger zumindest ihren Gruß darbringen wollten. Als der Wagen mit Otto Pollmann in Sicht kam, brandeten die ersten, gewaltigen Wogen der Begeisterung durch die Straße. Vor dem Tivoli-Hotel begrüßten Gauinspekteur Kreisleiter Drescher, Ortsgruppenleiter Voßberg und Bannführer Bits den hochwillkommenen Gast mit herzlichen Worten.

Im Saal – selbst auf den Tribünen war nicht der geringste Raum frei geblieben – tönte Otto Pollmann schier nicht endender Beifall entgegen. Vertreter von Partei, Staat, Wehrmacht, nicht zuletzt zahlreiche Verwundete – Ehrenbürger der Nation – hatten sich zu den Männern, Frauen, zur Jugend, gesellt. Die Fahnen zogen ein, die Trompeten des Jungvolks schmetterten.

Dann gab es eine Sonderehrung für den Gast: Ein Lied stimmte den Chor der Jugend ein, das hier zum ersten mal zu hören war, »Wir sind die Soldaten der See«, von Karl Böse, Leer, gedichtet, von Robert Winter vertont. Konnte es besser seine Weihe empfangen, als aus diesem Anlass? Wohl eingeübt durch Erich Leipner, klangschön gesungen kam es zum Vortrag.

Ortsgruppenleiter Voßberg gab im Namen aller der Freude Ausdruck, unseren hochverdienten Landsmann hier begrüßen zu können. Stolz erfülle uns, dass ein Mann unserer Heimat das Eichenlaub tragen dürfe. Von erneutem stürmischem Beifall umbraust, nahm der erfolgreiche U-Jäger das Wort. In schmucklosen und dennoch eindrucksvollen Darlegungen, über die wir bereits beim Besuch Otto Pollmanns in Emden berichten konnten, schilderte der Eichenlaubträger sein Erleben, die Fahrten und Taten, die er vollbrachte, erst in der Nordsee, im Land der Mitternachtssonne, in der Ostsee und zuletzt im südlichen Meer. Er wies auf Bedeutung und Härte der Kämpfe der Sicherungsfahrzeuge, der U-Jagdboote vor allem hin, um dann vom eigenen Einsatz als Kommandant und seiner ersten Feindfahrt als solcher im Mittelmeer zu sprechen: Der erste Erfolg auch war es. Lebendig berührte die Schilderung des harten Kampfes, so sehr, dass sie schier zum eigenen Erleben der Hörer wurde.

Wir zogen dann weiter mit auf die Jagd, in der ein Feind-U-Boot nach dem anderen zerschmettert wurde. Aus sich selbst heraus fand Pollmann eine neue Taktik des Kampfes, die er bis heute beibehielt. Sein größter Erfolg war die Vernichtung von zwei U-Booten innerhalb fünf Stunden am 1. April 1943[65]. Nach dem fünften Erfolg erhielt er das Ritterkreuz. So schritten wir mit dem Redner von Sieg zu Sieg …

Machtlosigkeit

Als alliierte Truppen am 12.05.1944 zur Großoffensive ansetzten und wenige Tage später die Gustav-Linie durchbrechen konnten, trat der Krieg in Italien in eine neue Phase ein.

Der am 18.05.1944 begonnene Rückzug vom lange Zeit hart umkämpften Benediktinerkloster Montecassino bedeutete die endgültige Aufgabe der deutschen Verteidigungslinie, die quer durch Italien gezogen worden war, um den alliierten Vormarsch auf Rom zu stoppen.

»Die eigene Machtlosigkeit auf allen Gebieten lässt mich mit großer Sorge in die nächste Zukunft blicken«, schrieb der Befehlshaber des Dt. Markdo Italien, Meendsen-Bohlken, in das KTB. »Wenn auch die geringen dem Markdo zur Verfügung stehenden Mittel jetzt nicht mehr ausreichen, um das von der Wehrmachtsführung geforderte Maß an Seetransport und Küstensicherung zu leisten, so muss ich doch für die Kriegsmarine in Anspruch nehmen, dass unter Einschaltung aller vorgesetzten Dienststellen nichts unversucht geblieben ist, um in erster Linie die kämpfende Truppe mit dem nötigen Nachschub zu versehen, wenn auch die geforderte Menge nicht erreicht wurde.«

Dass die vom OB Südwest befohlene Steigerung der Nachschubtransportleistung nicht erzielt werden konnte, lag nicht zuletzt in den zum Teil sehr schweren Luftangriffen auf die Häfen – insbesondere La Spezia und Genua – begründet, die einen empfindlichen Ausfall sowohl von Transport- als auch Geleitkräften zur Folge hatten. Bei den im Mai 1944 erfolgten Fliegerattacken blieben auch Fahrzeuge der 22. U-Jagdflottille nicht verschont: Bombentreffer bzw. Naheinschläge beschädigten die U-Jäger 2207, 2220, 2222, 2223, 2224 und 2225.

Bevor ein Nahtreffer die ehemalige CAP NORD am 28.05.1944 vorübergehend »außer Gefecht« setzte (Fundamente beider E-Maschinen gerissen), führte UJ 2207 noch eine vermeintlich erfolgreiche U-Boot-Bekämpfung durch. Der U-Jäger war in der Nacht zum 14.05.1944 zusammen mit M 7608 auf der Via Cassia unterwegs, als der S-Raum um 22.07 Uhr ein Echo in 60 Grad, 1800 Meter Entfernung, meldete.

Knirschen im NHG, aufkommender Gasölgeruch und eine Unterwasserdetonation gaben dem U-Jäger-Kommandanten, Leutnant z.S. Müller, Anlass zur Abgabe eines Vernichtungsberichtes.

Meendsen-Bohlken, am 18.05.1944 mit dem Ritterkreuz zum Eisernen Kreuz ausgezeichnet, war jedoch der Überzeugung, dass vor Cap Mele nichts anderes als eines der dort liegenden Schiffswracks bekämpft worden war. Und so blieb die letzte von einem Kommandanten der 22. U-Jagdflottille abgegebene U-Boot-Vernichtungsmeldung ohne Anerkennung.

Bombenanschlag auf Soldatenkino

Sie wollten dem Kriegsalltag für kurze Zeit entfliehen und sich ein wenig Abwechslung und Spaß verschaffen – sie, die deutschen Soldaten, welche am 15.05.1944 das Kino »Odeon« in Genua besuchten. Doch was die Wehrmachtsangehörigen an jenem Tag erleben mussten, war alles andere als amüsant – explodierte doch während der Vorstellung des Films »Der Verräter« ein von Partisanen gelegter Sprengsatz. Die Bombe riss mindestens fünf Menschen, darunter drei Angehörige der 22. U-Jagdflottille[66], in den Tod und verletzte viele der Kinogänger.

Zu den Soldaten, die es besonders schwer traf, gehörte Günter Brede, damals Funkobergefreiter auf UJ 2209. Was er nach dem Attentat erlebte, schilderte er seinen Eltern in einem vom 26.06.1944 datierten Brief: »... Ich sah noch, wie der Film auslief und das Licht anging. Meine beiden Kameraden sackten dann gleich zusammen und fielen von den Sitzen. Wie ich später erfuhr, waren beide sofort tot und sind jetzt schon in Genua begraben.

Eine Ohnmacht hatte mich aus der Starrheit gerissen, ich fand mich am Boden liegend wieder. Der Raum war schon fast leer, keiner kümmerte sich um uns. Aus der Seitenwunde floss ungemein viel Blut. Der Kopf, das linke Bein und beide Arme schmerzten furchtbar. Ich wollte liegen bleiben, aber gute Gedanken an zu Hause rafften mich auf – aber was heißt ›auf‹ – mein linkes Bein und der rechte Arm versagten vollkommen, sie hingen wie leblose Fleischstücke am Körper herunter! Der hohe Blutverlust machte das Gehen zu einem jämmerlichen Froschgehüpfe. Nach vielen Unterbrechungen schleppte ich mich zum Ausgang, wo ich dann bewusstlos zusammenbrach. Ich erwachte kurz darauf in einem Saal, wo man mir das Hemd aufschnitt und die Seitenwunde verband. Dann ging es mit einem Krankenwagen ins Lazarett. Mir war egal, was die Ärzte mit mir machten, das linke Bein und einen Arm hatte ich schon aufgegeben ... Aber ich behielt meine Gliedmaßen ... Ich erfuhr, dass zwei Splitter noch in meinem Bauch stecken, einer beim Bauchnabel, der andere beim Blinddarm. Bei der Einschuss-Stelle – das ist das Schlimmste – ist der Mastdarm an einer Stelle zerfetzt, und somit scheidet sich Kot aus der Wunde ab ... Hätten die Splitter etwas mehr Wucht gehabt, hätten sie den Darm zerrissen und ich läge auch schon unter der Erde. Ja, Glück muss der Mensch haben! ...«

Vier Tage nach dem Bombenanschlag auf das Kino »Odeon« erfolgte am Turchino-Pass eine Vergeltungsaktion, bei der 59 italienische Häftling ihr Leben lassen mussten. Mit dem Ablauf der Ereignisse hatte sich im Jahr 2002 das Landgericht Hamburg zu befassen.

Josef Scubek (Mitte), einer der drei Angehörigen der 22. U-Jagdflottille, die beim Bombenanschlag ums Leben kamen. Links im Bild Günther Brede. Foto: Sammlung Günther Brede

Die Staatsanwaltschaft warf dem inzwischen 93-jährigen Dr. Friedrich Engel vor, am 19.05.1944 als SS-Obersturmbannführer die Erschießung von 59 italienischen Häftlingen am Turchino-Pass in Norditalien befehligt zu haben. Engel, der sich zu Unrecht vor Gericht gestellt sah, widersprach der Anklage: »Ich hatte nicht die Befehlsgewalt.«

Ein Turiner Militärgericht hat den ehemaligen Leiter des Sicherheitsdienstes der SS von Genua bereits am 15.11.1999 in Abwesenheit wegen Mordes an 246 Partisanen und Zivilisten zu lebenslanger Haft verurteilt. Das Gericht sah es als erwiesen an, dass Engel zwischen 1944 und 1945 drei »Sühneaktionen« befohlen habe. Der so genannte »Henker von Genua« wurde in Deutschland jedoch ausschließlich wegen der »Turchino-Aktion« angeklagt. »Das Turiner Gericht hält Engel militärisch für verantwortlich. Aber wir haben eine Tat nachzuweisen«, machte der Vorsitzende Richter Rolf Seedorf den Unterschied deutlich.

Der Nachweis der direkten Tatbeteiligung fiel dem Landgericht Hamburg schwer, da Engel stets bestritt, die »Sühnemaßnahme« angeordnet zu haben. Zwar hätte er laut des entsprechenden Führerbefehls für jeden getöteten Deutschen zehn Italiener umbringen lassen müssen[67], aber die Marine habe die Durchführung an sich gerissen, sagte der Angeklagte. »Sie wollten Rache für ihre Kameraden nehmen«, äußerte Engel.

Konnten die zunächst geladenen Zeugen nur wenig zur Klärung des Sachverhalts beitragen, so schien sich die Situation in jenem Moment zu ändern, als sich der frühere Oberbootsmaat Walter Emig dem Gericht zur Verfügung stellte. Der damalige Angehörige der 22. U-Jagdflottille, der bei der Hinrichtung der Partisanen anwesend war, hatte durch die Medien von dem Prozess erfahren. »Es war uns klar, dass es eine Vergeltungsaktion geben würde...Es gab ja den Führerbefehl!« Als ein Partisan die Hinrichtung zunächst überlebte, habe Engel einem SS-Untersturmbannführer befohlen, den Gnadenschuss zu setzen. Da der SS-Angehörige zitternd in der Grube gestanden habe, sei Engel wütend hinabgestiegen und habe gezeigt, »wie der Schuss gesetzt werden muss«.

»Ob er selbst geschossen hat, kann ich nicht sagen«, äußerte Dr. Walter Emig, der damit Engels Angabe, er sei nur als stiller SD-Beobachter am Turchino-Pass gewesen, widersprach. Engel leugnete seine Mitwirkung nicht, doch habe er keine Befehlsgewalt gehabt und lediglich anhand der Listen die Gefangenen im Marassi-Gefängnis ausgesucht. Er wollte sichergehen, dass nicht »unschuldige Zivilisten« hingerichtet werden, sondern »Terroristen« bzw. Partisanen. Die Order für Exekutionen bei Partisanenaktionen habe es auf einem Treffen der SD-Kommandeure kurz vor dem Anschlag auf das »Odeon«-Kino bereits gegeben. Für jeden von Partisanen getöteten Soldaten sollten zehn italienische Gefangene hingerichtet werden. Das sei ein Befehl Hitlers gewesen und völkerrechtlich abgesichert, versicherte der Angeklagte. Die eigentliche Befehlsgewalt am Turchino-Pass habe bei der »undisziplinierten« Marine, die Vergeltung haben wollte, gelegen.

Im Juli 2002 verurteilte das Landgericht Hamburg den früheren Leiter des Außenkommandos des Sicherheitsdienstes (SD) der SS in Genua wegen gemeinschaftlich begangenen Mordes in 59 Fällen zu sieben Jahren Haft. Die Große Strafkammer 21 des Landgerichts sah es als erwiesen an, dass Engel die Planung, Vorbereitung und Durchführung der Exekution verantwortet habe, auch wenn er Einzelheiten Untergebenen überlassen und die Marine das Exekutionskommando gestellt habe.

»Von meiner Flottille wollte keiner Rache«, erklärte Dr. Walter Emig nicht nur dem Gericht. In einem vom 15.09.2002 datierten Brief an den Autor dieses Buches teilte der Anfang 1944 vom Tross-Schiff KÄRNTEN zur 22. U-Jagdflottille kommandierte Darmstädter ferner mit, dass er sich noch gut an die in Italien verbrachte Zeit erinnert. »Es war ein Sprung von nordischer karger Fjordkulisse (Narvik) in heiteres mediterranes Flair. Die Ankunft in Genua war nach vielen winterlichen Polarnächten überwältigend. Blauer Himmel, Sonne und angenehme Temperaturen. Der Kriegszustand in Italien gab dennoch zu denken. Beim Gang zu meiner neuen Dienststelle passierte ich eine Flak-Abteilung, deren Geschütze von Ochsen gezogen wurden – der Glaube an den Endsieg war endgültig verflogen. Dieser Eindruck von erbärmlicher Kriegsausrüstung musste Spuren beim Betrachter hinterlassen.

Ich meldete mich beim Stab der 22. U-Jagdflottille. Dieser war in mehreren Palazzi oberhalb der Piazza Tomaseo an der Hauptstraße Genua – Nervi untergebracht. Es waren insgesamt etwa vier große Villen. In der größten lagen die Büros und die Mannschaftsunterkünfte. Flottillenchef war Ritterkreuzträger Wunderlich. Der kleinwüchsige und drahtige Mann erweckte den Eindruck eines Terriers, bissig und verbissen. Adjutant war der umgängliche Dr. jur. Plath, Kapitänleutnant, im Zivilberuf Anwalt in Hamburg. Er war kein fanatischer Parteigänger, eher Zivilist in Uniform und Vaterfigur.

Flottilleningenieur war Oberleutnant (Ing.) Horn, Verwaltungschef war Oberleutnant Würdemann, ein jovialer Reservist und Zollbeamter aus Bremen. Leutnant Unterberger, ein Österreicher, war ebenfalls in der Verwaltung tätig.

Im Stab gab es ca. 50 Mannschaftsdienstgrade, davon etwa 15 Unteroffiziere und fünf Feldwebel. Bei meiner Meldung kommandierte man mich sofort in das Wachtmeisterbüro, weil ich in dieser Funktion auf allen vorherigen Kommandos bereits gearbeitet hatte. Personell bestand das Büro aus einem Oberfeldwebel, dem Obermaaten Emig und zwei Soldaten. Wir mussten uns nicht überarbeiten. Unsere Schiffe lagen zumeist im Hafen oder in der Werft, da die Alliierten die absolute Luft- und Seeherrschaft besaßen ...«

Offene Kriegsnotmeldung

Lag in diesen Tagen der Schwerpunkt der eigenen U-Jagd im Rahmen der Geleittätigkeit zwischen Savona und La Spezia in Verbindung mit erweitertem Vorpostendienst in der äußeren Genua-Bucht, so agierten die gegnerischen U-Boote vor der südfranzösischen Küste.

Das Wirken von ULTOR, UNIVERSAL, UNTIRING, UPSTART und CURIE trug dazu bei, dass Mitte Mai 1944 folgendes Fernschreiben der Marinegruppe West an das Dt. Markdo übermittelt wurde: »FÜHRER HAT BEFOHLEN, KURZFRISTIG U-JAGD FÜR FRANZÖSISCHE MITTELMEERKÜSTE ZU VERSTÄRKEN. UM GESTELLUNG MÖGLICHST VIELER U-JÄGER AUS BEREICH 7. SICHERUNGSDIVISION UND SOFORTIGE VERLEGUNG NACH TOULON WIRD GEBETEN. DIE AUGENBLICKLICH IN EIN KRITISCHES STADIUM EINGETRETENE NACHSCHUBLAGE UND DER AUSFALL DER KAMPFGRUPPEN MACHEN ES NOTWENDIG, AUF JEDES FÜR DEN VORPOSTEN- UND SICHERUNGSDIENST GEEIGNETE FAHRZEUG ZURÜCKZUGREIFEN.«

Das Dt. Markdo Italien antwortete, dass eine Abgabe von kriegsbereiten U-Jägern nicht möglich sei, weil ein Abzug von Kräften eine schwere Gefährdung des Nachschubverkehrs für die kämpfende Südfront bedeuten würde. In der Tat konnte das Dt. Markdo Italien es sich nicht leisten, auch nur ein Sicherungsfahrzeug für den Einsatz an der südfranzösischen Küste abzugeben – verstärkten sich doch nun vor allem die Schnellbootsangriffe im Ligurischen Meer, da zwei weitere amerikanische Motortorpedoboot-Geschwader (22. und 29. MTB-Squadron) in dieses Kampffeld verlegt hatten. Während die von Lieutenant-Commander Stephen Daunis geführte und in Calvi stationierte »Ron 29« (zu ihr gehörten die »Elco«-Boote PT 552 bis 563) noch einige Zeit auf den ersten Erfolg warten musste, ging es bei der unter dem Kommando von Lieutenant-Commander Richard J. Dressling stehenden und nunmehr in Bastia gestützten 22. MTB-Squadron (PT 302 bis 313, Typ »Higgins«) schon wenige Tage später voll zur Sache:

Aus drei Aufklärungseinheiten sowie einer Geleit- und einer Kampfgruppe bestand der alliierte Kampfverband, der unter Führung des britischen Commanders Robert A. Allan in der Nacht zum 24.05.1944 im Einsatz war. Zwei der Aufklärungsgruppen, aus PT 202, 213, 218, 302, 303 und 304 bestehend, lösten sich gegen 20.00 Uhr von der Geleit- und Kampfeinheit und steuerten die Gegend bei Vada an, wo sie sich auf die Lauer legten.

Als zwei in Richtung Süden laufende Fahrzeuge geortet wurden, meldeten die »Scouter« den Kontakt an die Führungsstelle, von der sie nun Befehl zum Angriff auf die rund sieben Seemeilen entfernten Schiffe erhielten. Mit rund neun Knoten Geschwindigkeit näherten sich die beiden Aufklärungsgruppen den Zielobjekten (U-Jäger 2222 und 2223), um sie in die Zange zu nehmen.

»Schatten Backbord querab!« Es war 00.15 Uhr, als der Kommandant des deutschen U-Jägers 2222 diese Meldung erhielt. »S-Boot-Alarm, Ruder hart Backbord, LG-Fächer Richtung zwo-sieben-null, Einstellung sechzig-hundert!«, befahl Oberleutnant z.S. Becker.

Während die ehemalige italienische Korvette TUFFETO dem Gegner entgegendrehte, platzte der Leuchtgranatenfächer auseinander und ließ zwei feindliche S-Boot-Rotten sichtbar werden. Zeitgleich flitzten vier von PT 202 und 213 abgefeuerte Mark-XIII-bzw. drei von PT 218 gelöste Mark-VIII-Torpedos heran. Sie bahnten sich ihren Weg zu U-Jäger 2223, der sich etwa 600 Meter hinter UJ 2222 befand.

23.46 Uhr war es, als einer der »Aale« die ehemalige MARANGONE an Backbord unterhalb der Brücke in den Maschinenraum traf. Eine in ihrer Wurzel rötlich schimmernde Wassersäule schoss in den Himmel und stürzte Sekunden später wieder in sich zusammen.

Einige Geschützbedienungen des U-Jägers 2223, ferner das gesamte Brückenpersonal (darunter Leutnant z.S. Mönckeberg, der den in Deutschland auf Urlaub befindlichen Oberleutnant z.S. Pollmann als Kommandant vertrat) gingen über Bord.

Während das Signaldeck, von dem aus gefahren wurde, über das gepanzerte Ruderhaus nach vorn gerissen wurde und riesige Wassermassen in den Schiffsleib des U-Jägers 2223 eindrangen, konnte UJ 2222 mehreren Torpedos durch Hartruderlage ausweichen.

Wechselseitig griffen nun die amerikanischen PT-Boote von Steuerbord und von Backbord an. Wenn UJ 2222 auf die jeweils angreifende S-Boot-Gruppe zudrehte und unter Feuer nahm, nebelte diese und lief mit großer Fahrt ab – und dann trat wieder die andere S-Boot-Rotte in Erscheinung ...

Oberleutnant z.S. Becker hielt betreffend der weiteren Vorgänge schriftlich fest: »00.15 Uhr sehe ich an der Liegestelle U-Jäger 2223 eine hohe weiße Wolke aufsteigen. Eine Detonation ist bei dem Feuerlärm nicht zu vernehmen. Ich bin mir nicht ganz im Klaren, ob der U-Jäger 2223 nebelt und versucht im Schutze der Nebelwand die Küste zu erreichen, da ich ja nicht weiß, dass seine Maschinen ausgefallen sind, oder einen weiteren Treffer erhalten hat.

US-amerikanisches PT-Boot. Foto: Bibliothek für Zeitgeschichte

UJ 2222 mit durch Torpedotreffer zerstörtem Vorschiff. Foto: Sammlung Tjard Melzer

Ich fahre zu der Stelle, von UJ 2223 ist nichts mehr zu sehen. Auf dem Wasser ist Rufen und Pfeifen zu hören. Ich werfe drei elektrisch beleuchtete Fahrwasserbojen und sieben voll ausgerüstete Rettungsflöße mit dem Befehl, sich bei den Bojen zu sammeln, ich käme zur Aufnahme zurück.

Wieder tauchen S-Boote auf, die ich sofort unter Feuer nehme. Der Kampf wird durch den Ausfall der 10-cm-Kanone sehr erschwert. Die Beleuchtung der Ziele durch Leuchtspurmunition ist nur mangelhaft, zumal das Backbordrohr der 3,7-cm-Doppellafette unklar ist. Durch das dauernde Feuer zerreißen die Mündungsbremsen des achteren Vierlings, durch Splitter werden ein Soldat getötet, mehrere schwer verletzt. Der vordere Vierling durchschießt die Begrenzung, durch Geschoss-Splitter wird ein Teil der 10-cm-Bedienung verletzt. Ich setze FT ab, das besagt, dass UJ 2223 durch Torpedotreffer gesunken ist und erbitte Unterstützung.

Während des Absetzens erhält UJ 2222 um 00.37 Uhr kämpfend einen Torpedotreffer von Steuerbord im Vorschiff unter dem Wellenbrecher. Weder S-Boot noch Torpedolaufbahn wurden gesehen. Die vorderen Geschützbedienungen und Munitionsmanner werden zum größten Teil außenbords geschleudert, das Boot bäumt sich vorne hoch auf, legt sich stark nach Steuerbord, um gleich wieder abzusinken und vorne infolge der hohen Fahrt unterzuschneiden und nach Backbord überzulegen. Die Kommandoelemente und die Spannung sind ausgefallen.

Das Ruder ist hart Steuerbord verklemmt. Durch Läuferkette wird die Maschine zum Stoppen gebracht. Es scheint, als wolle das Boot wie ein Stein wegsacken.

Ich gebe Befehl, die Rettungsflöße klarzumachen und die Verschluss-Sachen nebst Schlüsselmitteln zu vernichten. Diese waren in eisernen durchlöcherten Kästen. Sie wurden zusätzlich mit je einem Grundgewicht beschwert und außenbords geworfen.

Die Minen- und Wegekarten wurden im Kartenhaus verbrannt. Der Kutter wird zu Wasser gefiert und längsseits genommen. Boot richtet sich nach dem Stoppen der Maschine wieder auf.

Abermals nähern sich Schnellboote außer Schussbereich. Ich versuche über den Achtersteven zu fahren, jedoch ist bei der Backbordmaschine die Umsteuerung unklar. Mit verklemmtem Ruder fährt Boot im Kreis. Ich stoppe wieder, versuche einige im Wasser liegende Soldaten aufzunehmen, und mache mehrere kleine Maschinenmanöver, um an im Wasser liegende Soldaten heranzukommen.

Inzwischen arbeitete der LM, Stabsobermaschinist Leonhard Bühler, mit einem Maschinenmaat und zwei Maschinengefreiten fieberhaft, die E-Anlage und die Umsteuerung der Backbordmaschine wieder klarzumachen. Die übrige Maschinenbesatzung ist als Munitionsmanner außenbords geschleudert worden.

00.50 Uhr wird mir die E-Maschine klar gemeldet. FT auch wieder klar. In Ermangelung irgendwelcher Schlüsselmittel setze ich offene Kriegsnotmeldung ab. Es gelingt, das Ruder so weit klarzumachen, dass mit Taljen gesteuert werden kann.

Unser Kutter sinkt, da Bordwand durch Splitter zerschlagen, was in Dunkelheit nicht bemerkt war. Bis 01.35 Uhr fische ich Überlebende. Es gelingt mir, 14 Soldaten meiner Besatzung und zwei Soldaten von UJ 2223 aufzunehmen. UJ 2222 dreht langsam nach Steuerbord durch Hartruderlage. Zwei S-Boote im Abstand von 500 m richten mit, ohne zu schießen.

Obwohl die bei mir noch klaren Waffen besetzt sind, gebe ich Feuerverbot, da der Engländer auch nichts unternimmt, dann versuche ich über den Achtersteven die Küste zu erreichen. Boot ist über Achtersteven nicht zu steuern. Ich fahre wieder über den Vorsteven mit geringster Fahrt, steuere zunächst die Küste und dann Livorno an.

Da infolge des vorübergehenden Spannungsausfalles Kreiselkompass aus Richtung gebracht und der Magnetkompass zertrümmert, nehme ich den Nordstern in 270 Grad Schiffspeilung.

Es gelingt nach längerer Zeit, die Ruderleitung zur Brücke zu reparieren, der Kreisel ist in seinen Schwingungen gedämpfter geworden, so dass wir etwas Anhalt haben. Echolot ist ausgefallen, das einzige an Bord befindliche Elektrolot wird mit Erfolg in der Enge von Vada benutzt. Etwa drei Seemeilen vor der Küste drängt Boot immer mehr nach Steuerbord. Ich lasse Steuerbord-Brennstofftanks lenzen, hiernach alle vorderen Tanks. Boot richtet sich wieder auf. Ich steuere nun dicht unter Land, um das Boot eventuell aufsetzen zu können.

Um 04.30 Uhr passieren wir die Netzsperre von Livorno. Es waren 21 Seemeilen von der Sinkstelle U-Jäger 2223 bis nach Livorno.

05.50 Uhr, nach dem Festmachen, melde ich mich telefonisch bei der 7. Sicherungsdivision. Danach ruft A1 Marinekommando Italien an, ich mache ebenfalls meine Meldung.

Durch Seenotboot wurden 11 Soldaten von UJ 2222 und 39 Soldaten von UJ 2223 geborgen. Besatzungsverluste: UJ 2222: 1 Toter, 1 Unteroffizier und 22 Soldaten vermisst, 14 Soldaten verletzt.

UJ 2223: 1 Toter, 2 Offiziere, 38 Unteroffiziere und Mannschaften vermisst.«[68]

Dass UJ 2222 am 24. Mai 1944 nicht in Verlust geriet, grenzt an ein Wunder! *Foto: Sammlung Tjard Melzer*

Vierling eröffnet das Feuer

Zur selben Zeit, als auf dem U-Jäger 2224 letzte Vorbereitungen getroffen wurden, um den nach Absteifen und Festlaschen der Back provisorisch fahrbereit gemachten UJ 2222 bei der Überführung von Livorno nach Genua zu sichern, fand die Besprechung für das Geleit 626 statt.

Der nach La Spezia bestimmte Verband (bestehend aus dem Schlepper MONFALCONE mit den Penichen FALKENBERG und REGENSBURG, dem Schlepper AVYLOS mit den Penichen GISELA, GABRIELA und LILLI sowie den Sicherungsfahrzeugen UJ 2210, F 4617 und F 4772), der um 21.00 Uhr des 27.05.1944 den Hafen von Genua verließ, wurde bis Sestri Levante durch den Schlepper STEFANO und das Vorpostenboot 7002 verstärkt. Nachdem das Geleit 626 zunächst mit planmäßiger Geschwindigkeit unterwegs gewesen war, ließ der Schlepper AVYLOS plötzlich bedeutend in seiner Fahrtleistung nach. Der Kommandant des U-Jägers 2210, Oberleutnant z.S. Zoller, entschloss sich deshalb, AVYLOS mit den Penichen in Schlepp zu nehmen, um noch vor Anbruch der Dämmerung La Spezia zu erreichen.

Südwestlich Punta di Monte Grosso stehend, sichtete man um 01.40 Uhr mehrere Schatten in 30 Grad Schiffspeilung. Da für 02.30 Uhr eine Begegnungsmöglichkeit mit drei eigenen U-Jägern und zwei Schleppern gegeben war, ließ Zoller Erkennungssignal anfordern. Die Antwort kam in Gestalt von mehreren Torpedos – abgeschossen von den britischen MTBs 419, 420 und 421 sowie dem amerikanischen PT 218.

Zoller hielt betreffend der letzten Minuten des U-Jägers 2210 schriftlich fest:

»Ich befehle S-Boot-Alarm und gebe Feuer frei. Vierling eröffnet das Feuer. Gleichzeitig drehe ich mit hart Steuerbord an und lasse die Schleppleine kappen. Ein Torpedo trifft an Steuerbordseite Vorkante Brücke. Drei Torpedos gehen später an Land hoch. Die Detonation am Schiff war sehr stark. Gebe Befehl, Rettungsmittel klarzumachen. Nach kurzer Zeit legt sich das Schiff sehr stark nach Backbordseite über, so dass Kentergefahr bestand. Daraufhin gebe ich Befehl zum Verlassen des Schiffes. Das Aussteigen vollzog sich ruhig. Die Schiffbrüchigen wurden durch die anderen Fahrzeuge des Geleits aufgenommen und nach Sestri Levante zurückgebracht. Ich beobachtete, dass sich UJ 2210 wieder kurz aufrichtete, in der Mitte auseinander brach und dann drei Minuten nach dem Treffer versank, das Achterteil mit dem Heck steil nach oben.

Vermisst: 8 Mann. Gefallen: 2 Mann. Schwer verletzt: 4 Mann.

Sinkstelle: 44 ° 11,3' Nord, 9° 32,4 Ost. Wassertiefe: 45 Meter.«

»Es kann keinesfalls gebilligt werden, dass der Schlepper und die Penichen von dem wertvollsten Geleitfahrzeug in Schlepp genommen wurden, besonders, wo Ausweichhäfen genügend zur Verfügung standen«, bemerkte das Dt. Markdo Italien betreffend des Untergangs des »besten S-Gerät-Boots« im hiesigen Raum.

»Wenn der Kommandant schon diese Maßnahmen getroffen hatte, so ist es unverständlich, warum er bei In-Sicht-Kommen der fünf Schatten nicht sofort die Schleppleine gekappt hat, um die notwendige Bewegungsfreiheit zu bekommen. Ebenso wenig ist zu verstehen, warum keine Leuchtgranaten geschossen wurden. Der Abschuss der Torpedos hätte auf jeden Fall im GHG und S-Gerät gehört werden müssen, da die Richtung des vermutlichen Feindes bekannt war, wahrscheinlich ist der Horchraum darüber nicht unterrichtet gewesen.

Ungeschickte Geleitaufstellung und anscheinend Mangel an schnellem Entschluss haben zu diesem außerordentlich bedauerlichen Verlust geführt.«

U-Jäger 2210 ex MARCELLA im Hafen von Cannes. *Foto: Sammlung Otto Pollmann*

Mahnmale der Vergangenheit

Ist ein Schiffswrack lediglich ein rostender und langsam zerfallender Körper, oder stellt er nicht vielmehr etwas Magisches und Mysteriöses dar, etwas, das vor langer Zeit sein Ende fand und scheinbar wieder zum Leben erwacht, wenn man sich in dessen Nähe begibt?

Nun, darüber lässt sich streiten. Wer jedoch behauptet, dass die so genannte »KT«, angeblich eines der »besten und eindrucksvollsten Wracks nicht nur des Mittelmeeres, sondern der ganzen Welt«, ein Kriegstransporter gewesen ist, verlässt zwangsläufig den Weg der Wahrheit; das vor Sestri Levante in 60 Meter Tiefe liegende Fahrzeug streifte einst als U-Jäger 2216 durch mediterrane Gewässer!

Andrea Ghisotti, ein in Milano (Mailand) beheimateter Unterwasserfotograf und Buchautor (siehe auch www.ghisotti.it), war ganz erstaunt, als ich ihn vor einigen Jahren darauf aufmerksam machte, dass die »KT« zur 22. U-Jagdflottille gehörte.

»Das Wrack ist wirklich sehr sehenswert«, weiß der 1951 Geborene, der in Portofino das Tauchcenter Fins & Fans betreibt, zu berichten. »Leider ist es in der Vergangenheit wiederholt vorgekommen, dass sich auch unzureichend vorbereitete Personen auf den Weg gemacht haben, um die Überreste des noch relativ gut erhaltenen Kriegsfahrzeuges in Augenschein zu nehmen. Manche von ihnen bezahlten ihre Abenteuerlust sogar mit ihrem Leben. Dieser Tauchgang lässt praktisch keine Irrtümer zu, man muss alles perfekt planen und organisieren.«

Wer die großen Gefahren nicht scheut, erlebt einen aufregenden Abstieg. Man fällt lange in das tiefe Blau des Meeres hinab, bevor der dreibeinige Mast des Schiffes sichtbar wird. Hier, rund 40 Meter unter der Wasseroberfläche, ist der richtige Ort, um sich einen ersten Überblick über den im September 1944 versenkten U-Jäger zu verschaffen. Die letzte Liegestätte der ehemaligen Rothschild-Yacht ist umhüllt von Leben – unzählige Fische umschwärmen UJ 2216 und erwecken durch ihren ständigen Richtungswechsel den Eindruck, als bewege sich das Schiff selbst.

Der leicht nach hinten geneigte Schornstein, das vordere 3,7-cm-Zwillingsgeschütz und der imposante Bug sind heute beliebte Fotomotive. Nicht zu vergessen die an Deck befindlichen Munitionsspinde, in denen sich noch immer gefüllte Magazine befinden.

Trotz der vielen zur lebensbedrohlichen Gefahr werdenden Leinen, Kabel und Netze schrecken einige Taucher nicht davor zurück, in das Schiffsinnere vorzudringen; die Mannschaftsunterkünfte, der Maschinenraum, die Brücke, es gibt eigentlich nichts, wo die Unterwassersportler noch nicht gewesen sind. Wen wundert es, dass sich manches nicht »niet- und nagelfeste« Teil heute in »Sammlerhand« befindet?

Auch UJ 2210, der in einer Tiefe zwischen 45 und 65 Meter liegt, hat inzwischen einiges an Interieur verloren.

Die Erkundung des Wracks beschränkt sich in der Regel auf den noch gut erhaltenen vorderen Teil des zerbrochenen Schiffes, dessen Bug direkt zur Meeresoberfläche weist. »Beim Hinabtauchen entsteht der Eindruck, als würde die ehemalige MARCELLA direkt auf einen zufahren«, erzählt Ghisotti. Ist die Sicht zu Beginn noch relativ gut, so verschlechtert sie sich mit zunehmender Tiefe. Aber es ist auch gar nicht ratsam, sich weiter abwärts zu begeben; die achtere Schiffshälfte ist total kaputt und gleicht einem Trümmerhaufen.

Westlich von Punta di Monte Grosso, wo das berühmteste U-Jagdfahrzeug der deutschen Kriegsmarine auf den Grund des Meeres sank, ist das so genannte »bewaffnete Handelsschiff« zu finden. Dass es sich hierbei um UJ 2207 handelt, weiß (noch) so gut wie niemand!

Der Bug von UJ 2207. Das Wrack der ehemaligen CAP NORD liegt unweit von Sestri Levante.

Foto: Andrea Ghisotti

Die ehemalige CAP NORD, die bei ihrem Untergang zerbrach, liegt querab von Sestri Levante in einer Tiefe zwischen 27 und 36 Metern. Nach dem Krieg arbeiteten mehrere Firmen an dem Wrack und weideten das ohnehin schon stark beschädigte Schiff

Der Mast von UJ 2216. Foto: Andrea Ghisotti

mit Sprengstoff weiter aus. Zwar sucht man heute die Seeziel- und Flugabwehrwaffen vergebens, dafür ist noch ein Teil der Munition zu entdecken; zahlreiche Granaten befinden sich auf dem Deck des im November 1944 versenkten U-Jägers. Im Vergleich zum parallel zur Küste ausgerichteten Achterschiff ist der vordere Teil, der auf das offene Meer hinausweist, der interessantere Part. Von den Ankerwinden führen gewaltige Ketten zum Bug, dessen schnittige Form manchen Taucher geradezu verführt, den einen und anderen Film zu belichten.

Mögen die Werke der Unterwasserfotografen – so auch die von Andrea Ghisotti für dieses Buch zur Verfügung gestellten Aufnahmen – nicht nur an die vielen Kriegsopfer, sondern auch an unsere Pflicht erinnern, alles in unserer Macht Stehende für die Sicherung des Friedens zu tun.

3,7-cm-Buggeschütz des U-Jägers 2216. Foto: Andrea Ghisotti

Magazine mit 3,7-cm-Munition auf dem Wrack von UJ 2216. Foto: Andrea Ghisotti

Von Wunschbeobachtungen freihalten!

»Die Truppen der Vereinten Nationen sind in Rom einmarschiert und haben Italien seine Hauptstadt und der Welt die Leuchte der Kultur wiedergegeben ...«, verkündete das alliierte Hauptquartier am Abend des 04.06.1944.

In der »Ewigen Stadt« wurden Angehörige der 5. US Armee begeistert empfangen, als der Befehlshaber des Dt. Markdo Italien ein düsteres Bild von der gegenwärtigen Situation zeichnete: »Von Durchhalten Südfront Besitz mittelitalienischen Raumes, sogar ganz Italiens mit seiner kriegswichtigen Industrie abhängig. Mit Vordringen Gegners und Vorverlegung feindlicher Flughäfen wächst Gefahr für südfranzösische und dalmatinische Küste sowie für deutsches Reichsgebiet. Feind versucht mit allen Mitteln, durch planmäßiges Zerschlagen aller Verkehrswege und Verkehrsmittel Landnachschub zur Front zum Einsturz zu bringen. Damit wächst Bedeutung Seeverkehrs an italienischer West- und Ostküste ständig. Auch hier ist die Lage sehr ernst. Zeitpunkt Erdrücktwerdens auf See und Erliegen jeden Seeverkehrs nur von Aktivität des Gegners abhängig!«

Das war auch dem OB Südwest, Generalfeldmarschall Kesselring, bewusst. Als Oberbefehlshaber sämtlicher in Italien befindlichen Wehrmachtskräfte forderte er von der Kriegsmarine die »Meisterung« der ihr übertragenen Aufgaben. Wie aber sollte die Marine ihrer Pflicht Genüge tun, wenn sie nicht im Besitz einer ausreichenden Anzahl kampfkräftiger und technisch moderner Sicherungseinheiten war? Noch immer waren viele Seefahrzeuge nicht mit einem FuMO ausgerüstet und daher »nachtblind« – zu einer Zeit, wo der ganze Geleitverkehr nur noch während der Dunkelheit vonstatten gehen konnte!

Bis zur Aufgabe von Porto Santo Stefano (07.06.1944) wurde der Südfront mit allen zur Verfügung stehenden Mitteln Nachschub gebracht. Danach galt es im Seetransportverkehr, den in beweglicher Kampfführung stehenden Divisionen Betriebsstoff und Munition zuzuführen, Baustoffe in die »Grünlinie«[69] zu transportieren und nicht mehr benötigtes Material Richtung Norden zurückzuführen.

Am 17.06.1944 landeten freifranzösische Truppen auf Elba. Zwar wurden alle Operationen der Kriegsmarine sofort auf die Stärkung der Widerstandskraft der Inselbesatzung abgestellt. Doch zeichnete sich schon kurz darauf ab, dass die größte toskanische Insel nicht zu halten war; man kam um eine Evakuierung nicht herum.

Als die Alliierten mit der Einnahme Elbas (auf der Insel wurden die Landkämpfe in der Nacht zum 20.06.1944 beendet) die Flankenbedrohung gegen ihren linken Flügel beseitigt und kurz darauf auch Piombino in ihre Hände bekommen hatten, konnte der deutsche Nachschubverkehr nur noch bis zur Arnomündung laufen. Da der von Penichen, MFPs und Kümos durchgeführte Seetransport sich lediglich noch auf einen kleinen Raum beschränkte, bildete für die Sicherungsstreitkräfte (Torpedoboote, U-Jäger, Räumboote, Kampffähren, Minensucher und Vorpostenboote) verstärkter Aufklärungs- und Vorpostendienst vor der eigenen Küste die Hauptaufgabe. Schmerzliche Verluste – insbesondere für 10. Torpedoboots- und 13. Sicherungsflottille[70], die TA 25, TA 26, TA 27 und TA 30 verloren – blieben dabei in diesen Wochen nicht aus.

Wie schon seit einiger Zeit zuvor, setzte der Gegner seine im Ligurischen Meer befindlichen U-Boote[71] nur an der südfranzösischen Küste ein, so dass die an der Riviera di Levante operierenden Fahrzeuge der 22. U-Jagdflottille keine entsprechenden Ortungen erzielen konnten. Vielmehr galt es, zahlreiche Fliegerangriffe abzuwehren, wobei dem U-Jäger 2216 der Abschuss einer

Schattenrisse als Zeichen des Erfolges.
Foto: Sammlung Richard Schulz

Maschine, und RA 254 zusammen mit dem Kriegstransporter KT 14 die Vernichtung von fünf Flugzeugen gelang. Auch steigerte sich die Anzahl der Begegnungen mit den alliierten Coastal Forces, die manches Mal zugunsten der eigenen Kräfte ausgegangen wären, wenn die deutschen Gefechtsberichte den Tatsachen entsprochen hätten …

Der 24.06.1944 war gerade angebrochen, als es der FuMO-Bedienung des seit dem 16.05.1944 zur 22. U-Jagdflottille gehörenden U-Jägers 2229 (ex SG 15) gelang, ein Objekt zu orten, das sich zu diesem Zeitpunkt fast 14 Kilometer entfernt befand. Nachdem der B-Dienst gegnerischen Funksprechverkehr Lautstärke 2–3 gemeldet hatte und etwas später Schatten Backbord voraus gesichtet worden waren, löste der Kommandant UJ 2229, Kapitänleutnant Wachhausen, Seezielalarm aus und befahl den Angriff auf die nunmehr als Schnellboote erkannten Ziele.

»00.57 Uhr: UJ 2229 dreht mit AK auf 1. Gruppe, von denen eine nach Treffern von mehreren Magazinen der 3,7-cm-Doppel und der beiden vorderen 2 cm auf ebenem Kiel in etwa 1200 m Abstand absinkt (versenktes Boot Nr. 1), das zweite über alles rot brennend an Backbord abläuft und außer Sicht kommt.

01.03 Uhr: Von 2. Gruppe ein S-Boot in 1500 m Abstand nach 10,5-cm-Volltreffer detoniert (versenktes Boot Nr. 2). Der starken Explosion folgt ein etwa 30 m hoher Feuerpilz. Nach Verziehen der Detonationswolke ist vom Boot nichts mehr zu sehen.

01.06 Uhr: Von 3. Gruppe ein S-Boot nach zahlreichen 3,7- und 2-cm-Treffern über Vorsteven senkrecht abgesunken (versenktes Boot Nr. 3). Boot hat nicht gebrannt. Sinken einwandfrei auch von UJ 2221 beobachtet.

01.11 Uhr: Ein weiteres S-Boot hat sich hinter einer Nebelboje getarnt, läuft bei Passieren des Geleites U-Jäger 2221 an, wird sofort von 2- und 3,7-cm-Kanonen unter Feuer genommen und bleibt brennend liegen.

UJ 2221 dreht auf das S-Boot zu und beobachtet das Sinken des Bootes über Achtersteven, wobei das Vorschiff sich steil aufrichtet und dann schnell wegsackt (versenktes Boot Nr. 4).«

Der Führer der 7. Sicherungsdivision, Kapitän zur See Rehm, lobte die Leistungen der Besatzungen von UJ 2221 und 2229. Er stellte befriedigt fest, dass dieses Gefecht zum ersten Mal zu einem »durchschlagenden Erfolg« gegen die immer stärker auftretende S-Boot-Waffe geführt hatte. Gleichzeitig forderte er von den Flottillenchefs, etwaigen Übertreibungen bzw. Falschaussagen der Bootskommandanten entgegenzuwirken: »Bei Detonationserscheinungen beschossener Ziele genau prüfen, ob tatsächlich ein Boot in die Luft geflogen ist. Boote platzen nur in den seltensten Fällen! Bei tatsächlichen Bootsversenkungen sind meistens Wrackteile, Ölflecke, Ausrüstungsgegenstände oder Schiffsbrüchige aufzufinden. Kommandanten und Besatzungen sind dazu zu erziehen, sich von Wunschbeobachtungen über Feindvernichtungen unbedingt freizuhalten!«

Wie wir heute wissen, waren die mahnenden Worte des Chefs der 7. Sicherungsdivision voll berechtigt, da die im Kampffeld Mittelmeer operierenden Coastal Forces nur wenige Boote durch gegnerische Überwasserstreitkräfte verloren. Und in der Nacht zum 24.06.1944 hatten es weder UJ 2221 noch UJ 2229 geschafft, auch nur eines der alliierten Fahrzeuge zu vernichten! Zwar hatte das britische MTB 420 schwere Treffer erhalten, doch konnte es sich schließlich ebenso aus der Gefahrenzone bringen, wie die am Gefecht ferner beteiligten MTB 419, 423 und PT 304.

Schrumpfender Einsatzraum

Die weitere Zurücknahme der Front bewirkte durch Stilllegung der Häfen Livorno, Arnomündung und Viareggio eine erneute Einengung des Verkehrsraumes, was eine Verkürzung der Fahrtstrecken und damit eine Erhöhung der im Juli 1944 gefahrenen Tonnage (200.406 BRT) zur Folge hatte.

Die Geleitsicherung nahm in diesem Monat den größten Teil der verfügbaren Sicherungsfahrzeuge in Anspruch. Zwar ging der Umfang des Nachschub- und Transportverkehrs nach Süden mit Aufgabe des Hafens Livorno (er fiel am 19.07.1944 in alliierte Hände) zurück, dafür trat jetzt aber eine Verlagerung nach Westen bis zur Bereichsgrenze (Nizza) ein. Der Ost-West-Verkehr mit Rückfuhrgütern gewann mit der vielfachen Unterbrechung der aus dem südfranzösischen Raum nach Genua bzw. der von Genua nach La Spezia führenden Küstenbahn erheblich an Bedeutung. Damit stieg zugleich die Anforderung von Sicherungsfahrzeugen für diesen Raum. Der Gegner hatte diese Aufgabenverlagerung klar erkannt und setzte seine Kräfte im zunehmenden Maße auf die Ost-West-Geleite an – in dunklen Nächten Seestreitkräfte, in hellen Nächten die Luftwaffe.

In einer Nacht wurden bis zu 12 Maschinen von Algero/Sardinien in die Genuabucht gestartet. Attackierten sie Schiffsziele in der Regel aus Mondlee mit Bordwaffen und/oder den üblichen Aufschlagzünderbomben, so kam es am 12.07.1944 zum Abwurf von Raketensprengsätzen auf den U-Jäger 2224, welcher sich zu-

UJ 2216 ex französische Yacht L'INCOMPRISE. *Foto: Sammlung Erwin Höfling*

sammen mit UJ 2221 auf einem Aufklärungsvorstoß seewärts der Sperren Richtung Nizza befand.

Es war 02.35 Uhr, als sich ein zweimotoriges Flugzeug den beiden ehemaligen italienischen Korvetten STROLAGA und VESPA im Tiefflug näherte. Wegen der eigenen Maschinengeräusche konnten die U-Jäger-Besatzungen die mit gedrosselten Motoren und gegen den Mond anfliegende Maschine erst spät erkennen. Die Zeit reichte aber aus, um einen Teil der Waffen noch rechtzeitig zum Einsatz zu bringen und das Flugzeug mehrmals zu treffen. Der Pilot ließ sich jedoch nicht davon abhalten, sechs Raketenbomben zu lösen. Schlugen fünf von ihnen in Nähe des Hecks von UJ 2224 auf das Meer und verursachten bei der Detonation Wassersäulen von Masthöhe, so prallte die letzte Rakete gegen den Schornstein und blieb unter starker Rauch- und Feuerentwicklung auf dem Oberdeck liegen. Der I. WO, Junghans, und der LM, Bergfelder, handelten trotz der Gefahr: Sie rollten die schwere, ca. 120 cm lange Bombe mit den Füßen über Bord – wenige Sekunden vor der Explosion, die unter der Meeresoberfläche erfolgte! Wassereinbruch und Ausfall der Rudermaschine zwangen zum Einschleppen in den nächsten Hafen (Savona), was von UJ 2221 bewerkstelligt wurde.

»Der nächtliche Fliegerangriff fordert dringend Ausrüstung mit leicht beweglichen Fla-Waffen (mit Schulterbügel), da alle Waffen mit Schwenkwerk nicht schnell genug in Feuerstellung kommen«, bemerkte der Kommandant von UJ 2221 im Gefechtsbericht.

Die großkalibrigen Geschütze italienischer Bauart gaben ebenfalls Anlass zur Kritik, da sie meistens nach Abgabe von nur wenigen Schüssen ausfielen und zudem einen zu langsamen Salventakt hatten.

Von entsprechenden Berichten alarmiert, forderte der Chef der 7. Sicherungsdivision den sofortigen Austausch durch deutsche 10,5-cm-SK-C/32-Geschütze. Seine Bemühungen blieben fruchtlos: »Die Nachteile der italienischen 10,5-cm-Kanonen sind bekannt, ein Auswechseln ist zurzeit nicht möglich, da keine deutschen Geschütze greifbar«, antwortete das Dt. Markdo Italien.

Der Vorposten- und Aufklärungsdienst verlor nun an Umfang. Zum einen lag dies am Mangel an geeigneten und kriegsbereiten Booten, zum anderen erschwerte der geringe noch zur Verfügung stehende Seeraum in Verbindung mit den eigenen Minensperren den Vorposten- und Aufklärungsdienst erheblich. Da der Gegner auf der Landfront bis in Höhe des Arno vorgerückt war, wurde der Küstenweg nach Süden in Höhe Livorno und südlich davon durch Minen versperrt. Gleichzeitig wurde das Sperrsystem zwischen Livorno und La Spezia verstärkt, so dass der zwischen den eigenen Sperren und der Küste verbleibende Seeraum zum Ansatz von Vorposten- und Aufklärungsaufgaben nur noch wenig Spielraum bot.

Und so blieben die einsatzbereiten Fahrzeuge der 22. U-Jagdflottille im Raum zwischen La Spezia und Genua und führten Geleit-, Vorposten- und Aufklärungsfahrten durch, Letztere mit S-Boot-Jagd verbunden, wobei RA-Boote erstmals als achteraus eingesetzte Aufräumgruppe zum Zwecke der Feststellung nach Beweisen von S-Boot-Vernichtungen (Wrackteile, Ölflecke, Schiffbrüchige) fungierten. Es waren RA 255, 257 und 258, die den Hafen von La Spezia am Abend des 15.07.1944 verließen, um zusammen mit UJ 2216 und UJ 2220 Jagd auf gegnerische MTBs zu machen. Sestri Levante war passiert, als man mittels eines lichtstarken Doppelglases Schatten unter Land bemerkte. Der Kommandant des U-Jägers 2216, Oberleutnant zur See Rother, ließ sofort das Feuer eröffnen. Konnten die Besatzungen der in Lauerstellung befindlichen britischen MTBs die Fahrzeuge der Kriegsmarine gegen die freie Kimm gut erkennen, so taten sich die deutschen Geschützbedienungen mit der Zielauffassung schwerer, da die Mehrzahl der von UJ 2220 verschossenen Leuchtgranaten Versager waren. Trotzdem lag das Feuer verhältnismäßig gut; die von den U-Jägern abgefeuerten 2968 Geschosse (davon 3 Raketensprenggranaten) verfehlten zum Teil nur sehr knapp ihr Ziel.

Wie schon oftmals zuvor, brachten die MTB-Besatzungen so genannte Täuschungsbojen zum Einsatz, um von sich abzulenken bzw. beim Gegner den Eindruck eines Erfolges zu erwecken. Anders als rund 48 Stunden zuvor, wo sich der Kommandant von UJ 2229 der abermaligen Vernichtung von gegnerischen S-Booten sicher wähnte, konnten Besatzungsmitglieder der als Aufräumgruppe eingesetzten RA-Boote in dieser Nacht feststellen, dass die Alliierten sich irreführender Mittel bedienten und nicht eines der zehn gegnerischen Schnellboote dem Feuer der deutschen Fahrzeuge zum Opfer gefallen war.

Wie bereits erwähnt, gehörten zu den auf alliierter Seite kämpfenden Einheiten der Coastal Forces auch einige Schnellboote italienischer Bauart, die u.a. zum Anlanden von Agenten benutzt wurden. Als am 25.07.1944 zwei Italiener sowie ein britischer Matrose bei Punta del Mesco aufgegriffen werden konnten, bekamen die Deutschen einen erneuten Beweis für die Durchführung gegnerischer Agententätigkeit. In Bastia befindliche US-Kräfte hatten die Italiener mit Zivilkleidung, 300.000 Lire, Marschproviant für ein paar Tage und einer Funkanlage mit ca. 650 km Reichweite ausgerüstet, bevor sie mit dem MAS 543 die Insel Korsika verließen. Während das zur 5. ital. MAS-Flottille gehörende Fahrzeug gegen 01.00 die ligurische Küste erreichte und sich die Agenten von dem britischen Matrosen Luff mit einem Schlauchboot an Land paddeln ließen, standen nach See zu abgesetzt zwei PTs, um das Unternehmen von der Wasserseite her zu sichern. Kurze Zeit nachdem der Brite die Besatzungen der US-Schnellboote per Funkspruch über das vermeintlich erfolgreiche Anlanden unterrichtet hatte, wurde das Trio entdeckt und festgenommen.

Ernsthafte Konsequenzen nach sich zog auch die Tat des Matrosengefreiten Vogel, der sich drei Tage unerlaubt von der Truppe entfernt hatte. Zivil bekleidet, war er zusammen mit seiner Freundin in einem italienischen Hotel aufgefunden und verhaftet worden. Der Schiffskoch des U-Jägers 2211 wurde daraufhin zum Tode verurteilt. »Flottillenstab, Unterstab und Besatzungen der Boote mussten im Flottillengelände in Genua zur Hinrichtung antreten«, erinnert sich Werner Deliga. »Unsere Besatzung selbst musste ein Spalier bilden, welches der Verurteilte durchqueren musste. Zu seinem besten Freund sagte er noch: »Schreib meinen Eltern die Wahrheit, so wie es wirklich gewesen ist.« Er hat sich nicht die Augen verbinden lassen.

Der Flottillenchef riss ihm schließlich alle Auszeichnungen ab und sagte zum Erschießungskommando: »Vollstrecken Sie das Urteil!«

Wir marschierten dann zurück. Wie uns zumute war, kann man sich denken.«

Eine Woche nach dem Tod des Matrosengefreiten Vogel gelang der Besatzung des U-Jägers 2211 mit dem Abschuss von mehreren Jagdbombern noch einmal ein anerkennenswerter Erfolg. Dann aber, am 21.07.1944, kam der Tag, an dem auch dieses Fahrzeug der gegnerischen Übermacht nichts mehr entgegenzusetzen hatte:

UJ 2211 war mit RA 259 und M 7017 zur Sicherung von zwei Penichen, zwei Schleppern und einer Yacht von Savona nach Genua unterwegs, als um 00.43 Uhr einige Objekte in 50 Grad Schiffspeilung gesichtet wurden – Schnellboote!

»Im gleichen Moment meldet der Horchraum Torpedogeräusche im NHG«, hielt der Kommandant des U-Jägers 2211, Oberleutnant z.S. Dahl, schriftlich fest, »und ebenfalls zur gleichen Zeit erkenne ich drei Torpedolaufbahnen von Steuerbord vorn, etwa 200 m ab.

Ich werde auf die Torpedolaufbahnen dadurch aufmerksam, dass ich in der angegebenen Richtung ein Rauschen höre. Dann erst sehe ich die Schaumstreifen aus dem Dunst hervorkommen. Torpedos gehen vor UJ 2211 vorbei, einer trifft die Yacht SARINA.

Sekunden später kommen zwei weitere Torpedos auf das eigene Boot zu. Da dieses schon im Drehen, geht der erste vorn vorbei, während der zweite Steuerbord achtern in den Maschinenraum trifft.

S-Gerät hat keine Ortungen, bekommt aber gleichzeitig mit dem NHG Geräuschpeilung.

UJ 2211 sinkt sofort nach dem Treffer mit dem Achterschiff und legt sich nach Backbord über. Ich befehle: ›Alle Mann aussteigen!‹

Die Back ragt noch etwa 10 Minuten aus dem Wasser. Kesselexplosion erfolgt nicht. An Deck frei liegende Flöße schwimmen auf, M 7017 fischt 71 Mann Besatzung auf, RA 259 fünf Kameraden.

UJ 2211 liegt auf 44° 24,3' Nord, 8° 47,7' Ost in 40 bis 45 Meter Wassertiefe. Die Verschluss-Sachen befinden sich in eisernen Behältern mit Durchlöcherungen. Eine Vernichtung war nicht mehr möglich, da das Schiff unmittelbar nach dem Treffer wegsackte. Die Verschluss-Sachen sind mit dem Boot auf Tiefe gegangen, ein feindlicher Zugriff ist nicht zu befürchten.«

Von gegnerischen Schnellbooten versenkt: UJ 2211. *Foto: Archiv Peter Tamm*

Sabotageverdacht

Nachdem sich am 01.08.1944 der neue Befehlshaber des Dt. Markdo Italien[72], Vizeadmiral Löwisch, beim Oberbefehlshaber Südwest, Kesselring, gemeldet hatte, sprach der Generalfeldmarschall seine Anerkennung betreffend der von der deutschen Kriegsmarine geleisteten Dienste, vor allem auf dem Gebiet des Seetransports, aus. Der OB Südwest brachte bei diesem Gespräch auch zum Ausdruck, dass die Gefahr einer Landung gegnerischer Kräfte täglich anwachse, deshalb der Vorpostendienst zu forcieren sei, ggf. unter Herausziehung von Sicherungsfahrzeugen aus dem Geleitdienst.

Der Hafen von Genua war oftmals Ziel von gegnerischen Luftstreitkräften.

Foto: Sammlung Richard Schulz

Die Realisierung dieser Forderung stieß jedoch auf Schwierigkeiten, nicht zuletzt deswegen, weil ein am 02.08.1944 durchgeführter alliierter Großangriff auf den Hafen von Genua, wo sich zurzeit mehr als 150 Schiffe[73] befanden, zu zahlreichen Fahrzeugverlusten führte.

Verloren ging auch das Räumboot RA 257, das einen Nahtreffer erhalten hatte und einer Reparatur nicht mehr würdig erschien. Die Besatzung des zur Kannibalisierung freigegebenen Räumbootes stellte jetzt RA 260 in den Dienst. Dessen Nutzen war aber nur von kurzer Dauer, lief es doch wenige Tage später bei Cap Mortola auf ein Unterwasserhindernis (wahrscheinlich Wrack) und musste nach gescheiterten Bergungsversuchen aufgegeben werden.

Hatte der Befehlshaber des Dt. Markdo Italien bereits im Juni 1944 beklagen müssen, dass die Unzuverlässigkeit der italienischen Marine unaufhörlich stieg und täglich einlaufende Meldungen über Desertionen an Land und Bordstellen zur Maßnahme zwingen, die weitere Aufstellung von italienischen Einheiten und besonders eine weitere Bewaffnung abzustoppen, so konnten nun Besatzungsangehörige des U-Jägers 2216 sich selbst ein Bild davon verschaffen, wie es um das Pflichtbewusstsein eines Teils der Italiener bestellt war.

Die ehemalige Rothschild-Yacht EROS war als Führerboot jenen Geleites eingeteilt, das am 04.08.1944 den Hafen von La Spezia verließ, um ein U-Boot nach Genua zu bringen.

Kaum, dass der aus UJ 2216, UJ 2220, F 4523, F 4596, RA 255 und POLIFEMO mit U-Boot im Schlepp bestehende Verband 279 die Insel Tino passiert hatte, wurde der Schlepper langsamer.

»Frage: Was ist los?«, ließ der UJ-2216-Kommandant und Geleitführer, Oberleutnant zur See Rother, an POLIFEMO übermitteln.

»Es wird Leine gesteckt«, lautete die Antwort. Aufforderung bekommend, sofort auf die vereinbarte Geschwindigkeit (acht Knoten) zu gehen, gab der Schlepper-Kommandant, ein italienischer Leutnant, zu verstehen, dass er Folge leisten und die Fahrt auf AK erhöhen werde. Da POLIFEMO entgegen der Zusage über

Schlepper POLIFEMO.

Foto: Sammlung Dr. Achille Rastelli

drei Knoten nicht hinauskam und das Geleit unter diesen Umständen den Zielhafen nicht mehr bis zum Hellwerden erreichen konnte, befahl Rother: »Kehrt Spezia!«

Statt wie üblich um Palmaria herum zu fahren, um auf die Sperröffnung zuzuhalten, scherte POLIFEMO aus dem Kurs des Richtungsbootes. »Sie gefährden uns und sich selber. Sofort zur Küste, Minengefahr. Sie laufen in die Minensperre!«, warnte Rother.

Da der Dampfdruck der Schlepper-Maschine derart gesunken war, dass man der Aufforderung nicht Folge leisten konnte, ferner nun auch noch ein gegnerisches Aufklärungsflugzeug erschien und mit einem baldigen Luftangriff auf den Verband gerechnet werden musste, gab es für Rother nur eine richtige Entscheidung: »An Bordflakführer: Führung übernehmen und beschleunigt einlaufen. Bei Schwierigkeiten Kapitän festnehmen!«

»Hier ist auch noch ein deutscher Kapitän an Bord (Kapitänleutnant d.R. a.D. Bestmann, ein Kapitän vom Reichskommissar für die Seeschifffahrt – der Verf.)«, entgegnete der Maat.

»Mache Sie verantwortlich. Beschleunigt einlaufen! Nötigenfalls beide festnehmen!«

Friedrich Straakholder.
Foto: Sammlung Friedrich Straakholder

Als sich während der nächsten halben Stunde nichts ergab, verlor der Geleitführer die Geduld: »An Bordflakführer: Warum setzen Sie sich nicht durch? Es passiert ja immer noch nichts!«

»Dies ist alles, was ich laufen kann«, antwortete dieser.

Rother fühlte sich verschaukelt. »Italienischen Kapitän und Leitenden Maschinisten festnehmen wegen Sabotageverdacht. Ausführung melden!« Zur Unterstützung des Maates befahl der Geleitführer den Oberleutnant z.S. Straakholder und den Matrosenobergefreiten Thom auf den mittlerweile gestoppt liegenden Schlepper; Rother hatte Zweifel, dass der Bordflakführer Herr der Lage sei. Friedrich Straakholder übernahm sofort die Führung und ließ die italienische Flagge streichen. Nachdem er festgestellt hatte, dass der Kommandant und der Leitende Maschinist (ital. Oberleutnant) bereits ihrer Freiheit beraubt waren, erhielt er die von Rother gestellte Anfrage: »Wie viel erschossen?«

»Keinen Widerstand vorgefunden!«, lautete die Antwort von Bord des Schleppers, der schließlich nach La Spezia eingebracht werden konnte. Festgemacht, wurden die Italiener sofort dem Sicherheitsdienst übergeben.

Auf Befehl des Chefs der 7. Sicherungsdivision begab sich am 06.08.1944 der Oberleutnant zur See Reimer nach La Spezia, um den gemeldeten Sabotagefall zu untersuchen. Über das Ergebnis der Untersuchung hielt Reimers unter anderen die folgenden Zeilen fest:

»Das Geleit 279 ... sollte 21.00 Uhr von Spezia nach Genua laufen. Auf der Geleitbesprechung waren von POLIFEMO der Führer der Bordflak (ein Maat) sowie ein ital. Leutnant in Uniform anwesend. Dem Geleitführer waren die Verhältnisse an Bord des Schleppers unbekannt; er wusste nicht, dass sich dort außer einem angeblichen Supercargo und deutschen Maschinisten 26 italienische Soldaten befanden. Ihm wurde gemeldet, dass der Schlepper 14 sm, mit dem U-Boot im Schlepp mit Sicherheit 8 sm Fahrt mache. Nachts in See stellte sich dann heraus, dass die Fahrstufe ganz wesentlich geringer war und der Schlepper sogar häufig längere Zeit stoppte. Außerdem hielt er keinerlei Geleitdisziplin, fuhr als einziges Boot weit draußen unkontrollierbare Kurse und drohte schließlich sogar auf eigene Sperren zu laufen. Während der gesamten Nacht wurde dem Geleitführer kein einziges Mal gemeldet, dass der Dampfdruck nicht zu halten sei, im Gegenteil ständig ein Heraufgehen mit der Fahrt zugesagt.

Nach alldem musste beim Geleitführer der Eindruck entstehen, dass die Besatzung bewusst Sabotage treibe. Sein Verhalten, Festnahme der ital. Offiziere und Soldaten, Auslieferung an deutschen SD zur Prüfung des Vorfalls, Niederholen der ital. Kriegsflagge war daher gerechtfertigt ...

Ursache des Schlepperausfalls liegt in erster Linie an fehlerhafter Kesselanlage. Nach Bericht Oberleutnant (Ing.) Kroeger liegt der Fehler längere Zeit zurück und ist nicht durch jetzige Besatzung verursacht. Fehler hätten bei Werftüberholung entdeckt und beseitigt werden müssen. Es liegt mangelnde Aufsicht und Überwachung der Werftarbeiten durch Organe der MMR[74] vor. Schlepper war schon bei Überführung von Livorno nach Spezia 27./28.3. unklar.

Er musste deshalb in der Nacht 28./29.3. selbst geschleppt werden. Dem musste bei Werftüberholung Rechnung getragen werden. Aber auch Kapitän Bestmann und der Maschinist mussten vor Auslaufen eine richtige Dampfprobe mit 14 atü vornehmen. Das ist versäumt worden. Jedenfalls durfte der Schlepper so nicht klar gemeldet werden.

Verhalten ital. Besatzung scharf zu missbilligen. Teilweise unfähig wie Maschinenpersonal, da völlig ohne Fachkenntnisse. Teilweise faul, widerspenstig und gleichgültig. Nur auf eigenen Vorteil bedacht (Metalldiebstahl). Dieses Verhalten schon vor Einsatzfahrt. Grund z.T. mangelnder Aufsicht. Von vornherein musste scharf durchgegriffen werden. Faulheit, Diebstähle, Widerspenstigkeit durften nicht geduldet werden. Vor allem mussten an Bord klare Verhältnisse geschaffen werden. Mit dieser Besatzung war POLIFEMO nicht einsatzklar.«

Rücksichtslos angreifen!

Als am 15.08.1944 die bereits erwartete alliierte Großlandung an der französischen Mittelmeerküste zwischen Toulon und Cannes erfolgte (Operation »Dragoon«), wurde an der westitalienischen Küste Alarmstufe II ausgelöst. Vorbehaltlich der eigenen Lage stellte das Dt. Marinekommando Italien dem Admiral Südfrankreich eigene Streitkräfte (R-, RA-, und MAS-Boote, Kampffähren und den als Torpedoversorgungsschiff vorgesehenen U-Jäger 2207) zur Verfügung.

»Der Gegner hat geschickt unsere Schwäche an der Nahtstelle beider Befehlsbereiche für die Landung ausgenutzt«, hielt Kapitän zur See Rehm an diesem Tage schriftlich fest. »Vom Deutschen Marinekommando und der 7. Sicherungsdivision war wiederholt auf diese Gefahr hingewiesen und eine einheitliche Marineorganisation für den gesamten Westmittelmeerraum als zweckmäßigste Lösung in Vorschlag gebracht worden. Nun ergibt sich voraussichtlich im kritischen Moment der Feindlandung die Notwendigkeit, entweder die Bereichsgrenzen oder die Unterstellungsverhältnisse neu festzulegen und die Nachrichtenverbindungen neu zu organisieren.«

UJ 6073 ex NIMET ALLAH. *Foto: Sammlung Erhard Henrich*

Tags darauf wurde die Operationsgrenze der 7. Sicherungsdivision nach Westen bis St. Raphael verlegt und in San Remo mit der Errichtung einer Befehlszentrale für den A1 mit kleinem Stab begonnen, da vom Sitz der 7. Sicherungsdivision aus die Verhältnisse im Landungsraum nicht zu übersehen waren und der Einsatz der Boote sonst schwer gesteuert werden konnte.

Am frühen Morgen des 17.08.1944 kam es zu einem erbitterten Gefecht zwischen deutschen U-Jägern und alliierten Einheiten. Als das südöstlich Marseille befindliche amerikanische Air/Sea Rescue-Craft 21 von UJ 6073 und 6081 beschossen wurde, rief dessen Besatzung über Funk Unterstützung heran. Binnen zehn Minuten waren die britischen Kanonenboote APHIS und SCARAB vor Ort und griffen die zur 6. Sicherungsflottille gehörenden U-Jäger an. Mit Unterstützung des bald darauf in den Kampf eingreifenden US-Zerstörers ENDICOTT und zwei PT-Booten gelang es ihnen schließlich, die beiden Fahrzeuge derart zu beschädigen, dass sie sanken bzw. zur Selbstversenkung vorbereitet werden mussten.

Der inzwischen verstorbene Wilhelm Krumwiede, damals Besatzungsmitglied des U-Jägers 6073 ex NIMET ALLAH, hielt über die letzte Fahrt »seines« Bootes die folgenden Zeilen fest: »Um ca. 04.00 Uhr kamen die gegnerischen Boote, von denen wir eines in Brand schießen konnten. NIMET ALLAH ist dann abgelaufen. Nachdem ich als Technische Nr. 1 noch im Maschinenraum eine Sprengladung gezündet hatte, warf ich einige Verletzte mit Schwimmwesten über Bord, weil das Vorschiff hel brannte. Ich sprang dann hinterher. Das Schiff hat noch kurze Zeit auf der Seite liegend geschwommen, bevor es unterging. Ein englisches Kanonenboot hat uns schließlich aus dem Wasser gefischt.«

Nachdem der Leiter der italienischen Dienststelle »Mariser Genua« am 18.08.1944 Befehl zum unauffälligen Abrücken des Hafenamtpersonals von San Remo gegeben hatte, wurde er von deutschen Soldaten standrechtlich erschossen. Kurz darauf wurde damit begonnen, »Mariser« sowie unterstellte Dienststellen in Genua und westlich bis Grenze aufzulösen, ferner das Personal zu entwaffnen und zu verhaften. Der stellvertretende Kommandant des UJ 2216, Oberleutnant z.S. Rother, erhielt Auftrag, mit einem Stoßtrupp die italienische Besatzung des RA-Bootes 253 in der Ansaldo-Werft festzusetzen. Während dieses RA-Boot, das zusammen mit RA 252 im Juni 1944 der U-Boot-Abwehrschule La Spezia übergeben worden war, von der Besatzung des RA-Bootes 257 übernommen wurde, besetzte Kapitänleutnant Fenkner mit einem aus Besatzungsteilen der U-Jäger 2220 und 2221 gebildeten Stoßtrupp die in der O.A.R.N.-, der Tirenno- sowie Boni-Werft liegenden italienischen U-Boote und U-Jäger. »Widerstand wurde nicht geleistet, nur ein Offizier gab einen Schuss mit der Pistole ab und wird durch Armschuss kampfunfähig gemacht.«

Zur gleichen Zeit wurde die Besatzung des RA-Bootes 260 auf den U-Jäger 2207 eingeschifft, um in San Remo die italienische Besatzung des RA-Bootes 252 abzulösen. Als dann wenige Stunden später das Dt. Markdo Italien Befehl erließ, nur die Dienststelle »Löwenberg« mit den unterstellten Einheiten aufzulösen und zu verhaften, wurde Korvettenkapitän Wunderlich ermächtigt, die Besatzungen der trotz Abgabe an die Marina R.S.I. weiterhin im Rahmen der 22. U-Jagdflottille eingesetzten Boote 252 und 253 freizulassen.

Tags darauf erhielten die Italiener die U-Boote und U-Jäger sowie das RA 252 feierlich zurück (RA 253 blieb deutsch besetzt, da

Boot abends auslaufen musste und nochmaliger Besatzungswechsel so schnell nicht möglich war).

Mit dem Auftrag, »feindliche Kriegsfahrzeuge bei Antreffen rücksichtslos anzugreifen«, begaben sich die RA-Boote 251, 255 und 259 am frühen Morgen des 21.08.1944 in den Golf von Juan, um eine Lauerstellung vor den Lerino-Inseln einzunehmen.

Als auf dem Weg dorthin ein Schatten gesichtet wurde, gab der Gruppenführer i.V., Oberleutnant z.S. Börner, Befehl zum Abstellen der Motoren. Über das, was sich nun ereignete, hielt Börner später schriftlich fest:

»Boote bleiben gestoppt liegen, um das Ziel näher kommen zu lassen. Kein UK-Verkehr[75] wegen Ortungsgefahr. Verständigung war durch Megaphon möglich. Ziel als feindlichen Zerstörer mit zwei Schornsteinen ausgemacht. Drehte außerhalb Torpedoreichweite auf die Boote zu. Bei schätzungsweise 4000 m drehte der Zerstörer nach Steuerbord und blinkte mit drei roten Lichtern.

01.24 Uhr: In diesem Moment Schießbefehl: RA 259 und 255 beide Torpedos, Laufstrecke 4000 m. RA 251 war etwas in Feuerlee getrieben und hatte eine ungünstige Schussposition, außerdem erschienen mir vier Torpedos ausreichend. RA 259 ging sofort mit der Fahrt an, um das Ziel anzurichten, und benutzte dabei die geringste Fahrtstufe, um möglichst wenig Lärm zu machen.

RA 251 stellte ebenfalls die Maschinen an. Im selben Moment, wo unsere Maschinen ansprangen, blendete der Zerstörer ganz kurz die RA-Boote der Reihe nach mit dem Scheinwerfer an und eröffnete anschließend das Feuer mit seinen schweren Waffen, wobei die Einschläge abwechselnd dicht bei allen Booten lagen.

RA 259 bekam das Ziel nicht ins Visier, da der Zerstörer zweimal Kurs änderte, der Kommandant sein Zielgerät nicht so schnell mitrichten konnte und das Boot sehr schwer andrehte.

RA 251 schoss keinen Torpedo, da er eine ungünstige Schussposition innehatte.

RA 255 lag günstig zum Schuss und brauchte zum Anrichten das Boot nicht zu drehen.

Der Kommandant ließ das Ziel einwandern und schoss einen Torpedo, der vor dem Ziel vorbeilief, da der Gegner plötzlich stark mit der Fahrt herunterging. Anscheinend hatte er die Laufbahn gesehen, denn das Wasser phosphoreszierte stark.

Alle RA-Boote drehten infolge des Schusses hart Backbord und gingen mit allen Maschinen auf äußerste Kraft, dabei stoßweise nebelnd. RA 259 und 251 liefen in Richtung Kap Antibes.

RA 255 erhielt einen Treffer in die Ruderleitung und fuhr im Kreise. Während des Beschusses wurde Notruder angebracht, dabei erhielt das Boot plötzlich Feuer von einem zweiten Zerstörer mit vier Schornsteinen, der aus westlicher Richtung mit hoher Fahrt aufkam.

Beide Zerstörer beschossen sich zeitweise gegenseitig. Der Zerstörer mit vier Schornsteinen lief mit hoher Fahrt weiter in Richtung Kap Antibes und nahm die Verfolgung der beiden RA-Boote auf.

Mit Notruder und Maschinenmanöver war es nicht möglich, RA 255 auf Kurs zu halten. Boot stoppte daher mehrfach, um Gegner am Bug vorbeilaufen zu lassen und den zweiten Torpedo anzubringen.

01.40 Uhr: Da dieses durch Gegenmanöver unmöglich, versuchte das Boot zu rammen.

Es erhielt dabei mehrere Treffer leichter Flak-Waffen, die verschiedene Brände verursachten. Anschließend wurden durch einen Volltreffer der mittleren Artillerie im Achterschiff der Kommandant und ein Teil der Besatzung außenbords geschleudert. Rest der Besatzung sprang ins Wasser.

01.47 Uhr: Das Achterschiff verschwand unter der Oberfläche. Nach einem weiteren Treffer mittschiffs sank auch das Boot sofort ab. Der Zerstörer stand beim Untergang des RA-Bootes 100 m ab, umkreiste mehrfach die Sinkstelle, leuchtete dabei mit Scheinwerfer und versuchte die Schwimmenden aufzunehmen. Er näherte sich dabei den Schiffbrüchigen bis auf 5 m, lief wieder ab und beschoss dann die Küste mit 4-cm-Waffen.

Die Besatzung RA 255 sammelte sich im Wasser um ihren Kommandanten und versuchte alles, um nicht in Gefangenschaft zu geraten. Die Männer verhielten sich ruhig und tauchten zeitweise. Sie schwammen gemeinsam mit den Verwundeten zur Insel St. Marguerita, die nach vier Stunden erreicht wurde. Von hier aus wurde die Besatzung am nächsten Tage durch ein Motorboot des Heeres nach Cannes transportiert und dann weiter mit einem LKW nach Nizza.

RA 259 – Als das feindliche Feuer sich auf RA 255 konzentrierte, drehte RA 259 nach Steuerbord, sah dabei einen Zerstörer von achtern aufkommen, der sofort aus einer Entfernung von 3000 m Feuer aller Waffen eröffnete. Das RA-Boot drehte wieder nach Backbord und lief unter Setzen von Nebeltupfen hinter RA 251 her, dessen Nebelgerät unklar war, dabei laufend Beschuss vom Zerstörer mit leichten und mittleren Waffen. Sämtliche Einschläge lagen in den Nebeltupfen. Der Zerstörer lief während des Schießens weiter auf Kap Antibes zu, anscheinend um den Weg nach Nizza abzuschneiden. Daher wurde von beiden Booten versucht, auf Zickzackkursen den Golf von Juan zu erreichen.

01.50 Uhr: Bei der Bake in der Mitte des Golfs verloren sich die RA-Boote aus der Sicht und gingen getrennt unter Land. Zerstörer stellte gleichzeitig sein Feuer ein.

03.00 Uhr: Von RA 259 aus wurde versucht, die Ortungsstelle La Garoupe anzurufen, um festzustellen, ob die Zerstörer sich noch vor der Bucht aufhielten. Der Versuch misslang.

Deshalb befahl ich um 03.30 Uhr mit Schleichfahrt um Kap Antibes herumzukommen und dann mit höchster Fahrt nach Nizza zu laufen, denn ich musste annehmen, dass das Boot nach Hellwerden von der gegnerischen Aufklärung erfasst und zerstört werden würde.

04.45 Uhr: Die Spitze von Kap Antibes war erreicht und das Boot ging auf Höchstfahrt.

Ungefähr fünf Minuten später wurde das Boot von achtern mit 4 cm beschossen. Es wurde sofort Kurs nach Backbord geändert.

Ein Gegner war nicht auszumachen, dafür aber bemerkte man das Aufblitzen der Schiffsartillerie in Richtung des Kaps weiter draußen auf See. Die Einschläge lagen dicht beim Boot, deshalb wurde wieder gezackt und genebelt. Der Gegner wurde als Zerstörer erkannt, welcher mit Nordostkurs an uns vorbeilief und heftig mit leichten und mittleren Waffen schoss.

Kurze Zeit später lief ein zweiter Zerstörer das Kap herum und legte sein Feuer auf RA 259.

Die Nebelkanne des RA-Bootes wurde leer und die Einschläge lagen jetzt dicht am Boot.

Treffer wurde nicht erzielt. Kurz nach 5.00 Uhr schwieg das Feuer.

Meinen Plan, das Boot dicht unter Land zu bringen und zu versuchen, an der Küste fahrend Nizza zu erreichen, musste ich aufgeben, da die Zerstörer immer näher kamen und es in einer halben Stunde hell wurde. Das Boot wurde deshalb auf meinen Befehl auf Strand gesetzt und die Besatzung – mit Handwaffen versehen – an Land geschickt.

Auf Befehl des Kommandanten gingen ein Unteroffizier und drei Mann vorsichtig über den ca. 5 m breiten Strand auf die dahinter liegende Landstraße, um einen minenfreien Weg zu erkunden. Das war leicht möglich, da überall Steine herumlagen, auf die man treten konnte.

Das Boot machte Wasser im Maschinenraum. Ich überzeugte mich von der Zerstörung der FT-Anlage und davon, dass die Geheimsachen vorläufig geborgen wurden und ging dann selbst an Land. Heeresposten waren nicht zu sehen. Aus diesem Grunde wurde sofort eine Streife losgeschickt, die den nächsten Gefechtsstand in 500 m Entfernung feststellte.

Beim An-Land-Gehen kam der Kommandant des Bootes vom Weg ab und trat auf eine Stockmine, wobei ihm der rechte Fuß abgerissen wurde. Das Bein wurde sofort notdürftig verbunden und über den Gefechtsstand ein Wagen angefordert, der den Kommandanten abtransportierte.

Zur Bergung der 2-cm-Waffen reichte die Zeit nicht mehr aus, denn gegen 6.00 Uhr eröffneten beide Zerstörer, die in ca. 3000 m Entfernung auf und ab standen, wieder das Feuer und erzielten einen Volltreffer, der das RA-Boot völlig auseinander riss.

RA 251 – Durch den feindlichen Beschuss war das Boot von zahlreichen Splittern getroffen worden, wobei der Matrosenobergefreite Büddemann fiel und der Maschinenobergefreite Krieger sowie der Maschinengefreite Dahnen schwer verwundet wurden. Dahnen ist später im Ortslazarett Nizza seiner Verletzung erlegen.

Der Befehl des Einsatzstabes zum Durchbruch RA 251 wurde nicht ausgeführt, da ständig mindestens drei feindliche Einheiten vor der Bucht lagen.

Am folgenden Tag, 22.08.1944, wurde das gesamte Gebiet um Antibes von deutschen Truppen geräumt. Deshalb wurde RA 251 abends befehlsgemäß gesprengt. Artilleriewaffen und Geheimsachen wurden vernichtet, da kein Wagen mehr zum Abtransport kam und die Besatzung zu Fuß nach Nizza marschieren musste.«

Der Führer der 7. Sicherungsdivision, Kapitän zur See Rehm, bedauerte die Vorgänge außerordentlich: »Es war Gruppenführer und Kommandanten mehrfach mündlich klar gemacht worden, dass es auf den Torpedoeinsatz ankäme. Für ihre langsamen Boote war dieses Gefecht eine einmalige Chance, mit der Torpedowaffe einen Erfolg zu erzielen. Die erforderte vollen Einsatz, wurde aber nicht ausgenutzt und führte schließlich zum Verlust aller drei Boote!«

Da es sich als unmöglich erwiesen hatte, den feindlichen Sicherungsgürtel mit den wenigen vorhandenen eigenen Seestreitkräften zu durchbrechen, ohne schwere eigene Verluste zu riskieren bzw. zu erleiden, wurde von entsprechenden Unternehmen abgesehen. Die noch einsatzfähigen Boote der seit dem 06.08.1944 dem Kommandierenden Admiral der französischen Südküste unterstellten 6. Sicherungsflottille setzte man nach dem 18.08.1944 nicht mehr gegen die alliierte Landungsflotte an.

Italienisches VAS-Boot vor Livorno. Fahrzeuge dieser Bauart wurden 1944 der 22. U-Jagdflottille zugeteilt.
Foto: Sammlung Dr. Achille Rastelli

Störungen und Ausfälle melden!

In der Nacht zum 27.08.1944 musste der am 12.07.1944 in Dienst gestellte und seit Mitte August kriegsbereite U-Jäger 2226 zum ersten Mal schwere Angriffe abwehren. Die im Jahr 1942 gebaute ehemalige italienische Korvette ARTEMIDE befand sich als Richtungsboot des Geleites 368 auf dem Marsch von Genua nach

U-Jäger 2226. *Foto: Sammlung Richard Schulz*

La Spezia, als zwischen 21.25 und 23.22 Uhr gegnerische Jabos mit Raketen, Bomben und Bordwaffen zum Angriff auf den Schiffsverband ansetzten.

Während UJ 2226 bei diesen Attacken ohne Treffer blieb, zerschellte am Verschluss der 8,8-cm-C-13-Kanone des Bootes 2216 eine Rakete, doch sie gelangte nicht zur Detonation. Eine zweite Rakete, die den Schornstein traf, explodierte ebenfalls nicht.

Trotz Ausfall des auf UJ 2216 befindlichen großen Geschützes und der Tatsache, dass mit der italienischen 10-cm-Kanone des U-Jägers 2226 wegen deren Schwerfälligkeit nur wenige Schuss abgefeuert werden konnten, gelang es schließlich, die Jagdbomber mit zahlreichen 2-cm- und 3,7-cm-Flak-Geschossen aus dem unmittelbaren Gefahrenbereich zu vertreiben. Doch bahnte sich schon neues Unheil an!

»Die Aufmerksamkeit war verteilt auf Flugzeuggeräusche, Leuchtbomben, Gegengeleite, auf U-Jäger 2216 (der Verwundete und Maschinenschaden gemeldet hatte) und auf KT 36, von dem angenommen werden musste, dass er sich wieder auf seine befohlene alte Position begeben wollte«, hielt der Kommandant des U-Jägers 2226, Oberleutnant z.S. Günter Werner Schmidt, schriftlich fest. »Der Lagewinkel und die Entfernung des fleckig gemalten Kriegstransporters waren zudem im Schein der Waldbrände sowie der Leuchtbomben nicht auszumachen, da die Augen dauernd geblendet wurden. Erst spät also erkannte ich, dass KT 36 von Steuerbord mit Kollisionskurs herankam.«

Es war 23.55 Uhr, als der U-Jäger 2226 gerammt[76] wurde. Als Oberleutnant z.S. Schmidt erkannte, dass eine unmittelbare Gefahr des Sinkens nicht bestand, gab er der Besatzung des Kriegstransporters zu verstehen, dass KT 36[77] sich herausziehen sollte. Dann wandte er sich an die eigene Besatzung: »An alle Stellen: Störungen und Ausfälle melden!«

Und dann kamen auch schon die Hiobsbotschaften: »Ruder ausgefallen ... Wassereinbruch Abteilung IV... Achtere Dreisieben herausgerissen und umgestürzt... Wasserbombenwerfer 1 beschädigt und unklar ... Vordere Nachladeschale verloren ... Steuerbord-Hauptmotor und Rudermaschine ausgefallen ...!«

Schmidt reagierte sofort: »Rudertaljen anschlagen und mit Taljen steuern! Gefährdete Schotten abstützen, voll laufende Räume lenzen! Rudermaschine und Steuerbordmaschine klarmachen!« Die Dringlichkeit der auszuführenden Arbeiten gebot es, auch Bedienungen von drei Geschützen in der Leckabwehr bzw. an der Rudermaschine einzusetzen, so dass die Wehrkraft des Bootes jetzt erheblich geschwächt wurde. Aber UJ 2226 schaffte es bis nach La Spezia! »Boot ist fest«, hieß es um 04.52 Uhr. Mittags wurde der U-Jäger dann in die Werft verholt, wo das ganze Ausmaß der Schäden sichtbar wurde: u.a. war Abteilung IV von Spant 16 bis 25 an der Steuerbordseite von der Wasserlinie nach oben und das Achterboot bis mittschiffs aufgerissen.

Kriegstransporter KT 36. *Foto: Bibliothek für Zeitgeschichte*

U-Boot-Stützpunkt getroffen

Zahlreiche Schiffs- und Personalverluste waren zu beklagen, als am 04.09.1944 der Hafen von Genua von rund 150 viermotorigen Flugzeugen angegriffen wurde.

Nach B-Dienst-Meldung waren die dort im Bau befindlichen italienischen U-Boote die eigentlichen Zielobjekte gewesen. »Tatsächlich hat der Gegner den U-Boot-Stützpunkt empfindlich getroffen«, bilanzierte das Dt. Markdo Italien, »offenbar war dem Gegner die Verlegung des U-Stützpunktes von La Spezia nach Genua bekannt geworden und er rechnete womöglich nach Aufgabe unseres U-Stützpunktes Toulon mit Verlegung von U-Booten nach Genua.«

Da sich drei Großwerften unmittelbar nebeneinander befanden und die Fahrzeuge dicht beieinander lagen, wurden außer vier Träger-U-Booten und einem Transport-U-Boot diverse andere Einheiten (U-Jäger, TA-Boote, Minensuchboote, Räumboote, Vorposten- und Hafenschutzboote) vernichtet.

Besonders hart traf es aber nicht nur die 10. Torpedobootsflottille, die TA 28 und TA 33 sowie 107[78] Flottillenangehörige verlor, auch die 22. U-Jagdflottille musste erheblich »einstecken«:

- UJ 2207 Kesselleckage, Hauptmaschinen-, E-Maschinen- und Deckschäden durch Bombennahtreffer
- UJ 2221 Deckschäden, schweres Leck Steuerbord achtern
- UJ 2222 schwere Bombentreffer vorn und achtern, Boot kentert gegen 01.00 Uhr des 05.09.1944 – Totalverlust
- UJ 2224 Bombentreffer achtern, Beschädigung der Außenhaut Steuerbordseite, Brandentwicklung durch detonierende Munition des im Nebendock liegenden Torpedobootes TA 28. Boot kentert am 08.09.1944 im Dock
- UJ 2229 schwere Deckschäden, Wassereinbruch
- UJ 2230 ex RENNA sinkt nach Volltreffer
- RA 261 Totalverlust durch Volltreffer
- RA 262 dito

Am 07.09.1944 wurden die Gefallenen (unter den 14 getöteten Angehörigen der 22. U-Jagdflottille befand sich auch Kapitänleutnant Fenkner[79]) unter Beteiligung aller Wehrmachtsteile auf dem Campo Santo in Genua beigesetzt.

»Sophie-Sophie!«

Die dunklen Neumondnächte und die Dunstschicht über dem Wasser machten es dem Gegner jetzt noch leichter, mit seinen Schnellbooten in die Nähe deutscher Seefahrzeuge zu kommen – so auch in der Nacht zum 14.09.1944, als es Einheiten der alliierten Küstenstreitkräfte gelang, sich dem U-Jäger 2216 und den im Geleit befindlichen Minen-Fährprähmen 2865 und 2922 bis auf günstige Torpedoschussentfernung zu nähern.

Für die ehemalige französische Yacht L'INCOMPRISE II wurde es die letzte Fahrt!

Der damalige Maschinenmaat Erwin Höfling erinnert sich: »Wir lagen am 13.09.1944 im Hafen von La Spezia. Bevor wir Richtung Genua aufbrachen, hatten wir uns noch den Film »Der weiße Traum« in einem Felsenbunker angeschaut. Bald nach dem Auslaufen wurden wir von einem Flugzeug angegriffen. Obwohl ich in der Maschine Dienst verrichtete, bekam ich das mit, da es immer Kameraden gab, die uns »da unten« mit entsprechenden Informationen versorgten.

Nach meiner Wache ging ich mit Kamerad Schneider normalerweise immer auf das Achterdeck, um dort auszuruhen, doch in

Die Maate von UJ 2216. Hintere Reihe links: Erwin Höfling.
Foto: Sammlung Erwin Höfling

dieser Nacht zog es mich in Richtung Funkraum, um das aktuelle Geschehen in Erfahrung zu bringen. Als das Boot in Höhe von Sestri Levante von einem Torpedo getroffen wurde, spürte ich sofort

U-Jäger 2216. Foto: Sammlung Erwin Höfling

eine starke Prellung in meinen Beinen. Dann sah ich Kameraden von der Brücke springen und hörte, wie die Motoren aufheulten. Schon rief unser Smarting (Bootsmann): »Flöße raus!«

Wir wollten eines von diesen Dingern über Bord werfen. Plötzlich hing ich irgendwo fest, konnte mich glücklicherweise aber just in dem Moment befreien, als unser Boot in die Tiefe glitt. Meine beiden Kameraden und auch mein Kumpel Schneider, der auf dem Achterdeck geblieben war, gehörten zu den Toten.«

Der Kommandant, Oberleutnant z.S. Hanekamp, hielt betreffend des Verlustes von UJ 2216 u.a. die nachstehend genannten Zeilen fest: »UJ 2216 fährt voraus, da er mit den besten navigatorischen Mitteln ausgerüstet ist, mit S-Gerät und GHG fährt und bei allen drei Fahrzeugen die 8,8-cm-Kanone achtern steht. Gleich hinter Tino wird Geleit von einem Flugzeug mit Leuchtbomben angegriffen. Flugzeug arbeitet mit hellem Scheinwerfer, der senkrecht nach unten leuchtet und wird von allen Fahrzeugen unter gut liegendes Feuer genommen. Sechs Bomben fallen achteraus. Flugzeug wird durch FuMB laufend in der Nähe festgestellt, greift jedoch nicht mehr an.

Von etwa 01.00 Uhr ab meldet der Funkobergefreite Harmeier, der das Gerät der B-Gruppe besetzt hat, die selbst nicht an Bord war, mehrmals Sprechverkehr zwischen S-Booten mit Lautstärke 3 bis 4. Gebe sofort an MFP mit Klappbuchse »Sophie-Sophie!«[80]

Meldung an Horchraum: »Gut aufpassen, S-Boote in der Nähe!« Etwa kurz nach 03.00 Uhr meldet der Funker, dass sich die Boote mit größter Lautstärke darüber unterhalten, dass sie einmal angegriffen haben und noch einmal angreifen wollen.

Ferner wird durch Ortungssignal ein feindliches Fahrzeug vor der Rapallobucht mit 25 sm Fahrt gemeldet. 03.30 Uhr ist Sestri Levante querab. 03.35 Uhr kommt die Spitze des gemeldeten Geleites, bestehend aus drei Fahrzeugen, an Steuerbord voraus in Sicht. Mit dem Spitzenboot wird ES-Austausch richtig durchgeführt. Danach gibt auch dieses Boot »Sophie-Sophie!« Voraus werden noch zwei Schatten gesehen, und einige Soldaten wollen noch zwei weitere Schatten dahinter gesehen haben. Der Horchraum meldet S-Gerät-Geräuschpeilung voraus. Das S-Gerät arbeitete abwechselnd mit Impuls- und Geräuschpeilung. Da der Abstand zwischen allen Fahrzeugen nicht sehr groß war, etwa 800 bis 1000 m, halte ich zuerst alle Schatten für das Geleit, das ja aus sieben Fahrzeugen bestehen soll.

Da der Funker weiterhin S-Boote in nächster Nähe meldet und das Geleit mich ebenfalls gewarnt hat, befehle ich der 8,8-cm-Kanone einen LG-Fächer von fünf Schuss, 70 hm, nach Backbord zu schießen. Dazu drehe ich 30 Grad nach Steuerbord, um die gesamte Seeseite der Rapallobucht zu beleuchten.

Auf Feuererlaubnis und dem ersten Schuss gehen die beiden Schatten voraus mit sehr hoher Fahrt an, werden dadurch als Schnellboote erkannt. Ich drehe sofort hart Backbord auf die Boote zu und gebe Feuererlaubnis für die vorderen Waffen. Die 3,7-cm-Doppel und die beiden vorderen 2-cm-Doppel eröffnen sofort das Feuer, das gut liegt. Gleichzeitig schießen die Boote fünf Torpedos (Aufklatschen auf das Wasser beobachtet) genau in Lage Null. Die Torpedos laufen parallel zu U-Jäger 2216, zwei an Steuerbord und drei an Backbord mit ganz geringem Querabstand (3 bis 20 m). Das S-Gerät meldet »Torpedos voraus!« GHG bringt nichts. Auf der Brücke hatten alle den Eindruck, dass die Torpedos vorbeigingen.

Wrack UJ 2216. Foto: Andrea Ghisotti

03.40 Uhr Treffer Backbord achtern etwa in Höhe des Vierlings. Gewaltige Detonationen. Nehme an, dass Munitionslast oder WB-Last oder beide Lasten hochgegangen sind.

Das Boot schlingert sehr stark. Befehle an alle Stellen: »Nicht aussteigen, Feuererlaubnis!«

Geheimsachen werden versenkt. Boot liegt dann fast wieder normal, und das vordere Steuerbord Zweizentimeter-Doppelgeschütz schießt noch bis zum letzten Augenblick auf eines der feindlichen Boote, das eben an Steuerbord voraus steht. Die Feindboote werden als P-Boote angesprochen, da sie mindestens doppelt so groß wie normale S-Boote sind.

U-Jäger 2216 sinkt dann schnell über das Heck. Von den beiden MFP, die laufend LG schießen, wurden 57 Mann, darunter 13 Verwundete und ein Toter aufgenommen.

Das Führerboot des Gegengeleites nimmt neun Mann und einen Toten auf. Sechs Mann erreichen schwimmend Sestri Levante. Ferner werden von Fischerbooten, die aus Sestri Levante ausgelaufen waren, noch drei Tote geborgen, ein weiterer treibt an, 17 werden vermisst.

Die hohe Verlustzahl führe ich darauf zurück, dass durch den Treffer wahrscheinlich die beiden Lasten[81] zur Detonation gebracht worden sind. Die 8,8-cm-Kanone ist umgefallen und die beiden Breda-Stände sind vollkommen zusammengebrochen. Etwa 90 % der Verluste sind auf dem Achterdeck entstanden.« Das Dt. Markdo Italien beanstandete die Tatsache, dass sich Wasserbomben- und Munitionslast auf dem vom US-amerikanischen Schnellboot PT 559 versenkten U-Jäger 2216 nebeneinander befanden. So hieß es in der Stellungnahme zum Bericht des Oberleutnants z.S. Hanekamp u.a.: »Die Erfahrung hat die Gefährlichkeit einer derartigen Anordnung erwiesen, zum Beispiel die Torpedierung UJ 1708. Die explodierende Artilleriemunition bringt bei unmittelbarer Nähe auch die Wasserbomben zur Detonation, wodurch besonders hohe Verluste eintreten. Aus diesem Grund war bei dem Umbau UJ 2216 in Toulon vom Dt. Markdo Italien der Einbau der WB-Last im Vorschiff vor dem Hilfsmaschinenraum befohlen worden. Die 22. U-Jagdflottille meldet, aus welchen Gründen und auf welche Veranlassung eigenmächtig eine Änderung vorgenommen wurde!«

Dem Ende entgegen

Korvettenkapitän Wunderlich hatte jedoch ganz andere Sorgen, galt es doch, aus den Besatzungen der verloren gegangenen Boote zunächst drei Kompanien zu je 100 Mann für den Einsatz an Land zu formieren, wozu auch Teile der seemännischen Besatzungen der U-Jäger-Neubauten 2225 und 2227 herangezogen wurden.

Am 25.09.1944 erfolgte die Verlegung der ersten drei Kompanien in den Raum La Spezia zur Festungsbrigade 135 (Oberst Almers). Aus weiterem Personal der 22. U-Jagdflottille wurde schließlich eine 4., ferner eine 5. Kompanie aus den Reihen der am 23.09.1944 in die 22. U-Jagdflottille integrierten 11. Räumbootsflottille (siehe Anhang) aufgestellt.

Bedauerlicherweise gingen Teile des Personals der Kriegsmarine restlos verloren.

Die ursprüngliche Zusage, dass sämtliche Kampfgemeinschaften der einzelnen Bootsbesatzungen in den Kompanien unter ihren Offizieren zusammengefasst bleiben und die Soldaten truppendienstlich und personalwirtschaftlich weiterhin von ihren Flottillen betreut werden könnten, wurde nicht eingehalten. Die Kompanien wurden sofort in Gruppen aufgespalten, die Offiziere von ihren Männern getrennt, selbst notwendiger Austausch einiger Spezialisten (Unterwasserhorcher) von übergeordneten Heeresdienststellen abgelehnt. Es entstand so der Eindruck, dass die Heereseinheiten in diesen jungen, kräftigen und einsatzbereiten Marineangehörigen nur den ihnen zustehenden, seit langem fehlenden wertvollen Mannschaftsersatz sahen, ihn aber – vielleicht unter dem Druck der Feindlage – nur als Masse Mensch oder, wie man zu sagen pflegte, als »Menschenmaterial« verbrauchten.

Der Chef der 7. Sicherungsdivision, Kapitän zur See Rehm, hoffte, dass das frei werdende Personal weiterer Einheiten (U-Jäger, Minenschiffe) nicht mehr hier im Raum eingesetzt, sondern innerhalb der Marine und entsprechend ihrer Ausbildung auf anderen Seekriegsschauplätzen Verwendung finden würde (geschultes U-Jäger–Personal in der Ostsee zum Freikämpfen des Seeraums von russischen U-Booten).

Sollte die Gesamtkriegslage weitere Personalabgaben der Marine an das Heer erforderlich machen, so erschien es dem Divisionschef richtiger, Leute aus den Landeinheiten der Kriegsmarine, zumindest nicht seebefahrenes Personal, abzugeben oder auf einen Teil des laufenden Einsatzes zu verzichten.

Mitte Oktober 1944 übergab Korvettenkapitän Wunderlich die Geschäfte des Flottillenchefs an Korvettenkapitän Dr. Wachhausen. Wunderlich[82], als Chef der 11. U-Jagdflottille und zugleich U-Jagdführer Ostsee nach Deutschland abkommandiert, nahm Oberleutnant z.S. Pollmann (zuletzt Kommandant UJ 2221) mit in die Heimat.

Entsprechend der Schrumpfung des Operationsgebietes verloren die Seetransportaufgaben weiter an Umfang, auch brachten Zufuhrschwierigkeiten auf dem Landwege nur geringe Seenachschubaufgaben. Abfuhrgüter, die auf dem Seewege nach Genua gebracht wurden, stauten sich aufgrund mangelnden Landtransportraums in großen Mengen.

Das dem Seetransportverkehr zur Verfügung stehende Küstendreieck mit den Schenkeln Genua-La Spezia und Genua-Imperia wurde während des Monats Oktober 1944 durch Feindeinwirkung kaum beeinträchtigt. Abgesehen von der Vernichtung zweier Penichen und eines Schleppers infolge Explosion eines Munitionslagers im Hafen von Genua kam es zu keinen Verlusten.

Zu den Sicherungsfahrzeugen, die im Oktober für den Schutz der insgesamt 126 Geleite mit zusammen 316 Schiffen sorgten

(= durchschnittlich zehn Fahrzeuge täglich an eingesetztem Transportraum und Geleitschutz), gehörten auch die noch kriegsbereiten Einheiten der 22. U-Jagdflottille.

Die meisten Fahrzeuge wurden in der engen Geleitsicherung eingesetzt. Langsame Kleingeleite (Penichen und Schleppgeleite) wurden in der Regel durch Vorposten, Minen- und Räumboote durchgeführt. Es zeigte sich, dass besonders bei Raketenfliegerangriffen die Sicherung durch viele kleine Fahrzeuge besser war, als durch wenige große, stärker bewaffnete Fahrzeuge:

Sie boten nicht nur ein Ziel von geringerer Größe, sie konnten – da immer nur ein Boot zur Zeit angegriffen wurde – auch meistens ungestört schießen.

Dafür hatten die U-Jäger und RA-Boote weiterhin Gelegenheit, ihr Können bei S-Boot-Jagden unter Beweis zu stellen. Es kam zu zwei Gefechtsberührungen, bei denen eines der Schnellboote vermeintlich vernichtet wurde.

Trotz der Schwächung der alliierten Schnellbootwaffe im ligurischen Raum blieben ihren Angehörigen weitere Erfolge nicht versagt. So erwischte es am Abend des 19.11.1944 den U-Jäger 2207, dem ehemaligen Neufundland-Fischdampfer CAP NORD. Zur Sicherung des Dampfers DOMINANTE von Genua nach La Spezia unterwegs, wurde er in Höhe Sestri Levante von den britischen MTBs 420 und 422 sowie dem amerikanischen PT-Boot 308 torpediert und versenkt. Den begleitenden Fahrzeugbesatzungen von der 13. Sicherungsflottille bot sich ein schreckliches Bild, riss der Untergang des U-Jägers doch viele Menschen, darunter den Kommandanten, Oberleutnant z.S. Zoller[83], in den Tod. Nachdem die alliierten Schnellboote abgelaufen waren, machten sich die eskortierenden Fahrzeuge sofort auf die Suche nach den Überlebenden, die zum Teil sehr schwer verwundet waren. M 7608 barg dreizehn, M 7031 neun, M 7014 vierzehn und M 7015 einen Schiffbrüchigen.

UJ 2207 ex CAP NORD, letztes Boot der 22. U-Jagdflottille, das durch Feindeinwirkung verloren ging.
Foto: Sammlung Herbert Scheuffler

Einer der Geretteten war Erwin Hatting. An die letzte Fahrt des U-Jägers erinnert er sich verständlicherweise nur ungern: »Während der Horchwache bemerkte ich im S-Gerät, dass Schnellboote uns von Steuerbord nach Backbord kreuzten. Ich machte sofort Meldung an das Brückenpersonal. Einige Zeit später musste ich mal austreten und ging nach achtern. Ich hatte gerade wieder den Brückenraum betreten, als es plötzlich unheimlich krachte – zwei Torpedos hatten uns mittschiffs getroffen!

Durch den gewaltigen Druck in die Höhe geschleudert, fiel ich kurz darauf zurück an Deck des Schiffes, das von den beiden Sprengstoffträgern in zwei Teile gerissen wurde. Die Verletzungen, die ich mir zuzog, waren sehr schwer: Linkes Bein völlig zertrümmert, beide Schenkelhälse gebrochen, Becken zweifach gebrochen, linke Hand und vier Rippen gebrochen. Das ganze Brückenpersonal des Schiffes wurde eingeschlossen, da sich die Türen nicht mehr öffnen ließen. Als der unter uns befindliche Kessel explodierte, wurde ich mit heißem Wasser übergossen. Augenblicke später sank der U-Jäger 2207 in die Tiefe. Ich wurde mit nach unten gezogen, schätzungsweise 10–15 Meter. Während der Druck auf meinen Ohren immer größer wurde, lief das ganze Leben wie im Film vor mir ab. Ich sah mein Elternhaus, meine Eltern, meine Verlobte, unseren Hund. Ich habe nie gedacht, dass es so etwas gibt …

Dank der Schwimmweste, die ich trug, kam ich wieder nach oben. Ein Kamerad, der mich auf ein Rettungsfloß zog, erkannte gleich die Schwere meiner Verwundung und rief eines der begleitenden Boote heran. Von diesem aufgenommen, bekam ich sofort Morphium gespritzt. Mein linkes Bein wurde geradegebogen und geschient, was trotz des verabreichten Schmerzmittels höllisch wehtat. Von Rapallo wurde ich in ein Krankenhaus nach Genua transportiert, wo mein linkes Bein amputiert wurde. Im November 1945 kam ich dann als Krüppel nach Hause.«

Zwar stellte der U-Jäger 2207 das letzte Fahrzeug der 22. U-Jagdflottille dar, das durch Feindeinwirkung verloren ging, dennoch kam es bis zum Ende des Krieges noch zu manchen Gefechtsberührungen. Schrecken flößten aber nicht nur die Angriffe der alliierten Kräfte und die Aktivitäten der Partisanen ein, manchmal lösten auch andere Dinge Ängste aus. Am 04.12.1944 ereignete sich zum Beispiel etwas, was einigen Besatzungsmitgliedern des U-Jägers 2226 wohl zeit ihres Lebens im Gedächtnis bleibt. Oberleutnant z.S. Becker hielt über dieses Vorkommnis damals schriftlich fest:

»Der Besatzung UJ 2226 war durch Befehl bekannt, dass um 17.00 Uhr des 04.12.1944 Einsatz sein sollte. Um von der Einsatzbesprechung rechtzeitig an Bord zu kommen, hatte ich Befehl gegeben, das Boot von der Ansaldo-Werft zur Ponte Andrea Doria zu verholen. Auf der Geleitbesprechung wurde die Auslaufzeit von 17.00 Uhr auf 19.00 Uhr geändert.

Kurz nach dem Festmachen des Bootes an der Ponte Andrea Doria wollte ich an Bord gehen.

Der I.WO machte mir die Seeklarmeldung. Der Torpedomechaniker war gerade dabei, beim Backbordrohr die Kartusche einzusetzen. Das Rohr stand in Nullstellung, die Abschussvorrichtung war gesichert. Nach Einsetzen der Kartusche schraubte der Mechaniker den Verschluss auf. Dabei ging die Kartusche los und der

Torpedo wurde unter starker Rauchentwicklung ausgestoßen[84]. Er durchschlug das Schott zur Kombüse, das nächste Schott zur Werkstatt und lief sich an dem darauf folgenden Schott tot.«

Dass eine Detonation des Sprengstoffträgers nicht zu erwarten war, da der Propeller der Gefechtspistole die Zündeinrichtung erst nach etwa 300 Umdrehungen freigibt und nicht bei Durchgang durch die Luft bewegt wird, war den anwesenden Besatzungsmitgliedern des U-Jägers 2226 in diesen Augenblicken nicht bewusst!

Während die U-Jäger 2221, 2226 und 2229 bzw. die ab Ende 1944 noch zur »Frontreife« kommenden U-Jäger 2227 und 2228 aufgrund angespannter Treibstofflage kaum noch bewegt werden konnten, führte die Räumbootgruppe der 22. U-Jagdflottille noch diverse Geleit- Aufklärungs- Vorposten- bzw. Mineneinsätze durch.

Was sich bei der Flottille in den letzten Monaten des Krieges ereignete, ist wegen fehlender Kriegstagebücher nicht mehr detailliert festzustellen. Dass wir aber trotzdem erfahren, wie es »zum Schluss« zuging, verdanken wir dem nachfolgend in Auszügen wiedergegebenen Bericht von Günter Werner Schmidt (letzter Kommandant UJ 2227), den er am 12.06.1947 auf Anforderung der Briten verfasste:

»Von Januar bis März 1945 lagen die U-Jäger wegen Treibstoffmangel still. In dieser Zeit wurden die Einspritzdüsen der Motoren umgestellt, um statt Gasöl Schweröl fahren zu können. Der Geleitdienst lastete währenddessen nur auf den Booten der R-Gruppe. Ende März/Anfang April 1945 kamen die U-Jäger wieder zum Einsatz. Der U-Jäger 2227 fuhr sein letztes Unternehmen in der Nacht vom 10. zum 11. April von La Spezia nach Genua. Um diese Zeit herum wurden sämtliche mit Benzin fahrenden RA- und RD-Boote außer Dienst gestellt, ferner der U-Jäger 2229, bei dem die Umstellung von Gasöl auf Schweröl nicht gelungen war.

In der Nacht vom 23. zum 24. April 1945 lagen sämtliche noch im Dienst befindlichen U-Jäger in Genua in Einstundenbereitschaft, um den in See befindlichen Minenlegern und den sie sichernden Booten der R-Gruppe der 22. U-Jagdflottille zu Hilfe kommen zu können, falls sie bei ihrer Aufgabe, die Sperrlücken vor Genua zu schließen, durch überlegene Seestreitkräfte gestört würden. Dieser Fall trat jedoch nicht ein.

In der gleichen Nacht wurden die schon früher außer Dienst gestellten oder noch nicht in den Dienst zugeteilten Boote gesprengt. Darunter befanden sich die U-Jäger 2220, 2222, 2225, 2229, 2230 und die benzingetriebenen RA- und RD-Boote.

Am 24. April 1945 morgens, nachdem die Minenleger und R-Boote eingelaufen und der Hafen von Genua selbst durch Magnetminen verseucht worden war, wurde gegen 07.10 Uhr vom Flottillenadjutanten das Stichwort »Schlussakkord« telefonisch durchgegeben. Dieses Wort bedeutete den Befehl zur Versenkung der Boote und Marsch der Besatzungen zum Sammeln der Flottille im Flottillenstützpunkt.

Um 07.50 Uhr war der an der Ponte dei Mille liegende U-Jäger 2227 unter Wasser. Um 08.15 Uhr marschierte die Besatzung unter Führung des Kommandanten aus dem Hafen ab.

Eine Wache blieb bei Proviant und Gepäck zurück, für die Abholung mit LKW vorgesehen war. Dieses Vorhaben konnte jedoch später nicht mehr ausgeführt werden. Um 09.50 Uhr traf die Besatzung ohne Verlust und ohne ernste Störungen m Flottillenstützpunkt ein und blieb die einzige Besatzung der 22. U-Jagdflottille, der ein Marsch durch die bereits von Partisanen besetzte Stadt gelungen war.

Nach der Versenkung der Boote waren die Marineverbände nunmehr taktisch dem Heer unterstellt. Befehlshaber im Abschnitt war Generalmajor Meinhold. Diese Unterstellung hatte aber praktisch keine Bedeutung mehr erlangt. Der Plan, mit dem zu einem Bataillon zusammengefassten Personal der 22. U-Jagdflottille eine neue Hauptkampflinie nördlich Genua zu beziehen oder später mit Teilen der Festungsbrigade 135 den Rückzug in die Alpen anzutreten, misslang.

Gegen Mittag des 24. April wurde dem Flottillenchef die Meldung übermittelt, dass auf der Piazza de Ferrari Teile einer Abteilung Heeresartillerie von Partisanen eingeschlossen sei.

Es wurde befohlen, dass der I. Flottilleningenieur, Oberleutnant (Ing.) Horn, mit einem durch zwei LKW motorisierten Stoßtrupp diese Abteilung befreien sollte. Der Stoßtrupp wurde befehlsgemäß von der Besatzung des U-Jägers 2227 mit den beiden Wachoffizieren gebildet. Nach einigen Stunden kamen nur noch Reste mit einem LKW ergebnislos zurück. Von diesen waren einige Soldaten verwundet (u.a. der I.Flottilleningenieur), die dann später in ein italienisches Lazarett überführt wurden, wozu die nationalen Partisanen stets freies Geleit gaben. Der andere Teil des Stoßtrupps hatte, da der zweite LKW fahruntüchtig geschossen war, an der Piazza de Ferrari verwundet oder unverwundet in Gefangenschaft der Partisanen gehen müssen.

Auf der Rückfahrt, nach der Teilnahme an einer Besprechung beim Kommandanten einer anderen Flottille am Corso Italia, auf dem mit dem zuständigen Distriktkommandanten über freien Abzug nach Norden sowie über einen Waffenstillstand mit der CLNI verhandelt worden war, wurde der Korvettenkapitän Dr. Wachhausen durch Kopfschuss getötet, obwohl sein Wagen durch weiße Flaggen als Parlamentärauto ausreichend gekennzeichnet war. Dr. Wachhausen wurde zwei Tage später in der Nähe des Stützpunktes, den er aufsuchen wollte, auf dem Grünstreifen des Corso Italia beigesetzt.[85]

Zu diesem Stützpunkt hatten sich bis 24. April die Besatzungen des U-Jägers 2221 unter Oberleutnant zur See der Reserve Becker und des U-Jägers 2226 unter Oberleutnant zur See Martini unter Verlusten durchgekämpft. Sie waren auf dem Marsch vom Hafen zum Stützpunkt der 22. U-Jagdflottille von Partisanen angegriffen und abgeriegelt worden, bis es ihnen gelang, mit dem Stützpunkt Corso Italia Verbindung aufzunehmen und dort einzurücken.

Das Kommando im Stützpunkt der 22. U-Jagdflottille wurde nach dem Tode des Flottillenchefs Dr. Wachhausen von Oberleutnant zur See Hanekamp übernommen.

Die nächsten Tage im Stützpunkt der 22. U-Jagdflottille verliefen ohne Verluste, da mit dem italienischen Distriktkommandanten stets rechtzeitig Waffenstillstände für mehrere Stunden vereinbart wurden.

Am Nachmittag des 25. April wurde der schriftliche Befehl mit eigenhändiger Unterschrift des Generalmajors Meinhold durch die Partisanen verbreitet, der die Vereinbarung der bedingungslosen Übergabe an die nationalen Partisanen bekannt gab und Waffenabgabe ab 26. April 09.00 Uhr anordnete.

In einer Offiziersbesprechung des Stützpunktes der 22. U-Jagdflottille wurde beschlossen, diesen Befehl vorläufig nicht auszuführen, da die Munition noch ausreichend und der Verpflegungsbestand im Stützpunkt für längere Zeit gesichert war. In Anbetracht der Uneinigkeit unter den Italienern und in der Überzeugung, dass Leben und Privateigentum der anvertrauten Wehrmachtsangehörigen nicht ohne zwingende Not undisziplinierten, irregulären Soldaten auf Gnade oder Ungnade anvertraut werden dürfe, wurde das Eintreffen der amerikanischen Kampftruppen abgewartet.

Am 27. April 1945 um 09.30 Uhr traf die auf Panzern aufgesessene Vorausabteilung der 92. amerikanischen Infanteriedivision vor dem Stützpunkt ein und erhielt die erbetene Übergabe.

Am Abend wurden die Angehörigen der Besatzung des Stützpunktes der 22. U-Jagdflottille als Gefangene in einer Art Triumphzug durch die Hauptstraßen Genuas geführt, doch wurden die deutschen Soldaten stets ausreichend von der amerikanischen Eskorte gegen den italienischen »Mob« geschützt.

Am 30. April 1945 begann der Abtransport der Gefangenen mit LKW nach Pisa. Nach und nach wurde dann in Pisa ein großer Teil von dem gesammelt, was von der deutschen Wehrmacht in Italien übrig geblieben war. Am 21. Mai wurde die Masse der in Genua gefangen genommenen Offiziere der ehemaligen 22. U-Jagdflottille, jedoch ohne Ingenieur-Offiziere und ohne Flottillenarzt, zusammen mit etwa 800 bis 1000 im Offiziersrang stehenden Personen aller Wehrmachtsteile aus dem Lager Pisa zum Bahnhof gebracht und von dort mit einem Güterzug nach Süditalien transportiert.

Am 24. Mai 1945 traf der Zug in Altamura bei Bari ein und wurde den Briten übergeben.

Das Lager wurde 226. POW-Camp genannt.

Im Oktober 1945 begann der Abtransport aller in der amerikanischen, britischen und französischen Zone beheimateten Gefangenen nach Hause. Die in der sowjetischen Zone oder im neu-polnischen Gebiet beheimateten Offiziere wurden in ein Winterlager in Nähe von Tarent gebracht. Der letzte Heimattransport verließ am 26. Oktober 1945 das Lager Altamura und traf am 1. November 1945 in Munsterlager zur Entlassung ein.«

Zu den vielen Soldaten der 22. U-Jagdflottille, die erst später aus der Gefangenschaft entlassen wurden, gehörte auch der heute in Groß Börnecke lebende Werner Deliga. Was er nach seiner Gefangennahme erlebte, schildert er mit folgenden Worten:

»Mit LKWs, wo bis zu 120 Mann drauf gewesen sind, ging es von Genua nach Pisa. Bewegen konnte man sich fast überhaupt nicht, so eng war das. Als wir durch eine Ortschaft gefahren sind, wurden wir mit Steinen beworfen, dabei wurde der dunkelhäutige Fahrer getroffen. Dieser machte »kurzen Prozess« und schoss auf die Steinwerfer.

Wir durchfuhren etliche Tunnel. Dabei sind mehrere Kameraden vom Fahrzeug gesprungen, um sich der Gefangenschaft zu entziehen. Ob es gelungen ist? Es gab ja viele Partisanen ...

Im Gefangenenlager von Pisa waren wir ungefähr 12 Wochen. Ich hatte das Glück, zum Arbeitseinsatz eingeteilt zu werden.

Wir wurden dann nach Neapel verlegt. Unser Lager war eine ausgebombte Tabakfabrik. Der Lagerkommandant war ein Oberleutnant Kastner aus New York. Er war ein guter und ehrlicher Mensch. Der sagte zu uns (wir waren 680 Mann): »Ihr habt jetzt vier Wochen Zeit, Euch das Lager Euren Wünschen und den Möglichkeiten entsprechend einzurichten.«

Wir hatten einen Arzt, einen Kinosaal, einen Duschraum, eine Küche, eine eigene Musikkapelle (die später sogar für die Amerikaner gespielt hat) sowie eine Theatergruppe.

In der Fabrik, in der wir arbeiten sollten, haben wir die italienischen Werktätigen abgelöst; sie wurden entlassen.

Ein großes Erlebnis war es, als eines Tages eine große alliierte Flotte in Neapel lag – u.a. der Flugzeugträger ROOSEVELT, Schlachtschiffe, Kreuzer und Zerstörer.

Nach 10 Monaten wurden wir von Neapel nach Pisa zurückgebracht, diesmal mit der Bahn. Fünf Wochen später ging es dann über den Brenner. Die Güterwagen, in denen wir transportiert wurden, waren beschriftet und geschmückt. Auf unserem stand: »Wir grüßen Berlin« – wir wurden in Österreich mit Steinen beworfen. So also hatte sich die Zeit gewandelt ...

Von Bad Aibling wurden wir entlassen, jedoch nur in die westlichen Zonen. Wir, die im Osten beheimatet waren, haben deshalb einen Ort angegeben, der dicht an der Grenze zur damaligen Ostzone lag. In Bebra angekommen, musste ich über vier Gleise, um in den östlichen Sektor zu gelangen. Wir wurden von russischen Offiziersschülern empfangen. Ihre Uniformen waren sauber, die meisten von ihnen sprachen deutsch. Die Amerikaner hatten uns vor der Außerhandgabe unserer Entlassungspapiere gewarnt. Aber die Russen haben es so geschickt gemacht – und wir wurden sie doch los. Dann mussten wir in Reihen zu sechs Mann antreten. Los ging es. Plötzlich waren die Offiziersschüler verschwunden, nur die »normalen« Soldaten waren noch da. Sie sahen völlig anders aus: Absätze schief gelaufen, Uniform dreckig, die Mütze saß im Nacken ...

Wir kamen dann nach Eisenach. Die Unterkunft muss so eine Art KZ-Lager gewesen sein, es waren Baracken, drinnen nur wenige Pritschen, Stroh und Decken fehlten.

Die Russen hatten uns an der Sektorengrenze alles weggenommen, auch das gute amerikanische Kochgeschirr. Wir haben uns dann vom Müll, welchen die »KZler« beseitigt hatten, alte Büchsen besorgt und diese etwas entrostet.

Wir kamen dann nach Pretzsch in ein so genanntes »Quarantäne-Lager«. Nach 14 Tagen sollte eigentlich alles vorbei sein. Aber es kam anders: Wir wurden auf LKWs verladen und nach Muldenstein bei Bitterfeld verbracht. Dort mussten wir ein intaktes Kraftwerk demontieren. Sechs Monate später war es geschafft – und wir durften endlich nach Hause. Gleichzeitig hat man uns die damals abgenommenen Entlassungspapiere zurückgegeben.

Einige Monate später wurden wir dann über den Sender Rias Berlin darüber informiert, dass wir das während unserer Gefangenschaft verdiente Geld abholen könnten. Ich hatte 189 Dollar erarbeitet, was damals ungefähr 780 Ostmark waren.

Ich kann nicht klagen über meine Gefangenschaft; ich bin als Mensch behandelt worden.«

Richard Schulz war einer von jenen Internierten, die sich damals vorzeitig »absetzten«. Was hatte er damals in Italien erlebt, wie gelang ihm die Flucht?

»Nachdem wir uns gegen die Partisanen bis zum Eintreffen der vorrückenden amerikanischen Truppen verteidigt hatten, gingen wir im Frühjahr 1945 in amerikanische Gefangenschaft.

Zur Schau der italienischen Bevölkerung wurden wir durch Genua geführt. Einige der Italiener haben uns bedauert, andere uns beschimpft.

Dann ging es in das Stadion von Genua, wo wir die erste Nacht in Gefangenschaft verbrachten.

Am nächsten Morgen wurden wir mit LKWs nach Livorno in kleinere Lager gebracht. Wir wurden auf illegale Gegenstände »gefilzt«. Stellenweise gab es am Lagereingang Prügel. Dabei taten sich vor allem polnische und tschechische Bewacher, die glaubten, dass sie mit uns »abrechnen« müssten, hervor. Ich bin dem aber entkommen, da ich mit meinem Kumpel Rudi Büttner schnell an den Posten vorbeigeschlüpft bin.

Nach der Untersuchung wurden wir zum Lager 338 transportiert. Dort waren mindestens 15.000 Soldaten versammelt. Am Anfang der Gefangenschaft gab es wenig Nahrung; die amerikanische Logistik war zu diesem Zeitpunkt mit der Versorgung Tausender von Gefangenen überfordert und nicht darauf eingestellt.

Als die Zeit im Auffanglager beendet war, wurden wir aufgeteilt. Da ich Maschinenobergefreiter auf UJ 2221 war, bin ich in eine Kraftfahrzeug- und Panzerreparaturwerkstatt zwischen Pisa und Livorno gekommen.

In dem riesigen Fahrzeuglager waren viele Fahrzeuge vom Jeep bis zum Panzer abgestellt. Ich fuhr dann einen General-Motors-LKW. Zusammen mit vier italienischen Arbeitern musste ich die gestapelte Altmunition aus der Umgebung von Pisa/Livorno in den Hafen von Livorno transportieren. Dort wurde diese verladen und schließlich im Meer versenkt.

Von Tag zu Tag wurde das Leben im Lager besser. Die Versorgung mit Lebensmitteln klappte hervorragend; keiner musste hungern. Medizinische Versorgung war durch deutsche und amerikanische Ärzte sichergestellt. Wir wohnten zunächst in kleinen Zelten. Später haben wir uns aus Verpackungskisten, mit denen die LKWs von Amerika nach Italien kamen, Verschläge gebaut – das Wohnen wurde angenehmer.

Im Lager waren Soldaten sämtlicher Berufe interniert. Es gab Handwerker, Musiker, Sportler, Künstler usw. Von uns wurde auch ein Sportplatz gebaut. Die dafür benötigten Maschinen, u.a. Planierraupen, waren vorhanden. Die Einweihung des Platzes war ein großes Fest. Wir Gefangenen bildeten zwei Fußballmannschaften und weihten bei einem zünftigen Spiel den Platz ein. Der Ball wurde dabei von einem amerikanischen Flugzeug abgeworfen. Der amerikanische Lagerkommandant hat den Anstoß ausgeführt.

Des Weiteren wurden Handballmannschaften, Leichtathletik- und Boxergruppen etc. gebildet. Ich selbst habe Handball gespielt und auch geboxt. Durch den Sport haben wir uns nach der Arbeit die Zeit vertrieben.

Aus einigen alten Funkgeräten habe ich mir zusammen mit einem Offizier ein Radio gebaut. So hatten wir im Zelt Musik.

Als Höhepunkt durften wir sonntags mit dem GM-LKW an den Mittelmeerstrand fahren und dort baden gehen.

Leider durften die Kameraden aus der Sowjetzone nicht nach Hause schreiben. Die Soldaten mit Heimat in den französisch, englisch und amerikanisch verwalteten Gebieten wurden nach und nach entlassen. Die Zeit verging. Vielen gelang die Flucht mit italienischer Unterstützung. Auch ich habe mich kurz vor Weihnachten 1946 zusammen mit drei Kameraden abgesetzt: Unser Auftrag war, Lastkraftwagen an die jugoslawische Grenze bei Cividale zu überführen. Nach erledigtem Auftrag ergab sich für uns die Gelegenheit zur Flucht. Wir haben uns über Österreich nach Deutschland durchgeschlagen. Mit einem Güterzug sind wir von Villach bis Salzburg gefahren. In Halain sind wir über die Grenze gelaufen. Eine deutsche Frau, deren Sohn im Krieg gefallen war, hat uns sehr freundlich aufgenommen und für eine Nacht Quartier gegeben. Von dort bin ich dann mit der Eisenbahn bis nach Mellrichstadt, an der Grenze zum russischen Sektor gelegen, gefahren. Flüchtlinge aus der Sowjetzone empfahlen uns, nicht in den Osten zu gehen, da geflohene Gefangene gleich nach Russland abtransportiert würden. Ich bin dann zu meinem Bruder, der 1943 bei Tunis in Gefangenschaft geraten und zurzeit bei den Amerikanern als Dolmetscher auf dem Flugplatz bei Echterdingen beschäftigt war, nach Stuttgart gefahren. Ich habe noch zwei Jahre in der Nähe von Stuttgart gearbeitet, dann ging ich in meine Heimatstadt, Dresden, zurück.«

Und da, wo Richard Schulz auch heute noch wohnt, richtete er in 2002 ein Treffen von ehemaligen Angehörigen der 22. U-Boot-Jagd- und 6. Sicherungsflottille aus.

»Wenn wir uns Jahr für Jahr und hoffentlich noch oft im Kameradenkreise treffen dürfen und dabei auch unsere Lebensgefährtinnen mitbringen, dann darf der tiefere Sinn unserer Zusammenkünfte nicht im Hurra-Patriotismus liegen«, brachte der inzwischen verstorbene Franz Hauser bei einem früheren Wiedersehenstreffen zum Ausdruck. »In unserer Zeit gilt es als schick, den Mitmenschen übers Ohr zu hauen. Treue, Kameradschaft und Moralität werden immer mehr als eine Form von Dummheit empfunden. Wir scheinen uns damit abgefunden zu haben, dass man immer aggressiver bereit ist, wegen kleiner Vorteile anderen Nachteile zuzufügen und moralische Handlungskriterien durch Effektivitätskriterien ersetzt. Mit anderen Worten: Die Orientierung geht immer direkter in Richtung »Erfolg«, wobei das Ziel »Leistung« geflissentlich aus dem Auge verloren wird. Wir haben im Mittelmeer große Leistungen vollbracht. Aber wir hatten keinen Erfolg! Darüber gibt es keinen Zweifel. Vor dem Hintergrund dieser Tatsachen müssen wir anstreben, dass unser kameradschaftlich-freundschaftliches Zusammensein eine wohltuende Oase in unserem Leben ist. Wir müssen uns rückbesinnen auf Zeiten, in denen der Kamerad an unserer Seite ein zuverlässiger, anständiger Gefährte war und dass dieses Gemeinschaftserlebnis unser ganzes Leben nachwirkt ...«

Nachwort und Dankadresse

Kriegstagebuch- bzw. Gefechtsberichtsauszüge mögen den dokumentarischen Charakter der vorliegenden Arbeit unterstreichen. Dennoch sind diese nur bedingt geeignet, um die Schrecken des Seekrieges zu vermitteln; sie sagen nichts aus über die Todesängste, die in den stählernen Röhren ausgestanden wurden, wenn die U-Jäger sich ihrer tödlichen Fracht entledigten und die Wasserbomben zur Detonation gelangten. Sie vermögen weder aufzuzeigen, wie den Seeleuten an Bord der Unter- und Überwasserschiffe zumute war, wenn ihr Fahrzeug durch Bomben-, Minen-, Granat- oder Torpedotreffer zu sinken begann, noch können sie uns auch nur annähernd etwas von den Schmerzen erzählen, die den vom Schicksal getroffenen Menschen zugefügt wurden. Wir sollten daher auch »zwischen den Zeilen« lesen, um uns der Grausamkeit und der Sinnlosigkeit des Krieges stets bewusst zu sein.

Ohne die Unterstützung der nachfolgend Genannten, die mir mit Rat und/oder Tat (z.B. Überlassung von Schriftgut und/oder Fotos) hilfreich zur Seite standen, hätte dieses Buch nicht realisiert werden können. Es ist mir daher Verpflichtung und Ehre zugleich, dafür herzlich zu danken:

Ehemalige Angehörige der 22. U-Jagd-, 6. Sicherungs-, 10. Torpedoboots- 3.Geleit- und 11. Räumbootsflottille, Marinekameradschaft Korvettenkapitän Dr. Brill in Frankenthal, Bundesarchiv/ Militärarchiv in Freiburg, Bibliothek für Zeitgeschichte in Stuttgart, Deutsche Dienststelle für die Benachrichtigung der nächsten Angehörigen von Gefallenen der ehemaligen deutschen Wehrmacht (WASt) in Berlin, Volksbund Deutsche Kriegsgräberfürsorge e.V., Verlagsgruppe Koehler/Mittler in Hamburg, Wissenschaftliches Institut für Schiffahrts- und Marinegeschichte, Peter Tamm, in Hamburg, Royal Navy Submarine Museum in Gosport (England), Public Record Office in Kew (England), National Archives in Washington (USA), Department of the Navy in Washington (USA), Ulrich Albrecht (†) und Familie, Claudio Amerini, Heinz Becker (†), Margaret Bidmead, Keith Birthwhistle, William Black, Günter Brede, Ernst Bremer, Heinrich Bremser, Dr. Karl-Friedrich Brill (Sohn des berühmten Minenschiff-Kommandanten), Jean Yves Brouard, Debbie Corner, Jack Daussy, Willi Debrich, Werner Deliga, Dr. Alessandro Dondoli, Döringhoff, Fritz Drechsler (†), Dr. med Walter Emig, Siegbert Fahnenstich, Dennis A. Feary, Erhard Funda, Gerhard Gast, Marco Ghiglino, Andrea Ghisotti, Helmut Hammer, Erwin Hatting, Erhard Henrich, Werner Hering, Hermann Himstedt (†), Erwin Höfling, Werner Hofferberth, Dr. Dieter Jung, Norbert Kelling, August Klüber, Helmut Koch, Johannes Kriegs, Maurice Laarman, Hans Leerhoff, Karl Lehmann, Dr. jur. Rolf Löwe, Willi Lohmeier, Harry Meesen, Werner Meisner (†), Horst Meißner, Tjard Melzer, Guy Mercier, Heini Neubert, Johannes Niestadt, Dr. Axel Niestlé, Harold und Jim Nugent, Heinz Obenhaupt (†), Egon Otten, Otto Pollmann (Sohn des berühmten Marineoffiziers) und Familie, Fregattenkapitän d.R. a.D. Hans Georg Prager (fungierte als Lektor und Herausgeber dieses Buches und trug durch breites Fachwissen sowie wertvolle Ergänzungen in besonderem Maße zur Verwirklichung dieses Werkes bei), Dr. Achille Rastelli, Willi Ruf, Marc Saibène, Herbert Scheuffler (†), Günter Schmidt (†), Wilhelm Schnell (†), Prof. Dr. Jürgen Rohwer, Cecil Sanders, Helmuth Schoon, Richard Schulz, Heinz Stöcker, Friedrich Straakholder, Lothar Talberger, Reinhold Traupel und Thomas Weis.

Manfred Krellenberg
Helgolandstr. 3, 23554 Lübeck

Fußnoten

1 Tatsächlich kam es bald zu echten Kampfhandlungen zwischen Pétain treu gebliebenen französischen Einheiten und angreifenden Briten: In den Tagen 23. bis 25.09.1940 schlug Dakar wiederholte Angriffe einer britischen Kampfgruppe ab, die Truppen des mit Großbritannien verbündeten Generals de Gaulle zu landen versuchten. Selbst in schwerem Feuer liegend, brachte die noch nicht wieder vollständig von den erlittenen Schäden des Angriffs vom 08.07.1940 wiederhergestellte RICHELIEU zusammen mit Küstenbatterien mehreren angreifenden Kriegsschiffen Treffer bei. Außerdem torpedierte ein französisches U-Boot das britische Schlachtschiff RESOLUTION, so dass es sich zurückziehen und das Unternehmen abgebrochen werden musste. General de Gaulle setzte sich daraufhin statt im Senegal im schwieriger zu verteidigenden Kamerun fest, das damals französische Kolonie war, nachdem Frankreich gemäß Versailler Vertrag das Mandat über dieses einstige deutsche Schutzgebiet zugesprochen bekommen hatte. Nach dem erneuten Überfall der Briten auf Dakar, bei dem die Franzosen 160 Gefallene und 300 Verwundete zu beklagen hatten, flogen französische Kampfflugzeuge zum wiederholten Male einen Vergeltungsangriff gegen Gibraltar, wobei sie 400 Bomben warfen. Die französische Admiralität übertrug dem Admiral de Laborde, einer der hervorragendsten Persönlichkeiten der französischen Marine, das Kommando über Frankreichs Hochseestreitkräfte. Er setzte seine Flagge auf dem aus Oran nach Toulon entkommenen Schlachtschiff STRASBOURG.

2 Ralf Georg Reuth, »Entscheidung im Mittelmeer«, Seite 20

3 Rohwer/Jäckel, »Kriegswende Dezember 1941«, Seite 149

4 Am 28.06.1940 wurde in Rom der Deutsche Verbindungsstab beim Admiralstab der Königlichen italienischen Marine gebildet. Mit der Verlegung deutscher Seestreitkräfte in das Mittelmeer im November 1941 wurde das Deutsche Marinekommando (Dt. Markdo) Italien eingerichtet. Der Befehlshaber blieb in Personalunion Deutscher Admiral beim italienischen Admiralsstab. Dem Dt. Markdo Italien waren alle in Italien und Nordafrika eingesetzten Einheiten und Dienststellen der deutschen Kriegsmarine unterstellt. Nach der alliierten Landung in Nordafrika besetzten im November 1942 deutsche und italienische Truppen Tunesien. Zur Koordinierung der Transporte wurde das Deutsche Marinekommando Tunesien gebildet, das am 13.05.1943 mit den noch in Tunesien verbliebenen deutschen und italienischen Truppen kapitulierte. Mit den alliierten Landungen in Italien im September 1943 und dem Ausscheiden Italiens aus dem Achsenbündnis wurde für die Küstenverteidigung von der französisch-italienischen Grenze bis zur Hauptkampflinie nördlich Neapel der Kommandant der Seeverteidigung italienische Riviera aufgestellt. Ihm unterstanden die Abschnittskommandanten Genua, La Spezia und Livorno-Viareggio. Für die Küstenverteidigung an der italienischen Adriaküste bis zum Golf von Triest wurde der Kommandant der Seeverteidigung Westadria eingerichtet. Ihm unterstanden die Abschnitte Venedig und Ancona. Nach Auflösung des Marinegruppenkommandos Süd im Dezember 1944 wurde das Dt. Markdo Italien am 01.01.1945 zum Marineoberkommando (MOK) Süd umgewandelt.

5 Betreffend der Ereignisse im östlichen Mittelmeer möchte ich den interessierten Lesern das von Dr. Peter Schenk verfasste Buch »Kampf um die Ägäis« (Mittler-Verlag) empfehlen.

6 Die Absicht, eine so genannte »Geleitflottille Mittelmeer« aufzustellen, wurde nicht realisiert. Stattdessen kam es im April bzw. Mai 1943 zur Aufstellung der 4. respektive der 3. Geleitflottille.

7 Die Verfolgung eines in Fahrt befindlichen U-Bootes durch den U-Jäger mit S-Gerät war in der Regel auf der »Hundekurve« so anzustreben, dass der Angriff mehr oder minder aus dem Kielwasser des U-Bootes erfolgt.

8 Nach Auffassung des Dt. Markdo Italien wurde der Geräuschpeilung ein viel zu großer Wert beigemessen: »Sie kann durch eigene Schiffsgeräusche, Schraube, Bugwelle bereits bei der normalen Impulspeilung als Reflektion des Hüllkörpers auftreten, wird aber vom Horcher als solches nicht angesprochen. Dreht der Horcher jetzt die Verstärkung auf, um eine Geräuschpeilung festzustellen, so findet er die eigene, und das Kommando kommt zu Fehlschlüssen. Auch für Gefechtsberichte und für die Beurteilung einer Bekämpfung spielt die Geräuschpeilung nur eine geringe Rolle.«

9 sm. = Seemeile (1,852 Kilometer)

10 Stbd. = Steuerbord, Bbd. = Backbord

11 mtr. = Meter

12 sek = Sekunden

13 Die Vernichtungswirkung der Wasserbomben beruht auf dem Pascal'schen Prinzip und ist abhängig von der Tiefe des U-Bootes (Druck des Wassers, der bereits auf der äußeren Hülle des U-Bootes lastet), von der Konstruktion des U-Bootes (vor allem dort, wo die Bombe detoniert) und von der Masse der Wasserbombe. Das U-Boot hat gegenüber der Wasserbombe eine ganz erhebliche Widerstandskraft, was aber nicht dazu führen darf, die Rückwirkung der Wasserbombe auf das werfende Überwasserschiff zu unterschätzen. Der Mindestwurfintervall, d.h. Abstand von Wasserbombe zu Wasserbombe, wurde bei der Bombe des Typs »Dora« auf 50 Meter festgesetzt. Als Mindestweite für den Querschuss wurden 60 Meter gefordert, da anderenfalls der U-Jäger der Sicherheitsabstand erst so spät erreicht, dass die Bomben nur auf größte Tiefe eingestellt werden konnten. Unterschreiten des Mindestwurfintervalls konnte zu Nachbardetonationen führen, die wiederum Beschädigungen des eigenen Fahrzeugs zur Folge haben konnten, wenn sich die Detonationen in Richtung auf den U-Jäger fortpflanzten.

14 1 Yard = 3 Feet = 91,44 Zentimeter

15 UJ 2208, der sofort nach Beendigung der Umbau- und Reparaturarbeiten zum Einsatz gekommen war, hatte am 06.03.1943 eine scheinbar erfolgreich verlaufende Bekämpfung durchgeführt, als dieser sich auf dem Marsch von Genua in Richtung Kap Corse (Nordspitze Korsika) befand. Mehrere starke Luftschwalle, das Emporkommen von Wrackteilen und das Ausbleiben einer erneuten Ortung gaben Anlass zur Annahme, ein Unterwasserfahrzeug für immer auf Tiefe geschickt zu haben. Sehr wahrscheinlich handelte es sich aber lediglich um ein Wrack, das im Quadrat CJ 1624 »bekämpft« worden war.

16 W.B.D. = Wasserbomben des Typs »Dora«

17 Auch der Engländer Dennis A. Feary, Forschungsassistent des Royal Navy Submarine Museums, hält es für nicht ausgeschlossen, dass der deutsche U-Jäger 2210 das britische U-Boot THUNDERBOLT versenkte. Dem Ar-

beitskreis des Royal Navy Submarine Museums schrieb er: »Although it has been deemed certain that CIGOGNA sank H.M. Submarine THUNDERBOLT this further attack on a submarine has brought this claim to require further examination. The report of the attack on a submarine gives that a periscope was seen off the bow at 2000 yards, and one hour later a further sighting, this time only seven feet from the Corvette. CIGOGNA increased speed and dropped depth charges after which there was observed an explosion and a submarine cleared the water at what seemed was an angle of 90 degrees. The boat then sank discharging air-bubbles and oil. Two further depth charges were dropped and a further discharge of air-bubbles and a large quantity of oil took place. After 4 minutes a whitish-coloured smoke appeared all around the area of the sinking. No further contact was made. The position at the first sighting was given as 4 miles NNW of Cape St. Vito (approx 38° 05 N 13°00 E) time 0734. At 0845 the action began when the periscope was again sighted, so after one hours steamed the position of the final supposed sinking could have altered considerably. Although there is no doubt that it was a submarine it does not necessarily mean that the boat was sunk. The whitish smoke seen at the last sighting could possibly have been a smoke candle going off. Whether the submarine was still under command or not it could have travelled-on under water, either of its own volition or by »laying on« a layer of fresh water and been conveyed to another position. The second attack on a submarine in the nearby vicinity of the first took place some 4 hours later in position approximately 38° 05 N 15° 05 E. This position is given by the attacking German UJ as in Grid System Square CJ 9558 which relates to the Longitude and Latitude given, and this would have made the positions some 30 miles distant from the other. The German attackers were convinced that it was a submarine they were attacking, and that it was destroyed, as the assessment of the Fleet Commander summarised. Although such actions, and there have been many such whereby »positive sightings« of submarines and there sinkings are known to have been false, this does seem to have taken a place in ideal conditions for an attack. As the two positions given were estimates only and could well have been more to the east in the first instance, and more to the west in the second, then the submarine (or wreck of) could well have travelled a short enough distance for the two attacks to have been made on the same submarine the first not having completely destroyed the boat. Until the wreck of THUNDERBOLT is discovered and a assessment made as to the damage she sustained a final decision as to which attack led to the final destruction of the boat will not be able to the certain. Even the position of the wreck, if found, will not give a certain answer. It should be noted that D.A. Feary is by no means an »expert« in such matters and is only making observations as to what may have occurred.«

18 Das britische U-Boot TEMPEST war am 13.02.1942 vom italienischen Torpedoboot CIRCE durch gut liegende Wasserbomben an die Wasseroberfläche gezwungen worden. Es verdient erwähnt zu werden, dass der Erfolg mit deutscher WB-Ausrüstung gelang, ferner mit den Kriegsmarineangehörigen Rublack und Naidenoff deutsches Personal an Bord gewesen ist. Die beiden Horcher haben die Ortung, die zeitweilig verloren gegangen war, wiedergefunden und können für sich in Anspruch nehmen, dazu beigetragen zu haben, dass die Royal Navy das zur T-Klasse gehörende Boot verlor.

19 Zu den Ausführungen des Leiters der U-Boot-Abwehrlehrgruppe in Italien bemerkte die Amtsgruppe Technisches Nachrichtenwesen: »Nach den hier vorliegenden Erfahrungen, die sich außer auf Versuchsberichte besonders auf die Kriegstagebücher unserer U-Boote bei Asdic-Verfolgung stützen, muss damit gerechnet werden, dass auch das plötzliche Abbrechen der Ortung kein Beweis für die Vernichtung des U-Bootes ist. Es ist durchaus möglich, dass das U-Boot auf 50 m gute Echos gibt, während z.B. auf 100 m Tauchtiefe keine Echos mehr angezeigt werden. Unsere U-Boote wenden oft mit Erfolg das Mittel an, sich durch das Aufsuchen für die Ortung ungünstiger Schichten der Asdic-Verfolgung zu entziehen. Vom U-Boot kann die günstige Tiefe durch Beobachtung der Asdic- und Schraubengeräusche des Jägers abgeschätzt werden.«

20 Der BSW schrieb am 30.12.1942 an den Führungsstab des Marinegruppenkommandos West: »Es hat sich schon jetzt gezeigt, dass für die an der südfranzösischen Küste gestellten Sicherungsaufgaben die Einrichtung der 6. Sicherungsflottille nicht genügt. Die Küstenlänge von 180 Seemeilen mit sechs Einsatzhäfen erfordert eine Aufteilung in eine größere Anzahl von Minensuch-, U-Jagd- und Geleitgruppen, deren Einsatz und Betreuung von einem Flottillenkommando aus nicht gesteuert werden kann... Summe (der) Aufgaben übersteigt die Leistungsfähigkeit eines Flottillenkommandos bei weitem. Es wird daher beantragt, die 6. Sicherungsflottille in eine 6. Sicherungsdivision umzuwandeln mit dem Sitz in Montpellier, und den Flottillenbestand aufzuteilen in zwei Flottillen östlich und westlich der Rhône. Als Tag der Aufstellung wird der 01.02.1943 beantragt. Die Bezeichnung Sicherungsflottille führt leicht zu einer Verwechslung mit den S-Flottillen. Es wird daher vorgeschlagen, den beiden Flottillen die Bezeichnung Minensuchflottille, und zwar 60. und 62. M.S.-Flottille zu geben, und sie als Mehrzweckflottillen mit M.S.- Geleit- und U-Jagdgruppen aufzubauen.« Der Oberbefehlshaber des Marinegruppenkommandos West schrieb am 14.01.1943 an das OKM, dass er mit dem Vorschlag des BSW im Wesentlichen einverstanden sei. Unter Bezugnahme auf die vom BSW gemeldeten Begründungen beantragte er

a.) die Umwandlung der 6. Sicherungsflottille in 6. Sicherungsdivision

b.) die Unterstellung der 6. Sicherungsdivision unter den Chef BSW unmittelbar, entsprechend der bereits bestehenden und bewährten Unterstellung der 6. Sicherungsflottille unter den BSW

c.) die Unterstellung der 22. U-Jagd- und der 6. Räumbootsflottille truppendienstlich unter den BSW, einsatzmäßig unter das Dt. Markdo Italien bzw. Dt. Markdo Tunesien

d.) Vervollständigung der Ausrüstung für die U-Jagdgruppe UJ 6261 bis 6266 sowie für die SG-Gruppe mit KDB und S-Geräten.

Admiral Krancke antwortete dem Marinegruppenkommando West am 04.02.1943: »Der Antrag auf Bildung der 6. Sicherungsdivision durch entsprechende Umwandlung der 6. Sicherungsflottille wird abgelehnt. Eine Sicherungsdivision ist weder aufgabenmäßig noch aufgrund des verfügbaren Fahrzeugmaterials zurzeit gerechtfertigt. Die 6. Sicherungsflottille ist als Mehrzweckflottille mit Minensuch-, Vorposten- und Hafenschutzgruppen zu gliedern. Die beantragte Unterstellung der 22. U-Jagdflottille und der 6. Räumbootsflottille unter BSW wird abgelehnt.«

21 Ruge, seit Februar 1941 Befehlshaber der Sicherung West in Paris, wurde im März 1943 zugleich zum Chef des Sonderstabes für Geleitfragen beim Dt. Markdo Italien und dem königl. ital. Admiralstab ernannt. Er stand damit als zweite deutsche Führungsstelle ne-

ben dem Dt. Markdo Italien, Befehlshaber Konteradmiral Meendsen-Bohlken, zugleich deutscher Admiral beim Admiralsstab der Königl. ital. Marine. Dieser Dualismus wurde im Mai 1943 wieder dadurch aufgelöst, dass beide Dienststellen unter Ruge als Befehlshaber zusammengefasst wurden. Im August 1943 wurde Meendsen-Bohlken wiederum Nachfolger von Ruge in dieser Position.

22 Betreffend der am 23.03.1943 erfolgten Versenkung des Tankers ZEILA bemerkte Oberleutnant z.S. Wurmbach, dass das TAG sich nicht bewährt habe: »Es besitzt eine zu große Empfindlichkeit gegenüber Eigengeräuschen und brachte die Torpedos erst, als sie in unmittelbarer Nähe des Schiffes passierten ... Einbau eines KDB oder GHG, zumindest aber die Anbordgabe eines FHG erforderlich.«

23 1 Faden = 6 Fuß = 1,829 Meter

24 In den Naval Staff Histories ist kein Hinweis darauf zu finden, dass zu jener Zeit und in jenem Seegebiet ein alliiertes U-Boot attackiert wurde.

25 In den Naval Staff Histories ist kein Hinweis darauf zu finden, dass zu jener Zeit und in jenem Seegebiet ein alliiertes U-Boot attackiert wurde.

26 Keiner der deutschen U-Jäger führte noch einen Einsatz nach Afrika durch. Zwar wurden UJ 2203 und 2208 für eine Geleitfahrt nach Tunesien vorgesehen (20.04.1943), doch waren die Fahrzeuge der 22. U-Jagdflottille in einem Zustand, der als nicht ausreichend für weitere Afrika-Fahrten angesehen wurde. Der Chef der 7. Sicherungsdivision hielt hierzu schriftlich fest: »Die U-Jäger-Kommandanten haben erhebliche Schäden an ihren Maschinenanlagen gemeldet, die durch die besonders beschleunigte Indienststellung und die erhebliche Anstrengung der Boote und die beim Wasserbombenwerfen auftretenden Erschütterungen verursacht sind. Sie haben Befehl, ihre Maschinenanlagen so gut es geht mit Bordmitteln wieder instand zu setzen. Einsatz nach Afrika erscheint mir aber bei dem augenblicklichen Zustand der Maschinen nicht vertretbar.«

27 Der Ankauf der NIMET ALLAH (86,25 Meter Länge, 11,61 Meter Breite, 1704 BRT) verzögerte sich aufgrund langwieriger diplomatischer Verhandlungen immer wieder. NIMET ALLAH (benannt nach der jüngsten Tochter des Khedive Tewfik, welcher Ägypten zwischen 1879 und 1892 beherrschte) wurde nicht der 22. U-Jagd-, sondern der 6. Sicherungsflottille zugeteilt. Die Indienststellung des intern auch als »Königsyacht« oder »Pascha« bezeichneten U-Jägers erfolgte am 18.01.1944. Das Fahrzeug wurde in der Nacht zum 17.08.1944 südöstlich Marseille von der eigenen Besatzung versenkt, nachdem die eigene Lage (Artillerietreffer durch USS ENDICOTT, britisch. APHIS und SCARAB) aussichtslos geworden war.

28 Anlage A des Gefechtsberichts (ADM 199/1875): ATTACK ON CONVOY OFF CASTELLAMARE GULF
DATE AND TIME: 11th April 1943, 1554
POSITION OF ATTACK: 38° 19' N 13°00' E.
DEPTH OF WATER: 260 Fathoms
WEATHER: Wind. Nil. Sea & swell 00. Sky 6. Vis. 8
RESULTS: 1 Hit
At 1330 smoke was observed bearing 240° and several aircraft were sighted circling overhead. I altered course to 270° and it appeared that the smoke was passing to the North East. I altered course to 315° and ran out hoping to intercept the enemy. At 1430 impulses were heard sweeping on 13 K/cs in the direction of the smoke, and I then sighted the masts of several ships steering in a North Easterly direction coming from San Vito. The sea now flat calm and as I would have been sighted at periscope depth, went deep between each look. When I came to periscope depth at 1450, I identified the enemy as three medium sized Merchant Vessels escorted by six destroyers and a large number of aircraft. The umbrella of aircraft consisted of fighters and float planes, and were a constant nuisance during the attack. At 1522 the convoy altered course to 090° and I found that I was going to be a long way off track so I altered course to 170° and ran in on a 100° track. The destroyers were grouped all round the convoy, which was now in line abreast, with one destroyer weaving ahead, and another astern of the convoy. Every time I put the periscope up to have a look I found an aircraft in the very near vicinity, and I cannot understand why I was not sighted and bombed. I realised that the tracks from my torpedoes were bound to be sighted, and that I was sure to get a hot reception for my sins. As the ships were in line abreast, and as I was certain the tracks were going to be sighted immediately, I decided to fire only 4 torpedoes. At 1554 when approximately 5000–6000 yards off track I fired No. 1,2,3 and 4 tubes with a depth setting of 12 feet and a firing interval of 17 seconds. Point of aim $1/4$ length ahead of the inside ship. I estimated their speed to be 7 knots and course 090° using a DA of 8. After firing I went straight down to 400 feet and turned away at 70° from the firing course. At 16.25 which was 6 minutes 25 seconds after firing there was a loud torpedo explosion, which was probably a hit on the outside ship. I now expected to have a very concentrated counter attack, and at 1612 the enemy commenced dropping depth charges fairly close. The counter attack finished at 16.38 during which time 36 depth charges were dropped. The only possible damage sustained was to the port outboard exhaust pip which may be cracked. Destroyers were heard carrying out a hunt until dark using 13 K/cs but had apparently lost contact with me. I considered it unwise to come to periscope depth under these conditions and made my escape to the North West. This attack was made very difficult on account of the flat calm conditions, and also the large number of aircraft flying round the convoy. It was only possible to put the periscope up for a very brief time as the periscope was making a huge wash even at the slowest speed. It is hoped that one of the ships was sunk as it was impossible to come up and verify the results of the attack.«

29 An Bord aller deutschen Kriegsschiffe bezeichnete man die Nichtangehörigen der beiden Grundlaufbahnen I (seemännisch) und II (technisch) als Funktionäre, d.h. alle Spezialisten (Signal- und Funklaufbahn, die Waffenmechaniker, das Sanitäts-, Verwaltungs- und Schreiber-Personal). Auf großen Schiffen wurden sie in einer besonderen Funktionärsdivision zusammengefasst.

30 Der Captain (S) Eighth Submarine Flotilla bemerkte zum Gefechtsbericht des SICKLE-Kommandanten (Auszug aus ADM 199/1838): »SICKLE left Algiers on 10th May for a patrol area off the south coast of France, between Marseille and San Remo, which was entered on 13th May. At 11.14 on 15th May, when off Monaco, an assortment of small craft was sighted, headed by what appeared to be a 1500 ton tanker (though it is possible it may have been a UJ boat). Whatever it was, SICKLE proceeded to send it to the bottom. Four torpedoes were fired at 11.38 at a range of 1850 yards, spread 1 $1/2$ ships lengths. The second torpedo was fired 2 $1/2$ seconds too early, and probably missed ahead. One of the salvo however hit the target, resultant breaking up noises being heard for 3 minutes. At 1144, a further torpedo explosion was heard, which, from the course of the salvo, can only have been a torpedo hitting the foundations (or very close to) the Casino at Monte Carlo.

Being the only submarine Commanding Officer who could then aspire to the title of »The Man who broke the Bank at Monte Carlo«, Lieutenant Drummond proceeded to experience varying changes at Fortune's Wheel. The A/S trawler, who had been in company with the assorted convoy, proceeded to gain contact, and after passing over SICKLE, who was at 100 feet, a couple of times, came in again a third time and let go an unpleasantly close pattern of 8 depth charges. SICKLE then went to 350 feet. Lieutenant Drummond states that he did not go deeper earlier because his pump is noisy. This is being investigated but I have advised him that it is better to run the pump and go deep at the outset of the counter attack when the submarine is using speed to get away from her firing position, than run the pump (if this can't be avoided) at a later stage of the counter attack.«

31 Mit Ablauf des 18.05.1943 löste Vizeadmiral Ruge den Konteradmiral Meendsen-Bohlken als Befehlshaber des Dt. Markdo Italien ab. Gleichzeitig erfolgte die Zusammenlegung der beiden Stäbe DSS und Dt. Markdo Italien, womit eine wesentliche Vereinfachung der Organisation erreicht wurde.

32 Der Befehl, UJ 2211 gegen ein Fahrzeug der 6. Sicherungsflottille (UJ 6070 ex CETONIA) auszutauschen, wurde letztlich nicht ausgeführt: UJ 2211 verblieb bei der 22. U-Jagdflottille, und die 6. Sicherungsflottille behielt den U-Jäger 6070 (welcher als UJ 2217 für die 22. U-Jagdflottille vorgesehen war); er ging am 05.04.1944 durch Fliegerbomben verloren. UJ 2214 wurde am 03.09.1943 gegen UJ 6072 ex INSUMA in Marseille ausgetauscht. UJ 2214 erhielt die Bezeichnung UJ 6075, UJ 6072 die Bezeichnung UJ 2219. UJ 2215 wurde am 20.09.1943 gegen UJ 6071 ex TADORNA ausgetauscht. UJ 2215 erhielt bei der 6. Sicherungsflottille die Bezeichnung UJ 6076, und UJ 6071 wurde in UJ 2218 umbenannt.

33 Werner Thiede, geboren 1923, ruht auf der Kriegsgräberstätte in Pomezia (Italien). Endgrablage: Block T Grab 1192.

34 Herbert Scheuffler erhielt am 11.12.1943 seine Abkommandierung nach Eckernförde, um dort am Oberfähnrich-Lehrgang teilzunehmen. Nachdem er im März 1944 zur 14. U-Jagdflottille versetzt worden war, stieg er als I.WO auf UJ 1405 ein. Als Leutnant zur See erlebte Scheuffler die Einkesselung der Festung Lorient mit. Er kam dann in französische Kriegsgefangenschaft, aus der er erst am 09.10.1947 entlassen wurde. Herbert Scheuffler wohnte zuletzt in Belgien und verstarb am 09.09.1998.

35 UJ 2208 hatte am 20.08.1943 auf dem Weg zwischen Imperia und Savona ein vermeintliches U-Boot in vier scharfen Anläufen »bekämpft«. Nach Detonation der letzten Wasserbomben kamen sechs stark mit Muscheln besetzte Holztonnen an die Wasseroberfläche. »Es ist anhand von Wrackkarten festgestellt worden, dass es sich um einen vor 60 Jahren dort gesunkenen spanischen Frachter gehandelt haben muss«, bemerkte der Flottillenchef, Korvettenkapitän Wunderlich, zum Bericht des Kommandanten von UJ 2208.

36 Auszug aus dem Gefechtsbericht des SICKLE-Kommandanten:

»28th August, 0525: Dived in position 42.23N, 9.52 E.

0623: In position 42.26N., 9.50 E. sighted convoy. This appeared to consist of a 3000 ton camouflaged armed merchant ship, an old 1500 ton ship, and a smaller ship astern of her, and two A/S escort vessels.

0657: Fired 4 torpedoes at the armed merchant ship, range 800 yards. I had only intended to fire 3 torpedoes; the fourth was fired by accident owing to an order I gave being incorrectly heard.

0657 and 30 seconds: Two torpedoes hit. Enemy was seen to sink spectacularly by the stern in under a minute. I then attempted to attack the second ship, which was however altered course away. I then tried the third ship, which up to now I had taken to be a small coaster of about 800 tons. However it turned out to be a large and modern looking A/S trawler, which passed only 100 yards away, pinging furiously ...

0709: Went deep. A/S impulses on 16 Kcs. were heard from two ships.

0724: Pattern of 5 depth charges moderately close.

0734: Pattern of 10 depth charges (further away).

0742: Pattern of 10 depth charges (further away).

0854: Came to periscope depth. Masts and funnels of convoy could still be seen.

0910: Pattern of 10 depth charges, dropped at least 5 miles away.

2130: Surfaced in position 42.14 N., 10.01 E.«

37 Aufgrund Meldungen der Luftaufklärung, die das Dt. Markdo Italien am Morgen des 08.09.1943 erhielt, rechnete der Befehlshaber mit einer alliierten Landung sowohl südlich als auch nördlich von Rom. Meendsen-Bohlken befahl um 12.00 Uhr die Verlegung sämtlicher in und um Rom befindlichen Marinedienststellen in das im Raum Frascati vorbereitete Ausweichquartier. Das Dt. Markdo Italien meldete um 22.40 Uhr die Verlegung vollzogen, ferner die Sicherstellung der Nachrichtenverbindung zu den nachgeordneten Dienststellen. Letzteres entsprach aber nicht den Tatsachen: Der Chef der 7. Sicherungsdivision erhielt nach Bekanntgabe der italienischen Kapitulation erst am Abend des 09.09.1943 Befehle des Dt. Markdo Italien übermittelt. Um 21.30 Uhr hieß es: »Missbillige Einschiffen BRANDENBURG, sofort Geschäfte Stabschef Livorno übernehmen, Veranlasstes melden!«

38 = Entwaffnung der italienischen Wehrmacht, Besetzung und Übernahme aller ital. Kriegs- und Handelsschiffe, ferner aller sonstigen militärischen Einrichtungen

39 ALISEO lief entgegen der Zusage seines Kommandanten doch zur alliierten Seite über. Das Torpedoboot ARDITO wurde als TA 26 in die 3. Geleitflottille übernommen.

40 Übernommene ital. Kriegs- und Hilfskriegsschiffe laut Aufstellung Dt. Markdo Italien:

- 2 Schlachtschiffe im Bau
- 6 Kreuzer, davon 3 aKB, 3 im Bau
- 6 Hilfskreuzer, davon 1 KB, 3 aKB, 1 im Hafenbecken gesunken
- 1 Flugzeugträger im Bau
- 11 Zerstörer, davon 5 aKB, 3 im Bau, 3 im Hafenbecken gesunken
- 32 Torpedoboote, davon 2 KB, 13 aKB, 12 im Bau, 5 im Hafenbecken gesunken
- 28 Schnellboote, davon 17 MS-Boote, 11 MAS-Boote
- 16 Korvetten, davon 7 aKB, 8 im Bau, 1 im Hafenbecken gesunken
- 26 VAS-Boote, davon 25 aKB, 1 im Bau
- 11 U-Boote, alle aKB
- 1 U-Transporter für Sturmboote, aKB
- 4 Klein-U-Boote, davon 2 KB, 2 aKB
- 3 Minenleger, davon 2 KB, 1 im Bau
- 2 Minenräumboote im Bau
- 1 Hafenmonitor, aKB
- 67 Hilfskriegsfahrzeuge, davon 30 KB, 32 aKB, 4 im Bau, 1 im Hafenbecken gesunken

41 Die Korvette VESPA war von einem Schlepper nach Livorno eingebracht worden. Der Verbands-Ingenieur stellte bei der Untersuchung der Fahrbereitschaft der VESPA fest, dass die Brennstoffpumpen fehlten. Der Chef der 7. Sicherungsdivision ordnete daraufhin an, zwei Brennstoffpumpen aus einer in Livorno liegenden schwer beschädigten Kor-

vette aus- und auf VESPA einzubauen. Der Zustand der sehr komplizierten E-Anlage machte eine Überführung nach Genua zur Untersuchung und etwaiger Überholung notwendig (KTB 7. Sicherungsdivision, 27.09.1943).

42 Der Übersetzverkehr von Sardinien nach Korsika war am 18.09.1943 abgeschlossen. Gemäß Aufstellung des Dt. Markdo Italien wurden insgesamt transportiert: 25.800 Mann, 4765 Tonnen Versorgungsgüter, 66 schwere und 78 mittlere PAK, 12 leichte und 12 schwere Infanteriegeschütze, 85 Panzer, 23 leichte und 8 schwere Feldhaubitzen, 4 Zehn-Zentimeter-, 119 Achtkommaacht-Zentimeter-, 147 Zwei-Zentimeter- und 30 Dreikommasieben-Zentimeter-Vierlingskanonen.

43 Das Dt. Markdo Italien bemerkte zu Pollmanns Gefechtsbericht: »Bei der geübten Horchmannschaft des U-Jägers 2210 dürfte ein Irrtum bei der Beobachtung der gegnerischen Impulse ausgeschlossen sein. Dass diese Impulse mit der Absicht gegeben wurden, die Messungen des U-Jägers zu stören, ist wenig wahrscheinlich. Vielmehr ist anzunehmen, dass sie der eigenen Entfernungsbestimmung dienen sollten. Dass Letzteres der Fall sein kann, haben Gefangenenaussagen bestätigt.«

44 Auszug aus dem Gefechtsbericht der UNSHAKEN: »13.40: Sighted small Petrol Carrier (1000 tons) coming out of Ferraio Harbour (North Coast). Carried out snap attack. 13.46: Fired two Torpedoes independently ... Enemy Speed 9 Kts. Torpedoes missed and exploded on beach. Target proceeded to hunt UNSHAKEN using Asdic transmitter. 10 depth charges dropped fairly close. 18.25: Came to Periscope depth. Nothing in sight...« Der Captain (S) Eighth Submarine Flotilla bemerkte zum Gefechtsbericht des UNSHAKEN-Kommandanten u.a.: »... a 1000 ton German vessel, crowded with troops, was attacked off Porto Ferraio at long range, at 13.46 on 2nd October. Two torpedoes were fired at a range of 1600 yards, aimed just abaft the stern and before the stern. Both missed, possibly because the torpedo tracks were sighted. It appears the target was undoubtedly a UJ boat, since it was transmitting on Asdics, and counter-attacked UNSHAKEN, fortunately ineffectively ...«

45 Die Kampfsiebelfähren 169 und 176 wurden von den MTBs in Brand geschossen. Eine setzte sich vor Portoferraio auf Strand, die andere ging im Hafen von Piombino brennend unter. Das Gefecht zwischen den MTBs und den Kampfsiebelfähren forderte insgesamt 11 Tote, 6 Vermisste, 7 Schwer- und 16 Leichtverletzte auf deutscher Seite.

46 Es handelte sich um PT 207. Das von Frederick W. Rosen geführte Boot hatte einige Treffer erhalten. Eines der Geschosse durchschlug einen Benzintank, wodurch Treibstoff in die Bilge und schließlich zur Entzündung gelangte. Eine Explosion erschütterte PT 207. Erheblich beschädigt, jedoch nicht gänzlich zerstört, erreichte das S-Boot schließlich den Stützpunkt.

47 Die amerikanischen S-Boote retteten keine Schiffbrüchigen. Theodor Dammann (geboren am 23.05.1923), Mathias Fleck (geboren am 05.11.1908), Willi Ruhe (geboren am 09.09.1919) und Karl-Heinz Schröder-Ehrbeck (geboren am 05.03.1924) fanden am 03.11.1943 den Tod.

48 Wesentlicher Grund hierfür war, dass die amerikanischen PT-Boote im Gegensatz zu den britischen S-Booten ein modernes, gut funktionierendes Radargerät, das Überwasserfahrzeuge auf mehrere Seemeilen Entfernung orten und ihre Richtung und Geschwindigkeit feststellen konnte, besaßen. Es lag nahe, die PT-Boote vornehmlich als Aufklärungsfahrzeuge einzusetzen, die bei etwaigen Ortungen dann die stärker armierten MTBs und MGBs an das Ziel führten. Nicht nur, dass die britischen Boote über die wirkungsvollere Artillerie verfügten, sie besaßen auch die zuverlässigeren Torpedos. Die alten Mark VIII-»Aale«, mit denen die amerikanischen PT-Boote ausgerüstet waren, benötigten eine bestimmte Wassertiefeneinstellung, um gut zu laufen. Da aber viele Zielobjekte einen geringen Tiefgang hatten (z.B. MFPs), mussten die Torpedos entsprechend flach eingestellt werden. Das aber vertrugen die MARK-VIII, die eigentlich für Zerstörer konzipiert worden waren, nicht; »Irrläufer«, die eine erhebliche Selbstgefährdung bedeuteten, stellten keine Seltenheit dar. Und deshalb führten bei gemischten Patrouillen nun hauptsächlich die Besatzungen der britischen MTBs auf Befehl des (britischen) Verbandsführers, der sich auf einem PT-Boot befand, Torpedo-Attacken durch.

49 Zwar wurde dem Dt. Markdo Italien später bekannt, dass an der Bekämpfungsstelle ein Wrack lag, der »Vernichtungserfolg« wurde aber nicht wieder aberkannt.

50 Welches U-Boot attackiert wurde, ist unbekannt. Den Naval Staff Histories ist nicht zu entnehmen, dass am 07.11.1943 und im besagten Seegebiet ein alliiertes U-Boot attackiert wurde. »Patrols in October and November were continued by submarines from Algiers and Malta. DOLFIJN (Lieutenant Commander H. van Oestrom Soede) left Algiers on 3rd November for patrol in the Gulf of Genoa, where no targets came within range between the 7th and the 15th. She left her area on the 15th for Malta, arriving on the 23rd November, subsequently joining the 1st Flotilla at Beirut. La SULTANE (Lieutenant de Vaisseau Bourdin) had an uneventful patrol off the south coast of France, leaving Algiers on 1st November and returning without incident, but with a number of defects, on the 11th November. UNTIRING had a blank patrol in the area between Cannes and Cap Mele, leaving Algiers on 4th November and arriving in Malta, via Bizerta, on 23rd November.

51 KB-Zustand der Flottillen im Bereich des Dt. Markdo Italien (westliches Mittelmeer, Stand: 02.12.1943):

- 3. Schnellbootsflottille:
  KB 1 Boot, aKB 3 Boote
- 7. Schnellbootsflottille:
  KB 5 Boote, aKB 3 Boote
- italienische S-Boote/MS-Boote:
  KB 1 Boot, aKB 5 Boote
  /MAS-Boote:
  KB 1 Boot, aKB 11 Boote
- 6. Räumbootsflottille:
  KB 4 R-Boote, aKB 3 R-Boote,
  KB 6 VAS-Boote, aKB 4 VAS-Boote
- 11. Räumbootsflottille:
  KB 2 R-Boote, aKB 9 R-Boote
- 12. Räumbootsflottille:
  KB 3 R-Boote, AKB 4 R-Boote
- 22. U-Jagdflottille:
  KB 6 Boote, aKB 6 Boote
- 3. Geleitflottille:
  KB 5 Boote, aKB 7 Boote
- 70. Minensuchflottille:
  KB 3 MS-Boote, 3 M-. 18 VP-Boote
  aKB 11 MS-Boote, 4 M., 7 VP-Boote
- 2. und 4. Landungsflottille:
  KB 39 MFP, 2 MAL, 5 ital. MZ
  aKB 26 MFP, 12 MZ

52 Am 20.11.1943 ließ das OKM per Befehl eine Neuregelung betreffend der Führungsorganisation im Mittelmeer in Kraft treten, wonach dem Dt. Markdo Italien nur noch die kurze Küstenstrecke von der ital.-französischen Grenze bis zum Frontverlauf an der Westseite Italiens verblieb. Der Befehl lautete:
A.) Einteilung des Mittelmeeres einschließlich Adria in drei Operations- bzw. Zuständigkeitsbereiche:
1. Gruppe West: das westliche Mittelmeer westlich der Linie, die von der Bereichsgren-

ze zwischen Gruppe West und Dt. Markdo Italien zum Punkt 40° Nord, 6°Ost und von dort auf dem 6. Längengrad nach Süden führt. Diese Linie entspricht gleichzeitig Bereichsgrenze zwischen Luftflotte 2 und 3.
2. Dt. Markdo Italien: das westliche Mittelmeer zwischen der Linie unter 1. und der Linie, die von Cap Passero über Nordwestecke Insel Gozo (Malta) auf dem 14. Längengrad nach Süden führt. Diese Linie entspricht gleichzeitig der Bereichsgrenze zwischen Luftflotte 2 und Luftwaffenkommando Südost.
3. Gruppe Süd: die gesamte Adria einschließlich des Küstenvorfeldes vor der ital. Küste, das mittlere Meer ostwärts der Linie unter 2. und das östliche Meer. Soweit in der Adria Interessen des Balkanraumes (OB Südost, Marinegruppe Süd) und des ital. Raumes (OB Südwest, Dt. Markdo Italien) gleichzeitig berührt werden, entscheidet die SKL.
B.) In den Küstenvorfeld-Abschnitten der genannten Seegebiete führen die im Küstenbereich zuständigen befehlshabenden Kommandieren Admirale mit folgenden Ausnahmen:
1. im Küstenvorfeld der französischen Südküste führt der BSW (6. Sicherungsflottille).
2. Für die Führung im Küstenvorfeld des Adria-Küstenbereiches des Dt. Markdo Italien ist der Adm. Adria zuständig. Er setzt die ihm unterstellten Sicherungsstreitkräfte (11. Sicherungsflottille) auch für diesen Küstenvorfeld-Abschnitt ein.
3. Zur Überbrückung der Nahtstellen zwischen den einzelnen Küstenvorfeld-Abschnitten, ferner zwischen der Bereichsführung der ital. Adriaküste und der Seekriegsführung in der Adria findet unmittelbare Zusammenarbeit zwischen den unmittelbar beteiligten Befehlshabern. statt. Gruppe West, Gruppe Süd und Dt. Markdo Italien unterrichten sich gegenseitig über die Aufklärungsergebnisse in den ihnen zugeteilten Seeräumen.
4. Für die Führungsorganisation des U-Boot-Krieges gelten die erlassenen Befehle.
Soweit erforderlich, sind Zeitpunkte für Inkraft-Treten dieser Regelung noch im Einzelnen zwischen Gruppe Süd, Gruppe West und Dt. Markdo Italien zu vereinbaren unter Meldung an SKL.

53 Die schwarze »Piratenflagge« war das britische Gegenstück zu den deutschen Siegeswimpeln. Aufgestickte Streifen signalisierten Torpedoerfolge, Sterne symbolisierten Versenkungen durch Artillerie.

54 Den Naval Staff Histories ist nicht zu entnehmen, dass zu jener Zeit und in jenem Seegebiet ein alliiertes U-Boot attackiert wurde.

55 Der Captain (S) Tenth Submarine Flotilla bemerkte zum Gefechtsbericht des UNIVERSAL-Kommandanten u.a.: »After a blank first day, a convoy consisting of a 5000 ton tanker and a slightly smaller merchant vessel, escorted by three A/S trawlers, one UJ boat and three Flak lighters, was sighted at 10.44 on 18th December, steering a course of 305° parallel to the coast outside the 100 fathom line. UNIVERSAL was inshore of this convoy being 4000 yards south of Punta di Sestri Light and at 11.24 a salvo of four torpedoes was fired at a range of 2700 yards, resulting in two hits. The resulting counter attack by the impressive number of escorts was fortunately not very accurate, though 45 charges were dropped and the hunt continued for 2 ½ hours. At 13.08, one hour and a half after the two torpedoes had hit, breaking up noises were distinctly heard, and it is considered this first target had sunk. Later that evening an enemy report was made for the benefit of submarines to the Westward. Much oil was sighted in the neighbourhood of this attack during subsequent days.«

56 Welches U-Boot attackiert wurde, ist unbekannt. Zwar waren UPSTART, ULTOR und UPROAR im Ligurischen Meer aktiv, sie befanden sich jedoch nicht in Nähe der von Pollmann angegebenen Bekämpfungsstelle, so dass sie als Zielobjekt nicht infrage kommen.

57 Betreffend des Verlustes des U-Jägers 6076 heißt es im KTB der 6. Sicherungsflottille: »22.12.1943: U-Jäger 6076, der mit M 6003/05 von Toulon zur Sicherung eines auslaufenden U-Bootes in See war, wurde 15.50 Uhr im dichten Nebel 3 sm südlich von Cap Sicie (südlich Toulon) von einem feindlichen U-Boot torpediert und sank nach 3 Minuten. 15 Überlebende, davon 1 Leichtverletzter, wurden von der 70 Mann starken Besatzung durch Seenotdienst zunächst geborgen. Anschließend wurden von treibenden Flößen weitere 21 Soldaten übernommen. Kommandant, Lt.z.S. Blank, wahrscheinlich geblieben. 6. Sicherungsflottille hat 2 Boote der A-Gruppe zur Unfallstelle entsandt. Bei Tagesanbruch ist die Nachsuche durch Flugzeuge und Seenotboote vorgesehen. Nach weiteren Meldungen haben die Boote M 6003/M 6005 die Torpedierung nicht wahrgenommen. Warum die 3 Boote nicht zusammengeblieben waren, ist nicht geklärt. Andererseits ist auffallend, dass das U-Boot den U-Jäger trotz des dicken Nebels angreifen konnte. Vielleicht Überwasserangriff auf Funkortung.«

58 Fahrzeugbestand bei der 22. U-Jagdflottille (Stand: Mitte Januar 1944)

- UJ 2207 (Kommandant: Lt. z.S. Osse. Da erkrankt, vertreten durch Oberleutnant z.S. Günter Schmidt) (LM: Maschinist Brandes)
- UJ 2208 (Kommandant: Leutnant z.S. Oskar Schmidt) (LM: Obermaschinenmaat Notholt)
- UJ 2209 (Kommandant: Oberleutnant z.S. Günter Schmidt, zurzeit Kommandant UJ 2207, in Vertretung Leutnant z.S. Müller) (LM: Obermaschinist Näder)
- UJ 2210 (Leutnant z.S. Pollmann, vertreten durch Hanekamp) (LM: Maschinenmaat Schwanz)
- UJ 2211 (Kommandant: Oberleutnant z.S. Zoller) (LM: Obermaschinist Kerstein)
- UJ 2216 (Kommandant: Oberleutnant z.S. Hanekamp, zurzeit Kommandant UJ 2210, in Vertretung Leutnant z.S. Groth (LM: Maschinist Friedrich)
- UJ 2220 (Kommandant: Kapitänleutnant Fenkner) (LM: Masch. Burmeister)
- UJ 2221 (Kommandant: Kapitänleutnant. Dr. Wachhausen) (LM: Maschinist Hempel)
- RA 251 (Kommandant: Leutnant z.S. Dahl) (LM: Maschinenmaat Kott)
- RA 252 (Kommandant bis 19.01.44: Oberfähnrich z.S. Mohs) (LM: Obermaschinenmaat Palm)
- RA 253 (Kommandant ab 20.01.44: Oberfähnrich z.S. Mohs) (LM: Maschinenmaat Schuber)
- RA 254 (Kommandant: Obersteuermann Käthner) (LM: Obermaschinist Hauer)
- RA 255 (Kommandant: Oberfähnrich z.S. Bennit) (LM: Obermaschinist Bergfelder)
- RA 256 (zurzeit Werft Genua) (LM: Obermaschinist Gross)
- RA 257 (Kommandant: Obersteuermann Floreck) (LM: Obermaschinist Hofmann)

59 Welches (bzw. ob überhaupt ein) Unterwasserfahrzeug attackiert wurde, ist unbekannt. Den Naval Staff Histories ist zu entnehmen, dass die im Februar 1944 gefahrenen U-Boot-Patrouillen sich lediglich auf den Seeraum zwischen Toulon und Mentone erstreckten. Es erscheint an dieser Stelle der Hinweis angebracht, dass Emilio Carta, der Verfasser des Werkes »Navi e Relitti«, in sei-

nem im Jahr 1999 in Italien veröffentlichten Wrackbuch von einem »mysteriösen U-Boot-Wrack« berichtet, das in 86 Meter Wassertiefe vor dem Steilufer bei Punta Chiappa liegt – etwa dort, wo Pollmann am 03.02.1944 ein U-Boot als vernichtet meldete ...

60 Der Franzose Ghassem Gheissary hat das Wrack betaucht. Er berichtete dem Autor, dass die NIEDERSACHSEN in 385 Fuß Tiefe auf sandigem Grund liegt.

61 Es handelt sich um den Obergefreiten Georg Halder, geboren am 07.11.1922. Die sterblichen Überreste von Halder ruhen auf der vom Volksbund Deutsche Kriegsgräber e.V. hergerichteten Kriegsgräberstätte in Costermano (Italien). Endgrablage: Block 7 Grab 267.

62 Gerhard Mierzowski, geboren am 04.06.1925, fand auf dem Friedhof von Costermano (Italien) seine letzte Ruhestätte (Block 7, Grab 357).

63 Dem KTB des Dt. Markdo Italien vom 19.04.1944 ist u.a. zu entnehmen: »Dieses italienische Fahrzeug wurde in einem Sonderfall im Geleitdienst nach Genua eingesetzt. Durch den jetzt eingetretenen Unglücksfall ergibt sich die Notwendigkeit der eingehenden Unterrichtung der italienischen Fahrzeuge, ehe sie bei der augenblicklichen Feindlage im Geleitdienst eingesetzt werden können (in der Zeit vor dem 8.9.1943 wurde italienischerseits nur bei Tage gefahren). In der sehr unsichtigen Nacht wird etwas später durch das havarierte TA 27 im Nordgeleit vor Levanto eine Peniche (KÖLN) gerammt, die aber La Spezia erreichen kann.«

64 Zum Beispiel am frühen Morgen des 15.06.1944, als US-PT-Boote die deutschen Torpedoboote TA 26 und TA 30 versenkten. Der Kommandant TA 26, Kapitänleutnant Kopka, bezeichnete den Gegner irrtümlich als U-Boot, welches auftauchte und nach Feuereröffnung durch TA 26 wieder auf Tiefe ging.

65 Der vermeintliche Doppelerfolg ereignete sich am 11.04.1943.

66 Josef Scubek, Wilhelm May und Fritz Neumann

67 Befehl in Übereinstimmung mit der Haager Landkriegsordnung und international gültigem Recht

68 Von den amerikanischen S-Booten wurden zehn Mann der Besatzung von UJ 2223 bzw. neun der über Bord von UJ 2222 geschleuderten Soldaten gerettet.

69 Die 270 km lange Verteidigungslinie, ursprünglich als »Gotenstellung« bezeichnet, verlief von Viareggio in östl. Richtung, wo sie bei Pesaro (am Adriatischen Meer) endete.

70 Die 13. Sicherungsflottille wurde am 07.06.1944 in La Spezia aufgestellt. Ihr unterstanden zunächst folgende Einheiten: Minenschiffsgruppe Westitalien: Minenschiff OLDENBURG, Minenschiff DIETRICH VON BERN, Minenschiff NYMPHE (im Bau), Minenschiff BUFFOLUTO (im Bau), ferner die Geleitgruppe Westitalien: TA 25, TA 26, Jägerleitschiff PREMUDA und Jägerleitschiff CORSARO. Nachdem die beiden TA-Boote durch Torpedotreffer verloren gegangen und die beiden Jägerleitschiffe als TA 32 bzw. TA 33 der 10. Torpedobootsflottille zugeteilt worden waren, besaß die 13. Sicherungsflottille lediglich noch die Minenschiffe, wobei BUFFOLUTO gemäß Entscheidung des OKM zunächst in Reserve und ohne Besatzung bleiben sollte. »Das Bestehen einer besonderen Flottille zur Betreuung von drei Minenschiffen erscheint kaum mehr gerechtfertigt«, bemerkte der Chef der 7. Sicherungsdivision, »deshalb ist durch Fernschreiben Gkdos 7. SD vom 22.07.1944 die Rückwandlung der 13. Sicherungsflottille in eine Minenschiffgruppe unter Kapitänleutnant Heydemann vorgeschlagen worden. Angegliedert ist an die Flottille allerdings noch die aus dem Restpersonal der Geleitgruppe (TA 23, 25 und 26) sowie CORSARO und PREMUDA gebildete Kampfgruppe 13. Sicherungsflottille mit rund 500 Mann, die als Führungsmaßnahme des Deutschen Marinekommandos Italien zur Besetzung von Batterien im Raume Genua – San Remo bzw. zur Bandenbekämpfung in diesem Gebiet eingesetzt sind.« Das OKM teilte dem Dt. Markdo Italien am 17.07.1944 die Absicht mit, die 13. Sicherungsflottille aufzulösen. Es prüfe zurzeit noch, ob und welche Ersatzeinheiten der Flottille zugeführt werden könnten. Daraufhin antwortete das Dt. Markdo Italien zwei Tage später, dass man plane, die 13. Sicherungsflottille mit den folgenden Fahrzeugen aufzufüllen: UJ 2227 als SG 16, UJ 2228 als SG 17, sowie BATTAILLEUSE und GHIBLI, dazu vier Minenschiffe und sechs Minen-Kampffähren taktisch unterstellt. »Deshalb vorübergehende Auflösung nicht zweckmäßig«, so Meendsen-Bohlken.

71 Den Naval Staff Histories ist u.a. zu entnehmen: »The month of June was a satisfactory one, eight patrols being carried out including one by F.S. CASABIANCA from Algiers. Considering the comparative scarcity of targets, a creditable number of attacks were made, including a number on A/S vessels. Owing to the increased activity of Allied coastal forces, the eastern portion of the submarine patrol area, from Cape Roux (south-west of Cap d'Antibes) to Cape Mele on the Italian Riviera, had to be relinquished in favour of Coastal Forces.«

72 Am 25.07.1944 übernahm Vizeadmiral Löwisch die Dienstgeschäfte des Kommandierenden Admirals beim Dt. Markdo Italien. Sein Vorgänger, Vizeadmiral Meendsen-Bohlken, musste in Deutschland sein neues Amt als Flottenchef antreten, das er bis Kriegsende innehatte.

73 Die Luftangriffe auf die Häfen, insbesondere Genua, erfolgten hauptsächlich ohne rechtzeitige Luftwarnung. Das Dt. Marinekommando Italien befürchtete, dass viele der italienischen Hafen- und Werftarbeiter wegen der zunehmenden Luftattacken den Betriebsstätten fern bleiben könnten. Ein weiterer Störungsfaktor war gegeben durch die Bemühungen der deutschen Reichsregierung, Arbeiter nach Deutschland abzuwerben. Als dies fruchtlos blieb, setzte man deutscherseits Zwangsmaßnahmen ein. Anfang Juli 1944 kam es vor, dass im Zuge der Sauckel-Henrici-Aktion ca. 100 Italiener durch die SS von der Straße weg verhaftet wurden, »darunter Hafenarbeiter und hochwertige Arsenalkräfte – die Folge ist, dass die Arbeiter teilweise in die Berge gehen und in Werft wie im Hafen die Arbeit ganz erheblich stockt!«

74 MMR = Mittelmeer-Reederei

75 Heute spricht man stattdessen vom UKW-Verkehr.

76 KTB-Vermerk: »Vom Befehlshaber des Dt. Markdo Italien ist entschieden worden, dass die Havarie aufgrund der Feindeinwirkung entstand. Der Kommandant des U-Jägers 2226 wurde daher nicht bestraft. Der Signalgast von dem Kriegstransporter KT 36 ist disziplinarisch bestraft worden.«

77 KT 36 wurde durch den Rammstoß erheblich beschädigt, konnte die Fahrt aber mit eigener Fahrt fortsetzen. Der Kriegstransporter lief später, am 12.11.1944, bei Punta Deiva auf einen unter Wasser befindlichen Nadelfelsen und musste wegen Wassereinbruchs und scheiternder Bergungsversuche aufgegeben werden.

78 Laut dem von Wirich von Gartzen (Chef der 10. T-Flottille) verfassten Buch »Die Flottille« waren 107 Mann Personalverluste zu beklagen, laut KTB Dt. Markdo Italien 124 Mann Personalverluste.

79 Ernst Fenkner, geboren am 01.10.1915, fand seine letzte Ruhestätte auf der Kriegsgräberstätte in Costermano (Italien). Endgrablage: Block 6 Grab 327.

[80] Sophie-Sophie = Schnellbootsalarm

[81] Munitionsräume

[82] Friedrich Wunderlich, am 01.02.1945 zum Fregattenkapitän zur Verfügung befördert, geriet im Mai 1945 in britische Kriegsgefangenschaft, aus der er im Februar 1946 entlassen wurde. Er verstarb am 27.03.1977 in München.

[83] Friedrich Zoller, geboren am 26.05.1919, wurde zunächst auf dem Friedhof von Sestri Levante beigesetzt. Er fand seine letzte Ruhestätte auf der Kriegsgräberstätte in Costermano (Italien). Endgrablage: Block 1 Grab 1266.

[84] Die 7. Sicherungsdivision bemerkte hierzu am 08.01.1945: »Betreffend Ausstoß des Backbord-Torpedos auf UJ 2226 am 04.12.1944 hat eine Untersuchung durch das Torpedokommando Genua ergeben, dass der Versager auf fehlerhafter Arbeit der Abzugseinrichtung zurückzuführen ist. Verschulden an dem Unfall trifft niemand. Belehrung des gesamten Mechanikerpersonals wurde befohlen.«

[85] Korvettenkapitän Dr. Horst Wachhausen, 1897 geboren, fand seine letzte Ruhestätte auf dem Friedhof von Costermano (Italien). Endgrablage: Block 6 Grab 532.

Anlage 1

Die Fahrzeuge der 22. U-Jagdflottille

UJ 2201 ex franz. Fischdampfer BOIS ROSÉ – 1939/40 gebaut bei Hall, Russel & Co, Aberdeen – 1374 BRT – 70,85 m Länge – 10,82 m Breite – 5,49 m Tiefgang – 12.02.1943 Indienststellung – Kommandant: Oberleutnant z.S. Wurmbach – 29.03.1943 vor Palermo versenkt. (brit. U-Boot UNRIVALLED)

UJ 2202 ex franz. Fischereimotorschiff JÜTLAND – 1933 gebaut in der Vaerft og Flydedok, Frederikshavn – 1160 BRT – 67,06 m Länge – 10,97 m Breite – 1100-PS-Maschine – 12.02.1943 Indienststellung – Kommandanten: Leutnant z.S. Schiedewitz, Leutnant z.S. Hanekamp, Leutnant z.S. Banzhaf – 06.04.1943 im Hafen von Trapani versenkt (Fliegerbomben)

UJ 2203 ex franz. AUSTRAL ex SACIP IV ex Fischdampfer LEON PORÉT – 1927 gebaut von der Société Provençale de Constructions Navales, La Ciotat – 1188 BRT – 63,40 m Länge – 10,20 m Breite – 4,57 m Tiefgang – 21.02.1943 Indienststellung – Kommandant: Oberleutnant z.S. Zelle – 09.09.1943 vor Bastia versenkt (Gefecht mit ital. Torpedobooten ALISEO und ARDITO)

UJ 2204 ex franz. BORÉAL ex SACIP VII ex franz. Fischdampfer RÉMY CHUINARD – 1927 gebaut von der Société Provençale de Constructions Navales, La Ciotat – 1188 BRT – 63,40 m Länge – 10,20 m Breite – 4,57 m Tiefgang – 22.02.1943 Indienststellung – Kommandant: Leutnant z.S. Becker – 29.03.1943 vor Palermo versenkt (brit. U-Boot UNRIVALLED)

UJ 2205 ex franz. Fischereimotorschiff LE JACQUES COUER ex CORTE REAL – 1930/-31gebaut bei Robert Thompson & Sons, Sunderland – 1168 BRT – 65,66 m Länge – 10,60 m Breite – 4,94 m Tiefgang – 850-PS-Maschine – 02.03.1943 Indienststellung – Kommandant: Leutnant z.S. Eizinger – 18.04.1943 unweit Isola della Femmine versenkt. (brit. U-Boot UNSEEN)

UJ 2206 ex franz. Fischereimotorschiff SAINT MARTIN LEGASSE – 1930 gebaut bei Cox & Co, Falmouth – 1179 BRT – 65,80 m Länge – 10,52 m Breite – 4,93 m Tiefgang – 700-PS-Maschine – Kommandanten: Leutnant z.S. Schiedewitz, Leutnant z.S. Hanekamp, Leutnant z.S. Banzhaf (i.V.), Leutnant z.S. Becker (ab 14.07.1943) – 03.11.1943 nördlich Formiche de Grosseto versenkt (US-PT-Boote)

UJ 2207 ex franz. P 11 ex CAP NORD ex Fischdampfer ISLANDE – 1926 gebaut bei Chantiers Navals Français, Blainville – 1034 BRT – 64,30 m Länge – 10,40 m Breite – 950-PS-Maschine – 22.02.1943 Indienststellung – Kommandanten: Leutnant z.S. Osse, Leutnant z.S. Börner (i.V.), Leutnant z.S. Günter Werner Schmidt (i.V.), Oberleutnant z.S. Zoller (i.V.), Leutnant z.S. Müller (ab 23.03.1944), Oberleutnant z.S. Zoller (ab 07.08.1944) – 19.11.1944 südlich Sestri Levante versenkt (alliierte S-Boote)

UJ 2208 ex franz. Fischdampfer ALFRED – 1926 gebaut bei Ateliers et Chantiers de Bretagne, Nantes – 966 BRT – 64,93 m Länge – 9,83 m Breite – 3,87 m Tiefgang – 865-PS-Maschine – 01.03.1943 Indienststellung – Tiefgang – Kommandanten: Kapitänleutnant Dr. Wachhausen, Leutnant z.S. Oskar Schmidt, Leutnant z.S. Banzhaf (i.V.), Oberleutnant z.S. Günter Werner Schmidt (i.V.) – 20.02.1944 unweit Genua versenkt (Minentreffer)

UJ 2209 ex franz. Wachboot P 42 ex Fischereimotorschiff MINERVA – 1936/37 gebaut bei Chantiers de Normandie – 1161 BRT – 66,62 m Länge – 10,52 m Breite – 5,05 m Tiefgang – 1000-PS-Maschine – 12.02.1943 Indienststellung – Kommandanten: Oberleutnant z.S. Fenkner, Leutnant z.S. Müller (i.V.), Oberleutnant z.S. Günter Werner Schmidt, Oberleutnant z.S. Zoller (15.02.1944–09.03.1944), Leutnant z.S. Müller (i.V. ab 10.03.1944) – 16.03.1944 im Hafen von Livorno versenkt (Fliegerbombentreffer) – 1946 gehoben – 1948 ital. Motorschiff GENEPESCA IV – 1968 noch vorhanden

UJ 2210 ex franz. Fischereimotorschiff MARCELLA – 1933/1934 gebaut bei Chantiers de Normandie – 1161 BRT – 66,62 m Länge – 10,52 m Breite – 5,05 m Tiefgang – Indienststellung am 19.02.1943 – Kommandanten: Leutnant z.S. Pollmann, Leutnant z.S. Börner (i.V. vom 16–25.10.1943), Oberleutnant z.S. Hanekamp (i.V. ab

16.11.1943), Oberleutnant z.S. Zoller (ab 11.02.1944) – 28.05.1944 südwestlich Punta Grosso versenkt (brit. MTB 419).

UJ 2211 ex franz. Fischdampfer HARDI – 1921/1922 gebaut bei Chantiers et Ateliers Augustin- Normand, Le Havre – 916 BRT – 60,05 m Länge – 9,69 m Breite – 4,80 m Tiefgang – 900-PS-Maschine – 24.04.1943 Indienststellung – Kommandanten: Oberleutnant z.S. Erich Peters, Oberleutnant z.S. Zoller, Leutnant z.S. Börner (ab 10.02.1944) – 21.07.1944 südwestlich Genua versenkt (US-PT-Boote).

UJ 2213 ex franz. Fischereimotorschiff HEUREUX – 1930 gebaut bei Chantiers Navals Français, Blainville – 1116 BRT – 64,17 m Länge – 10,42 m Breite – 4,64 m Tiefgang – 800-PS-Maschine – 15.05.1943, wenige Tage nach Indienststellung, unweit Monte Carlo versenkt (brit. U-Boot SICKLE).

UJ 2214 ex franz. Fischdampfer CLAIRVOYANT – 1921/1922 gebaut bei Chantiers et Ateliers Augustin-Normand, Le Havre – 943 BRT – 60,05 m Länge – 9,69 m Breite 4,80 m Tiefgang – 900-PS-Maschine – 18.04.1943 Indienststellung – Kommandant: Oberleutnant z.S. Erwin Peters – 01.11.1943 UJ 6075 – 27.04.1944 unweit Toulon versenkt (brit. U-Boot UNTIRING)

UJ 2215 ex franz. Fischdampfer VOLONTAIRE – 1921/1922 gebaut bei Chantiers et Ateliers Augustin-Normand – 943 BRT – 60,05 m Länge – 9,69 m Breite – 4,80 m Tiefgang – 900-PS-Maschine – 18.04.1943 Indienststellung – Kommandanten: Leutnant z.S. Becker, Oberfähnrich z.S. Blank – 01.11.1943 umbenannt in UJ 6076 – 22.12.1943 südlich Cap Sicié versenkt. (franz. U-Boot CASABIANCA)

UJ 2216 ex franz. Motoryacht EROS – 1926 in Leith bei Ramagne & Ferguson gebaut – 915 BRT – 65,10 m Länge – 9,78 m Breite – 4,27 m Tiefgang – von der französischen Marine zunächst als AD 227, später dann als AD 196, 140 und L'INCOMPRISE II eingesetzt – 21.08.1943 Indienststellung – Kommandanten: Oberleutnant z.S. Hanekamp, Leutnant z.S. Groth (i.V.), Oberleutnant z.S. Günter Werner Schmidt (i.V.), Oberleutnant z.S. Dahl (i.V.), Oberleutnant z.S. Rother (i.V.) – 14.09.1944 südlich Sestri Levante versenkt (US-PT 559)

UJ 2218 ex niederl. Motoryacht TADORNA – 1937 in Southampton bei Thornycroft gebaut – 1939 französischer Minensucher AD 129 – 1943 von deutscher Kriegsmarine übernommen – 231 BRT – 39,47 m Länge – 6,40 m Breite – 2,79 m Tiefgang – Kommandant: Steuermann Reck – 26.09.1943 bei Ardenza gestrandet – 09.10.1943 aufgegeben

UJ 2219 ex belg. Motoryacht INSUMA – Baujahr 1938 – 280 BRT – 35,00 m Länge – 5,00 m Breite – 500-PS-Maschine – 15.06.1943 Indienststellung als UJ 6072 – Kommandant: Obersteuermann Matzen – 09.09.1943 unweit Bastia versenkt (ital.Torpedoboot ALISEO)

UJ 2220 ex ital. Motorschiff LAGO ZUAI – 1940 in Taranto bei Soc. Cantieri Navale Franco Tosi gebaut – ca. 1700 Tonnen Wasserverdrängung – 64,76 m Länge – 9,78 m Breite – 4,42 m Tiefgang – 1600-PS-Maschine – 10.07.1940 ital. Hilfskreuzer D 23 – September 1943 in La Spezia deutsche Beute – 27.09.1943 Indienststellung – Kommandanten: Kapitänleutnant Fenkner, Leutnant z.S. Banzhaf (ab 27.01.1944), Oberleutnant z.S. Dahl (ab 12.09.1944) – 25.10.1944 Außerdienststellung – 23.04.1945 in Genua selbstversenkt/selbstzerstört – 1955 MS VALFREDDA – 1960 MARIA BOURBOULIS – 1965 MARIA M. – 1969 IRENE P. – 1978 noch vorhanden

UJ 2221 ex ital. Korvette C 26 VESPA – 1942 in Castellamare bei Navalmeccanica di Stabbia gebaut – ca. 740 Tonnen Wasserverdrängung – 64,40 m Länge - 8,70 m Breite – 2,80 m Tiefgang – 3500-PS-Hauptmaschine – September 1943 in Pozzuoli deutsche Beute – 29.09.1943 Indienststellung – Kommandanten: Kapitänleutnant Dr. Wachhausen, Kapitänleutnant Fenkner (i.V.), Oberleutnant z.S. Iversen (i.V.), Oberleutnant z.S. Pollmann (i.V.), Leutnant z.S. Groth (i.V.), Kapitänleutnant Fenkner, Oberleutnant z.S. Pollmann (05.09.1944 bis 12.10.1944), Oberleutnant z.S. Dahl (ab 13.10.1944), Obersteuermann Valjeur (i.V.) – 24.04.1945 in Genua selbstversenkt/selbstzerstört

UJ 2222 ex ital. Korvette C 51 TUFFETO – 1943 in Genua bei Ansaldo Sestri gebaut – technische Daten siehe UJ 2221 – September 1943 in Genua deutsche Beute – 20.02.1944 Indienststellung – Kommandant: Oberleutnant z.S. Becker – 24.05.1944 südlich Livorno S-Boot-Torpedotreffer (Bug abgeknickt) – über Livorno nach Genua eingebracht und repariert – 24.04.1945 in Genua selbstversenkt/selbstzerstört

UJ 2223 ex ital. Korvette C 52 MARANGONE – 1943 in Genua bei Ansaldo Sestri gebaut – technische Daten siehe UJ 2221 – September 1943 deutsche Beute – 18.03.1943 Indienststellung – Kommandanten: Oberleutnant z.S. Pollmann, Leutnant z.S. Mönckeberg (i.V. ab 01.05.1944) – 24.05.1944 südlich Livorno versenkt (alliierte S-Boote)

UJ 2224 ex ital. Korvette C 53 STROLAGA – 1943 in Genua bei Ansaldo Sestri gebaut – technische Daten siehe UJ 2221 – September 1943 deutsche Beute – 18.04.1944 Indienststellung – Kommandant: Oberleutnant z.S. Osse – 08.09.1944 im Hafen von Genua gekentert (Fliegerbombentreffer)

UJ 2225 ex ital. Korvette C 54 ARDEA – 1943 in Genua bei Ansaldc Sestri gebaut – technische Daten siehe UJ 2221 – September 1943 deutsche Beute – Boot wurde nicht in Dienst gestellt – 24.04.1945 in Genua selbstversenkt/selbstzerstört

UJ 2226 ex ital. Korvette C 39 ARTEMIDE – 1942 in Monfalcone bei Cantieri Riuniti Dell'Adriatico gebaut – technische Daten siehe JJ 2221 – September 1943 in Reparatur bei O.T.O. Legnano deutsche Beute – 12.07.1944 Indienststellung – Kommandanten: Oberleutnant z.S. Günter W. Schmidt, Oberleutnant z.S. Hanekamp (i.V.), Oberleutnant z.S. Becker – 24.04.1945 in Genua selbstversenkt/selbstzerstört

UJ 2227 ex ital. Korvette C 40 PERSEFONE – 1942 in Monfalcone bei Cantieri Riuniti Dell'Adriatico gebaut – technische Daten siehe UJ 2221 – September 1943 in La Spezia von Italienern selbstversenkt – 14.06.1944 nach Genua überführt – 02.12.1944 als UJ 2227 erstmals kriegsbereit – Kommandant: Oberleutnant z.S. Günter W. Schmidt, Oberleutnant z.S. Hanekamp (i.V.) – 24.04.1945 in Genua selbstversenkt/selbstzerstört

UJ 2228 ex ital. Korvette C 41 EUTERPE ex VESTA – 1942 in Monfalcone bei Riuniti Dell'Adriatico gebaut – technische Daten siehe UJ 2221 – September 1943 in La Spezia (Werft) deutsche Beute – 14.06.1944 nach Genua überführt – Kommandanten: Oberleutnant z.S. Rother, Oberleutnant z.S. Zeitler – 24.04.1945 in Genua selbstversenkt/selbstzerstört

UJ 2229 ex deutsch SG 15 ex franz. AVISO II – 1942 in Port de Bouc von deutscher Kriegsmarine beschlagnahmt und als SG 42 fertig gestellt – 78,30 m Länge – 8,70 m Breite – 03.10.1943 Indienststellung als SG 15 (3. Geleitflottille) – 15.01.1944 an 10. Torpedobootflottille übergeben – 16.05.1944 als UJ 2229 in die 22. U-Jagdflottille übernommen – Kommandanten: Oberleutnant z.S. Obenhaupt, Oberleutnant z.S. Hanekamp – 24.04.1945 in Genua selbstversenkt/selbstzerstört

UJ 2230 ex ital. Korvette C 24 RENNA – 1942 in Livorno bei O.T.O. gebaut – technische Daten siehe UJ 2221 – September 1943 während Ausrüstung in Livorno deutsche Beute – 16.08.1944 der 22. U-Jagdflottille als UJ 2230 zugeteilt – 04.09.1944 im Hafen von Genua durch Fliegerbombentreffer zerrissen

R 162 Minenräumboot – bei Burmester in Burg-Lesum gebaut – 34,40 m Länge – 5,55 m Breite – 126 Tonnen Wasserverdrängung – 1,50 m Tiefgang – 2 MWM 6 Zyl. Viertakt Dieselmotoren von je 1000 PS - Kommandanten: Leutnant z.S. Jung, Oberfähnrich z.S. Wolff (i.V.) – 24.04.1945 in Genua selbstversenkt/selbstzerstört

R 189 Minenräumboot – bei Burmester in Burg-Lesum gebaut – technische Daten siehe R 162 – Kommandanten: Oberleutnant z.S. Zeitler, Oberfähnrich z.S. Zietlow (i.V.) – 24.04.1945 in Genua selbstversenkt/selbstzerstört

R 198 Minenräumboot – 1942 bei Burmester in Swinemünde gebaut – 36,20 m Länge – 5,55 m Breite – 1,50 m Tiefgang – 128 Tonnen Wasserverdrängung – 2-MWM-6-Zylinder-Viertakt-Dieselmotoren von je 900 PS – Kommandant: Oberleutnant z.S. Bernds – 24.04.1945 in Genua selbstversenkt/selbstzerstört

R 199 Minenräumboot – 1942 bei Burmester in Swinemünde gebaut – technische Daten siehe R 198 – Kommandanten: Oberleutnant z.S. Menjivar, Leutnant z.S. Heise, Oberleutnant z.S. Lindheim (i.V.) – 24.04.1945 in Genua selbstversenkt / selbstzerstört

R 212 Minenräumboot – 1942 bei Burmester in Burg-Lesum gebaut – technische Daten siehe R 198 – Kommandant: Leutnant z.S. Matthiessen – 24.04.1945 in Genua selbstversenkt/selbstzerstört

RA 251 ex ital. VAS (Motovedette antisommergibili) 306 – in Genua gebaut – 34,10 m Länge – 5,00 m Breite – 2,10 m Tiefgang – 94,5 Tonnen Wasserverdrängung – September 1943 in Genua deutsche Beute – 13.10.1943 Indienststellung – 01.01.1944 von 22. U-Jagdflottille übernommen – Kommandanten: Leutnant z.S. Dahl, Obersteuermann Schleich, Leutnant z.S. Bennit, Leutnant z.S. Mohs – 22.08.1944 im Golf von Juan selbstversenkt/selbstzerstört

RA 252 ex ital. VAS 305 – in Genua gebaut – technische Daten siehe RA 251 – September 1943 in Livorno deutsche Beute – Oktober 1943 Indienststellung – 01.01.1944 von 22. U-Jagdflottille übernommen – 09.06.1944 Abgabe an ital. U-Boot-Abwehrschule – Kommandanten: Oberfähnrich z.S. Mohs, Leutnant z.S. Dahl, Obersteuermann Schleich, Oberleutnant z.S. Leotti, Kapitänleutnant Magrini – 24.04.1945 in Genua selbstversenkt/selbstzerstört

RA 253 ex ital. VAS 307 – in Genua gebaut – technische Daten siehe RA 251 – September 1943 während Ausrüstung in Genua-Voltri deutsche Beute – 09.11.1943 Indienststellung – 01.01.1944 von 22. U-Jagdflottille übernommen – 09.06.1944 Abgabe an ital. U-Boot-Abwehrschule – Kommandanten: Oberfähnrich z.S. Mohs, Leutnant z.S. Dahl, Obersteuermann Schleich, Oberleutnant z.S. Camesasca, Obersteuermann Floreck, Oberleutnant z.S. Mongardino – 24.04.1945 in Genua selbstversenkt/selbstzerstört

RA 254 ex ital. VAS 301 – 1942 in Genua gebaut – technische Daten siehe RA 251 – September 1943 in Genua deutsche Beute – November 1943 Indienststellung – 01.01.1944 von

R 162. *Foto: Sammlung Willi Lohmeier*

22. U-Jagdflottille übernommen – Kommandanten: Obersteuermann Käthner, Obersteuermann Möller (i.V.) – 24.04.1945 in Genua selbstversenkt/selbstzerstört

RA 255 ex ital. VAS 304 – 1942 in Genua gebaut – technische Daten siehe RA 251 – September 1943 in Genua deutsche Beute – 01.01.1944 in 22. U-Jagdflottille übernommen – Kommandant: Oberfähnrich z.S. Bennit – 21.08.1944 im Golf von Genua durch britischen Zerstörer versenkt

RA 256 ex ital. VAS 303 – 1942 in Genua gebaut – technische Daten siehe RA 251 – September 1943 in Civitavecchia deutsche Beute – 18.10.1943 Indienststellung – 01.01.1944 von 22. U-Jagdflottille übernommen – 30.03.1943 in Livorno durch Fliegerbomben schwer beschädigt – 21.06.1944 abgebrochen, da irreparabel

RA 257 ex ital. VAS 302 – 1942 in Genua gebaut – technische Daten siehe RA 251 – September 1943 in Civitavecchia deutsche Beute – 01.01.1944 von 22. U-Jagdflottille übernommen – Kommandant: Obersteuermann Floreck – 02.08.1944 in Genua durch Fliegerbombentreffer schwer beschädigt und anschließend kannibalisiert

RA 258 ex ital. VAS 309 – 1943 in Genua gebaut – technische Daten siehe RA 251 – September 1943 in Genua-Voltri während Ausrüstung deutsche Beute – 21.03.1944 Indienststellung – Kommandanten: Oberleutnant z.S. Dahl, Oberleutnant z.S. Börner, Leutnant z.S. Müller – 24.04.1945 in Genua selbstversenkt/selbstzerstört

RA 259 ex ital. VAS 311 – 1943 in Genua gebaut – technische Daten siehe RA 251 – September 1943 in Genua-Voltri während Ausrüstung deutsche Beute – 01.06.1944 Indienststellung – Kommandant: Obersteuermann Schleich – 21.08.1944 bei Cap Antibes durch britischen Zerstörer vernichtet

RA 260 ex ital. VAS 312 – 1943 in Genua gebaut – technische Daten siehe RA 251 – September 1943 in Genua-Voltri während Ausrüstung deutsche Beute – 02.08.1944 Indienststellung – Kommandanten: Oberbootsmaat Langendorf, Leutnant z.S. Mohs – 10.08.1944 bei Cap Mortola aufgelaufen und nach scheiternden Bergungsversuchen aufgegeben

RA 261 ex ital. VAS 236 – 1943 in Varazze gebaut – 28,00 m Länge – 4,30 m Breite – 1,77 m Tiefgang – 68,5 Tonnen Wasserverdrängung – 2 Carraro 8-Zylinder-Otto-Marschmotoren von je 300 PS, dazu auf der Mittelwelle 1 Isotta-Fraschini-8-Zylinder-Otto-ASM 183-Maschine – 22.08.1944 der 22. U-Jagdflottille als RA 261 zugeteilt – 04.09.1944 vor Indienststellung durch Fliegerbombentreffer im Hafen von Genua zerrissen

RD 109. Foto: Sammlung Willi Lohmeier

RA 262 ex ital. VAS 239 – 1943 in Varazze gebaut – technische Daten siehe RA 261 – September 1943 deutsche Beute – 22.08.1944 der 22. U-Jagdflottille als RA 262 zugeteilt – 04.09.1944 vor Indienststellung durch Fliegerbombentreffer im Hafen von Genua zerrissen

RA 263 ex ital. VAS 308 – 1943 in Genua gebaut – technische Daten siehe RA 251 – 22.08.1944 der 22. U-Jagdflottille als RA 263 zugeteilt – 01.10.1944 Indienststellung – Kommandant: Leutnant z.S. Pagano (UAS Varignano) – 24.04.1945 in Genua selbstversenkt/selbstzerstört

VAS 232 1942 in Castellamare gebaut – 22.12.1942 Indienststellung – 17.09.1943 in Portoferraio deutsche Beute – 01.01.1944 der 22. U-Jagdflottille zugeteilt – als Ersatzteilreserve von 6. Räumbootflottille bzw. 22. U-Jagdflottille genutzt – 1945 selbstversenkt/selbstzerstört

RD 101 ex ital. RDV (Motodragamine veloci) 101 – 1944 in Varazze gebaut – 34,00 m Länge – 5,80 m Breite – 1,50 m Tiefgang – 110 Tonnen Wasserverdrängung – 2 Isotta-Fraschini-Otto-Motoren von je 1150 PS – 18.11.1944 Indienststellung – Kommandant: Stabsobersteuermann Wilke – 24.04.1945 in Genua selbstversenkt/selbstzerstört

RD 109 ex ital. RDV 109 – 1944 in Varazze gebaut – technische Daten siehe RD 101 – Kommandanten: Leutnant z.S. Heise, Obersteuermann Berger – 24.04.1945 in Genua selbstversenkt/selbstzerstört

RD 111 ex ital. RDV 111 – 1944 in Varazze gebaut – technische Daten siehe RD 101 – Kommandant Leutnant z.S. Raif – 24.04.1945 in Genua selbstversenkt/selbstzerstört

RD 112 ex ital. RDV 112 – 1944 in Varazze gebaut – technische Daten siehe RD 101 – 12.01.1945 Indienststellung – Kommandant: Oberfähnrich z.S. Wolff – 24.04.1945 in Genua selbstversenkt/selbstzerstört

RD 147 ex ital. RDV 147 – 1944 in Genua-Voltri gebaut – technische Daten siehe RD 101 – 15.12.1944 Stapellauf – Indienststellung bei 22. U-Jagdflottille ? – 24.04.1945 in Genua selbstversenkt/selbstzerstört

Anlage 2

Die 11. Räumbootsflottille

Die 11. Räumbootsflottille, am 04.09. 1939 aufgestellt, bestand zunächst aus acht Fischkuttern und dem Begleitschiff WESER. Der bis Dezember 1939 von Kapitänleutnant Hubert Schlüter geführte Verband wurde in der Ostsee sowie vor der holländischen und belgischen Küste eingesetzt.

Im Oktober 1940 wurden die Boote an Hafenschutzflottillen abgegeben, die Besatzungen übernahmen modernere R-Boote (R 111, R 112, R 113, R 114, R 115, R 116, R 117 und R 118).

Als die 11. R-Flottille am 16.10.1940 wieder aufgelöst wurde, gingen WESER und die R-Boote in die 7. R-Flottille (Kapitänleutnant von Foerster) über.

Im September 1942 wurde die 11. R-Flottille neu aufgestellt (Kapitänleutnant Felix Freytag).

Die ersten Boote der Flottille, die ihren Sitz in Wesermünde erhielt, waren R 191, R 192, R 193, R 212, R 198, R 189 und R 190.

Mit der Indienststellung von R 215 (05.02.1943) und R 200 (26.02.1943) verfügte die 11. R-Flottille ein halbes Jahr nach ihrer Neuaufstellung über neun moderne Räumboote. Die einsatzmäßig noch der 9. R-Flottille unterstellten Boote operierten vor der holländischen Küste und erzielten hier beachtliche Räumerfolge.

Im März und April 1943 wurden der 11. R-Flottille weitere Boote zugeteilt: R 199, R 201, R 161 und R 162. Während die 1. Gruppe der Flottille im Westraum verblieb, kam die 2. Gruppe (R 189, 190, 191, 193, 198 und 212) im Finnischen Meerbusen zum Einsatz. Am 13.04.1943 lief R 193 auf Grund, wurde beschädigt eingebracht und schließlich kannibalisiert. Kurze Zeit nachdem auch die im Westraum befindlichen Besatzungen Order zur Verlegung in die Ostsee bekommen hatten, erhielt die 11. R-Flottille Befehl zum Mittelmeer-Einsatz. Rottenweise verließen die Boote nun die Ostsee und marschierten westwärts.

Oberleutnant z.S. a.D. Erhard Funda hielt darüber die folgenden Zeilen fest:

»Im Rahmen des Einsatzes deutscher Seestreitkräfte im Mittelmeer wurde auch die 11. R-Flottille im Sommer 1943 nach Süden verlegt. Von der Nordsee ging es rottenweise über See zur Ems, wo wir bei Delfzyl in die Kanäle schlüpften. Wer die Niederlande kennt, der wird nachempfinden können, wie auf uns raue Seemänner die friedliche Fahrt durch die stillen, gewundenen Kanäle wirkte. Keine Jabos, keine Schnellboote und Minen. Und doch fuhren wir auf unseren geliebten Untersätzen »zur See«, fabrizierten in unzähligen winzigen Schleusen zum Teil haarsträubende Manöver und bestaunten in den zwei Tagen Fahrt durch Holland den Fleiß, die Sauberkeit und den Wohlstand dieses Landes. Dann waren wir in Vlissingen. Auf dem Seeweg ging es über Dünkirchen und Calais nach Le Havre. Und jetzt wurde es gemütlich!

Der Ausbau begann. Nach 36 Stunden sahen unsere schmucken Boote aus wie gerupfte Gänse. Die beiden großen Hauptmotoren standen auf der Pier, die Propeller und zwei von unseren drei Rudern lagen daneben. Das dritte Ruder, behelfsmäßig verlängert, konnte mit Pinne von achtern bedient werden. Das Oberdeck war restlos glatt, bar aller Waffen, des Mastes und der Brücke.

Wir fühlten uns selbst wie ausgeschlachtet. Die Vielzahl der Eindrücke der nächsten vier Wochen entschädigten uns allerdings vollauf.

Zunächst aber wurde das lose Gut in Waggons verladen. Zwei Drittel der Besatzung bestiegen einen bequemen französischen Eisenbahnwaggon und der Transport rollte ab in Richtung Marseille. Wohl vertäut im Päckchen, so »schwapperten« unsere Boote eines Morgens im Schlepp die Seine aufwärts. Juli und Sommersonne, Krieg und Vorgesetzte weit weg – und wir knappes Dutzend Glücklicher auf jedem Boot »aalten« uns von morgens bis abends an Deck, genossen die herrliche, stetig wechselnde Landschaft des lieblichen Seine-Tals und fühlten uns wie »Gott in Frankreich«. Bei Einbruch der Dunkelheit wurde immer irgendwo festgemacht, wir Seeleute entwickelten plötzlich ein Herz für die Flora. So viele und prächtige Feldblumensträuße hat meine Kammer nie wieder gesehen!

Wir näherten uns Paris. Trotz Befehl, dort nicht anzulegen, meldete mir der LM in Auteuil, dass Proviant und Wasser ergänzt werden müssen. Auch der Schlepper hatte plötzlich was an der Maschine... Ich machte eine zackige Einlaufmeldung beim A 1 Marinebefehlshaber, schon waren uns 12 Stunden Aufenthalt in der Seine-Metropole beschert. Meine Matrosen jubelten! Am nächsten Tag zogen wir mit wehender Flagge unter den berühmten Brücken von Paris hindurch, weiter nach Frankreich hinein.

Schifffahrtsmäßig gesehen wurde die Seine bald zum Rinnsal, und so wechselten wir durch einen kurzen Stichkanal in die Yonne. Von der Yonne-Fahrt gibt es folgende kleine Episode zu berichten: Wir hatten gerade in einer der vielen Schleusen festgemacht. »Herr Oberleutnant, der Chef«, ruft plötzlich jemand durch das Skylight runter. Bescheuert, denke ich – wo soll hier im Herzen Frankreichs der Flottillenchef herkommen. Aber da springt der Gute auch

R 201 beim Verholen im Hafen von Marseille. *Foto: Sammlung Willi Lohmeier*

schon aus einer Seitenwagenmaschine an Deck. Er konnte es sich nicht verkneifen, diesen außergewöhnlichen Trip seiner Boote mal an Ort und Stelle zu inspizieren. Mit einem leichten Sonnenbrand stieg der Chef zwei Stunden später an der nächsten Schleuse wieder aus.

Dann erreichten wir die erste Etappe – Auxerre. Wer mal in dieses stille, verträumte Städtchen kommen sollte, versäume nicht, die beiden herrlichen gotischen Kirchen zu besuchen, deren kostbare Glasfenster sich in dem ruhigen Fluss widerspiegeln.

In Auxerre zog man die Boote auf einer Slipanlage dwars auf das Trockene und setzte jedes auf einen Kuhlemeier-Tieflader. Drei Zugmaschinen vorn und zwei Zug-(Druck-)Maschinen hinten, so ging unsere Fahrt jetzt über die Landstraße weiter durch das schöne Burgund und die Côte d'Ore. Um diese Transporte durchführen zu können, mussten unzählige Bäume gefällt, Häuserecken »begradigt« und Licht- bzw. Telefonleitungen verlegt werden – gingen auf diesem Wege doch auch die dicken Fährprähme in das Mittelmeer.

Zwei Tage waren wir im Schneckentempo unterwegs. Die Nacht über machten wir in einer Allee mit uraltem Baumbestand »fest«. Nicht vertrautes Wellenschlagen an Bordwand und Pier, sondern das Rauschen der mächtigen Kronen über uns und die Schritte der Doppelposten unter uns geleiteten uns in den Schlaf.

In Chalon-sur-Saône exerzierten wir umgekehrt das Manöver von Auxerre und schwammen gottlob wieder. Diesmal allerdings längsseits einer Schute in Ballast. Es ging ja jetzt stromabwärts. Und viel zu schnell! Gegenüber der Seine- und Yonne-Fahrt schossen wir geradezu mit leichter Brassfahrt gen Lyon, dort Schlepperwechsel. Das tief eingeschnittene Rhône-Tal nahm uns auf. Vorbei war es mit der Ruhe. Höllisch musste aufgepasst werden.

Wir wussten nun auch, warum unser Mittelruder eingesetzt geblieben und verlängert war. In 48 Stunden brausten wir die Rhône hinunter bis zur Mündung, vorbei an Avignon und Arles. Wie gern hätten wir diese einmaligen Stätten mittelalterlicher Geschichte besichtigt. Aber die Zeit drängte. Der Sommer 1943 in Frankreich war trocken und das schon ohnehin wenige Wasser der Rhône fiel ständig.

Und dann »dampften« wir ins Mittelmeer, noch nicht ahnend, dass in seinen blauen und klaren Fluten dereinst die ganze Flottille zu Grabe fahren sollte. Rund 2000 km hatten wir zurückgelegt, davon 1500 km auf Flüssen und Kanälen – querbeet!«

Die nunmehr in Rapallo »beheimatete« Flottille war erst einen Monat im Mittelmeer-Einsatz, als der Bundesgenosse Italien kapitulierte. 13 italienische Kriegsfahrzeuge wurden von Booten der »Elften« im Zuge der Aktionen »Achse« bzw. »Ernte einbringen« aufgebracht.

Der Führer der 7. Sicherungsdivision, Kapitän z.S. Diederichs, geizte nicht mit Lob: »Wie aus den KTB der einzelnen Bootsgruppen hervorgeht, haben die Kommandanten während des Umsturzes in Italien durch schnelles und sicheres Erkennen der Lage entscheidend bei den einzelnen Unternehmungen mitgeholfen und stets Initiative gezeigt.«

Die 11. R-Flottille bewährte sich dann insbesondere auch bei der Räumung von Korsika. Dass die Evakuierung der Insel ohne größere Verluste bewältigt wurde, war nicht zuletzt ihrem engagierten Einsatz zu verdanken!

Das Jahr 1944 begann, wie das alte endete: Minenräumen, Minenlegen, Geleitsicherung.

Eine knappe Woche nach der alliierten Landung bei Anzio/Nettuno verlor die Flottille ihr erstes Boot im Mittelmeer – R 201. Das als SEEHECHT bezeichnete Fahrzeug war auf dem Rückweg von einer Minenunternehmung befindlich, als am Morgen des 28.01.1944 unweit Porto San Stefano mehrere Jabos angriffen. Von einer Bombe im Vorschiff getroffen, sank R 201 in kürzester Zeit und nahm fünf Seeleute mit sich in die Tiefe.

Am 17.02.1944 die nächsten Verluste, abermals durch gegnerische Luftstreitkräfte: R 39 und R 200 gingen bei Porto Ercole verloren (R 200 konnte später geborgen und wieder flottgemacht werden).

Unterdessen »reifte« in der Werft von Varazze Ersatz heran. Die neuen RD-Boote hatten eine Wasserverdrängung von ca. 110 Tonnen, waren 34 Meter lang und 5,80 Meter breit.

Angetrieben von zwei Ottomotoren von je 1150 PS, erzielten die Fahrzeuge eine Höchstgeschwindigkeit von rund 24 Knoten. »Als nachteilig wurde empfunden, dass die 2300 Pferde mit Benzin gefüttert werden mussten – die Besatzungen dieser Boote fühlten sich dem Himmel ein wenig näher gerückt«, formulierte Willi Lohmeier in einer von ihm erstellten Flottillenchronik.

Die Bewaffnung der RD-Boote bestand aus vier italienischen 2-cm-Breda-Geschützen, die der Besatzung allerdings manchen Ärger bescherten.

Das erste RD-Boot bei der Flottille – 109 – wurde am 20.03.1944 in Dienst gestellt. Die Besatzung rekrutierte sich in erster Linie aus der damaligen Mannschaft des in Verlust geratenen R 201.

Nachdem R 161 am 30.03.1944 im Hafen von Livorno durch Bombenvolltreffer zerstört worden war, waren nur noch R 162, 189, 192, 199, 215 und RD 109 einsatzbereit.

Bei der Geleitsicherung des U-Bootes U 230 wurde R 192 am Morgen des 06.04.1944 von einem britischen MGB in Brand geschossen und lief nördlich von Bocca de Ceccina auf Strand. Sieben Tote und zehn Verwundete waren zu beklagen.

Am 13.05.1944 befanden sich R 215 (Führerboot), R 199, 162, 189 und 212 in der Bucht von Rapallo, als der Verband von 18 britischen Jagdbombern attackiert wurde. R 215 erhielt derart schwere Treffer, dass es in Brand geriet und bei Chiavari auf Strand gesetzt werden musste, wo es schließlich detonierte und vollständig ausbrannte. Neun Tote, einen Vermissten und 43 Verwundete (darunter der Flottillenchef) hatte dieser Luftangriff gefordert.

Am 23.05.1943 wurde RD 110 in den Dienst gestellt. Alliierte Flugzeuge griffen das von Leutnant z.S. Hans Erich Jung geführte Boot schon zehn Tage später bei Bocca de Ceccina derart erfolgreich mit Raketen an, dass sich dessen Besatzung genötigt sah, das zu brennen beginnende Räumboot auf Strand zu setzen. Vier »Thunderbolt«-Maschinen vernichteten RD 110 schließlich vollends.

Anfang Juni 1944 löste Kapitänleutnant Reinhardt (ehemaliger Kommandant des Torpedobootes TA 23) den verwundeten Kapitänleutnant Freytag als Chef der 11. R-Flottille ab. Mit Beginn der alliierten Landung in Südfrankreich standen die noch vorhanden Fahrzeuge im Dauereinsatz und »lösten ihre Aufgaben sehr gut«, wie auch das Dt. Markdo Italien anerkennend bemerkte.

R 200 stellte das letzte Boot der 11. R-Flottille dar, das durch Feindeinwirkung verloren ging; es wurde durch Jagdbomber am 31.08.1944 auf Strand getrieben und 15 Tage später gesprengt. Am 03.09.1944 wurde RD 111 in Dienst gestellt (Kommandant: Leutnant z.S. Reif), knapp drei Wochen bevor die 11. R-Flottille als R-Boot-Gruppe in die 22. U-Jagdflottille eingegliedert wurde (23.09.1944).

Bis zur Selbstversenkung der Fahrzeuge fuhren die R-Boote noch manches Minenunternehmen, gingen zu Aufklärungs- und Vorpostenfahrten in See und mussten diverse S-Boot- und Luftangriffe abwehren.

Am 23.04.1945 nahmen sie zum letzten Male Minen an Bord, um sie im Golf von Genua zu werfen.

Dann kam das Aus:

»Ich laufe als vorletztes Boot in Genua ein«, hielt der Leutnant z.S. Jung nach

Kriegsende schriftlich fest, »meine Kommandos zum Festmachen des Bootes wollen nur schwer herauskommen. Am liebsten würde ich rausfahren und draußen das scheußliche Werk vollenden. Aber es gilt, bis zur letzten Stunde zu gehorchen. Die Vorbereitungen zum Sprengen sind getroffen. Endlich ist alles so weit.

Ich gebe Befehl, das Boot zu verlassen und die Sprengpatronen anzuschlagen. Um Punkt 09.00 Uhr am 24.04.1945 erfolgen die Detonationen. Die Boote, stets erfolgreich gewesen, fliegen in die Luft und versinken im Hafen von Genua an der Ponte dei Mille.

Ergriffen steht meine Besatzung um mich herum. Es erklingen drei Hurras auf unser Boot, dann lasse ich wegtreten und sehe in viele weinende Augen.«

Anlage 3

Biografien

Otto Franz Pollmann

Kriegsmarine/Bundesmarine

07.04.1938	14. Schiffsstammabteilung, Rekrut
27.09.1938	Marine-Nachrichtenschule Flensburg-Mürwik, Funkgasten-Lehrgang
04.04.1939	Zerstörer BERND VON ARNIM, Funkgefreiter, III. Wachgänger
25.07.1939	12. U-Jagdflottille, FT-Leiter und Koppelmaat
01.04.1940	12. U-Jagdflottille, UJ 124, II. Wachoffizier
11.06.1941	12. U-Jagdflottille, UJ B 1, Bootsführer
01.07.1941	1. Marineunteroffizierslehrabteilung
24.08.1941	12. U-Jagdflottille, UJ 1214, II. WO
01.04.1942	12. U-Jagdflottille, UJ 1203, I. WO
01.01.1943	22. U-Jagdflottille, UJ 2210, Kommandant
10.02.1944	22. U-Jagdflottille, UJ 2223, Baubelehrung
18.03.1944	22. U-Jagdflottille. UJ 2223, Kommandant
01.09.1944	22. U-Jagdflottille, UJ 2221, Kommandant
14.10.1944	zur Verfügung U-Jagdführer Ostsee
01.01.1945	11. U-Jagdflottille, Kommandant
08.05.1945	Dienstverrichtung im Bataillon »Emmermann«
25.11.1945	bis 31.01.1946 in Stöcksee bei Nienburg/Weser interniert
31.01.1946	Entlassung aus Kriegsgefangenschaft
01.07.1956	Eintritt in die Bundesmarine, Flotte, Stab (Dezernent für die U-Boot-Jagd im Kommando der Marinewaffen)
28.02.1958	verstorben als aktiver Offizier der Bundesmarine (zuletzt Verbindungsoffizier in einem NATO-Kommando in den Niederlanden)

Beförderungen/Ernennungen:

01.04.1939	Funkgefreiter
01.04.1940	Funkobergefreiter
01.05.1941	Matrosenobergefreiter und Reserveoffiziersanwärter (Umernennung)
01.09.1941	Steuermannsmaat der Reserve
01.11.1941	Steuermann der Reserve, überzählig
01.12.1941	Obersteuermann der Reserve, überzählig
01.09.1942	Leutnant zur See der Reserve mit Wirkung vom 01.09.1942 und Rangdienstalter vom 01.08.1942
26.01.1944	Oberleutnant zur See der Reserve, Beförderung wegen hervorragender Bewährung vor dem Feinde unter Vorbehalt der späteren Festlegung des Rangdienstalters, später dann Rangdienstalter vom 01.04.1944
01.03.1945	Kapitänleutnant der Reserve (ohne Nachweis, Eigenangabe)
01.07.1956	Korvettenkapitän

Orden und Ehrenzeichen:

22.05.1940	Eisernes Kreuz II. Klasse
23.11.1940	Kriegsabzeichen für Minensuch-, U-Jagd- und Sicherungsverbände
17.07.1942	Verwundetenabzeichen in Schwarz
03.03.1943	Eisernes Kreuz I. Klasse
19.05.1943	Ritterkreuz des Eisernen Kreuzes (170.)
26.01.1944	Deutsches Kreuz in Gold
25.04.1944	Eichenlaub (461.) zum Ritterkreuz des Eisernen Kreuzes

Fritz Grossmann

1899	in Bremen geboren
08/1939	BSO-Schulflottille, Kommandant
10/1939	15. Vorpostenflottille, Kommandant
04/1940	2. Flakjägergruppe, Kommandant
10/1940	12. Unterseeboot-Jagdflottille, Kommandant und Gruppenführer
06/1941	U-Jagdgruppe 1402, Gruppenführer
01/1942	14. Unterseeboot-Jagdflottille, Kommandant und Gruppenführer
07/1942	Korvettenkapitän der Reserve
09/1942	SG 3, Kommandant
12/1942	22. Unterseeboot-Jagdflottille, Flottillenchef
06/1943	U-Abwehrschule, Lehrer und Chef des Schulverbandes
03/1945	bis Kriegsende U-Jagdreferent

Friedrich Wunderlich

Kaiserliche Marine/Reichsmarine/Kriegmarine

01.04.1910	Diensteintritt in die Kaiserliche Marine
01.08.1914	S.M.S. Hilfskreuzer BERLIN, Adjutant
01.12.1914	S.M.S. U-Boot U 16, U69 und U 157, Wachoffizier
00.00.1917	S.M.S. U-Boot UB 104, Kommandant, dann bis Kriegsende S.M.S. UC 94
16.01.1921	Verabschiedung als charakterisierter Kapitänleutnant a.D.
24.05.1939	Kapitänleutnant zur Verfügung, charakterisiert
22.08.1939	Zur Kriegsmarine einberufen
11.10.1939	U-Abwehrschule, Lehrgang
19.10.1939	Kriegsmarinedienststelle Hamburg, Baubelehrung
17.11.1939	13. Unterseeboot-Jagdgruppe, U-Jäger »I« (»Ida«), Kommandant
13.04.1940	13. Unterseeboot-Jagdgruppe, Gruppenführer

22.05.1941	14. Unterseeboot-Jagdflottille, Flottillenchef
16.04.1943	22. Unterseeboot-Jagdflottille, Flottillenchef
01.11.1944	1. Lehrdivision, Stab, Admiralstabsoffizier, F II, Ausbildungsleiter
12.01.1945	11. Unterseeboot-Jagdflottille, Flottillenchef, gleichzeitig bis
08.05.1945	U-Jagdführer Ostsee Ende Mai 1945 britische Gefangenschaft im Raum Eckernförde
Febr. 1946	Entlassung aus Kriegsgefangenschaft
27.03.1973	in München verstorben

Beförderungen

1914	Leutnant zur See
01.04.1940	Kapitänleutnant zur Verfügung
01.09.1940	Korvettenkapitän zur Verfügung
01.02.1945	Fregattenkapitän zur Verfügung

Orden und Ehrenzeichen

	Unterseebootsabzeichen 1914–1918
	Hamburger Hanseatenkreuz
	Bremer Hanseatenkreuz
	Schaumburg-Lippisches Kreuz für treue Dienste
	Oldenburgisches Kreuz
	Ehrenkreuz für Frontkämpfer
27.04.1940	Spange zum Eisernen Kreuz II. Klasse
21.05.1940	Spange zum Eisernen Kreuz I. Klasse
29.11.1940	Kriegsabzeichen für Minensuch-, U-Boots-Jagd- und Sicherungsverbände
03.12.1942	Ritterkreuz (137) zum Eisernen Kreuz
10.06.1944	Deutsches Kreuz in Gold

Anlage 4

Ein Ex-Funkhauptgefreiter erinnert sich

Bericht von Günter Brede, Hamburg

Nach der Abkommandierung von der 3. Minensuchflottille und nach dem kurzen Urlaub um Weihnachten des Jahres 1942 sammelte sich die neue Bootsbesatzung in Kiel bei der Krupp-Germania-Werft. Am 07.01.1943 nahmen wir Abschied von unseren »alten« Kameraden und traten die lange Reise nach Süden an. Noch einmal sahen wir von weitem die ehrwürdigen Kirchen von Lübeck. Dann kam Hamburg. Weiter ging es durch Westdeutschland nach Köln, über die Grenze bei Aachen bis nach Paris-Nord. Die Metro transportierte uns über und unter der Erde bis zum Bahnhof Lyon, von wo aus uns ein D-Zug durch malerisch schöne Landschaft zu unserem zukünftigen Heimathafen brachte. Es war schon spät, als wir am 10.01.1943 in Marseille eintrafen. Nach einem kurzen Marsch nahm uns ein Soldatenheim auf, um uns die nötige Nachtruhe zu geben. Am nächsten Tage erblickten wir unsere neue Umgebung in einem strahlenden Sonnenglanz. Zum ersten Mal sahen wir die Schönheit dieser südfranzösischen Hafenstadt; sie machte einen tiefen Eindruck auf uns. Wir entdeckten Palmen und uns unbekannte Blumen unter dem in Blau lächelndem Himmel. Wir fuhren mit der Straßenbahn zum Hafen und zogen auf dem Wohnschiff BELLE ISLE ein. Während der Fahrt sahen wir schöne, saubere, breite Straßen. Menschen strömten zu ihren Arbeitsstätten. Schutzleute standen an Kreuzungen in ihrem weißen Tropenzeug und regelten den Verkehr. Wie anders war doch das Bild in unserer Heimat.

Schon am nächsten Tage betraten wir unser neues Boot. Es war ein Fischdampfer namens MINERVA. Der große Ladebaum wurde gerade durch einen Kran an die Pier gehievt. Werftarbeiter arbeiteten an Bord, Niethämmer ratterten, Schweißbrenner warfen ihren Feuerstrahl im eleganten Bogen ins Wasser. Kräne und Laufkatzen beförderten schwere Eisenplatten von und an Bord. Aus dem alten Fischdampfer sollte der stolze U-Jäger 2209 werden. Jeden Tag fuhren wir mit der Bahn vom Wohnschiff zum Boot und arbeiteten selbst mit an unserem »Pott«. Nach einiger Zeit waren unsere Decks fertig und wir konnten einziehen. Das Oberdeck wurde mit Sand und Steinen gescheuert, die Wände gepönt und die Kojen mit frischer Bettwäsche bezogen. Glühlampen wurden angebracht, Lautsprecher angelegt usw., bis unser neuer Wohnraum sauber und gemütlich eingerichtet war. Ich war der einzige Funker an Bord und arbeitete mit einem deutschen Monteur und zwei Franzosen den Funkraum aus. Sender, Empfänger, Armaturen, Schalttafeln und Kabel kamen nach und nach hinzu. Den Höhepunkt erreichte alles, als das Radio zum ersten Male in allen Decks spielte und wir wieder die schöne heimatliche Musik durch die Lautsprecher hörten. So wie unser Boot sich von Tag zu Tag veränderte, wechselte auch das Bild in der Stadt und im Hafen. Es wurde immer wärmer, Eisdielen und Kaffeestuben waren im Freien auf den Bürgersteigen. Im Hafen liefen Schiffe ein und aus.

Der große Umbau unseres Bootes blieb nicht immer gefahrlos. Einmal brach ein Feuer aus und zerstörte eine ganze Last, d.h. einen Lagerraum, doch die Feuerwehr dämmte den Brand schnell ein.

Am 12.02.1943 war die Indienststellung. Schon einen Tag vorher wurde alles bereitgestellt. Mit langen Girlanden und den bunten Signalflaggen wurde das neue Boot geschmückt. Es wurde noch ordentlich geschrubbt und gepönt, doch vor allen Dingen wurde »Feuerwasser« an Bord genommen, denn Neptuns Feste sind immer feucht. Nach der Hauptmahlzeit gab es abends Kartoffelsalat mit Knackwurst, und dann ging es zum gemütlichen Teil über...

Nach dem Einbau der Geschütze wurde Schleife gefahren, und zwar im Jollenhafen von Marseille. Einen Tag später startete die erste Probefahrt. Zum ersten Male glitten wir langsam aus dem langen Hafen in den Golfe du Lion hinein. Die Maschine lief auf äußerste Kraft, die Alarmglocke wurde geprüft, das Nebelhorn ausprobiert, zuletzt die Artillerie ausgewertet.

Die 2-cm-Waffen sandten ihre Perlenketten zum Himmel, die 3,7-cm-Geschütze hackten dazwischen. Währenddessen wurden die Wasserbomben von der Last vor der Kommandobrücke mit Laufkatzen, an Schienen hängend, zu den achtern stehenden Werfern gezogen, wo sie von der Rollbahn glitten oder vom Werfer geschossen mitsamt Stempel im hohen Bogen ins Wasser fielen. Nach einigen Sekunden krepierten sie tief unter Wasser, das Heck wurde hart hochgerissen und eine Wassersäule sprang achteraus steil in die Höhe, um kurz darauf zischend in sich zusammenzufallen. Unser Boot hielt stand, nur einige Sicherungen waren in der Funkbude infolge des kolossalen Druckes durchgeschmort. Nach der überstandenen Probe ging es heimwärts. Jetzt begann die Wartezeit zum Einsatz.

17.02.1943. Um 17.00 Uhr dröhnte durchdringend die Glocke ins Deck. Schiff klar zum Manöver. Ein Pfiff – die Flagge »Anton« flog am Mast empor. Alle Mann auf Station! Vordere Leinen los, achtere Leinen los und ein! Maschine halbe Fahrt voraus! Unser Boot ging zusammen mit UJ 2201 auf die erste Feindfahrt. Um 18 Uhr waren wir schon weit draußen, Marseille leuchtete noch schwach aus der Ferne. Es wurde dunkel. See und Wind nahmen zu. Über Funk bekamen wir eine Sturmwarnung: See 7–8, Wind 9–10. Rettungsleinen wurden ums Boot gelegt. Lose Gegenstände wurden festgezurrt. Das Brückenpersonal und die Signalgasten schnallten sich an.

Um 22 Uhr hatte sich die sonst so ruhige See in einen brodelnden Hexenkessel verwandelt. Weder Mond noch Sterne waren zu sehen. Der Steven tauchte tief in die schwarze »Tinte« und hob sich langsam wieder steil in die Höhe. Von der Küste her blinzelten ab und zu die Ansteuerungsfeuer. Die Nacht schien endlos lang zu sein, der Seegang hörte nicht auf.

Im Morgengrauen erreichten wir die italienische Küste. Die See war ruhig geworden. Starker Frühdunst lastete auf dem spiegelglatten Meer. Wir drehten auf Südost und erreichten gegen Mittag La Spezia. Wir lagen vor Reede und sahen durch die Gläser die südländische Stadt mit Palmen und Kakteen. Am nächsten Tag setzten wir die Fahrt fort, vorbei an Korsika und Sardinien.

Am 22.02.43 erreichten wir Neapel. Im langen Bogen um Capri herum schoben wir uns in den Golf hinein. Eine breite Bucht nahm uns auf, und die Tonnen führten uns bald zum Hafen. Die ersten Spuren vom grausamen Krieg wurden sichtbar: Ausgebrannte Handelsdampfer und Kriegsschiffe lagen an der durch Bomben zerfressenen Pier. Es war Mittag, die Sonne stand hoch am Himmel und brannte auf der Hand und im Gesicht. Hinter dem Hafen leuchteten die weißen Häuser grell im Licht. Plötzlich Fliegeralarm. Bomben fielen und zerstörten weitere Teile der schönen Landschaft.

Nach einigen Tagen rief uns wieder die Alarmglocke zum »Seeklar«. Wir hatten ein Geleit nach Trapani zu fahren. Kaum aus dem Hafen, noch nicht ganz auf Position, ertönte die Hupe – U-Boot-Alarm! In der Nacht wurden wir durch feindliche Aufklärer gesichtet, und am frühen Morgen griff uns ein Flugzeug mit einem Torpedo an; der »Aal« ging aber vorbei.

Beinahe hätten wir den Warnschuss überhört, den die Torpedoboote abgaben, als nachmittags 19 viermotorige Bomber näher kamen. Sie steuerten ruhig, aber doch schnell auf uns zu. Dann rauschten auch schon Bomben zu uns runter. Instinktiv legten wir uns aufs Deck, doch durch die knapp an der Bordwand krepierenden Bomben wurden wir hochgeschleudert. Dann ergoss sich sehr viel Wasser über uns. Es sah fast danach aus, dass wir sinken würden ...

Das Dieselfundament war armbreit gerissen, Ruder- und Funkanlage funktionierten nicht mehr. Manövrierunfähig, schleppte uns ein U-Jäger (UJ 2201) in Richtung Capri. Am nächsten Tag lagen wir wieder in Neapel. Es hieß, dass wir schon bald nach Marseille gebracht würden, doch dauerte die Wartezeit bis zum 4. April. Den ganzen Monat März hatten wir also Ruhe, mit Ausnahme der Fliegeralarme, die es mehrmals täglich gab. Dann legten Nebeltonnen ihren Schleier über den ganzen Hafen, um so dem Feind die Sicht zu nehmen. Die Flak schoss dichtes Sperrfeuer. Auch war die Sabotage groß und holte sich manches Opfer. Doch bei all dem Gefahrvollen stand das Vergnügen nicht zurück. Das größte Ereignis war wohl die Besichtigung von Pompeji. Wir fuhren mit der Vesuvbahn dorthin. Ein Führer zeigte uns die Schönheit und die weit entwickelte Kultur der Stadt, die einst in Lava erstickte. Jeden Sonnabend ging es zu den Thermo-Badeanstalten, die uns von Schweiß und Staub reinigten. So waren auch die heißen Tage in Neapel abwechslungsreich und schön.

Nachdem wir die Tropenuniformen und den kleinen Diesel erhalten hatten, sollte es wieder losgehen. An einem Nachmittag kam unser neuer Schlepper, und wir nahmen Abschied von dem schönen Neapel mit Santa Lucia. Wie das Schicksal es wollte, so hatten wir auch dieses Mal Glück. Kaum eine halbe Stunde aus dem Hafen, ertönte an Land Fliegeralarm. Immer neue Wellen von Bombern kreisten über uns hinweg in Richtung Neapel, wo schwarze, dicke Wolken träge in die schwere Luft stiegen. Die Lage unseres Schleppzuges war gefährlich, jeden Moment konnten einige Flugzeuge abdrehen und uns angreifen. Doch es geschah nicht, und wir zogen sicher in die ruhigere Zone des Nordens. Tag und Nacht, nur durch kurze Pausen unterbrochen, saß der Kommandant auf der Brücke und dirigierte das schwer steuerfähige Boot hinter dem Schlepper her.

Ich hatte damals mit Ulli John einen guten Auftrag vom Kommandanten. Wir mussten eine Lampe für die Offiziersmesse aus Messing und Kupfer herstellen. In Civitavecchia machten wir zwei Tage Station. In dieser Zeit liefen zahlreiche Transporter mit Truppen nach Korsika. Wir ahnten nicht, dass wir eines Tages die Soldaten unter vielen Gefahren wieder zurückbringen mussten. Dann ging es wieder weiter nach Norden.

Nach langer Nachtfahrt sahen wir am nächsten Tage Livorno an Steuerbord liegen, nicht wissen könnend, dass wir hier einmal unser Boot verlieren sollten.

Wir erreichten noch rechtzeitig den Kriegshafen La Spezia und suchten uns vor Einbruch der Dunkelheit einen Liegeplatz vor Reede. Querab von uns, vor der Einfahrt, lagen ein italienisches Schlachtschiff, zwei Schwere Kreuzer und ein Zerstörer. Im Hafenbecken streckten noch einige Riesen ihren massigen Gefechtsturm in die Höhe. Vielleicht war dieses der Anlass, dass nachts plötzlich die Sirenen ertönten und ein furchtbarer Angriff auf La Spezia erfolgte. Die hohen bewaldeten Berge, die das Hafenbecken eng einrahmten, brannten von dem abgeworfenen Phosphor wie ein Feuermeer. Die unermüdlichen kleinen Nebelboote schleierten immer wieder die Schlachtschiffe ein, und zum Glück stand der Wind richtig und trieb den Dunst auch über uns; er entzog uns so den Blicken des Gegners. Als der letzte Leuchtschirm erlosch und die ersehnte Ruhe eintrat, lag der ganze Hafen im roten Licht der brennenden Werften und Ladeschuppen. Auch der auf den Lungen lastende Nebel verzog und wir fielen alsbald in einen tiefen Schlaf. Am nächsten Tage waren wir froh, als unser Schlepper uns begrüßte und die Trossen übernahm, um mit uns den Weg nach Genua anzutreten.

Zum ersten Male waren wir nun im größten Hafen Italiens – Genua. Wie oft hatten wir schon von der Schönheit und Farbenpracht dieser freundlichen Stadt gehört, und nun konnten wir sie selbst erleben. Allerdings war es dunkel, und die Häuser hüllten sich in tiefes Schweigen. Die Verdunkelung schluckte jeden Lichtschimmer, doch hinter den schwarzen Vorhängen und Rollos spielte sich noch das Nachtleben ab. Man saß in tiefen Rohrsesseln vor dampfender Schokolade und verlockendem Gebäck, oder man genoss den tiefrot funkelnden Rotwein, den Marsala …

Am nächsten Morgen sahen wir dann die Stadt im Sonnenglanz. Das blaue Meer, die grünen Berge und die weißen Häuser stachen scharf und schön voneinander ab. Schöne breite Treppen unterbrachen die Straßen im harmonischen Einklang. Genua ist die Stadt der Treppen. Elektrobusse und Straßenbahnen bewältigten den Verkehr, welchen die Polizei in ihren weißen Uniformen regelte. Kaffeehäuser, Bars und Eisdielen sorgten für die nötige Erfrischung, große Märkte für das leibliche Wohl. Kinos, Parks, Museen usw. brachten Abwechslung ins eintönige Leben. Hier lagen wir zwei Tage an der Ponte Doria. Die FT-Anlage wurde repariert, dann ging es weiter.

Savona, ein kleiner Hafen an der italienischen Riviera, war unsere Zwischenstation nach einem U-Bootalarm. Grock, der Weltclown, besuchte uns und brachte uns viel zum Lachen. Nun kam der letzte Törn: Marseille. Um die Mittagszeit des 24.04.1943 tauchten die Schären und der letzte Kalkfelsen vor uns auf. Er kroch langsam heran, wuchs größer und größer, bis er schließlich an uns vorbeiglitt und die Sicht der in der Ferne schimmernden Stadt Marseille freigab. Bald winkte uns von weitem die Notre-Dame zu, die Häuser schälten sich langsam aus dem Dunst und dann stand auch schon die breite Hafeneinfahrt vor uns. Noch war die erste Mole nicht vorbei, da fielen die alten Schwimmwesten von uns ab, und wir atmeten erleichtert auf. Wir machten mit Musik im Alten Hafen fest.

Wir bekamen dienstfrei, die Kumpels ruhten sich aus nach langem Wachen. Es war heiß, alle lagen an Deck, ermüdet und entkräftet. Die Heimatlieder klangen leise durch die Lautsprecher. Das Boot, sonst so lebendig, lag da wie tot. Am Sonntag fuhr der erste Törn auf Urlaub. Am Montag verholten wir in die Werft; die große Umwandlung unseres Bootes begann. Um die Maschine frei zu bekommen, musste das ganze Deck aufgerissen werden, daher lagen Bretter über den gähnenden Löchern. Die Maschine wurde gänzlich auseinander genommen, geprüft und repariert. Dann kam der FT-Raum an die Reihe, eine schlechte Zeit für uns, denn das Radio fiel aus, doch traten dafür die Grammophone in Tätigkeit. Zio und ich traten mit der Reparaturwerkstatt in Verbindung, lernten sehr gute Menschen kennen und arbeiteten selbstständig unseren neuen Funkraum aus, organisierten u.a. auch ein Mikrofon. Allerdings brauchten wir auch keinen Dienst mitmachen. Es war eine schöne Zeit. Die Charly-Bar wurde unsere Stammkneipe und der Tiger-Rag wurde unser Hauptschlager. Das alles in wenige Worte zu fassen, ist unmöglich. Am 23.05.1943 fuhr ich auf Urlaub und traf am 18.06.1943 wieder in Marseille ein. Nach langem Suchen fand ich dann endlich meinen Dampfer im Dock, total zerstückelt, alt und grau. Doch das Leben und die Kameraden an Bord waren die gleichen, unverändert.

Die Tage wurden nun noch schöner, wir gingen nur in Turnhose, machten Bordfeste sowie Wunschkonzerte, abends ging es dann in die Bar. Der Funkraum war tadellos in Schuss, ein neues Deck war bald mittschiffs entstanden, wir bekamen neue Geschützfundamente, das Boot sah jetzt einem Kriegsschiff ähnlich. Das Funkmessgerät, ein U-Boot-Ortungsgerät und ein Horchgerät neuester Art wurden eingebaut. Eines Tages war dann auch wieder der Abschiedstag da. Die Front stand jetzt schon in Süditalien, auch im Norden war die Lage ernst und eisenhaltig.

Am 17.08.1943 liefen wir mit einem Dampfer nach Ajaccio (Korsika) aus. An der Pier standen die Werftarbeiter und viele Kameraden, grüßend und die Mützen schwenkend. Unser Signalgast winkte den letzten Gruß von Bord an Land hinüber. Dann waren wir alleine, wie aus dem Trubel herausgerissen, die Kriegsspannung überkam uns wieder und die eintönige Wache begann. Wir schaukelten wehmütig in die Nacht hinein. Durch einen plötzlichen U-Boot-Angriff wurde unser Geleit auseinander gerissen. Wir liefen den Hafen an, doch der Dampfer war nicht zu finden. Wir fuhren nach Bastia und dann nach Livorno. Die Stadt litt sehr unter Fliegerangriffen. Die Lage war für uns sehr schlecht. Wir merkten, dass wir nicht mehr die Herrschaft besaßen.

Am 28.08.1943 verloren wir durch ein U-Boot das Geleitboot SG 10. Morgens wurde die Freiwache durch einen harten Knall geweckt und sah noch den Steven von der ehemaligen FELIX-HENRI in den Fluten versinken. Verwundete und Schiffbrüchige schwammen verzweifelt um ihr Leben. 85 von 200 Mann nahm das stolze Schiff mit in die Tiefe. Unermüdlich waren wir bei der Bergung der Schiffbrüchigen, übervoll liefen wir dann nach Portoferraio, wo uns die armen Kameraden verließen.

Wir fuhren Geleite nach Civitavecchia, Piombino, San Stefano, Portoferraio, Bastia und Genua, von dort wieder nach Piombino, wo wir dann am 08.09.1943 erfuhren, dass Italien kapituliert hatte. Uns schien gar keine Rettung, denn wir lagen in einem stark armierten und von hohen Wällen umgebenen Hafen, als mehrere italienische Panzer aus der Ortsmitte anrollten und teils feuernd die Küstenstraße besetzten.

Der Kommandant versammelte uns und sprach vom Kampf bis zum Letzten. Ein Stoßtrupp ging an Land. Abends zerstörten wir den Scheinwerfer, der uns plötzlich anzuleuchten begann. Als alle Mann an Bord waren, kappten wir Trossen und Anker und fuhren zur völligen Überraschung der Italiener durch die Hafensperre. Die Küstenartillerie schoss nach uns, jedoch ohne Erfolg. Mit A.K. liefen wir nach Livorno, wo noch mehrere deutsche Dampfer vor Reede lagen und der Hafen schon halb erobert war. Italienische Torpedoflugzeuge wollten uns angreifen, wurden aber abgewehrt. Italienische Schnellbote versuchten von Norden her nach Süden durchzubrechen, wurden aber von zwei deutschen Minenschiffen in Brand geschossen bzw. ins Hafenbecken getrieben. Es war eine bewegte Zeit. In der Nacht liefen wir mit drei Booten nach Genua, das schon fest in deutscher Hand war. Auf halben Wege kam der Funkspruch, dass die italienische Flotte aus Spezia ausgebrochen und mit großer Fahrt auf dem Wege nach Süden war. Wir legten uns daraufhin still aufs Wasser, um ein Zusammentreffen zu vermeiden.

Als die Ruhe wieder hergestellt war, schickte man uns nach Livorno. Die deutschen Truppen auf Korsika mussten räumen. Dadurch war der einzige Hafen, Bastia, übervoll. Die Räumung ging ziemlich flüssig vonstatten. Der »Tommy« bekam die Lage bald spitz und legte einen starken Riegel davor. Der ganze Seeweg war bewacht von Aufklärern und U-Booten. Dazu wurden Bastia und Livorno laufend bombardiert. Tag und Nacht schlugen wir uns mit den Gegnern herum. Die gespannte, ernste Lage fraß uns alle innerlich kaputt. Ruhe gab es nicht mehr, Einlaufen und Auslaufen war fast eins. Unsere liebsten Sachen hatten wir in einem Päckchen verpackt und auf See sowie an Land in greifbarer Nähe.

Am 21.09.1943 lagen wir in Bastia. Mittags fielen plötzlich Bomben, keiner hatte ein Flugzeug bemerkt und alle waren an Bord. Wie ein Wunder blieb unser Boot einigermaßen heil. Die Funkanlage war jedoch völlig durchsiebt, das Horch- und S-Gerät teils unbrauchbar, die achteren Geschütze ausgefallen, das Signaldeck aufgerissen. Nachdem sich der Rauch verzogen hatte, erkannten wir zwei tote Kameraden. Wir rollten sie in Flaggen und legten sie an Deck. Der Hafen lag voll von verkohlten und zerfetzten Leichen. Wir lösten uns langsam von der Pier, um die grausige Gegend zu verlassen. Dicke Eisenteile von explodierenden Schiffen schossen an uns vorbei, und ein Schiff, das uns die Ausfahrt versperrte, flog von einem Torpedo getroffen in die Luft. In Livorno angekommen, überraschte uns dann ein starker Luftangriff.

Die erhoffte Werftzeit blieb aus, das S-und Funkgerät wurde nur notdürftig repariert. Wir füllten unsere Lasten auf. Dann kam ein verfluchter Funkspruch. Wir mussten mit unserem wunden Boot auslaufen, während andere heil an der Pier lagen. Wir hätten unseren Chef in Genua umbringen können! Gleichgültig, mechanisch führten die Seeleute die Befehle aus, die Nerven waren kaputt, der Körper übernächtigt, der Mut versiegt. Müde liefen wir aus Livorno aus, auf vorgeschobenem Posten. Mit äußerster Gespanntheit hörten wir jeden Funkspruch, doch der Abruf nach Genua erfolgte nicht. Wir konnten nicht begreifen, dass wir mit so einem unklaren Boot hier fahren sollten. Der Proviant wurde knapp, Kartoffeln gab es schon lange nicht mehr. Nur Milchsuppe, Kohl und Rüben. Wegen Treibstoffmangel mussten wir Livorno anlaufen. Hier lag alles auf »Null«. Trotz Müdigkeit lockte ein Varieté der Frontbühne. Da saßen wir nun mit langen Haaren, mit dreckiger Wäsche, denn Seife gab es schon lange nicht mehr. Zum ersten Male kamen uns wieder Lieder über die Lippen und die trüben, überreizten Augen begannen wieder zu leuchten.

Am 01.10.43 kam es zu einem Unglück. Durch einen U-Boot-Angriff in der Nacht auf dem Wege nach Bastia geriet das Geleit in Unruhe. Ein Kriegstransporter rammte uns mit dem scharfen Vordersteven in die hintere Seite, riss ein tiefes Loch, welches aber noch über der Wasserlinie lag. Ein Teil unserer Aufbauten wurde zerdrückt, das Rettungsboot ging kaputt, ferner fielen zwei Wasserbombenwerfer aus. Trotzdem brachten wir das Geleit nach Korsika, von wo aus es schon bald wieder nach Livorno zurückging. Dann fuhren wir nach Genua. Mit einem Lattenverschlag und Stahlplatten, die das Loch provisorisch abdichteten, liefen wir schließlich wieder aus.

Am 20.12.43 ging unser Boot in die Werft. Wir erholten uns in völliger Ruhe und Sicherheit. Das Weihnachtsfest bildete den Höhepunkt. Im größten Deck wurde ein schöner Tannenbaum aufgestellt und geschmückt. Der Wohnraum wurde mit Signalflaggen verschönert und weihnachtlich eingerichtet. Unser Steuermann spielte den Weihnachtsmann und verteilte mit viel Spaß seine Geschenke an jeden von uns. Abends gab es Gänsebraten mit Rotkohl, nachher ein gutes Tröpfchen. Das Fest wurde in freudiger Dankbarkeit gefeiert. Der zweite Höhepunkt war dann das Neujahrsfest, das wir mit viel Feuchtigkeit begingen. Leider war die schöne Zeit schon bald wieder vorbei!

Nach einigen Tagen liefen wir wieder aus. Wir fuhren Geleite nach Piombino, Livorno, Spezia, Marseille, Toulon, Imperia, Nizza, Savona usw. Mancher Sturm brauste noch über uns hinweg bis am 15.03.1944 die letzte Fahrt kommen sollte. Mit zwei Dampfern liefen wir nachts – tags konnte man wegen Fliegergefahr nicht mehr fahren – nach Livorno aus, wo wir im frühen Morgengrauen an die kleine Pier verholten. Beim Hellwerden erschienen »Spitfires«. Mehrmals flogen uns die »Biester« an, sichteten die Lage und zogen ab. Dieses erschien uns verdächtig, deshalb erteilte der Kommandant den vernünftigen Befehl, das Boot bis auf eine Wache zu verlassen. Sollte das Funkmessgerät Bomber orten, sollte auch die Wache in sichere Deckung gehen.

Ein Fähnrich und acht Mann blieben an Bord, wir marschierten durch die verlassene Stadt auf das Land hinaus. Auf einem weichen Rasen und in der heißen Sonne schliefen wir bald ein, wurden aber am Mittag durch ein markerschütterndes Gebrumm aufgeweckt, als 24 Bomber Kurs auf den Hafen nahmen. Schon bebte die Erde, stiegen dicke Rauchwolken empor. Als der Angriff vorbei war, marschierten wir zum Hafen. Unterwegs kamen uns die Kameraden der Wache entgegen. Drei fehlten; wir wussten Bescheid. Am Kai angekommen, sahen wir unser Boot. Der Bug hatte sich tief in den Grund gebohrt. Das Mitteldeck war aufgerissen, die Brücke zerdrückt. Wie sahen wir unser sicher geglaubtes Boot wieder ...

Unser Funker, der Wache hatte, erzählte, dass gegen Mittag das bekannte Geräusch der viermotorigen Bomber im Empfänger zu hören war. Er ging hin und meldete es dem Fähnrich, doch es war angeblich noch nicht laut genug. Als die Geräusche stärker wurden, sagte er zum Fähnrich, dass er die Verantwortung nicht übernehmen könne. Ein Teil der Wache ging dann von Bord, ein anderer machte sich klar. Doch als das Gebrumm hörbar wurde, war an Rettung fast nicht mehr zu denken. Einer wurde an Bord durch die Bomben begraben, zwei Kameraden liefen in den Tod hinein, zwei wurden verschüttet, aber noch lebend geborgen.

Nach dem Bericht stiegen wir an Bord und räumten das noch eben Rettbare aus dem Achterschiff, welches langsam absackte. Es war vor allen Dingen Proviant, den wir retten konnten. Viele andere Sachen waren verloren, wir besaßen nur noch das, was wir anhatten. Nach einem kurzen Abschied von unserem Boot und den Kameraden, die hier ihren Tod fanden, gingen wir andächtig an der Pier entlang zum Stadtkommandanten. Wir fühlten vorher schon die Einsamkeit und jetzt umso mehr. Auf vier Lastwagen brachte man uns nach La Spezia. Unterwegs traf uns ein Wagen der Flottille, der uns Schokolade, Schnaps und hauptsächlich etwas zu Rauchen mitbrachte.

In La Spezia angekommen, gingen wir zur Bahn und fuhren nach Genua. Hier wohnten wir an Land bei der Flottille, bekamen neues Zeug und fuhren auf Urlaub. Am 05.05.1944 erreichte ich wieder Genua und kam zur Funkstelle in der Flottille an Land zusammen mit Fritz und Jupp. Viele Kameraden wurden auf andere Boote verteilt, andere wieder blieben an Land. Die Front kam immer näher, die Stadt Genua erlitt jeden Tag Luftangriffe, die schönen Tage von damals waren zu Ende. Tag und Nacht fielen Bomben, man wusste, dass auch unser Haus einmal in Schutt und Asche liegen könnte. Jupp, Fritz und ich hielten fest zusammen und waren immer beieinander.

Am 15.05.1944 wurde ich bei einem Bombenanschlag auf das Kino »Odeon« schwer verwundet, meine beiden Kameraden Jupp und Fritz fielen neben mir. Allein erwachte ich aus der Ohnmacht und kam ins Lazarett, dann nach Deutschland in die Heimat. Nach der Heilung, kurz vor Waffenstillstand, erreichte ich am 24.04.1945 Bozen. Im Gefangenenlager hörte ich dann von einem meiner Kameraden, den ich zufällig traf, dass alle meine anderen Kumpels auf See geblieben sind.

Anlage 5

Einsätze und Schiffsbewegungen der 22. U-Jagdflottille

12.12.1942

Marseille: Ehemalige Fischtrawler ALFRED (UJ 2208), CAP NORD (UJ 2207), CLAIRVOYANT (UJ 2214), HARDI (UJ 2211), JÜTLAND (UJ 2202), MARCELLA (UJ 2210), MINERVA (UJ 2209), PESCAGEL (UJ 2212) und VOLONTAIRE (UJ 2215) werden militärisch besetzt

14.12.1942

Marseille: CLAIRVOYANT (UJ 2214) und VOLONTAIRE (UJ 2215) verlegen nach La Ciotat. Boote werden in Höhe von Madrague von Küstenartillerie beschossen, später in Höhe Ile Verte von einem U-Boot erfolglos torpediert

La Ciotat: AUSTRAL (UJ 2203), BORÉAL (UJ 2204) und HEUREUX (UJ 2213) werden militärisch besetzt. Klar zum Beginn Werftarbeiten und Geschützeinbau

Port de Bouc: UJ 2201, LE JACQUES COUER (UJ 2205) und SAINT MARTIN LEGASSE (UJ 2206) werden militärisch besetzt. Beginn Werftarbeiten und Geschützeinbau

Port de Bouc: LE JACQUES COUER (UJ 2205) und SAINT MARTIN LEGASSE (2206) werden nach Marseille überführt

12.02.1943

Marseille: **U-Jäger 2201, 2202 u. 2209 Indienststellung**

17.02.1943

Marseille: UJ 2201 und 2209 laufen nach La Spezia, dabei U-Jagd im Golf von Genua

19.02.1943

Marseille: **UJ 2210 Indienststellung**

La Spezia: UJ 2201 und 2209 laufen ein

20.02.1943

La Spezia: UJ 2201 und 2209 laufen nach Neapel

21.02.1943

Marseille: **UJ 2203 Indienststellung**

Marseille: UJ 2202 und 2210 laufen nach Neapel, ab Cap Corse U-Jagd

22.02.1943

Neapel: UJ 2201 und 2209 laufen ein

Marseille: **UJ 2204 u. 2207 Indienststellung**

CJ 1963: UJ 2202 Minenabschuss

23.02.1943

nördl. Ischia: UJ 2202 Grundberührung (Hüllkörper u. S-Gerät beschädigt)

Neapel: UJ 2202 und 2210 laufen ein

25.02.1943

Neapel: UJ 2201, 2209 und 2210 laufen aus (Geleit TERAMO)

Neapel: UJ 2202 läuft nach Marseille

26.02.1943

CJ 9455: UJ 2209 durch Bombennahtreffer beschädigt

in See: UJ 2202 Minenabschüsse

27.02.1943

CJ 6782: **U-Boot-Bekämpfung durch UJ 2210 (vermutlich TIGRIS)**

Marseille: UJ 2203, 2204 u. 2207 laufen aus (U-Jagd im Golf v. Genua)

Marseille: UJ 2202 läuft ein

28.02.1943

Neapel: UJ 2201, UJ 2209 und UJ 2210 laufen ein

01.03.1943

Marseille: **UJ 2208 Indienststellung**

02.03.1943

Marseille: **UJ 2205 Indienststellung**

03.03.1943

Neapel: UJ 2203, UJ 2204 und UJ 2207 laufen ein

Marseille: UJ 2208 geleitet Dampfer C. LUICI nach Genua

04.03.1943

Genua: UJ 2208 läuft mit Geleit ein

05.03.1943

Genua: UJ 2208 läuft aus (U-Jagd zwischen Genua u. Cap Corse)

06.03.1943

Marseille: UJ 2205 läuft aus (U-Jagd vor Rhônemündung)

CJ 1624: **U-Boot-Bekämpfung durch UJ 2208**

07.03.1943

Marseille: UJ 2205 läuft ein

Genua: UJ 2208 läuft ein

08.03.1943

Neapel: U-Jäger 2201, 2202, 2203, 2204 und 2210 laufen mit 5 Dampfern sowie Torpedobooten LIBRA und DEZZA nach Palermo

09.03.1943

Marseille: UJ 2205 läuft mit Tanker VENDEMIAIRE nach Genua

10.03.1943

CJ 9813: **U-Boot-Bekämpfung durch UJ 2203/UJ 2210 (TROOPER)**

Genua: UJ 2208 läuft nach La Spezia

11.03.1943

Palermo: UJ 2201, 2202 und 2204 laufen ein

Genua: UJ 2205 läuft ein

12.03.1943

Palermo: UJ 2201, 2202 und 2204 laufen aus (U-Jagd zwischen Cap Gallo und Cap Vito)

Messina: UJ 2203 und 2210 laufen aus (U-Jagd nördl. Cap Orlando)

La Spezia: UJ 2208 läuft aus

13.03.1943

Palermo: UJ 2201, 2202 und 2204 laufen mit KT 2, KT 14 und 2 S-Booten aus

CJ 1651: **U-Boot-Bekämpfung durch UJ 2208**

Genua / CJ 1625: UJ 2205 läuft aus und trifft in mit UJ 2208 zusammen

14.03.1943

CJ 9558: **U-Boot-Bekämpfung durch UJ 2210**

Messina: UJ 2201 und 2204 laufen ein

15.03.1943

Neapel: UJ 2202, 2203 und 2210 laufen mit KT 2 und KT 14 ein

Neapel: UJ 2207 läuft aus (U-Jagd südl. Capri)

Neapel: UJ 2205 und 2208 laufen ein

18.03.1943

Messina: UJ 2201 und 2204 laufen aus (Geleit FOSCARINI)

19.03.1943

Messina: UJ 2201 und 2204 laufen ein

20.03.1943

Neapel: UJ 2203 und 2207 laufen aus (U-Jagd Raum Capri)

21.03.1943

Messina: UJ 2201 und 2204 laufen aus (Geleit ZEILA)

22.03.1943	
Crotone	UJ 2201 und 2204 laufen ein
Neapel	UJ 2203 und 2207 laufen ein
Neapel	UJ 2203 und 2205 laufen aus
23.03.1943	
Crotone	UJ 2201 und 2204 und Tanker Zeila laufen aus
bei Spartivento	Tanker Zeila sinkt durch U-Boots-Torpedotreffer
	U-Boot-Bekämpfung durch UJ 2201/2204 (Unison)
Neapel	UJ 2208 läuft aus (Treff mit P. Herrenschmidt)
CJ 9261	Fliegerangriff auf UJ 2205
24.03.1943	
Neapel	UJ 2203 läuft ein
Marseille	**UJ 2206 Indienststellung**
25.03.1943	
Palermo	UJ 2201 und 2204 laufen ein
Neapel	UJ 2205 und 2208 laufen ein
28.03.1943	
Marseille	UJ 2206 läuft mit Fyrutz und P.L.M. 20 nach Genua
29.03.1943	
Palermo-Reede	**UJ 2201 und UJ 2204 sinken durch U-Torpedotreffer**
Neapel	UJ 2202 und 2203 laufen aus (Geleitfahrt nach Afrika)
Genua	UJ 2206 läuft ein
30.03.1943	
CJ 8349	**U-Boot-Bekämpfung durch UJ 2202**
CJ 8643	UJ 2205 birgt zwei im Schlauchboot treibende Briten
in See	UJ 2208 Minenabschuss
Neapel	UJ 2207 läuft mit Benevento aus
31.03.1943	
CJ 8793	Fliegerangriff auf Geleit UJ 2202/UJ 2203
CN 3132	**Flugzeugabschuss durch UJ 2203**
östl. Cap Bon	**U-Boot-Bekämpfung durch UJ 2208 / 2205**
Neapel	UJ 2210 läuft mit M 6524 nach Trapani
01.04.1943	
Bizerta	UJ 2205 läuft ein
CN 2117	**S-Boots-Bekämpfung durch UJ 2207**
Bizerta	UJ 2207 läuft ein
Bizerta	UJ 2207 und 2208 laufen aus (U-Jagd Cap Zebib-Cani)
vor Bizerta	**U-Boot-Bekämpfung durch UJ 2208**
Bizerta	UJ 2208 läuft ein
02.04.1943	
Bizerta	UJ 2207 läuft ein
Bizerta	UJ 2203 und 2205 U-Jagd im Golf von Bizerta
03.04.1943	
Bizerta	UJ 2203 und 2205 laufen ein
04.04.1943	
Bizerta	UJ 2208 läuft mit UJ 2202, Min und Bivona aus
Bizerta	UJ 2207 läuft zur Sicherung eines gestrandeten Dampfers aus
Neapel	UJ 2209 läuft mit Schlepper und Schwimmküche aus
05.04.1943	
Bizerta	Fliegerangriff auf UJ 2203
Civitavecchia	UJ 2209 läuft ein
06.04.1943	
in See	Fliegerangriff auf UJ 2203, 2205 und 2207
Trapani	**UJ 2202 sinkt nach Fliegerbombentreffer**
Neapel	UJ 2208 läuft ein
07.04.1943	
Messina	UJ 2203, 2205 u. 2207 laufen ein
Messina	UJ 2203, 2205 laufen aus (U-Jagd für Geleit Canaro)
10.04.1943	
Messina	UJ 2207 läuft aus, nach Abbruch U-Jagd nach Messina zurück
11.04.1943	
Messina	UJ 2203, 2207 laufen mit Tanker Langanger nach Catania
CJ 9866	U-Boot-Bekämpfung durch UJ 2203/UJ 2207
Civitavecchia	UJ 2209 läuft aus
Trapani	UJ 2210 läuft mit Geleit nach Palermo
CJ 8678	**U-Boot-Bekämpfung durch UJ 2210**
CJ 8925	**U-Boot-Bekämpfung durch UJ 2210 (Sibyl)**
Palermo	UJ 2210 läuft mit Bivona und Carbet ein
12.04.1943	
Messina	UJ 2203 und 2207 laufen ein
La Spezia	UJ 2209 läuft ein
Palermo	UJ 2210 läuft über Termini nach Neapel
13.04.1943	
Messina	UJ 2203 und 2207 laufen aus (U-Überwachung)
Genua	UJ 2206 läuft aus (U-Überwachung Richtung CJ 1517)
in See	Fliegerangriff auf UJ 2210
14.04.1943	
CJ 1288	**U-Boot-Bekämpfung durch UJ 2206 (Trident)**
Genua	UJ 2206 läuft ein
14.04.1943	
vor Cap Tindaro	UJ 2207 sucht erfolglos nach gemeldetem U-Boot
Neapel	UJ 2208 läuft mit Geleit nach Messina
Neapel	UJ 2210 läuft ein
15.04.1943	
CJ 9822	UJ 2207 Minenabschuss
Messina-Reede	UJ 2208 wird von Bomber erfolglos attackiert
Neapel	UJ 2210 läuft nach Torre del Greco
17.04.1943	
Messina	UJ 2203 und 2205 laufen aus (U-Jagd bei Cap Gallo)
18.04.1943	
Palermo	UJ 2203 und 2205 übernehmen Bivona
CJ 8926	**UJ 2205 sinkt nach U-Boot-Torpedotreffer**
	U-Boot-Bekämpfung durch UJ 2203 (Unseen)
Messina	UJ 2208 läuft aus (Verstärkung Geleit Bivona)
Torre del Greco	UJ 2210 läuft nach Neapel
La Ciotat	**UJ 2214 und UJ 2215 Indienststellung**
19.04.1943	
Neapel	KKpt Wunderlich übernimmt Dienstgeschäft als Flottillenchef Flottille verlegt nach Salerno
Palermo	UJ 2203 läuft ein
Palermo	UJ 2208 läuft ein
Palermo	UJ 2208 und 2203 laufen Richtung Trapani
CJ 8883	Bivona sinkt nach U-Boot-Torpedotreffer
	U-Boot-Bekämpfung durch UJ 2203 (Unrivalled)
Trapani	UJ 2203 und 2208 laufen ein
Reggio	UJ 2207 läuft aus (Aufnahme Langanger)
Genua	UJ 2206 und UJ 2209 laufen nach Imperia
Neapel	UJ 2210 läuft nach Marseille
20.04.1943	
Salerno	Flottillenmusterung
Marseille	UJ 2210 läuft ein (Grundüberholung)
Marseille	**UJ 2212 Indienststellung**

21.04.1943
La Ciotat — UJ 2214 und 2215 verlegen nach Marseille

23.04.1943
Messina — UJ 2207 läuft nach Palermo
Trapani — UJ 2203 und 2208 laufen nach Palermo
Imperia — UJ 2206 und 2209 laufen aus

24.04.1943
Palermo — UJ 2203, 2207 und 2208 laufen ein
Palermo — UJ 2203, 2207 und 2208 laufen mit ETYLENE nach Neapel
Marseille — UJ 2206 und 2209 laufen ein
Marseille — **UJ 2211 Indienststellung**

25.04.1943
Neapel — UJ 2203, 2207 und 2208 laufen mit ETYLENE ein

27.04.1943
Neapel — UJ 2203 und 2208 laufen nach Toulon
Neapel — UJ 2207 läuft zur Reparatur nach Torre Annunziata

29.04.1943
Marseille — UJ 2212 läuft mit Dampfer SIDI MABROUK nach St. Tropez

30.04.1943
Toulon — UJ 2203 und 2208 laufen zur Grundüberholung ein
St. Tropez — UJ 2212 läuft mit Geleit ein
St. Tropez — UJ 2212 läuft aus
KTB 22. U-Jagdflottille
01.05–15.05.1943
nicht mehr existent

15.05.1943
bei Monte Carlo — **UJ 2213 sinkt nach U-Boot-Torpedotreffer**

16.05.1943
Capri — UJ 2212 läuft aus (Sicherung PATRIA, TIVOLI und LUCERA)
CJ 9548 — UJ 2212 Minenabschuss
Palermo — UJ 2212 läuft ein

18.05.1943
Palermo — UJ 2212 läuft nach Messina

19.05.1943
CJ 9727 — UJ 2212 Fliegerabwehr
Messina — UJ 2212 läuft ein
Messina — UJ 2212 läuft mit LANGANGER nach Syracus
Monaco — UJ 2206 u. 2211 laufen mit Hohlstab im Schlepp nach Genua

20.05.1943
Syracus — UJ 2212 läuft mit CANARO nach Augusta
CJ 3219 — UJ 2212 Fliegerabwehr
Capri — UJ 2207 läuft nach Torre Annunziata
Torre Annunziata — UJ 2207 läuft ein

21.05.1943
Messina — UJ 2212 läuft nach Neapel (Sicherung Dampfer ENNA)
Genua — UJ 2206 und 2211 laufen mit Hohlstab nach Livorno

22.05.1943
CJ 9588 — UJ 2212 Fliegerabwehr
Livorno — UJ 2206 und 2211 laufen mit Hohlstab nach Genua

23.05.1943
CJ 9519 — UJ 2212 Fliegerabwehr
Neapel — UJ 2212 läuft ein

23.05.1943
Genua — UJ 2206 und 2211 laufen ein
Genua — UJ 2206, 2206 und 2211 laufen mit CORE JESU nach Spezia

24.05.1943
Neapel — UJ 2212 läuft nach Pozzuoli, von dort weiter nach Salerno

26.05.1943
Genua — UJ 2211 läuft nach La Spezia

30.05.1943
Salerno — UJ 2212 läuft nach Messina

31.05.1943
Messina — UJ 2212 läuft ein
La Spezia — UJ 2206 und 2211 laufen nach Portoferraio. Aufnahme ARPINO, TRIPOLI, PANIGAGLIA und Marsch nach Maddalena

01.06.1943
Messina — UJ 2212 läuft mit VAS 221 aus
Maddalena — UJ 2206 und 2212 laufen mit Geleit ein

03.06.1943
Messina — UJ 2212 läuft mit VAS 217 aus (U-Jagd vor Paola)

05.06.1943
Messina — UJ 2212 läuft ein

06.06.1943
Torre Annunziata — UJ 2207 läuft nach Salerno

07.06.1943
Maddalena — UJ 2206 und 2211 laufen mit MONT AGEL nach Olbia, von dort mit ANJOU zurück nach Maddalena
Maddalena — UJ 2206 läuft aus
Salerno — UJ 2207 läuft mit TIVOLI nach Milazzo

08.06.1943
Messina — UJ 2212 läuft mit Pionier-Landungsgerät »Seeschlange« aus
Maddalena — UJ 2206 läuft ein
Milazzo — UJ 2207 läuft mit Geleit ein
Marseille — UJ 2214 läuft mit R 3, 6, 7 und 8 nach Toulon

09.06.1943
Salerno — UJ 2212 läuft ein
Maddalena — UJ 2206 läuft mit SG 14 und ANJOU nach Livorno
Milazzo — UJ 2207 läuft nach Messina

10.06.1943
Salerno — UJ 2212 verlegt zur Reparatur nach Torre Annunziata
Livorno — UJ 2206 läuft mit Geleit ein
Messina — UJ 2207 läuft mit Euterpe aus (Sicherung für POSTUMIA, und LUCERA und PESCARA)
Toulon — UJ 2214 läuft aus (Sicherung Zerstörer SCIROCCO)

11.06.1943
Livorno — UJ 2206 verlegt nach Portoferraio
Maddalena — UJ 2211 läuft aus
Messina — UJ 2207 läuft ein
Messina — UJ 2207 läuft mit ROBUSTO, TIFEO, TEBEESA und 2. Teil »Seeschlange« nach Neapel

12.06.1943
Livorno — UJ 2211 läuft ein
CJ 9196 — UJ 2207 Minenabschuss
Genua — UJ 2214 läuft ein

13.06.1943
Portoferraio — UJ 2206 läuft aus (U-Jagd in Planguadraht CJ 1929)
Livorno — UJ 2211 läuft nach La Spezia
La Spezia — UJ 2211 läuft ein

14.06.1943
in See — UJ 2206 U-Jagd Raum Cap Corse-Bastia
Neapel — UJ 2207 verlegt nach Capri
Genua — UJ 2214 läuft mit TA 11 und AQUITANIA nach La Spezia

15.06.1943
Cap Corse — UJ 2206 nimmt CHAMPAGNE auf, Marsch nach Bastia
Capri — UJ 2207 läuft nach Salerno
Salerno — UJ 2207 läuft ein

16.06.1943
Bastia — UJ 2206 läuft nach Portoferraio

17.06.1943
Portoferraio — UJ 2206 läuft ein
Portoferraio — UJ 2206 läuft zwecks Proviantergänzung nach Livorno
Livorno — UJ 2206 läuft ein

18.06.1943
T. Annunziata — UJ 2212 läuft nach Neapel
Neapel — UJ 2212 läuft ein
Livorno — UJ 2206 läuft mit LEZARDRIEUX nach Portoferraio

19.06.1943	
Neapel	UJ 2212 verlegt nach Torre Annunziata
La Spezia	UJ 2214 läuft nach Genua
Portoferraio	UJ 2206 läuft aus (U-Jagd Raum Livorno)
T. Annunziata	UJ 2207 und 2212 laufen nach Salerno (Sicherung Nerucci)
La Spezia	UJ 2211 läuft nach Genua
Genua	UJ 2214 läuft mit Medjarda nach Imperia
23.06.1943	
CJ 9475	**Flugzeugabschuss (1) durch UJ 2212**
	UJ 2212 wird von Torpedofliegern versenkt
Livorno	UJ 2206 läuft ein
Genua	UJ 2211 läuft nach Toulon
Imperia	UJ 2214 läuft mit Geleit ein. Abends Weitermarsch nach Nizza
24.06.1943	
Livorno	UJ 2206 läuft mit Ercole nach Portoferraio
Toulon	UJ 2211 läuft ein
Nizza	UJ 2214 läuft ein
Nizza	UJ 2214 läuft nach St. Tropez
25.06.1943	
Portoferraio	UJ 2206 läuft mit Ercole, Anjou, Flora Stella nach Bastia. Von dort allein zurück nach Portoferraio
St. Tropez	UJ 2214 läuft mit Medjarda nach Toulon
La Ciotat	UJ 2208 Probefahrt und Marsch nach Marseille
26.06.1943	
Portoferraio	UJ 2206 läuft mit Lezardrieux nach Maddalena
Toulon	UJ 2214 läuft mit Medjarda ein
28.06.1943	
Toulon	UJ 2214 läuft nach Marseille
29.06.1943	
Maddalena	UJ 2206 läuft nach Livorno
30.06.1943	
Palermo	UJ 2207 läuft mit Nerrucci nach Salerno
Livorno	UJ 2206 läuft mit Lezardrieux ein
01.07.1943	
Livorno	UJ 2206 läuft nach La Spezia
Salerno	UJ 2207 läuft mit Nerucci ein
02.07.1943	
Salerno	UJ 2207 läuft nach Neapel
03.07.1943	
Neapel	UJ 2207 läuft mit Sabbia Richtung San Stefano
04.07.1943	
CJ 5525	Sabbia erhält Torpedotreffer
CJ 5525	U-Boot-Bekämpfung durch UJ 2207 (Dolfijn)
Civitavecchia	UJ 2207 läuft mit Sabbia ein
Civitavecchia	UJ 2207 läuft mit Bencasi nach Neapel
05.07.1943	
La Spezia	UJ 2206 läuft nach Genua
06.07.1943	
Marseille	UJ 2203 und 2208 laufen nach Toulon
Genua	UJ 2206 läuft mit Ancona nach Neapel
Neapel	UJ 2207 läuft ein
07.07.1943	
Toulon	UJ 2208 und 2203 laufen ein (Werft)
CJ 2746	UJ 2206 fährt U-Sicherung für aufgelaufene Ancona
08.07.1943	
Livorno	UJ 2206 läuft ein
10.07.1943	
Neapel	UJ 2207 läuft mit Nino Padre nach Livorno
11.07.1943	
Toulon	UJ 2203 und 2208 laufen nach Bastia
Livorno	UJ 2206 läuft mit Sassari nach Bastia
12.07.1943	
Bastia	UJ 2203 und 2208 laufen nach Portoferraio
vor Livorno	UJ 2207 läuft in Portoferraio ein
13.07.1943	
Portoferraio	UJ 2203 und 2208 laufen ein
14.07.1943	
Portoferraio	UJ 2203, 2207 u. 2208 laufen mit Geleit aus
CJ 4339	Angriff von 8 Torpedoflugzeugen, Capitaine Le Diabat sinkt
CJ 4339	**Flugzeugabschüsse (3) durch UJ 2203, 2207 und 2208**
15.07.1943	
CJ 5436	**Flugzeugabschuss (»Wellington«) durch UJ 2203**
Civitavecchia	UJ 2203, 2207 u. 2208 laufen ein
17.07.1943	
Civitavecchia	UJ 2208 läuft aus (U-Jagd vor Civitavecchia)
18.07.1943	
Civitavecchia	UJ 2208 läuft mit ital. Korvetten ein
19.07.1943	
Civitavecchia	UJ 2203 und 2208 laufen nach Neapel
Livorno	UJ 2206 läuft nach La Spezia
20.07.1943	
Neapel	UJ 2203 und 2208 laufen ein
La Spezia	UJ 2206 läuft ein
La Spezia	UJ 2206 läuft mit Servaux nach Genua
21.07.1943	
Civitavecchia	UJ 2207 läuft mit Marconi nach Piombino
Genua	UJ 2206 läuft nach Nizza
22.07.1943	
Neapel	UJ 2203, 2208 , TA 11 und Aliseo laufen mit Colleville und Aderno nach Portoferraio
Piombino	UJ 2207 läuft mit Marconi nach Livorno
Nizza	UJ 2206 läuft nach Marseille
23.07.1943	
CJ 5596	**Flugzeugabschüsse (2) durch UJ 2203 und 2208**
CJ 5284	Nach Torpedierung Aderno erfolglose U-Jagd auf H.M.S. Torbay
24.07.1943	
Civitavecchia	UJ 2203 und 2208 laufen ein
Marseille	UJ 2206 verlegt nach La Ciotat zur Werftüberholung
25.07.1943	
Civitavecchia	UJ 2203 und 2208 laufen nach Portoferraio
Portoferraio	UJ 2203, 2208, SG 10 und R 7 laufen mit Panigaglia und Romagna nach Maddalena
Marseille	UJ 2210 läuft mit ital. Torpedoboot Orsa sowie Dampfern Bastia und Ajaccio nach Ajaccio
26.07.1943	
in See	Fliegerangriff auf UJ 2208 und Romagna
Livorno	UJ 2207 läuft nach Piombino
Ajaccio	UJ 2210 läuft mit Geleit ein
27.07.1943	
Maddalena	UJ 2203 läuft in den Golf von Aranci, nimmt dort Dampfer Dolicitas auf und geleitet ihn nach Maddalena
Maddalena	UJ 2208 läuft mit R 7 und Lezardrieux nach Bastia
Piombino	UJ 2207 läuft nach Civitavecchia
Ajaccio	UJ 2210 läuft mit Orsa, Chateau Yquem und Cap Corse in Richtung Marseille
vor Ajaccio	Chateau Yquem wird von H.M.S. Usurper versenkt
	U-Boot-Bekämpfung durch UJ 2210 (Usurper)

28.07.1943

Bastia — UJ 2203 und 2208 laufen mit Geleit ein

Bastia — UJ 2203 und 2208 laufen mit R 7, BUCCARI, DOLICITAS, EZARDRIEUX und MESSINA nach Livorno

Civitavecchia — UJ 2207 läuft mit COLLEVILLE nach Portoferraio

29.07.1943

Livorno — UJ 2203 und 2208 laufen ein

San Stefano — UJ 2207 läuft ein, da ständig von Seeaufklärer geortet

San Stefano — UJ 2207 läuft nach Portoferraio

Ajaccio — UJ 2210 läuft nach Bastia

30.07.1943

Livorno — UJ 2203 und 2208 laufen mit SG 10, R 12, SASSARI und NICOLAUS nach Bastia

Livorno — UJ 2207 läuft wegen Maschinenschadens ein

Bastia — UJ 2210 läuft mit R 16 Richtung Livorno

31.07.1943

vor Bastia — UJ 2203 und 2208 werden von SG 10 nach Portoferraio entlassen

Portoferraio — UJ 2203, 2208 ein. UJ 2203 zurück nach Bastia

Portoferraio — UJ 2210 läuft ein

Portoferraio — UJ 2210 und 2208 laufen mit COLLEVOLLE und GARIGLIANO nach Maddalena

01.08.1943

Maddalena — UJ 2208 und 2210 laufen mit Geleit ein

Maddalena — UJ 2208 und 2210 geleiten PANIGAGLIA Richtung Bastia

CJ 4381 — UJ 2208 und 2210 wegen Feinderfassung zurück

Livorno — UJ 2207 geleitet DOLICITAS nach Genua

02.08.1943

CJ 2749 — Fliegerabwehr durch UJ 2203

Livorno — UJ 2203 läuft ein

Genua — UJ 2207 läuft mit Geleit ein

Genua — UJ 2207 läuft nach Imperia

03.08.1943

Maddalena — UJ 2208 und 2210 geleiten PANIGAGLIA und MACERATA nach Bastia

CJ 4381 — **Flugzeugabschüsse (2) durch UJ 2208 und 2210**

Imperia — UJ 2207 läuft aus (Sicherung für SG 13)

04.08.1943

Bastia — UJ 2208 und 2210 geleiten SASSARI und MACERATA nach Livorno

vor La Ciotat — UJ 2207 wird von SG 13 entlassen und läuft nach Marseille

Marseille — UJ 2207 läuft zur Grundüberholung ein

05.08.1943

Livorno — UJ 2208 und 2210 laufen mit Geleit ein

07.08.1943

Livorno — UJ 2203 und 2210 geleiten VINCENZINA und PORTO VECCHIO nach Maddalena

Portoferraio — UJ 2203 u. 2210 laufen ein, da 2203 reparaturbedürftig

08.08.1943

Portoferraio — UJ 2203 und 2210 laufen mit Geleit nach Maddalena

09.08.1943

Maddalena — UJ 2203 und 2210 geleiten COLLEVILLE nach Bastia

Livorno — UJ 2208 geleitet SIBILLA nach Bastia

10.08.1943

CJ 1959 — Fliegerabwehr durch UJ 2203 und 2210

CJ 1928 — **Flugzeugabschuss durch UJ 2210**

Bastia — UJ 2203 und 2210 laufen mit Geleit ein

Bastia — UJ 2208 geleitet PANIGAGLIA nach Livorno

11.08.1943

Livorno — UJ 2208 läuft mit Geleit ein

15.08.1943

Livorno — UJ 2208 geleitet TELLARO nach Bastia

16.08.1943

Livorno — UJ 2203 u. 2210 geleiten TIGRAI/ARPINO nach Portoferraio

Bastia — UJ 2208 läuft mit Geleit ein

Bastia — UJ 2208 läuft nach Portoferraio

17.08.1943

Portoferraio — UJ 2203 und 2210 laufen mit Geleit ein

Portoferraio — UJ 2203 und 2210 laufen mit Geleit Richtung Maddalena

CJ 5112 — **U-Boot-Bekämpfung durch UJ 2210**

Portoferraio — UJ 2210 läuft wegen Schäden durch WB-Wurf ein

Portoferraio — UJ 2208 läuft mit ORANI über Livorno nach La Spezia

Marseille — UJ 2209 geleitet mit M 7606 und 7607 den Dampfer CAP CORSE nach Ajaccio

18.08.1943

Portoferraio — UJ 2203 und UJ 2210 laufen aus und geleiten TIGRAI, ARPINO und CAMPOPISANO nach Maddalena

Ajaccio — UJ 2209 läuft mit Geleit ein

Livorno — UJ 2208 läuft nach Genua

19.08.1943

Genua — UJ 2208 geleitet KRONISTA nach Savona

20.08.1943

Maddalena — UJ 2203 und 2210 geleiten PORTOVECCHIO nach Bastia

Savona — UJ 2208 läuft aus

CJ 1284 — UJ 2208 »bekämpft« Schiffswrack

Ajaccio — UJ 2209 läuft nach Bastia

21.08.1943

Bastia — UJ 2203 und 2210 laufen nach La Spezia

Savona — UJ 2208 geleitet PALLAS nach Genua

Bastia — UJ 2209 läuft ein

Toulon — **Indienststellung UJ 2216**

22.08.1943

La Spezia — UJ 2203 und 2210 laufen mit Geleit ein

Bastia — UJ 2209 und SG 11 geleiten SASSARI und ASSAB nach Livorno

24.08.1943

Genua — UJ 2208, SG 10, R 10 und R 16 geleiten DOLICITAS nach Bastia

Livorno — UJ 2209 läuft aus (Geleitverstärkung für DOLICITAS)

25.08.1943

La Spezia — UJ 2203 und 2210 geleiten LANGANGER und Zerstörer ARDI MENTOSO nach Genua

Portoferraio — UJ 2208, 2209 und SG 10 geleiten DOMINANTE und PERTUSOLA nach Maddalena

26.08.1943

Maddalena — UJ 2208 und 2209 laufen mit Geleit ein

27.08.1943

Maddalena — UJ 2208, 2209 und SG 10 geleiten VINCENZINO, SCIO und ARPINO Richtung La Spezia

Genua — UJ 2210 läuft nach La Spezia

28.08.1943	
CJ 1967	SG 10 sinkt nach U-Boot-Torpedotreffer (SICKLE). U-Boot-Bekämpfung durch UJ 2208 und 2209, dann Marsch nach Portoferraio
La Spezia	UJ 2210 geleitet MACERATA nach Portoferraio
29.08.1943	
Portoferraio	UJ 2208 und 2209 laufen nach Livorno
30.08.1943	
Portoferraio	UJ 2210 geleitet ALMA, SIBILLA und DECIO nach Bastia
31.08.1943	
Bastia	UJ 2210 mit läuft Geleit ein
01.09.1943	
Bastia	UJ 2210 läuft nach Livorno
02.09.1943	
Livorno	UJ 2210 läuft ein
03.09.1943	
Marseille	**UJ 2219 wird von 6.Siflo gegen UJ 2214 eingetauscht**
04.09.1943	
Genua	UJ 2203 läuft mit ITA und R 12 nach Portoferraio
06.09.1943	
Portoferraio	UJ 2203 läuft mit Geleit ein
07.09.1943	
Portoferraio	UJ 2203 und 2219 laufen aus (U-Überwachung)
Livorno	UJ 2209 geleitet L. M. RUSS nach Follonica
08.09.1943	
Piombino	UJ 2209 läuft ein
Bastia	UJ 2203 und 2219 laufen ein
09.09.1943	
Bastia	UJ 2203 und 2219 laufen aus
vor Bastia	**UJ 2203 wird nach Gefecht mit ALISEO selbstversenkt**
vor Bastia	**UJ 2219 sinkt nach Artillerietreffer**
Piombino	UJ 2209 läuft nach Livorno
Livorno	UJ 2208, 2209 und 2210 laufen nach Genua
10.09.1943	
Genua	UJ 2208, 2209 und 2210 laufen ein
13.09.1943	
Genua	UJ 2209 und 2210 laufen nach Livorno
16.09.1943	
Livorno	UJ 2209 und 2210 geleiten L.M. RUSS nach Bastia
17.09.1943	
Bastia	UJ 2209, 2210 laufen nach Livorno
18.09.1943	
Livorno	UJ 2209 und 2210 laufen ein UJ 2210 läuft nach Genua
19.09.1943	
Genua	**UJ 2220 Indienststellung**
Livorno	UJ 2209 läuft mit M 7605, 7608, NIKOLAUS und KRAFT nach Bastia
20.09.1943	
Bastia	UJ 2209 läuft aus (U-Überwachung vor Bastia)
Marseille	**UJ 2218 von 6. Siflo gegen UJ 2215 eingetauscht**
21.09.1943	
Bastia	Bei Bombenangriff auf Hafen 2 Tote auf UJ 2209
Bastia	UJ 2209 läuft nach Livorno und wird vor Hafenausfahrt von U-Boot attackiert
südl. Nizza	Fliegerangriff auf UJ 2218
Genua	UJ 2218 läuft mit Geleit ein
22.09.1943	
Livorno	UJ 2209 läuft ein
Genua	UJ 2218 läuft mit SG 11, R 14, SAN PEDRO nach Livorno
23.09.1943	
Livorno	UJ 2218 mit Geleit ein
25.09.1943	
Livorno	UJ 2218, 2209 laufen aus (U-Jagd Raum Bastia – Livorno – Elba)
26.09.1943	
vor Ardenza	**UJ 2218 läuft bei Ardenza auf Grund**
Livorno	UJ 2209 läuft ein
27.09.1943	
Genua	UJ 2220 wird in die 22. U-Jagdflottille übernommen
28.09.1943	
Toulon	UJ 2216 läuft nach Marseille
29.09.1943	
Livorno	**Korvette VESPA wird als UJ 2221 in Flottille übernommen**
30.09.1943	
Genua	UJ 2210 läuft nach Livorno
01.10.1943	
Livorno	UJ 2210 läuft mit KT 31 nach Portoferraio
in See	Fliegerangriff auf UJ 2210 und KT 31
CJ 1691	UJ 2209 und KT 19 kollidieren während Marsch Livorno – Bastia
Bastia	UJ 2209 und KT 19 laufen ein
Bastia	UJ 2209 und KT 19 laufen nach Livorno weiter.
02.10.1943	
Livorno	UJ 2209 und KT 19 werden notdürftig repariert
Portoferraio	UJ 2210 läuft aus (U-Jagd im Raum Bastia – Capraia – Elba)
CJ 5112	**U-Boot-Bekämpfung durch UJ 2210 (UNSHAKEN)**
Portoferraio	UJ 2210 läuft ein
03.10.1943	
Genua	UJ 2208 läuft Richtung Portoferraio
CJ 1357	**U-Boot-Bekämpfung durch UJ 2208 (SICKLE)**
04.10.1943	
CJ 1345	**U-Boot-Bekämpfung durch UJ 2208 (USURPER ?)**
Portoferraio	UJ 2210 läuft nach Livorno
Livorno	UJ 2209 läuft mit R 14, 198, 199, KT 8, KT 14, SAN PEDRO, NICOLINA MAERSK und COLLEVILLE nach Genua
Toulon	UJ 2211 läuft mit SG 15 nach Livorno
05.10.1943	
Livorno	UJ 2210 läuft nach Genua
Livorno	UJ 2211 läuft ein
Genua	UJ 2209 läuft mit Geleit ein
06.10.1943	
Livorno	UJ 2221 wird nach Genua überführt
Livorno	UJ 2211 läuft mit SG 15 und SCHWALBE nach Piombino
07.10.1943	
Piombino	UJ 2211 läuft mit SG 15 aus (U-Jagd im Piombinokanal)
08.10.1943	
Genua	**Korvette C 51 wird als UJ 2222 übernommen**
Genua	**Korvette C 52 wird als UJ 2223 übernommen**
Genua	UJ 2220 und 2208 laufen nach Livorno
Piombino	UJ 2208 läuft nach U-Jagd im Piombinokanal ein
Piombino	UJ 2211 läuft mit SG 15 und UJ 2208 zur U-Jagd aus
09.10.1943	
Piombino	UJ 2208, 2211 u. SG 15 laufen ein
vor Ardenza	Bergungsarbeiten auf UJ 2218 werden eingestellt
10.10.1943	
Piombino	UJ 2208, 2211 laufen aus (U-Jagd im Raum Elba)
Piombinostr.	S-Boot-Bekämpfung durch UJ 2208 und 2211
11.10.1943	
Genua	UJ 2209 läuft aus (U-Jagd Raum Genua – La Spezia)
Livorno	UJ 2220 läuft mit R 12, DELPHIN, ANJOU und KT 19 nach Genua

12.10.1943	
Genua	UJ 2209 läuft zwecks Reparatur S-Gerät ein
Genua	UJ 2220 läuft mit Geleit ein
Livorno	UJ 2208 und 2211 laufen mit R 15 und SALUZZO nach Genua
13.10.1943	
Genua	UJ 2208 und 2211 laufen mit Geleit ein
14.10.1943	
Genua	UJ 2208 und 2211 laufen aus (U-Jagd Raum Rapallo – Spezia)
Genua	UJ 2209 und 2210 laufen nach La Spezia
La Spezia	UJ 2209 und 2210 laufen mit AGNES, ISA und KASSEL nach Livorno
15.10.1943	
CJ 1358	UJ 2208 »bekämpft« Schiffswrack
Genua	UJ 2208 und 2211 laufen ein
CJ 1396	UJ 2209 und 2210 wegen Minenortung zurück nach La Spezia
La Spezia	UJ 2210 läuft mit Penichen nach Livorno
16.10.1943	
Portoferraio	UJ 2210 läuft nach Entlassung Penichen ein
Genua	UJ 2211 läuft aus (U-Überwachung Rapallo-La Spezia)
17.10.1943	
Genua	UJ 2208 und 2211 laufen aus
Portoferraio	UJ 2210 geleitet Schlepper nach Livorno und läuft zurück
18.10.1943	
Genua	UJ 2208 und 2211 laufen ein
La Spezia	UJ 2209 läuft nach Livorno
Portoferraio	UJ 2210 läuft aus (U-Jagd Raum Elba)
Portoferraio	UJ 2210 läuft ein
La Ciotat	UJ 2206 läuft nach Marseille
19.10.1943	
Livorno	UJ 2209 läuft aus (U-Jagd westlich La Spezia)
Portoferraio	UJ 2210 U-Jagd Raum Elba
20.10.1943	
Genua	UJ 2208 U-Jagd im Raum Rapallo-La Spezia
vor La Spezia	UJ 2209 übernimmt Sicherung für GEORGIO
vor Genua	Geleit läuft ein, UJ 2208 und 2209 setzen U-Jagd fort
21.10.1943	
in See	Fliegerabwehr durch UJ 2208 und 2209
Genua	UJ 2208 und 2209 laufen mit TELLARO und L.M. RUSS nach Piombino
Portoferraio	UJ 2210 läuft aus (U-Jagd Raum Elba)
CJ 5112	**U-Boot-Bekämpfung durch UJ 2210**
Portoferraio	UJ 2210 ein
22.10.1943	
Livorno	UJ 2208 und 2209 laufen ein
Portoferraio	UJ 2210 läuft nach Livorno
23.10.1943	
in See	UJ 2211 nimmt ital. Wasserflugzeug unter Beschuss
Livorno	UJ 2208 und 2209 verholen in die Werft
Livorno	UJ 2210 läuft nach Genua
24.10.1943	
Genua	UJ 2211 läuft aus
25.10.1943	
La Spezia	UJ 2210 läuft nach Genua
Livorno	UJ 2208 und 2209 laufen nach La Spezia
CJ 2474	Fliegerabwehr durch UJ 2209
La Spezia	UJ 2209 läuft mit M 7601 und POTENZA nach Genua
26.10.1943	
Genua	UJ 2210, 2211 laufen mit NICOLINE, MAERSK, CANOSSA und ARPINO nach Marseille
Genua	UJ 2209 mit Geleit ein
27.10.1943	
Marseille	UJ 2210, 2206 und 2211 laufen nach Genua
28.10.1943	
CJ 1512	Fliegerabwehr durch UJ 2210 und 2211
29.10.1943	
Imperia	UJ 2206, 2210 und 2211 laufen nach Genua
Genua	UJ 2210, 2206 und 2211 laufen nach La Spezia
La Spezia	UJ 2206 läuft mit SG 15, zwei R-Booten, GEORGIO und KT 12 nach Piombino
30.10.1943	
La Spezia	UJ 2210 u. 2211 laufen mit KT 31 und TELLARO nach Genua
Genua	UJ 2221 läuft aus (Probefahrt)
Piombino	UJ 2206 läuft mit Geleit ein
31.10.1943	
Genua	UJ 2221 kompensiert und geht in Werft zur Reparatur S-Gerät
01.11.1943	
Piombino	UJ 2206 U-Überwachung östl. Elba
02.11.1943	
Piombino	UJ 2206 läuft mit R 162, KT 2, GEORGIO nach Civitavecchia
Civitavecchia	UJ 2206 und R 162 laufen nach Piombino
Genua	UJ 2210 U-Überwachung östl. Genua, dann nach La Spezia
03.11.1943	
bei Formiche de Grosseto	**UJ 2206 sinkt nach S-Boot-Torpedotreffer**
La Spezia	UJ 2210 läuft KREBS, ALBARO und Italia nach Genua
05.11.1943	
Genua	UJ 2209 und 2210 U-Jagd Raum Genua-Imperia
06.11.1943	
Genua	UJ 2209 und 2210 laufen mit SG 15, PALLAS, LANGANGER, ORFT und SAHEL nach Marseille
CJ 1265	2209 und 2210 von Seeaufklärer geortet, deshalb Savona ein
La Spezia	UJ 2208 läuft aus (U-Jagd Raum La Spezia – Genua), vor S. Margherita nimmt UJ 2208 FAVIGNANA auf
Genua	UJ 2208 läuft mit Geleit ein
07.11.1943	
Genua	UJ 2208 läuft mit L.M. RUSS nach Piombino
Savona	UJ 2209 und 2210 laufen mit SG 15 nach Marseille
CJ 1264	**U-Boot-Bekämpfung durch UJ 2210**
Savona	UJ 2210 läuft ein
08.11.1943	
Savona	UJ 2210 läuft nach Genua
Portoferraio	UJ 2208 läuft ein
Marseille	UJ 2209 läuft mit Geleit ein
09.11.1943	
Portoferraio	UJ 2208 läuft aus (U-Jagd Raum Elba)
Marseille	UJ 2207und 2209 laufen nach Genua
10.11.1943	
Genua	UJ 2207 und 2209 laufen ein
Portoferraio	UJ 2208 läuft ein
11.11.1943	
Genua	UJ 2207 und 2209 laufen mit SG 15, CARDUCCI, CAMPOPISANO nach Livorno
Portoferraio	UJ 2208 läuft aus (U-Jagd vor Nordküste Elba)
12.11.1943	
Livorno	UJ 2209 läuft nach Portoferraio
Portoferraio	UJ 2208 und 2209 laufen nach gemeinsamer U-Jagd ein
Livorno	UJ 2207 läuft mit SG 15 und LA FOCE nach La Spezia
Genua	UJ 2220 und 2221 laufen nach Portoferraio

CJ 1399	Minenabschuss durch UJ 2220
Portoferraio	UJ 2220, 2221, 2208 und 2209 laufen S-Boot-Überwachung
13.11.1943	
Portoferraio	UJ 2220 und 2221 laufen ein
Genua	UJ 2208 und 2209 laufen ein
La Spezia	UJ 2207 läuft mit SG 15, La Foce, Georgio nach Spezia
14.11.1943	
Portoferraio	UJ 2220 läuft nach La Spezia
15.11.1943	
La Spezia	UJ 2220 läuft nach Genua
CJ 1392	Minenabschuss durch UJ 2220
Genua	UJ 2211 läuft mit SG 15 und Ettore nach Livorno
CJ 1358	UJ 2211 u. SG 15 nehmen ital. Flugzeuge unter Beschuss
Genua	UJ 2207, 2209 U-Jagd Raum Genua-Mentone
Imperia	UJ 2207 und 2209 laufen ein
16.11.1943	
Imperia	UJ 2207 und 2209 laufen aus
Livorno	UJ 2211 läuft nach Piombino
Portoferraio	UJ 2221 U-Überwachung Richtung Piombino
17.11.1943	
Imperia	UJ 2207 und 2209 U-Überwachung Raum Imperia – Mentone
CJ 1288	Minenabschuss durch UJ 2207
Imperia	UJ 2207 und 2209 laufen ein
Piombino	UJ 2211 läuft mit SG 15, Dolicitas nach La Spezia
Portoferraio	UJ 2221 läuft nach U-Überwachung ein
vor Livorno	UJ 2211 läuft mit Geleit ein, da Dampfer Seeschäden haben
18.11.1943	
Imperia	UJ 2207 und 2209 U-Überwachung bis Genua
Genua	UJ 2208 U-Überwachung Richtung La Spezia
Livorno	UJ 2211 läuft mit Dolicitas, Dominante nach Genua
Genua	UJ 2210 läuft mit SG 15, RA 255, Port de Bouc und Linois nach Marseille
19.11.1943	
Genua	UJ 2207 und 2209 laufen mit Ercole u. Chisone nach Livorno
Portoferraio	UJ 2221 läuft nach Genua
20.11.1943	
Livorno	UJ 2207 und 2209 U-Überwachung östl. Elba
San Stefano	UJ 2207 und 2209 laufen ein
Genua	UJ 2211 U-Überwachung, läuft dann in La Spezia ein
21.11.1943	
Genua	UJ 2208 und 2221 laufen nach Livorno
San Stefano	UJ 2207 und 2209 U-Überwachung Nordküste Elba
Portoferraio	UJ 2207 und 2209 laufen ein
22.11.1943	
Livorno	UJ 2208 läuft mit Wille und Pace nach La Spezia
La Spezia	UJ 2211 läuft nach Genua
Portoferraio	UJ 2207 und 2209 U-Überwachung südlich Elba
San Stefano	UJ 2207 und 2209 laufen ein
Marseille	UJ 2210 läuft mit SG 15 nach Genua
23.11.1943	
La Spezia	UJ 2221 und 2208 laufen mit Wille und Pace nach Genua
San Stefano	UJ 2207 und 2209 U-Überwachung östl. Elba
Portoferraio	UJ 2207 und 2209 laufen ein
Genua	UJ 2210 geht in Werft
24.11.1943	
Portoferraio	UJ 2207 läuft aus
Portoferraio	UJ 2209 U-Überwachung Piombinokanal
La Spezia	UJ 2207 läuft ein
CJ 2779	UJ 2209 nimmt deutsches Seenotflugzeug unter Beschuss
27.11.1943	
La Spezia	UJ 2207 läuft nach Portoferraio
San Stefano	UJ 2209 läuft aus (U-Jagd westlich Elba)
CJ 5112	UJ 2209 Fliegerabwehr
Genua	UJ 2211 läuft mit KT 20 nach Livorno
Genua	UJ 2221 läuft aus. Nach U-Jagd Einlauf in Imperia
28.11.1943	
Livorno	UJ 2211 läuft mit KT 20 und Campopisano
Portoferraio	UJ 2207 und 2209 U-Jagd Raum Elba, dann Anschluss an UJ 2211
Imperia	UJ 2221 läuft mit R 16 zur U-Jagd aus, dann Einlauf in Nizza
29.11.1943	
in See	UJ 2211, 2207 und 2209 mit Geleit auf Marsch nach Civitavecchia. UJ 2211 nach Geleitentlassung Weitermarsch Livorno, UJ 2207 und 2209 Weitermarsch nach Portoferraio
Nizza	UJ 2221 läuft mit R 16 nach Genua
30.11.1943	
Portoferraio	UJ 2207 und 2209 laufen aus (U-Jagd Raum Elba)
Portoferraio	UJ 2207 und 2209 laufen nach Piombino
01.12.1943	
Livorno	UJ 2211 läuft mit M 7608, Jason, Ape und Angela nach Genua
02.12.1943	
Piombino	UJ 2207 und 2209 laufen aus (U-Jagd Raum Elba)
CJ 5112	UJ 2207 und 2209 nehmen »Ju 88« unter Beschuss
Genua	UJ 2221 und 2210 laufen mit M 6021, 6023, 6025, Colleville und Ethylene nach Imperia
Imperia	UJ 2210 rammt beim Anlegemanöver UJ 2221
03.12.1943	
Portoferraio	UJ 2207 und 2209 laufen aus (U-Jagd im Raum Elba-Nord)
Imperia	UJ 2221 und 2210 laufen mit Geleit nach Nizza
La Spezia	UJ 2211 läuft mit RA 254, 255, Jason, Ape und Angela nach Genua
04.12.1943	
Portoferraio	UJ 2207 und 2209 laufen aus (U-Jagd Raum Elba)
Genua	UJ 2208 und 2211 laufen mit RA 254, 255 und La Foce nach Piombino
Livorno	UJ 2208 und 2211 laufen ein
05.12.1943	
Livorno	UJ 2208 und 2211 laufen mit Geleit nach Piombino
06.12.1943	
Portoferraio	UJ 2207 und 2209 laufen aus
Nizza	UJ 2210 und 2221 laufen zur Unterstützung SG 15 aus
St. Raphael	UJ 2210 und 2221 sichern torpedierte Virgilio
Piombino	UJ 2208 und 2211 laufen mit RA 255, KT 20 und Campopisano nach Genua
vor Vada	stößt Alma zum Geleit, vor Tino schließt Immerethie an
07.12.1943	
Portoferraio	UJ 2207 und 2209 laufen nach S-Boot-Überwachung ein
St. Raphael	UJ 2221, 2210, SG 15 und UJ 6076 treten mit Virgilio Marsch nach Toulon an
Genua	UJ 2208 und 2211 mit Geleit ein
08.12.1943	
Portoferraio	UJ 2207 und 2209 laufen aus
Genua	UJ 2208 und 2211 laufen mit Georgio und F 554 nach Livorno
CJ 1339	UJ 2208 Fliegerabwehr (Spitfire)

CJ 1396 UJ 2208 und 2211 Fliegerabwehr (Spitfire)
Livorno UJ 2208 und 2211 laufen ein

09.12.1943

Toulon UJ 2210 und 2221 U-Überwachung, dann Einlaufen in Nizza
Piombino UJ 2207 und 2209 laufen mit La Foce und Bussard ein
Piombino UJ 2208 und 2211 laufen ein

10.12.1943

Piombino UJ 2207 und 2209 laufen nach Livorno
Nizza UJ 2221 und 2210 U-Überwachung, dann Einlauf in Genua
Piombino UJ 2208 und 2211 laufen mit F 554 und Georgio nach Civitavecchia
in See UJ 2208 Minenabschuss
Genua UJ 2220 läuft mit SG 11, R 14 und Saumur nach Marseille
CJ 1262 Fliegerabwehr durch UJ 2220, SG 15, Saumur

11.12.1943

Piombino UJ 2208 und 2211 laufen ein

12.12.1943

Genua UJ 2210 läuft mit R 12, RA 256, Tellaro und Alma nach Livorno
Piombino UJ 2208 und 2211 laufen aus (U-Jagd Raum Elba)
CJ 5112 UJ 2208 »bekämpft« Schiffswrack

13.12.1943

Livorno UJ 2207 und 2209 laufen mit Camoscio und Isenzo nach Spezia
Livorno UJ 2210 läuft zur Geleitaufnahme aus
CJ 2773 **U-Boot-Bekämpfung durch UJ 2210**
Piombino UJ 2210 läuft mit Tellaro ein

14.12.1943

La Spezia UJ 2207 u. 2209 laufen mit Geleit nach Genua
Piombino UJ 2210 läuft nach La Spezia
Portoferraio UJ 2211 läuft aus (U-Jagd Raum Elba)
Portoferraio UJ 2208 läuft nach La Spezia

15.12.1943

La Spezia UJ 2210 läuft nach Genua
Piombino UJ 2211 U-Jagd Raum Elba, dann Einlauf in Portoferraio

16.12.1943

Genua UJ 2207 und 2209 U-Jagd im Raum Genua – Cap Noli
CJ 1265 Fliegerabwehr durch UJ 2207 und 2209 (Spitfire)
La Spezia UJ 2208 läuft nach Livorno
Genua UJ 2210 läuft mit R 16 und Anjou nach Livorno
Portoferraio UJ 2211 U-Überwachung ostwärts Elba, dann Einlauf in Piombino

17.12.1943

Genua UJ 2207 und 2209 laufen ein
Livorno UJ 2208 Anschluss an Geleit UJ 2211/La Foce/Georgio
Piombino UJ 2211 läuft nach La Spezia

18.12.1943

Livorno UJ 2210 läuft nach La Spezia
La Spezia UJ 2208 und 2211 Geleitaufnahme Georgio, La Foce und Alma
CJ 1346 La Foce erhält zwei U-Torpedotreffer und sinkt
CJ 1346 **U-Boot-Bekämpfung durch UJ 2208 (Universal)**

19.12.1943

Genua UJ 2208 und 2211 laufen ein
La Spezia UJ 2210 läuft mit R 198, 200, 212, Chisone und Giasone nach Genua

21.12.1943

Genua UJ 2210, 2207 und 2208 laufen mit R 198, 200, Foligno, Pitonto und Immeriehti nach Marseille
Toulon UJ 2220 läuft nach Genua

22.12.1943

Genua UJ 2220 läuft ein

23.12.1943

vor Marseille UJ 2210, 2207, 2208 entlassen Geleit, zurück nach Genua

24.12.1943

Genua UJ 2220 und 2221 Sicherung Werftprobefahrt UJ 2222

26.12.1943

Genua UJ 2210 und 2207 mit Georgio nach Piombino
CJ 1354 UJ 2207 nimmt ital. MAS-Boot unter Beschuss

27.12.1943

Genua UJ 2220 läuft mit SG 15, R 215 und Chisone nach Marseille
Piombino UJ 2210 U-Überwachung im Piombinokanal
Piombino UJ 2207 läuft mit R 200, 201, Tellaro und Potenza nach Genua

28.12.1943

Cap Camarat Chisone erhält Torpedotreffer
Cap Camarat **U-Boot-Bekämpfung durch UJ 2220 (Casabianca)**
Rade de Bormes UJ 2220 schließt wieder an Geleit an. Marsch nach Toulon
Genua UJ 2207 läuft mit Geleit ein

29.12.1943

Toulon UJ 2220 läuft mit Geleit ein
Piombino UJ 2210 U-Überwachung vor Portiglione

30.12.1943

Toulon UJ 2220 läuft mit SG 15, R 215 und S 151nach Genua
Genua UJ 2207 läuft mit M 6021, 6023, 6025 nach Savona

31.12.1943

Genua UJ 2220 läuft mit Geleit ein
Savona UJ 2207 läuft mit M-Booten und Cividale nach Imperia
Piombino UJ 2210 läuft mit R 198 und Georgio nach Genua

01.01.1944

Genua **RA 251, 252, 253, 254, 255, 256 und 257 werden in Flottille übernommen, ferner die momentan nicht verwendungsfähigen VAS 232, 236, 239 und 308**
Genua UJ 2210 läuft mit Geleit ein
Genua UJ 2221 läuft mit R 199, 201 und Dwarsläufer nach La Spezia, dann allein zurück nach Genua

02.01.1944

Genua UJ 2221 und 2220 laufen mit SG 15, R 215, Siena, Avezzano nach Marseille
Imperia UJ 2207 läuft mit Cividale nach Marseille
Imperia RA 255 läuft aus (Kontrolle Weg Leopard)

03.01.1944

Marseille UJ 2221 und 2220 laufen wegen Sturm ein
Genua RA 255 läuft ein

04.01.1944

CJ 3374 Cividale läuft auf Minensperre
Toulon UJ 2207 läuft ein

06.01.1944

Genua UJ 2209 und 2210 laufen aus (U-Jagd CJ 1355)
Marseille UJ 2220 und 2221 laufen nach Toulon
Toulon UJ 2220 läuft nach Genua

07.01.1944

Genua UJ 2220 läuft ein
Genua UJ 2209 und 2210 laufen ein
Genua RA 251, 252, 255 und 257 laufen aus (Vorpostenstreifen)

08.01.1944

Genua RA 251, 252, 255 und 257 laufen ein
Genua UJ 2209 und 2210 U-Jagd bis Imperia
Genua UJ 2221 und M 6012 U-Jagd zwischen Cap Camarat u. Cap Antibes

09.01.1944

Imperia	Fliegerabwehr durch UJ 2209 und 2210
Toulon	UJ 2221 und M 6012 laufen ein

10.01.1944

Imperia	UJ 2209 und 2210 laufen nach Genua
Genua	RA 251 und 252 Wegüberwachung zwischen Punkten 710 und 713
Toulon	UJ 2221 und M 6025 U-Jagd zwischen Cap Sicie und Cap Camarat
CH 1471	Fliegerabwehr durch UJ 2221 (»Boston«)

11.01.1944

Genua	RA 251, 252, 255 und 257 laufen ein
Genua	UJ 2208 und 2209 laufen mit NINA u. POTENZA nach Spezia
Genua	UJ 2211 läuft mit RA 255 und 257 nach Nizza
Toulon	UJ 2221 läuft mit M 6025 nach Marseille
Marseille	UJ 2221 läuft nach Toulon zurück

12.01.1944

La Spezia	UJ 2209 läuft mit NINA und POTENZA nach Livorno
La Spezia	UJ 2208 läuft mit UTE und KLAGENFURT nach Genua
Nizza	UJ 2211 läuft mit RA 255 und 257 nach Toulon

13.01.1944

Genua	UJ 2208 läuft mit Geleit ein
Livorno	UJ 2209 läuft mit NINA, POTENZA u. TELLARO nach Piombino
CJ 2742	TELLARO bekommt Leine in Schraube und bleibt liegen
vor Piombino	UJ 2209 entlässt Geleit und läuft zu TELLARO zurück
Piombino	UJ 2209 und TELLARO laufen ein
Piombino	UJ 2209 läuft mit PERSIA nach Genua
Toulon	UJ 2211, RA 255 und 257 laufen ein

14.01.1944

Genua	UJ 2209 läuft mit PERSIA ein
Genua	RA 252 läuft mit R 200 zum Vorpostendienst vor Portofino
Toulon	UJ 2207 und 2211 laufen aus (U-Jagd Toulon – Nizza)
CJ 1554	Fliegerabwehr durch UJ 2207 und 2211. 25 Bomben detonieren unweit UJ 2207
Nizza	UJ 2207 und 2211 laufen ein
Toulon	UJ 2221 läuft mit RA 255, 257 und GIASONE nach Genua

15.01.1944

Genua	RA 252 läuft von Vorpostenstreifen kommend ein
Genua	UJ 2221 läuft mit RA 255, 257 und GIASONE ein
Nizza	UJ 2207 und 2211 U-Jagd bis Toulon

17.01.1944

Genua	RA 251, 252, 254 und 257 laufen nach Piombino
Toulon	UJ 2207 und 2211 U-Jagd vor Toulon zur Sicherung eigenen U-Bootes

18.01.1944

Piombino	RA 251, 252, 254, 257 ein, abends zurück nach Genua
in See	UJ 2221 fährt Sicherung für Probefahrt TA 27
Piombino	UJ 2209 und 2210 laufen nach Livorno

19.01.1944

Genua	RA 251, 252, 254 und 257 laufen ein
Livorno	UJ 2209 und 2210 laufen ein und treten mit ANJOU, VESUVIO und einer Korvette im Schlepp Marsch nach Genua an

20.01.1944

Genua	UJ 2220 und 2221 laufen mit SG 15 und DAUPHINE nach Marseille
Genua	RA 251, 253, 254, 257 laufen aus (»Schwimmanstalt«)
vor Portofino	RA 253 wegen Maschinenschadens nach Rapallo entlassen, R 199 und R 200 stoßen zur RA-Bootsgruppe
Toulon	UJ 2207 läuft mit M 6031 nach Cannes

21.01.1944

CJ 1471	U-Boot-Fächerschuss auf DAUPHINE
CJ 1471	**U-Boot-Bekämpfung durch UJ 2220 (UPSTART)**
CH 3394	Fliegerabwehr durch UJ 2220 und 2221, dann Rückmarsch nach Toulon
Genua	UJ 2209 und 2210 laufen nach Piombino
Piombino	UJ 2210 läuft mit NINA und POTENZA nach Genua
Rapallo	RA 253 läuft nach Genua
Cannes	UJ 2207 und M 6031 U-Jagd Raum Nizza-Toulon

22.01.1944

Toulon	UJ 2220 und 2221 laufen mit SG 15 nach Genua
Toulon	UJ 2207 und M 6031 laufen ein
vor Livorno	UJ 2209 entlässt TELLARO und folgt Geleit UJ 2210
vor La Spezia	Dampfer NINA entlassen
CJ 1354	**U-Boot-Bekämpfung durch UJ 2210**
Genua	UJ 2209, 2210 und POTENZA laufen ein
Giglio	Besatzungen RA 251, 254, 257 führen bewaffnete Aufklärung auf Giglio und Montecristo durch
San Stefano	RA-Boote laufen ein zwecks Abgabe Kurzbericht, dann Marsch nach Giglio

23.01.1944

Genua	UJ 2220 und 2221 laufen ein
Giglio Marina	RA 251, 254 und 257 laufen nach San Stefano
Toulon	UJ 2207 und 2211 laufen aus (Aufnahme U-Boot)
Toulon	UJ 2207, 2211 und U-Boot laufen ein

24.01.1944

San Stefano	RA 251, 254, 257 und R 200 laufen aus (S-Boot-Jagd)
Piombino	RA 257 wird nach Bruch der Ruderleitung eingeschleppt

25.01.1944

Genua	UJ 2209 und 2220 laufen mit SG 15 nach La Spezia
Piombino	RA 257 läuft aus (S-Boot-Jagd)
Livorno	RA-Boote laufen ein

26.01.1944

La Spezia	UJ 2209 und 2220 laufen mit TELLARO nach Genua
Genua	UJ 2210 dockt ein zur Abdichtung Sternbüchse

27.01.1944

Livorno	RA 251, 254, 257 laufen mit DWARSLÄUFER nach La Spezia
vor La Spezia	DWARSLÄUFER läuft ein, RA-Boote Weitermarsch nach Genua

28.01.1944

Genua	RA 251, 254 und 257 laufen ein zum Einbau Torpedoabwurfeinrichtung
vor Genua	UJ 2209 und 2220 fahren Sicherung für Probefahrt TA 28
Toulon	UJ 2207, 6075, M 6031 laufen mit MEDJERDA u. MAURE nach Marseille

29.01.1944

Genua	UJ 2209 läuft mit SG 15, REVIGO und RAVELLA nach Marseille
Genua	RA 252, 253, 255 Torpedoschussübungen Raum La Spezia

Marseille	UJ 2207 läuft mit UJ 6075, M 6023, 6031, Carmen und Diana nach Nizza
Toulon	UJ 2211 läuft aus
Punkt 676	UJ 2207, 2211, M 6023 und 6031 Marsch nach Nizza
30.01.1944	
Marseille	UJ 2209 läuft mit Geleit ein
Nizza	UJ 2207 und 2211 laufen mit Geleit ein
Nizza	UJ 2207 und 2211 laufen mit Diana nach Genua
31.01.1944	
vor Genua	Fliegerabwehr durch UJ 2207 und 2211 (»Boston«)
vor Genua	UJ 2221 sichert Probefahrt UJ 2210 und TA 24
01.02.1944	
Marseille	UJ 2209 läuft mit SG 15 nach Toulon, von dort nach Genua
02.02.1944	
Genua	UJ 2209 läuft ein
La Spezia	RA 252, 253, 255 Torpedoausbildung
Genua	UJ 2207, 2209, 2210, 2221, SG 15, R 198, 200, 212, 215 laufen aus (Sonderaufgabe Raum La Spezia)
03.02.1944	
vor La Spezia	UJ 2221, SG 15, R 198, 200, 212, 215 werden nach Livorno entlassen, UJ 2207 und 2209 werden nach La Spezia entlassen, UJ 2210 marschiert Richtung Genua
CJ 1359	Fliegerabwehr durch UJ 2210 (»Spitfire«)
CJ 1342	**U-Boot-Bekämpfung durch UJ 2210**
Genua	UJ 2210 läuft ein
La Spezia	UJ 2207 und 2209 laufen aus (Aufklärungsstreifen Richtung Savona)
Livorno	UJ 2221 und SG 15 laufen aus (Aufklärungsstreifen nördlich Elba)
04.02.1944	
CJ 1342	RA 254 und 257 verlassen U-Boot-Bekämpfungsstelle
Savona	UJ 2207 und 2209 laufen zum Aufklärungsstreifen Richtung La Spezia
Livorno	UJ 2221 und SG 15 laufen ein
05.02.1944	
La Spezia	UJ 2209 und 2207 laufen ein
06.02.1944	
Livorno	UJ 2221 und SG 15 laufen aus (Aufklärungsstreifen Vada-Capraia)
07.02.1944	
Genua	RA 254 und 257 laufen nach La Spezia zum Übungstorpedoschießen
La Spezia	RA 252 und 255 Übungstorpedoschießen
La Spezia	UJ 2207 läuft mit RA 253, R 198 und R 212 nach Genua
Portoferraio	UJ 2221 und SG 15 laufen wegen Schlechtwetter ein
08.02.1944	
Genua	UJ 2207 und RA 253 laufen ein
Genua	**Besatzung RA 253 übernimmt RA 251**
Genua	UJ 2207 läuft mit R 198, 212, 215 und Randazzo nach Marseille
Portoferraio	UJ 2221 und SG 15 laufen nach Genua
09.02.1944	
Villefranche	**Flugzeugabschüsse (5) durch UJ 2207 und Randazzo**
Nizza	UJ 2207 läuft ein
Genua	UJ 2220 u. 2221 laufen aus (Sicherung Probefahrt TA 25 u. TA 28)
Genua	UJ 2221 und RA 251 laufen nach La Spezia
vor La Spezia	UJ 2221 läuft nach Entlassung RA 251 nach Genua zurück
10.02.1944	
Villefranche	UJ 2207 versucht Randazzo (Bombentreffer am 09.02.1944) abzuschleppen (Versuch scheitert)
Genua	UJ 2221 sichert Probefahrt TA 24 und 28
CJ 1263	UJ 2221 Minenabschuss
Genua	UJ 2220 dockt ein zur Reparatur S-Gerät
11.02.1944	
Villefranche	UJ 2207 versucht Randazzo abzuschleppen (Versuch scheitert)
12.02.1944	
Villefranche	UJ 2207 schleppt Randazzo frei und bringt ihn nach Nizza
vor Nizza	UJ 2207 und Randazzo werden von einer »Do 215« angeflogen, die kein E.S. schießt. Do 215 wird von UJ 2207 beschossen
Nizza	UJ 2207 u. Randazzo laufen ein
La Spezia	RA 254 und 257 laufen mit M 7005 und 7007 nach Genua
La Spezia	UJ 2209 läuft mit M 7003, 7008, 7011, APE und Eisenach nach Genua
13.02.1944	
Genua	RA 254 und 257 laufen ein zum Einbau neuer Maschinen
Genua	UJ 2209 läuft ein
Genua	UJ 2221 läuft mit R 200 aus (Aufklärungsstreifen im Piombinokanal)
Nizza	UJ 2207 und R 215 laufen nach Genua
14.02.1944	
Genua	UJ 2207 läuft ein
vor Genua	UJ 2209 fährt Sicherung beim Übungsschießen TA 25
Portoferraio	UJ 2221 läuft aus (S-Boot-Jagd Raum Vada)
15.02.1944	
Genua	UJ 2209 sichert Probefahrt TA 25
Genua	UJ 2209 und 2207 laufen mit Diana u. Persia nach Livorno
Portoferraio	UJ 2221 und R 200 laufen ein
Portoferraio	UJ 2221 läuft nach Genua
16.02.1944	
Genua	UJ 2221 läuft ein
Livorno	UJ 2207 und 2209 laufen aus (S-Boot-Jagd Richtung Via Augusta)
in See	UJ 2207 und 2209 Gefecht mit brit. MGB, 2207 wird von deutschen MFP irrtümlich beschossen
17.02.1944	
Genua	UJ 2221 sichert Probefahrt TA 29
Genua	UJ 2221 u. SG 15 laufen aus (Aufklärungsstreifen Raum Capraia)
Genua	UJ 2208 läuft nach Savona
Savona	UJ 2208 läuft mit F 2513, 2760, 4588, 4608, Schleppern und Valmy nach Genua
Livorno	UJ 2207 und 2209 laufen nach La Spezia
La Spezia	UJ 2207 und 2209 laufen mit Nina nach Genua
18.02.1944	
Genua	UJ 2207 und 2209 laufen mit Geleit ein
Genua	UJ 2208 sichert Probefahrt UJ 2223
Genua	UJ 2209 läuft mit Avylos nach Savona
Savona	UJ 2209 läuft mit Avylos und Hardy nach Genua
Livorno	UJ 2221 u. SG 15 laufen ein. Bombenteppich geht unweit 2221 nieder
Livorno	UJ 2221 u. SG 15 laufen aus (Aufklärungsstreifen Via Augusta)

19.02.1944	
Genua	UJ 2209 läuft mit Geleit ein
La Spezia	UJ 2221 und SG 15 laufen ein
La Spezia	UJ 2221 und SG 15 laufen aus (Sonderaufgabe »Capraia«)
20.02.1944	
Genua	**UJ 2222 Indienststellung**
Genua	UJ 2208 fährt Sicherung für Probefahrt eines TA-Bootes
Genua	UJ 2209 fährt Sicherung für Probefahrt TA 25
Genua	UJ 2208 und 2209 laufen mit Colleville u. Nina nach Nizza
vor Genua	**UJ 2208 sinkt durch Minentreffer**
vor Genua	Nina sinkt durch Minentreffer
La Spezia	UJ 2221 und SG 15 laufen ein
La Spezia	UJ 2221, SG 15, R 161, 162, 198, 212 und 215 laufen aus (Sonderunternehmen »Capraia«)
21.02.1944	
Genua	UJ 2221 und SG 15 laufen ein
Genua	UJ 2209 läuft ein
La Spezia	RA 255 läuft nach Genua zur Grundüberholung
22.02.1944	
Genua	RA 255 läuft ein
23.02.1944	
Genua	UJ 2209 sichert Meilenfahrt TA 25
Genua	UJ 2221 und SG 15 laufen nach La Spezia
24.02.1944	
Genua	UJ 2209 läuft mit Colleville nach Nizza
La Spezia	UJ 2221 läuft mit SG 15, R 161, 212 und 215 aus (Aufnahme U 230), dann zurück nach La Spezia
25.02.1944	
Nizza	UJ 2209 u. Colleville laufen ein
Nizza	UJ 2209 läuft nach Genua
La Spezia	UJ 2221 läuft mit SG 15 und Cisteriano nach Genua
26.02.1944	
Genua	UJ 2209 sichert Probefahrt UJ 2222 und 2223
Genua	UJ 2221 läuft mit SG 15 und Cisteriano nach Toulon
27.02.1944	
CJ 1457	Cisteriano erhält Torpedotreffer (H.M.S. Universal) UJ 2221 wirft »Schreckbomben«, da keine Ortung
Toulon	UJ 2221, SG 15 und Cisteriano laufen ein
Genua	UJ 2209 läuft mit M 7012, JS 21 und Potenza nach Livorno
La Spezia	RA 251 und 252 laufen aus (Aufklärungsstreifen Weg Panther/Leopard)
28.02.1944	
Savona	RA 251 und 252 laufen ein
Livorno	UJ 2209 läuft ein
Toulon	UJ 2221 läuft mit SG 15 nach Marseille
01.03.1944	
Savona	RA 251 und 252 Vorpostenstreifen zur Überwachung feindl. MAS-Boote
02.03.1944	
Marseille	UJ 2221 und SG 15 laufen nach Genua
Genua	RA 251 und 252 sichern Probefahrt TA 29
03.03.1944	
Livorno	UJ 2209 läuft mit Georgio nach Piombino
in See	Fliegerabwehr (»Boston«) durch UJ 2209
Genua	UJ 2211 sichert Probefahrt UJ 2223
Genua	UJ 2221 läuft mit SG 15 ein
04.03.1944	
CJ 2742	Fliegerabwehr durch UJ 2209
Genua	RA 251 und 252 laufen mit Tebessa und Favignana nach San Remo
05.03.1944	
vor Piombino	UJ 2209 entlässt Georgio und läuft dann in Portoferraio ein
San Remo	RA 251 u. 252 laufen mit Geleit ein
06.03.1944	
Genua	UJ 2207 und 2211 laufen zur Geleitaufnahme nach La Spezia
Genua	UJ 2221 läuft mit SG 15 aus (S-Boot-Überwachung)
07.03.1944	
La Spezia	UJ 2207 und 2211 laufen ein
Portoferraio	UJ 2209 läuft mit F 4503, 4610, 4615 nach Piombino
Piombino	UJ 2209 läuft mit Georgio nach Livorno
Livorno	UJ 2221 läuft mit SG 15 ein
08.03.1944	
La Spezia	UJ 2207 und 2211 laufen mit Diana nach Genua
Livorno	Fliegerabwehr durch UJ 2209
Livorno	UJ 2209 läuft mit Georgio nach Genua
Livorno	UJ 2221 und SG 15 laufen aus (Aufklärungsstreifen)
San Remo	RA 251 und 252 laufen mit VP 7028, 7034, 7035, 7036, M 7006, 7007, Tebessa und Favignana nach Imperia
Genua	RA 254 und 257 laufen nach La Spezia
La Spezia	RA 254 und 257 laufen mit KT nach Livorno
09.03.1944	
Genua	UJ 2207 und 2211 laufen mit Geleit ein
Genua	UJ 2209 läuft mit M 7012, 7021, Tellaro und Anjou nach Spezia
Genua	UJ 2221 läuft mit SG 15 und KT 19 nach La Spezia
10.03.1944	
La Spezia	UJ 2209 läuft mit Geleit ein
La Spezia	UJ 2209 und 2221 laufen aus (S-Bootsüberwachung)
Genua	UJ 2222 läuft mit UJ 2224 und RA 258 aus (Probefahrt)
Livorno	RA 254 läuft mit M 7016, Schlepper und Penichen nach Piombino
CJ 2742	Penichen schießen irrtümlich eine deutsche Ju 88 ab
11.03.1944	
Cap Noli	UJ 2221 wird von deutscher Küstenartillerie beschossen
CJ 2773	Fliegerabwehr durch RA 254 und MFP
CJ 2742	Fliegerabwehr durch RA 254 und MFP, ein MFP erhält Bombentreffer
Genua	RA 251 und 252 laufen mit Geleit ein
12.03.1944	
Genua	UJ 2211 sichert Schießübungen TA 28, 29 und SG 15
Livorno	RA 254 läuft mit Geleit ein
13.03.1944	
Genua	UJ 2211 läuft mit Caltanisetta nach La Spezia
Genua	RA 253 läuft mit Geleit nach La Spezia
14.03.1944	
La Spezia	UJ 2211 läuft ein
Genua	UJ 2221 sichert Probefahrt UJ 2222
Livorno	RA 257 läuft mit Kassel nach La Spezia
Livorno	RA 254 läuft mit KT 20 nach Portoferraio
15.03.1944	
Genua	UJ 2209 läuft mit R 162 und Dolicitas nach Livorno

La Spezia	UJ 2211 läuft aus (Geleitverstärkung UJ 2209/R 162)
Portoferraio	RA 254 läuft mit KT 20 ein
La Spezia	RA 257 läuft mit Peniche Kassel ein
16.03.1944	
Livorno	**UJ 2209 erhält im Hafen Bombenvolltreffer und sinkt**
Livorno	UJ 2211 läuft mit R 162, Campopisano und Endereta nach Spezia
La Spezia	RA 253 läuft mit KT 19 nach San Stefano
Portoferraio	RA 254 läuft mit KT 20 nach La Spezia
17.03.1944	
La Spezia	UJ 2211 läuft mit KT 20 nach Genua
CJ 1354	UJ 2211 wirft nach U-Boots-alarm Wasserbomben
Genua	UJ 2220 und 2222 laufen aus (Probefahrt)
Genua	UJ 2221 läuft mit KT 14 nach La Spezia
San Stefano	RA 253 läuft mit KT 19 ein
18.03.1944	
Genua	UJ 2211 läuft mit Monfalcone, Senegaglia und Isonza nach Savona
Genua	UJ 2220 Probefahrt
La Spezia	UJ 2221 und KT 14 Innenreede geankert
Genua	**UJ 2223 Indienststellung**
San Stefano	RA 253 läuft mit KT 19 und MAS 556 nach La Spezia
in See	**U-Boot-Bekämpfung durch RA 253**
La Spezia	RA 254 läuft mit KT 14 nach Portoferraio
19.03.1944	
Genua	UJ 2211 läuft ein
Genua	UJ 2220 läuft mit KT 16 nach La Spezia
La Spezia	UJ 2221 läuft mit R 162, APE und Lezardrieux nach Genua
Portoferraio	RA 254 wird im Hafen liegend durch Fliegerbomben leicht beschädigt
CJ 2477	RA 253 wirft nach Sichtung von Torpedolaufbahnen Wasserbomben
Portoferraio	RA 254 läuft mit KT 14 nach San Stefano
20.03.1944	
La Spezia	UJ 2220, 2221 und SG 15 laufen aus (Aufnahme U-Boot)
vor Rapallo	Fliegerabwehr (»Boston«) durch UJ 2220, 2221 und SG 15
vor La Spezia	U-Boot wird entlassen, UJ 2220 und 2221 U-Überwachung
San Stefano	RA 254 läuft mit KT 14 ein
21.03.1944	
Livorno	UJ 2209 Abschluss der Bergungsarbeiten
Genua	UJ 2220 und 2221 laufen ein
Genua	UJ 2220 sichert Probefahrt UJ 2222
San Stefano	RA 254 mit KT 14 laufen über Portoferraio nach Livorno
23.03.1944	
Genua	UJ 2207 läuft mit KT 8 nach San Remo
südlich Cap Noli	UJ 2207 schießt LG nach S-Boot-Ortung, kein Sichtkontakt
Genua	UJ 2220, 2221, 2222 und SG 15 laufen nach La Spezia
La Spezia	RA 253 läuft mit KT 16 nach Livorno
24.03.1944	
San Remo	UJ 2207 läuft mit Geleit ein
La Spezia	UJ 2220 läuft mit KT 19 nach Genua
25.03.1944	
Genua	UJ 2220 sichert Werftprobefahrt UJ 2224
La Spezia	UJ 2221, 2222 und SG 15 laufen aus (Ablenkungsaufgabe)
La Spezia	UJ 2221, 2222 und SG 15 laufen um Mitternacht wieder ein
Genua	RA 256 läuft mit VP 7026 und Iglesias nach Savona
Savona	RA 256 läuft mit VP 7026 nach Genua
26.03.1944	
Genua	UJ 2220, RA 256 und 258 laufen Richtung San Remo
La Spezia	UJ 2222 läuft mit Potenza nach Genua
Genua	RA 256 läuft mit VP 7026 ein
Genua	RA 256 sichert Probefahrt TA 27
Genua	**RA 258 Indienststellung**
27.03.1944	
San Remo	UJ 2207 läuft mit KT 8 nach Genua
Genua	UJ 2207, 2220, RA 256 und 258 laufen ein
La Spezia	UJ 2221 und SG 15 laufen aus (Ablenkungsaufgabe)
in See	UJ 2221 feuert während S-Boot-Angriff irrtümlich auf SG 15
Genua	UJ 2222 läuft mit Potenza ein
Livorno	RA 256 wird von KT 16 gerammt und beschädigt, nach Setzen Lecksegel läuft RA 253 mit KT 16 nach La Spezia
Genua	RA 256 läuft mit KT 20 nach Livorno
La Spezia	RA 257 läuft mit Geleit nach Livorno
28.03.1944	
La Spezia	UJ 2221 läuft mit SG 15 aus (Aufklärungsstreifen)
Livorno	RA 256 läuft mit KT 20 ein
Livorno	RA 257 läuft mit Geleit ein
29.03.1944	
Genua	UJ 2221 läuft mit SG 15 ein
Marseille	UJ 2216 führt in See Rollenmanöver durch
Livorno	RA 257 läuft aus (Suche nach schiffbrüchiger MFP-Besatzung)
CJ 2749	RA 257 sichtet Floß ohne Bemannung
in See	Fliegerabwehr durch RA 257
Piombino	RA 257 läuft ein
30.03.1944	
Livorno	**RA 256 wird durch Bomben schwer beschädigt und ist nicht mehr reparaturwürdig**
31.03.1944	
Genua	UJ 2207, 2221, 2222 und SG 15 laufen zur Erfassung eines bei Cap Noli stehenden U-Bootes aus
Marseille	UJ 2216 läuft nach Toulon
Piombino	RA 257 läuft nach Portoferraio
01.04.1944	
Genua	UJ 2207, 2221, 2222 und SG 15 laufen ein
Genua	UJ 2222 läuft mit KT 8 nach La Spezia
vor Spezia	UJ 2222 läuft nach Entlassung KT 8 nach Genua zurück
Toulon	UJ 2216 und UJ 6073 laufen aus (U-Boot-Überwachung)
02.04.1944	
Genua	UJ 2222 läuft mit SG 15 ein
Genua	UJ 2221, 2222 und SG 15 sichern Minenschiff Oldenburg
CJ 1363	U-Boot-Bekämpfung durch UJ 2222
in See	**Fliegerabwehr (»Boston«) durch UJ 2222**
Toulon	UJ 2216 und UJ 6075 laufen aus (U-Überwachung)
Livorno	RA 254 läuft mit M 7030, VP 7006, Star und Anjou nach La Spezia
03.04.1944	
Genua	UJ 2207 fährt Sicherung für Probefahrt TA 30
CJ 1359	Fliegerabwehr durch UJ 2221, 2222, SG 15 und Oldenburg
La Spezia	UJ 2221, 2222, SG 15 und Oldenburg laufen ein
La Spezia	RA 254 läuft nach Genua

04.04.1944

Genua	UJ 2207 läuft mit VP 7007, 7024, ALBARO, ISONZO und FAVIGNANA nach La Spezia
La Spezia	UJ 2221 und 2222 laufen aus (U-Jagd zwischen Tino und Cap Mesco)
Toulon	UJ 2216 und UJ 6073 U-Überwachung vor Toulon
Genua	RA 254 läuft mit F 4617 ein
Portoferraio	RA 257 läuft mit F 2249, 4622, 4596 und 2482 nach La Spezia

05.04.1944

La Spezia	UJ 2207 läuft mit F 4622, 4596, 2482 und 2249 nach Genua
La Spezia	UJ 2221 und 2222 laufen mit SG 15, R 189 und 215 zwecks Aufnahme von U 455 aus
CJ 1359	Fliegerabwehr durch UJ 2221, 2222, SG 15 und R-Boote
Toulon	UJ 2216 läuft mit UJ 6073 aus (U-Überwachung)
La Spezia	RA 257 läuft mit KT 19 nach San Stefano

06.04.1944

Genua	UJ 2207 läuft mit den MFP ein
in See	UJ 2221, 2222 und SG 15 auf erfolgloser Suche nach U 455
Genua	UJ 2221 und 2222 laufen ein
Toulon	UJ 2216 läuft mit UJ 6073 aus (U-Überwachung)
in See	Fliegerabwehr (»Boston«) durch UJ 2216 und UJ 6073
San Stefano	RA 257 mit KT 19 laufen nach La Spezia

07.04.1944

Genua	UJ 2207 und 2210 laufen mit POTENZA und DIANA nach Imperia
Genua	UJ 2221 und 2222 laufen aus zwecks abgesetzter Sicherung für Geleit 2210
CJ 2711	Fliegerabwehr durch RA 257 und KT 19
La Spezia	RA 253 läuft mit DEREANA nach Genua

08.04.1944

vor Imperia	UJ 2221 und 2222 werden von UJ 2210 entlassen, U-Jagdrotte läuft in Nizza ein
Nizza	UJ 2221 u. 2222 laufen aus. Wegen Seegang zurück nach Nizza
CH 3384	UJ 2216 Feuer im Schiff. Brand wird schnell gelöscht
Genua	RA 253 läuft mit CIVA, RUDOLF, GYSBERT und THELIA nach Spezia

09.04.1944

Oneglia	UJ 2207 und 2210 laufen nach Cannes zwecks Aufnahme POTENZA
Nizza	UJ 2221 und 2222 laufen aus (Sicherung POTENZA)
Genua	UJ 2220 sichert Probefahrt UJ 2223
Genua	RA 253, 257 und 258 laufen Richtung Longone

10.04.1944

CJ 1443	UJ 2221 und 2222 werden zur U-Überwachung entlassen
Cannes	UJ 2207 und 2210 laufen mit M 6022 nach Toulon
Nizza	UJ 2221 und 2222 laufen zur Geleitverstärkung Richtung Cannes
Genua	UJ 2220 und SG 15 Aufklärungsstreifen Via Cassia
La Spezia	RA 258 läuft ein
Longone	RA 253 und 257 laufen aus (U-Überwachung)

11.04.1944

CJ 1427–1446	UJ 2207, 2210, 2221, 2222 mit M 6022 und POTENZA auf Marsch nach Toulon. M 6022 erhält U-Torpedotreffer (UNTIRING) und sinkt. UJ 2221 nimmt nach erfolgloser U-Jagd Schiffbrüchige auf
Toulon	UJ 2207 und 2210 laufen mit POTENZA ein
Nizza	UJ 2221 und 2222 laufen nach Marseille
Savona	UJ 2220 und SG 15 laufen nach Genua
vor Genua	UJ 2220 nimmt KT 20 auf
Genua	UJ 2211 läuft mit ISONZA nach Savona
Toulon	UJ 2216 und UJ 6073 laufen aus (U-Überwachung)
CH 3385	Fliegerabwehr (»Boston«) durch UJ 2216
Campo	RA 253 und 257 laufen nach Portoferraio

12.04.1944

Savona	UJ 2211 läuft mit M 7004 und 7007 Vorpostenstreifen bei Cap Noli
Marseille	UJ 2207 und 2210 laufen mit POTENZA ein
Marseille	UJ 2221 und 2222 laufen ein
Portoferraio	RA 253 und 257 laufen zwecks Aufnahme F 799 nach Pianosa

13.04.1944

Marseille	UJ 2207, 2210 und 2222 laufen aus (U-Überwachung)
Toulon	UJ 2216 und 6073 sichern Minenschiffsverband
Savona	UJ 2211 läuft mit M 7007, 7004, HAMELN, TRUDE und LISA nach Genua
Pianosa	RA 253 und 257 laufen mit F 799 nach Rio Marina
Rio Marina	RA 253 und 257 laufen zwecks Aufnahme KT 20 aus

14.04.1944

Cannes	UJ 2207, 2210 u. 2222 laufen aus (U-Jagd Cannes – Cap Camarat)
Toulon	UJ 2216 und 6073 laufen aus (U-Überwachung) La Spezia UJ 2220 und SG 15 laufen aus (U-Überwachung)
Livorno	RA 253 und 257 laufen mit KT 20 nach Genua

15.04.1944

Cannes	UJ 2207, 2210 u. 2222 laufen ein
Savona	UJ 2220 und SG 15 laufen nach Genua
Genua	UJ 2211 und 2220 laufen aus (U-Jagd)
CJ 1342	**U-Boot-Bekämpfung durch UJ 2211**
CJ 1342	UJ 2211 und 2220 hängen an Geleit SG 15/KT 14 an
Genua	RA 253 und 257 laufen mit KT 20 ein

16.04.1944

Genua	**RA 252 wird durch Besatzung RA 253 übernommen**
Genua	UJ 2211 und 2223 laufen zur U-Jagd aus, wegen Seegang wieder zurück

18.04.1944

Genua	**UJ 2224 Indienststellung**
Genua	UJ 2211 und 2223 laufen aus (U-Jagd Raum Recco-Rapallo)
CN 1346	**U-Boot-Bekämpfung durch UJ 2223**
Genua	RA 252 läuft mit R 192 nach La Spezia
La Spezia	UJ 2220 läuft mit SG 15, TA 26 und TA 27 nach Genua
La Spezia	RA 258 läuft mit KT 16 aus nach San Stefano
Cannes	UJ 2207, 2210 und 2222 laufen aus (U-Jagd Raum Cap Camarat – Nizza)
Marseille	UJ 2221 läuft mit M 6021 nach Toulon
Toulon	UJ 2216 und 2221 U-Jagd bis Cap Camarat

19.04.1944

Genua	UJ 2211 und 2223 sichern Probefahrt TA 25
CJ 1391	UJ 2220 kollidiert mit EQUA (ital. U-Jäger sinkt)
Genua	UJ 2220 sichert Probefahrt TA 29
westlich Vada	RA 258 stößt auf Wrack, kommt aber wieder frei
Stefano	RA 252 und 258 laufen mit KT 16 nach Piombino
Nizza	UJ 2207 und 2210 laufen nach Genua
Cannes	UJ 2216 und 2221 laufen aus, UJ 2222 schließt an

20.04.1944

Genua	Flottillenmusterung. Verleihung Auszeichnungen an Besatzung UJ 2223
Genua	UJ 2207, 2210, 2216, 2221 und 2222 laufen ein
Genua	UJ 2220 sichert Probefahrt TA 25
in See	UJ 2220 Minenabschuss
Genua	UJ 2210 und 2211 laufen aus (U-Jagd Raum Recco – Rapallo)
vor Piombino	Fliegerabwehr durch RA 252, 258 und KT 16
Piombino	RA 252 und 253 laufen nach La Spezia

21.04.1944

Genua	UJ 2210, 2211 und 2207 laufen mit DOLICITAS nach Savona
Savona	UJ 2210, 2211 und 2207 laufen nach Genua
	UJ 2216 sichert Probefahrt TA 25
Genua	UJ 2211, 2216, 2220, 2221 u. 2222 laufen aus (U-Überwachung)
Genua	RA 257 läuft mit KT 20 nach Livorno

22.04.1944

Genua	UJ 2216, 2220, 2221 und 2222 laufen ein
Genua	UJ 2220 sichert Probefahrt UJ 2224
vor Savona	UJ 2207, 2210 und 2211 entlassen DOLICITAS und laufen nach Genua
Genua	UJ 2207 und 2211 laufen mit TEBESSA, ATLANTA und PIRO nach La Spezia
Meloriabank	KT 20 läuft auf, wird von RA 257 nach Livorno eingeschleppt
Livorno	RA 257 und KT 20 laufen nach San Stefano
San Stefano	RA 252 läuft mit KT 19 nach La Spezia

23.04.1944

La Spezia	UJ 2207 und 2211 laufen mit KT 19 nach Genua
Genua	UJ 2216, 2220, 2221 u. 2222 laufen wegen gemeldetem gegnerischem U-Boot Richtung Imperia
San Stefano	RA 257 läuft mit KT 20 nach La Spezia
Genua	Fliegerangriff auf Genua. Besatzung UJ 2223 10 Verletzte, 1 Toter

24.04.1944

La Spezia	RA 257 läuft mit KT 20 ein
Genua	UJ 2207, 2210 und 2211 laufen aus (U-Jagd)
Savona	UJ 2221 und 2222 laufen ein
vor Imperia	Fliegerabwehr durch UJ 2216 und 2220
Imperia	UJ 2216 läuft nach Porto Maurizio
in See	Fliegerabwehr durch UJ 2216
Savona	UJ 2220 und 2221 laufen aus (U-Jagd Raum Monaco – Cap Antibes)
La Spezia	RA 257 läuft mit KT 20 ein
La Spezia	RA 252 läuft mit KT 14 nach San Stefano

25.04.1944

Genua	UJ 2223 läuft mit SG 15 aus (U-Jagd)
Savona	UJ 2207, 2210 und 2211 laufen nach Genua
Nizza	UJ 2221 und 2222 laufen ein
Imperia	UJ 2216 und 2220 laufen aus (U-Jagd Raum Cap Cervo)
Nizza	UJ 2221 und 2222 laufen aus (Unterstützung UJ 2216/2220)
San Stefano	RA 252 läuft mit KT 14 nach La Spezia

26.04.1944

Genua	UJ 2216 und 2220 laufen ein (Ansaldo-Werft)
Genua	UJ 2210 läuft mit SG 15 und TELLARO nach La Spezia
Nizza	UJ 2221 und 2222 laufen aus (U-Überwachung)
Livorno	RA 252 läuft ein
La Spezia	RA 257 läuft mit TA 23 und KT 14 nach Genua

27.04.1944

CJ 1346	**U-Boot-Bekämpfung durch UJ 2210**
Genua	UJ 2223 läuft aus (Unterstützung UJ 2210)
Genua	UJ 2210 und 2223 laufen ein
Genua	UJ 2223 sichert Probefahrt TA 25
Genua	UJ 2210 u. 2223 laufen aus (U-Jagd Cap Noli-Cap Mele)
Genua	UJ 2207 läuft mit Geleit nach La Spezia
Nizza	UJ 2221 und 2222 laufen aus (U-Jagd Weg Leopard)
Genua	RA 257 läuft mit KT 8 nach La Spezia
Livorno	RA 252 läuft mit F 2486, ECKERNFÖRDE und ELBERFELD nach Spezia

28.04.1944

Genua	UJ 2210 u. 2223 laufen ein. 2223 sichert Probefahrt TA 25 u. TA 30
Genua	UJ 2223 sichert Probefahrt UJ 2224
Genua	UJ 2210 läuft mit DIETRICH VON BERN, KEHRWIEDER und LEZARDRIEUX nach La Spezia
La Spezia	UJ 2207 läuft mit Geleit ein
Imperia	UJ 2221 und 2222 laufen ein
La Spezia	RA 257 läuft mit KT 8 ein
La Spezia	RA 252 läuft mit Penichen ein

29.04.1944

Genua	Besichtigung Flottille durch Befehlshaber Dt. Markdo Italien
Genua	UJ 2207 und 2210 laufen ein
Genua	UJ 2221 und 2222 laufen ein
Genua	UJ 2224 und 2222 laufen nach La Spezia
Genua	RA 254 läuft mit F 751, 768 und KÖNIGSBERG nach La Spezia
La Spezia	RA 257 läuft aus (Sicherung M 7602)

30.04.1944

Recco	UJ 2210 fährt Sicherung für Artillerieschießen TA 30
Genua	UJ 2210 und 2211 laufen aus (U-Jagd)
La Spezia	UJ 2222 und 2224 laufen ein
Punkt 722	Fliegerabwehr durch RA 257
La Spezia	RA 257 läuft mit M 7602 ein

01.05.1944

La Spezia	UJ 2210 und 2211 laufen ein
La Spezia	UJ 2222 und 2224 laufen aus (Aufklärungsstreifen)
La Spezia	RA 254 und 257 laufen nach Piombino

02.05.1944

La Spezia	UJ 2222 wird bei Luftangriff auf Hafen leicht beschädigt
La Spezia	UJ 2222, 2224 und SG 15 laufen aus (Aufklärungsstreifen)
La Spezia	UJ 2210 und 2211 laufen aus (U-Jagd)
Piombino	RA 254 und 257 laufen mit KF 4439, 4615, 4772, HAMELN und GEORGIO nach Livorno
Genua	UJ 2221 und 2223 laufen nach Savona

03.05.1944

Savona	UJ 2221 und 2223 laufen nach Genua. Auf UJ 2221 Einbau FuMO
Genua	UJ 2210 und 2211 laufen ein
Genua	UJ 2220 und 2223 laufen aus
Genua	UJ 2207 läuft mit Dietrich von Bern nach La Spezia
La Spezia	UJ 2222 und 2224 laufen aus
Livorno	RA 257 und 254 laufen nach La Spezia

04.05.1944

vor Alberga	Geleit UJ 2220/2223/Dolicitas wird von Küstenartillerie beschossen
vor San Remo	Dolicitas wird entlassen, U-Jäger laufen nach Imperia
Portoferraio	UJ 2222 und 2224 laufen mit KT 8 nach San Stefano
La Spezia	UJ 2207 läuft mit Georgio und Schlepper nach Genua
La Spezia	RA 254 und 257 laufen mit Geleit ein
La Spezia	RA 252 und 254 laufen nach San Stefano

05.05.1944

Genua	UJ 2207 läuft mit SG 15 und Schleppgeleit ein
Genua	UJ 2211 läuft mit F 4608 und Caltanisetta nach La Spezia
Genua	UJ 2207 und 2210 laufen mit Schleppern und Blockschiff nach Savona
CJ 1263	UJ 2207 Minenabschuss
Imperia	UJ 2220 und 2223 laufen aus (U-Jagd im Raum Monaco-Antibes)
San Stefano	UJ 2222 und 2224 entlassen KT 8 und laufen Portoferraio ein
San Stefano	RA 252 und 254 laufen mit KT 8 nach La Spezia

06.05.1944

vor Savona	UJ 2207 und 2210 entlassen Schlepper mit Blockschiff, dann U-Jagd bis Punkt 719 und Marsch nach Genua
Nizza	UJ 2220 und 2223 laufen ein
Genua	UJ 2207, 2210 u. SG 15 laufen aus
Nizza	UJ 2220 und 2223 laufen aus
Portoferraio	UJ 2222 und 2224 laufen aus
La Spezia	UJ 2211 läuft mit Tellaro nach Genua
La Spezia	RA 252 und 254 laufen mit KT 8 nach Genua

07.05.1944

Genua	UJ 2223 läuft ein
Nizza	UJ 2207, 2220 und SG 15 laufen nach Marseille
La Spezia	UJ 2222 und 2224 laufen aus (U-Jagd)
Genua	RA 252 u. 254 laufen mit KT 8 ein

08.05.1944

Genua	UJ 2224 und 2222 laufen ein
Genua	UJ 2210 und 2223 Einbau FuMO
Genua	UJ 2211 läuft mit M 7608 aus (U-Jagd im Raum Cap Noli)
Marseille	UJ 2207, 2220 u. SG 15 laufen ein

09.05.1944

Genua	UJ 2216 sichert Probefahrt TA 30
Marseille	UJ 2207 und 2220 laufen aus (U-Jagd im Raum Toulon)

10.05.1944

Genua	UJ 2211 läuft mit Kehrwieder, F 4772, Campopisano, Kolberg und Andrea nach La Spezia
Genua	UJ 2210 und 2223 laufen aus (S- und U-Überwachung)
Toulon	UJ 2207 und 2220 laufen aus (U-Jagd Weg Tigerzahn bis Nizza)

11.05.1944

Genua	UJ 2210 und 2223 laufen ein
Genua	RA 253 läuft mit KT 19 nach La Spezia
Genua	UJ 2210 und 2216 laufen aus (S- und U-Überwachung)
Genua	UJ 2222 und 2223 laufen aus (S- und U-Überwachung)
CJ 2714	UJ 2223 und 2222 nehmen gegnerische S-Boote unter Beschuss
La Spezia	UJ 2211 läuft nach Livorno
CH 1429	UJ 2220 Minenabschuss
Nizza	UJ 2207 und 2220 laufen mit Dolicitas nach Genua

12.05.1944

Genua	UJ 2220 wird durch Fliegerangriff leicht beschädigt
Genua	UJ 2210 und 2216 laufen aus (Aufklärungsstreifen)
Genua	UJ 2207 läuft mit M 7608 aus (Aufklärungsstreifen)
Livorno	UJ 2211 läuft mit Kehrwieder nach Piombino
La Spezia	UJ 2222 und 2223 laufen ein
La Spezia	Fliegerbombennaheinschläge bei UJ 2222 und 2223
La Spezia	UJ 2222 und 2223 laufen nach Livorno
Livorno	UJ 2222 und 2223 laufen mit Persia nach Portoferraio
La Spezia	RA 253 läuft mit KT 19 ein
La Spezia	RA 253 und 257 laufen aus (Aufklärungsstreifen)

13.05.1944

Imperia	UJ 2207 läuft mit M 7608 aus (Aufklärungsstreifen)
vor Cap Mele	**U-Boot-Bekämpfung durch UJ 2207**
Piombino	UJ 2211 läuft mit Kehrwieder, F 2751 u. Inglesia nach Livorno
CJ 2773	UJ 2222 und 2223 beschießen Flugzeug, das sich nun als deutsche Maschine zu erkennen gibt
Portoferraio	UJ 2222 und 2223 laufen mit Persia ein
Genua	UJ 2210 und 2216 laufen mit Tarn nach Nizza
St. Margherita	RA 253 und 257 laufen ein
Genua	RA 254 läuft mit T 1 nach St. Margherita
St. Margherita	RA 254, 253 und 257 laufen aus (Vorpostenstreifen)

14.05.1944

CJ 1284	UJ 2207 wirft an Ortungsstelle Wasserbomben
Imperia	UJ 2207 läuft mit M 7608 aus (U-Jagd im Raum CJ 1284)
CHJ 1284	UJ 2207 wirft an Ortungsstelle Wasserbomben
Livorno	UJ 2211 läuft mit Kehrwieder, F 2751 und Lezardrieux nach La Spezia
Nizza	UJ 2216 und 2220 laufen aus (U-Jagd Weg Leopard)
La Spezia	RA 253, 254 und 257 laufen mit KT 19 aus

15.05.1944

Savona	UJ 2207 läuft mit M 7608 aus (Aufklärungsstreifen)
vor M. Carrara	UJ 2211 kann Torpedo ausweichen, läuft dann La Spezia ein
Portoferraio	UJ 2222 erhält bei Luftangriff 14 Einschüsse
Genua	UJ 2216 und 2220 laufen ein
Longone	RA 253 und 254 laufen aus (Aufklärungsstreifen)
San Stefano	RA 257 läuft mit KT 19 nach La Spezia

16.05.1944

Marseille	**SG 15 wird als UJ 2229 in die 22. U-Jagdflottille übernommen**
La Spezia	UJ 2222 und 2223 laufen aus (Aufklärungsstreifen)
Imperia	UJ 2207 läuft mit M 7608 aus (Aufklärungsstreifen)
Genua	UJ 2211 läuft mit M 7006 und Lezardrieux ein

Genua	UJ 2216 und 2220 laufen mit Alma nach La Spezia
La Spezia	RA 257 läuft mit KT 19 nach Genua
Longone	RA 253 und 254 laufen aus

17.05.1944

Genua	UJ 2207 läuft mit M 7608 ein
Genua	RA 257 läuft mit KT 14 nach La Spezia
La Spezia	UJ 2216 und 2220 laufen aus (Aufklärungsstreifen)
La Spezia	UJ 2222 und 2223 laufen aus (Aufklärungsstreifen)
Pianosa	RA 253 und 254 laufen mit M 7008 und 7014 aus
CJ 1936	RA 253 und 254 nehmen gegnerische S-Boote unter Beschuss
Longone	RA 253 und 254 laufen nach Campo

18.05.1944

Genua	UJ 2222 und 2223 gehen in Ansaldo-Werft
Genua	UJ 2207 und 2210 laufen aus (Aufklärungsstreifen)
La Spezia	UJ 2216 und 2220 laufen ein
La Spezia	UJ 2216 und 2220 laufen aus (Aufklärungsstreifen)
La Spezia	RA 257 läuft ein
Campo	RA 253 und 254 laufen aus (Aufklärungsstreifen)

19.05.1944

Genua	UJ 2207 und 2210 laufen ein
Genua	UJ 2207 läuft mit Tellaro nach La Spezia
vor Vada	UJ 2216 und 2220 nehmen MTB und MGB unter Beschuss
Livorno	UJ 2216 und 2220 laufen ein
Livorno	UJ 2216 und 2220 laufen aus (S-Boot-Jagd u. Aufklärungsstreifen)
La Spezia	RA 253 und 254 laufen ein
La Spezia	RA 253 läuft mit R 212 aus
La Spezia	RA 257 läuft mit KT 14 nach San Stefano

20.05.1944

Genua	UJ 2222 und 2223 laufen mit TA 30 aus (S-Boot-Jagd)
La Spezia	UJ 2216 und 2220 laufen zur Aufnahme U-Boot aus, dann Rückmarsch
La Spezia	UJ 2207 läuft mit Tellaro ein
La Spezia	RA 253 und R 212 laufen ein
La Spezia	RA 253 und 254 laufen mit Geleit nach Genua
vor Cap Mesco	RA 253 hat Wassereinbruch und läuft nach La Spezia zurück
Piombino	RA 257 läuft mit KT 14 nach La Spezia

21.05.1944

Genua	RA 254 läuft mit Geleit ein
La Spezia	RA 253 läuft ein
La Spezia	UJ 2216 und 2220 laufen mit U-Boot ein
La Spezia	UJ 2222 und 2223 laufen aus (S-Boot-Überwachung)

22.05.1944

La Spezia	Schwere Luftangriffe auf Hafengebiet La Spezia, Flottille keine Ausfälle

23.05.1944

Genua	UJ 2224 Probefahrt und Torpedoübungsschießen
La Spezia	UJ 2207 läuft mit M 7008 und Penichen nach Livorno
La Spezia	UJ 2216, 2220 und RA 257 laufen mit R 212 und KT 14 nach Genua
La Spezia	UJ 2222 und 2223 laufen aus (S-Boot-Überwachung auf der Via Augusta)
CJ 2748	**UJ 2223 sinkt nach S-Boot-Torpedotreffer**
CJ 2748	UJ 2222 erhält S-Boot-Torpedotreffer, bleibt aber schwimmfähig

24.05.1944

Livorno	UJ 2222 läuft ein
La Spezia	UJ 2207 läuft mit RA 253, M 7030, VP 7012, 7025 und Minden nach Genua
Genua	UJ 2216, 2220, RA 257, R 212 und KT 14 laufen ein
Genua	UJ 2216 und 2216 laufen mit Pascaoli nach Nizza
Genua	UJ 2211 läuft mit M 7006 nach Imperia

25.05.1944

Nizza	UJ 2216 und 2224 laufen nach La Spezia
Genua	UJ 2207 und RA 253 laufen mit Geleit ein
Imperia	UJ 2211 läuft mit M 7006 ein
Genua	RA 257 läuft mit KT 14 nach La Spezia

26.05.1944

La Spezia	UJ 2216 und 2224 laufen nach Livorno
Livorno	UJ 2216 und 2224 laufen ein
Genua	UJ 2207 und 2210 laufen aus (Aufklärungsstreifen)
Genua	RA 251 und 254 laufen aus (Vorpostenstreifen auf der Via Aurelia)
La Spezia	RA 257 läuft mit KT 14 nach San Stefano
La Spezia	RA 255 und 258 laufen mit zwei MFP nach Genua

27.05.1944

Livorno	UJ 2222 und 2224 laufen mit Atlante und Italia nach Genua
Genua	UJ 2207 und 2210 laufen ein
Genua	RA 251, 254, 255 und 258 laufen ein
Genua	RA 251 und 254 laufen aus (Vorpostenstreifen auf der Via Cassia)
Genua	UJ 2210 läuft mit MFP, VP, Schleppern und Penichen nach La Spezia
San Stefano	RA 257 läuft mit KT 14 nach Livorno

28.05.1944

Punta Grosso	**UJ 2210 sinkt nach S-Boot-Torpedotreffer**
Genua	UJ 2222 und 2224 laufen ein
Genua	UJ 2225 erhält bei schwerem Angriff auf Hafen Bombentreffer am Vorschiff. Boot kann nicht lenz gehalten werden und wird sofort ausgedockt. Auf UJ 2207 reißen Fundamente beider E-Maschinen. UJ 2224 erhält Durchschläge an Bordwand durch auf Mole krepierender Bombe
Livorno	RA 257 läuft mit KT 14 ein
Livorno	UJ 2216 und RA 257 laufen mit KT 14 nach Genua
Imperia	RA 251 und 254 laufen nach Nizza

29.05.1944

Genua	UJ 2216 und RA 257 laufen mit KT 14 ein
Nizza	RA 251 und 254 laufen mit R 10 nach San Remo
San Remo	RA 251 und 254 laufen mit R 10 nach Genua
vor Imperia	UJ 2211 schließt sich Geleit an und übernimmt die Führung

30.05.1944

Genua	UJ 2211, RA 251 und 254 laufen mit R 10 ein
Genua	UJ 2211 läuft mit Atlante und Italia nach Savona
Genua	RA 251 und 254 laufen mit KT 8 nach Livorno

31.05.1944

Savona	UJ 2211 läuft mit Geleit nach La Spezia
La Spezia	RA 251 und 254 laufen mit KT 8 nach Portoferraio
Genua	RA 257 läuft mit KT 14 nach La Spezia

01.06.1944

Genua — **Indienststellung RA 259** (durch Besatzung RA 253)

Genua — UJ 2211 läuft mit RD 110, F 2488, 4604, APE, MONFALCONE und NETTUNO nach La Spezia

La Spezia — RA 257 läuft mit KT 14 nach Livorno

Livorno — RA 251 und 254 laufen mit KT 8 nach San Stefano

02.06.1944

Genua — RA 259 läuft mit KT 35 nach Livorno

La Spezia — UJ 2211 läuft mit VP 7004 und KURT nach Genua

Livorno — RA 257 läuft mit KT 14 nach San Stefano

San Stefano — RA 251 und 254 laufen mit KT 8 nach Livorno

03.06.1944

Genua — UJ 2220 und 2221 Probefahrt

Genua — UJ 2211 läuft mit Geleit ein

San Stefano — RA 257 läuft mit KT 14 nach Livorno

Portoferraio — RA 251 und 254 laufen mit KT 8 (Maschinenstörung) ein

CJ 1390 — RA nimmt eigene TA-Boote unter Beschuss (E.S. wurde nicht beantwortet)

Livorno — RA 259 läuft mit MFP nach La Spezia

04.06.1944

Livorno — RA 257 läuft mit KT 14 nach Genua

südl. Viareggio — Fliegerabwehr durch RA 257

La Spezia — RA 251 und 254 laufen mit KT 8 nach Genua

La Spezia — RA 259 läuft mit MFP-Geleit nach Genua

05.06.1944

Genua — UJ 2220 und 2221 laufen aus (Aufklärungsstreifen auf der Via Augusta)

Genua — RA 251 und 254 laufen mit KT 8 ein

Genua — RA 259 läuft mit Geleit ein

Genua — RA 257 läuft mit KT 14 ein

Genua — RA 255 und 258 laufen aus (Aufklärungsstreifen auf der Via Cassia)

06.06.1944

CJ 1512 — RA 255 und 258 nehmen gegnerische S-Boote unter Beschuss

Nizza — RA 255 und 258 laufen ein

08.06.1944

Genua — RA 254 und 257 laufen mit KT 14 und 35 nach Livorno

Genua — RA 251 und 259 laufen aus (Aufklärungsstreifen auf der Via Cassia)

La Spezia — UJ 2220 und 2221 laufen mit DIETRICH VON BERN aus

09.06.1944

Genua — RA 252 und 253 werden von ital. Besatzungen unter ital. Flagge übernommen, bleiben jedoch im Rahmen der 22. U-Jagdflottille

Genua — RA 251 und 259 laufen ein

CJ 1396 — **Flugzeugabschuss durch RA 254 und KT 14**

La Spezia — UJ 2220 und 2221 laufen mit Minenwurfverband ein

La Spezia — UJ 2221 läuft mit TA 25 und Minenwurfverband zur Aufgabe »Brosche« aus

Nizza — RA 255 und 258 laufen ein

10.06.1944

Genua — UJ 2224 kompensiert und schießt Waffen ein

La Spezia — RA 254 und 257 laufen ein

Livorno — UJ 2221 läuft mit TA 25 u. DIETRICH VON BERN nach La Spezia

Nizza — RA 255 und 258 laufen nach Genua

11.06.1944

Genua — RA 255 und 258 laufen ein

Genua — UJ 2224, RA 251, 258 und 259 laufen aus (U-Jagd in der Rapallobucht)

La Spezia — UJ 2221 läuft mit TA 25 und Minenschiff ein

12.06.1944

La Spezia — UJ 2224, RA 251, 258 und 259 laufen ein

La Spezia — RA 258 und 259 laufen Richtung Livorno

vor Livorno — RA 258 und 259 nehmen R 199 auf und treten Marsch nach La Spezia an

La Spezia — RA 251, 254 und 257 laufen nach Livorno

13.06.1944

La Spezia — RA 258 und 259 laufen mit R 199 ein

La Spezia — UJ 2220, RA 258 und 259 laufen mit Geleit nach Genua

Livorno — RA 251, 254 und 257 laufen ein

Livorno — **Flugzeugabschuss durch RA 254**

Marseille — UJ 2229 macht unter Sicherung M 6027 Probefahrt

14.06.1944

Genua — UJ 2220, RA 258 und 259 laufen mit Geleit ein

Genua — RA 258 und 259 laufen mit R 189, RD 109, KT 8, KT 16 und GLÜCKAUF nach La Spezia

Livorno — **Flugzeugabschüsse (3) durch RA 254 und KT 14**

La Spezia — UJ 2227 und 2228 werden nach Genua überführt

La Spezia — UJ 2221 und 2224 laufen aus (Aufklärungsstreifen sowie Fernsicherung Korvettenschleppgeleit)

15.06.1944

La Spezia — UJ 2221 und 2224 laufen aus

La Spezia — RA 258 und 259 laufen mit Geleit ein

16.06.1944

La Spezia — UJ 2221 und UJ 2224 laufen ein

La Spezia — RA 251, 254, 257, 258 und 259 laufen aus, um nach Überlebenden der versenkten TA 26 und TA 30 zu suchen

La Spezia — UJ 2221 und 2224 laufen aus (Aufklärungsstreifen Via Valeria)

17.06.1944

Genua — UJ 2221 und 2224 laufen ein

Genua — UJ 2221 sichert Probefahrt TA 31

La Spezia — RA 251, 254, 257, 258 und 259 laufen nach erfolgloser Suche ein

18.06.1944

Genua — RA 252 Probefahrt und Einexerzieren der ital. Besatzung

19.06.1944

Genua — UJ 2221 läuft mit KT 36 nach La Spezia

La Spezia — RA 251, 254, 257, 258 und 259 laufen aus (Aufklärungsstreifen auf der Via Augusta)

Marseille — UJ 2229 läuft mit UJ 6079 und SG 21 nach Nizza

20.06.1944

Genua — Fliegerabwehr durch UJ 2220

Genua — **Flugzeugabschuss durch UJ 2216**

La Spezia — UJ 2221 läuft mit KT 36 ein

La Spezia — UJ 2221 läuft mit RD 109 aus (Aufklärungsstreifen)

Livorno — RA 251, 254, 257, 258 u. 259 laufen aus (Aufklärungsstreifen)

Nizza — UJ 2229 läuft mit UJ 6079 und SG 21 nach Imperia

21.06.1944

Genua — RA 252 läuft mit KT 16 nach La Spezia

Imperia — UJ 2221 und 2229 laufen nach Genua

vor Laona	UJ 2221 und 2229 werden von Land mit MG beschossen
CJ 1395	RA 251, 254, 257, 258 und 259 nehmen irrtümlich deutsches Seenotboot unter Beschuss
La Spezia	RA 251, 254, 257, 258 und 259 laufen aus (Suche nach Überlebenden des versenkten Torpedobootes TA 25)
22.06.1944	
Genua	UJ 2224 Probefahrt
Genua	UJ 2221 und 2229 laufen aus (Vorpostenstreifen auf Via Valeria)
CJ 1348	UJ 2221 und 2229 im Gefecht mit gegnerischen S-Booten
La Spezia	RA 251, 254, 257, 258, 259 laufen aus (Aufklärungsstreifen)
23.06.1944	
Genua	UJ 2221 und 2229 laufen mit Marconi nach La Spezia
Genua	RA 252 läuft mit Schleppern und Penichen nach La Spezia
La Spezia	RA 251, 254, 257 und 259 laufen mit Dietrich von Bern nach Livorno
24.06.1944	
Genua	UJ 2220 Probefahrt
CJ 1354	**UJ 2229 meldet 3 gegnerische S-Boote versenkt**
CJ 1354	**UJ 2221 meldet 1 gegnerisches S-Boot versenkt**
La Spezia	UJ 2221 und 2229 laufen ein
La Spezia	RA 252 läuft ein
CJ 2711	RA 254 wird von deutschen MFP beschossen
CJ 2718	RA 257 wird von deutscher Küstenartillerie beschossen
Livorno	RA 251, 254, 257 und 259 laufen mit Dietrich von Bern aus
Genua	RA 255 läuft mit RD 109 und KT 35 nach La Spezia
25.06.1944	
Genua	UJ 2216 und 2224 laufen aus (Aufklärungsstreifen)
La Spezia	UJ 2221 und 2229 laufen mit Glückauf nach Genua
Livorno	RA 251, 254, 257 und 259 laufen mit Dietrich von Bern nach La Spezia
26.06.1944	
Genua	UJ 2216 und 2220 laufen ein
Genua	UJ 2221 und 2229 laufen mit Geleit ein
La Spezia	RA 251, 257 und 258 laufen nach Genua
27.06.1944	
La Spezia	RA 251, 254, 257 u. 259 laufen mit Dietrich von Bern ein
28.06.1944	
Genua	UJ 2221, 2224 u. 2229 laufen aus (Vorpostendienst auf Via Appia)
La Spezia	RA 259 läuft mit 4 KF u. Penichen-Schleppgeleit nach Genua
La Spezia	RA 254 läuft mit R 162, 198, RD 109 und Dietrich von Bern zu einer Minenaufgabe aus
29.06.1944	
Genua	RA 259 läuft mit Geleit ein
Genua	UJ 2221, 2224 und 2229 laufen aus (Aufklärungsvorstoß auf Via Appia und Via Aurelia)
Genua	UJ 2216 läuft mit R 189 nach La Spezia
La Spezia	RA 254 läuft mit RD 109 und KT 36 nach Genua
30.06.1944	
CJ 1372	Fliegerabwehr durch UJ 2229
Genua	UJ 2224, 2221 u. 2229 laufen ein
Genua	RA 254 läuft mit Geleit ein
La Spezia	UJ 2216 läuft mit KT 16 nach Genua
01.07.1944	
Genua	UJ 2221, 2224 und 2229 laufen aus (Aufklärungsvorstoß auf Via Appia und Via Aurelia)
CJ 1348	Fliegerabwehr durch UJ 2221
02.07.1944	
Genua	UJ 2221, 2224 u. 2229 laufen ein
Genua	UJ 2229 läuft mit KT 36 nach La Spezia
CJ 1354	Fliegerabwehr (»Boston«) durch UJ 2229
Genua	UJ 2221 und 2224 laufen mit UJ 6082 nach Imperia
Genua	UJ 2216 und RA 254 laufen mit RD 109 und MFP aus
03.07.1944	
La Spezia	UJ 2229 läuft mit KT 36 ein
vor Imperia	UJ 2221 und 2224 übergeben UJ 6082 an SG 16 und SG 21, laufen dann nach Genua zurück
Genua	UJ 2221 und 2224 laufen mit KT 16 nach La Spezia
Savona	UJ 2216 und RA 254 laufen mit Minen-MFP ein
Savona	UJ 2216 und RA 254 laufen mit Minen-MFP aus
04.07.1944	
La Spezia	UJ 2221, 2224 und 2229 laufen nach Genua
Savona	UJ 2216 und RA 254 laufen mit MFP ein
05.07.1944	
Savona	UJ 2216 und RA 254 laufen mit Minen-MFP nach Genua
Genua	RA 254 läuft mit M-Booten aus (Lauerstellung Raum Portofino)
06.07.1944	
Genua	UJ 2221, 2224 und 2229 laufen aus (Aufklärungsstreifen)
Genua	RA 254 und 259 laufen nach La Spezia
bei Tino	RA 252 wird von RA 254 und 259 aufgenommen
La Spezia	RA 255 läuft mit KT 35 nach Genua
07.07.1944	
vor Voltri	Fliegerabwehr (»Boston«) durch UJ 2221, 2224 und 2229
Genua	UJ 2221, 2224 u. 2229 laufen ein
Genua	RA 252, 254 und 259 laufen ein
Genua	RA 255 läuft mit KT 35 ein
Genua	RA 258 und 259 laufen mit M 7031, Schleppern und Penichen nach Genua
Genua	RA 254 und 255 laufen nach La Spezia
08.07.1944	
Genua	UJ 2221, 2224 und 2229 laufen aus (Aufnahme TA 29), dann Vorpostendienst
La Spezia	RA 255 läuft mit KT 36 nach Genua
La Spezia	RA 258 und 259 laufen mit Geleit ein
La Spezia	RA 254, 258 und 259 laufen mit Motogao, M 7031 und F 2865 nach Genua
09.07.1944	
Genua	UJ 2221, 2224, 2229 und TA 29 laufen ein
Genua	UJ 2229 läuft mit TA 24, 29, KT 19 und 35 nach La Spezia
Genua	Geleit UJ 2229 läuft wieder ein
Genua	RA 254, 258 und 259 laufen mit Geleit ein
Genua	UJ 2216, RA 255 und 259 laufen nach Nizza
10.07.1944	
Genua	UJ 2229 läuft mit R 162, 198, 212 und KT 35 nach La Spezia
Genua	UJ 2221 und 2224 laufen nach Imperia
Nizza	UJ 2216, RA 255 und 259 laufen ein
11.07.1944	
Genua	UJ 2211 Probefahrt
CJ 1391	Fliegerabwehr durch UJ 2229
La Spezia	UJ 2229 läuft mit R-Booten und KT 35 ein

Imperia	UJ 2221 und 2224 laufen aus (Aufklärungsstreifen)
12.07.1944	
Genua	**UJ 2226 Indienststellung**
La Spezia	UJ 2229 Zielschiff für Reitertorpedos der 10. MAS-Flottille
La Spezia	UJ 2229 läuft mit KT 14 nach Genua
CJ 1289	Fliegerabwehr durch UJ 2224
CJ 1286	Fliegerabwehr durch UJ 2224
Savona	UJ 2224 wird von UJ 2221 eingeschleppt
Savona	UJ 2221 und 2224 laufen nach Genua
13.07.1944	
Genua	UJ 2226 Ausrüstung und Einexerzieren der Besatzung
CJ 1343	**UJ 2229 meldet zwei gegnerische S-Boote versenkt**
	KT 14 meldet ein gegnerisches S-Boot versenkt
Genua	UJ 2229 und KT 14 laufen ein
Genua	UJ 2221 und 2229 laufen mit KT 36 nach La Spezia
Genua	UJ 2211 läuft mit VP 7004, 7012 und Georgio nach Imperia
14.07.1944	
Genua	UJ 2220 Maschinenprobefahrt
La Spezia	UJ 2221 und 2229 laufen mit KT 36 ein
La Spezia	UJ 2221 und 2229 laufen mit R 162, 189, 198 und 212 nach Genua, zwei R-Boote stehen unter Küste zum Aufstöbern von S-Booten, zwei R-Boote achteraus als Aufräumgruppe
Imperia	UJ 2211 läuft mit Geleit ein
15.07.1944	
Genua	UJ 2221 und 2229 entlassen R 162, 189 und 212 nach Rapallo bzw. R 198 nach Sestri Levante
Genua	UJ 2221 und 2229 laufen mit KT 36 ein
vor Imperia	UJ 2216, RA 255, 259 übernehmen Geleit Pascaoli
vor Savona	UJ 2216 entlässt RA 259
Genua	UJ 2216 und RA 255 laufen mit Pascaoli ein
Genua	UJ 2216 und 2220 laufen nach La Spezia
Imperia	UJ 2211 läuft mit VP 7004 und 7025 Richtung Genua
CJ 1284	**Flugzeugabschüsse (3) durch UJ 2211**
	UJ 2211 hat 13 Verletzte
Imperia	UJ 2211 läuft mit VP 7004 und 7025 ein
16.07.1944	
Genua	RA 258 läuft ein
CJ 1359	UJ 2216, 2220, RA 255 und 257 im Gefecht mit gegnerischen S-Booten
La Spezia	UJ 2216, 2220, RA 255 und 257 laufen ein
La Spezia	RA 257 läuft mit KT 19 nach Genua
Savona	RA 259 läuft mit M 7028, 7031 u. Schleppgeleit nach Imperia
17.07.1944	
Genua	RA 257 läuft mit KT 19 ein
Imperia	RA 259 läuft mit M-Booten u. Schleppgeleit nach San Remo
bei Imperia	Torpedoangriff auf Geleit, Torpedo detoniert an Küste
18.07.1944	
Genua	UJ 2229 läuft mit R 162, 189 und KT 35 nach La Spezia
CJ 1342	UJ 2229 und R-Boote im Gefecht mit gegnerischen S-Booten
Genua	UJ 2229 und R-Boote laufen wieder ein
La Spezia	UJ 2216 und 2220 laufen mit U-Boot-Schleppgeleit nach Genua
vor La Spezia	U-Boot gerät in Netzsperre, Geleit läuft wieder zurück
La Spezia	RA 255 läuft mit R 198 und KT 8 nach Genua
Punkt 731	Torpedoangriff auf Geleit RA 259, M 7031 wirft Wasserbombe
19.07.1944	
Genua	UJ 2229 dockt ein
vor Nervi	RA 255 Maschinenausfall, R 198 schleppt RA 255 nach Genua ein
La Spezia	UJ 2216 und 2220 laufen mit Dietrich von Bern, MF 2819, 2865, 2922, Schleppern mit U-Boot und F 2709 nach Genua
San Remo	RA 259 läuft mit VP 7008, M 7030, 7031, Gysbert, Antioglio, Sarina und Kolberg nach Savona
20.07.1944	
Genua	UJ 2229 dockt aus
CJ 1355	UJ 2216 und 2220 im Gefecht mit gegnerischen S-Booten
Genua	UJ 2216 und 2220 laufen mit Geleit ein
Savona	UJ 2211 und RA 259 laufen mit VP 7008, M 7030, 7031, Gysbert, Antioglio, Sarina und Kolberg nach Genua
21.07.1944	
CJ 1239	**UJ 2211 sinkt nach S-Boot-Torpedotreffer**
CJ 1239	Sarina sinkt nach S-Boot-Torpedotreffer
Genua	RA 253 und 255 laufen aus (Suche nach Schiffbrüchigen)
Genua	RA 259 läuft ein
22.07.1944	
Genua	UJ 2226 und 2207 Probefahrt
23.07.1944	
Genua	UJ 2216 und 2220 laufen mit KT 14 nach La Spezia
Genua	UJ 2221 und 2229 laufen aus (Aufklärungsvorstoß)
24.07.1944	
Genua	UJ 2221 und 2229 laufen ein
La Spezia	UJ 2216 und 2220 laufen mit KT 14 ein
La Spezia	Fliegerabwehr durch UJ 2216 und 2216
25.07.1944	
Genua	UJ 2221 und 2229 laufen mit R-Booten aus (S-Boot-Jagd)
La Spezia	UJ 2216 und 2220 laufen mit KF, Schleppern und Batailleuse nach Genua
26.07.1944	
Genua	UJ 2221 und 2229 laufen mit RA 255, 257, 259 und Pascaoli nach Nizza
Genua	UJ 2216 und 2220 laufen mit Schleppgeleit ein
27.07.1944	
Genua	UJ 2216, 2220 und RA 253 laufen mit R 200 und 212 aus (S-Boot-Jagd)
Nizza	UJ 2221, 2229, RA 255, 257 und 259 laufen ein
28.07.1944	
La Spezia	UJ 2216, 2220 und RA 253 laufen aus (U-Boot-Schleppgeleit nach Genua)
Nizza	UJ 2221, 2229, RA 255, 257 und 259 laufen mit Georgio nach Savona
CJ 1511	Fliegerabwehr durch UJ 2221 und 2229
29.07.1944	
Genua	UJ 2207 Probefahrt
Genua	UJ 2216, 2220 und RA 253 laufen mit R-Booten und Schleppgeleit ein
Genua	UJ 2216 und 2220 laufen mit R-Booten aus (U-Überwachung)
Savona	UJ 2221, 2229, RA 257, 259 u. 255 laufen mit Georgio ein
Savona	UJ 2221 und 2229 laufen nach Genua

Genua	RA 255, 257 und 259 laufen mit MFP nach Genua
30.07.1944	
La Spezia	UJ 2216 und 2220 laufen mit R-Booten ein
31.07.1944	
Genua	UJ 2221 und 2229 laufen mit UJ 6081 nach Nizza
vor Savona	U-Jäger werden von Land aus beschossen
Genua	UJ 2221 und 2229 laufen mit UJ 6081 wegen Seegang ein
Genua	RA 253, 255, 257 und 259 laufen mit KT 8 nach La Spezia
La Spezia	UJ 2220 und 2226 laufen mit M-Booten und U-Boot-Schleppgeleit nach Genua
01.08.1944	
Genua	UJ 2216 und 2220 laufen mit U-Boot-Schleppgeleit ein
vor Nizza	UJ 2221 und 2229 entlassen UJ 6081 u. laufen in Imperia ein
Imperia	UJ 2221 und 2229 laufen nach Genua
La Spezia	RA 253, 255, 257 und 259 laufen mit KT 8 ein
La Spezia	RA 255 und 257 laufen mit MFP, FAVIGNANA und SAN GIUSTO nach Genua
02.08.1944	
Genua	UJ 2221 und 2229 laufen ein
CJ 1354	Segler SAN GIUSTO sinkt wegen Seeuntüchtigkeit
Genua	RA 255, 257, MFP und FAVIGNANA laufen ein
Genua	UJ 2207 läuft mit R 162 und 189 nach Savona
Savona	UJ 2207 läuft mit R 162, 189, Kampffähren und GEORGIO nach Nizza
Genua	**RA 257 wird durch Fliegerbomben schwer beschädig und wird – da nicht reparaturwürdig – kannibalisiert**
Genua	**RA 260 Indienststellung durch Besatzung RA 257**
Panigaglia	RA 259 wird von Jagdbombern angegriffen (1 Besatzungsmitglied fällt)
03.08.1944	
La Spezia	UJ 2216, 2220 und RA 255 laufen mit KF, Schlepper POLIFEMO und U-Boot Richtung Genua
vor Portovenere	Geleit macht kehrt. Kommandant UJ 2216 lässt Kapitän und Maschinist der POLIFEMO wegen Sabotageverdacht festnehmen und setzt deutschen Offizier auf dem Schlepper ein
La Spezia	RA 253 und 259 laufen mit KT 8 nach Genua
CJ 1355	Fliegerabwehr durch RA 253, 259 und KT 8
vor Imperia	Fliegerabwehr durch UJ 2207
Imperia	UJ 2207 läuft mit Geleit ein
04.08.1944	
vor Mole Genua	Fliegerabwehr durch RA 253, 259 und KT 8
Genua	RA 253, 259 und KT 8 laufen ein
Genua	RA 253 und 254 laufen mit G5, M-Booten und AVYLOS nach Sestri Levante
La Spezia	UJ 2216, 2220 und RA 255 laufen mit Schleppgeleit ein
La Spezia	RA 255 läuft mit DIETRICH VON BERN, MFP und Penichen nach Genua
Nizza	UJ 2207 läuft mit R 189, KF und RAVELLO nach Savona
05.08.1944	
Genua	RA 253, 254 und 255 laufen ein
Genua	UJ 2207 läuft mit KF und MFP nach Genua
06.08.1944	
Genua	UJ 2221 dockt aus
Genua	UJ 2226 Probefahrt
Genua	UJ 2221, 2229, RA 255, 259 und 260 laufen nach Nizza zwecks Nachprüfung feindlicher Räumtätigkeit
CJ 1256	Fliegerabwehr durch U-Jäger und RA-Boote
07.08.1944	
La Spezia	UJ 2216, 2220, RA 253, 254, KF 4523, 4596, drei Schlepper mit U-Boot und Kümo im Schlepp laufen nach Genua
in See	**Flugzeugabschuss (»Beaufighter«) durch UJ 2221 und 2229**
Imperia	UJ 2221 und 2229 laufen mit RA-Booten zwecks Munitionsergänzung ein
08.08.1944	
CJ 1355	**Flugzeugabschuss durch UJ 2216 und 2220**
Genua	UJ 2216 und 2220 laufen mit U-Boot-Schleppgeleit ein
Imperia	**Flugzeugabschuss durch UJ 2221** Bei erneutem Fliegerangriff wird UJ 2221 beschädigt, zwei Soldaten fallen
Imperia	UJ 2221, 2229, RA 255, 259 und 260 laufen nach Nizza
09.08.1944	
Genua	UJ 2220 verholt in Werft
Genua	UJ 2216 läuft mit R 162, 200, 212 und KT 36 nach La Spezia
10.08.1944	
La Spezia	UJ 2216 läuft mit Geleit ein
Nizza	UJ 2221, 2229, RA 255, 259 und 260 laufen Richtung Genua
CJ 1432	**RA 260 läuft bei Cap Mortola auf**
11.08.1944	
Genua	UJ 2221 und 2229 laufen ein
Genua	UJ 2220 läuft mit KT 8 nach La Spezia
La Spezia	UJ 2216 läuft mit R 212, KF 2352 und Schlepper nach Genua
San Remo	RA 255 und 259 laufen mit Besatzung RA 260 an Bord ein
12.08.1944	
CJ 1359	Fliegerangriff auf UJ 2216 und Geleit
Genua	UJ 2216 läuft mit Geleit ein
La Spezia	UJ 2220 läuft mit KT 8 ein
La Spezia	UJ 2220 läuft mit R 162 und KT 36 nach Genua
Genua	UJ 2221 und 2229 laufen aus (Aufklärungsvorstoß Via Cassia)
Genua	RA 251 und 255 laufen aus (Vorpostenstreifen südlich Genua)
13.08.1944	
Genua	UJ 2220 läuft mit Geleit ein
Genua	RA 251 und 252 laufen mit KOLBERG und MINDEN nach Sestri Levante, nach Geleitentlassung laufen RA-Boote nach La Spezia
CJ 1279	Fliegerangriff auf UJ 2221 und 2229
Imperia	UJ 2221 und 2229 laufen ein, UJ 2229 beschädigt Backbord-Schraube in Netzsperre
Genua	UJ 2207 und 2220 werden bei Fliegerangriff beschädigt
San Remo	RA 255, 259 und Kampfgruppe 3 mit Schlepper laufen aus (Bergungsversuch RA 260)
Mentone	RA-Boote und Kampfgruppe laufen nach erfolglosem Versuch ein. Abends erneutes Auslaufen
14.08.1944	
Genua	**Flugzeugabschuss (»Thunderbolt«) durch UJ 2220**
Imperia	UJ 2221 und 2229 laufen nach Genua
La Spezia	RA 251 und 252 laufen ein
LA Spezia	RA 251 und 252 laufen mit KT 8 nach Genua

Cap Mortola	RA 255 und 259 brechen Bergungsversuch RA 260 ab und laufen mit Kampfgruppe in Mentone ein
15.08.1944	
Genua	UJ 2221 und 2229 laufen ein
Genua	RA 251 u. 252 laufen mit KT 8 ein
Genua	UJ 2226 Probefahrt. Boot wird erstmalig kriegsbereit gemeldet
Mentone	RA 255 und 259 laufen mit Kampfgruppe 3 nach Imperia
16.08.1944	
Genua	**Korvette Renna wird Flottille als UJ 2230 zugeteilt**
Genua	UJ 2207 läuft mit MFP und Schleppern nach La Spezia
Imperia	RA 255 und 259 laufen mit Kampfgruppe 3 ein
Genua	RA 251 und 253 laufen nach Monaco
17.08.1944	
La Spezia	UJ 2207 läuft ein, übernimmt Torpedos u. soll als Versorgungsschiff nach Monaco verlegt werden
La Spezia	UJ 2207 läuft mit KF und Schleppern nach Genua
Imperia	RA 251, 252, 255 und 259 laufen aus
Genua	Stoßtrupp UJ 2216 entwaffnet italienische Besatzung RA 253, Besatzungen UJ 2222 und 2221 besetzen Werften und setzen Besatzungen italienischer U-Boote bzw. U-Jäger fest
18.08.1944	
Genua	UJ 2207 läuft nach Imperia
Monaco	RA 251, 255 und 259 laufen aus (Aufklärungsvorstoß Richtung Cap Antibes)
19.08.1944	
Genua	RA 253 läuft mit R 198, MF und VP-Booten nach Imperia
Genua	UJ 2216 und 2226 laufen nach Savona, nehmen Ravello auf und treten Rückmarsch an
Monaco	RA 251, 255 und 259 laufen ein
Monaco	RA 251 und 255 laufen aus
20.08.1944	
Genua	UJ 2216 und 2226 laufen mit KT 36 nach La Spezia
Monaco	UJ 2207 läuft ein
Monaco	RA 251 und 255 laufen ein
Monaco	RA 251, 255 und 259 laufen aus
Imperia	RA 253 läuft mit R 198 nach Nizza
21.08.1944	
La Spezia	UJ 2216 und 2226 laufen mit KT 36 ein
CJ 1428	**RA 255 sinkt nach Gefecht mit gegnerischem Zerstörer**
Golf von Juan	**RA 259 wird von Besatzung auf Strand gesetzt und durch Zerstörer-Beschuss vernichtet**
San Remo	RA 253 läuft wegen Maschinenstörung ein und wird bei Fliegerangriff erheblich beschädigt
22.08.1944	
Genua	**VAS 236 wird Flottille als RA 261 zugeteilt**
Genua	**VAS 239 wird Flottille als RA 262 zugeteilt**
Genua	**VAS 308 wird Flottille als RA 263 zugeteilt**
Golf von Juan	**RA 251 wird von eigener Besatzung gesprengt**
23.08.1944	
San Remo	RA 253 wird bei Fliegerangriff erheblich beschädigt
Monaco	Fliegerabwehr durch UJ 2207
La Spezia	UJ 2216 und 2226 laufen mit KT 36 nach Genua
24.08.1944	
San Remo	RA 253 wird durch R 162 und 212 nach Genua geschleppt
Genua	UJ 2216 und 2226 laufen mit KT 36 ein
25.08.1944	
Cap Noli	RA 253 wird durch F 2767 gerammt und schwer beschädigt
Cap Noli	Fliegerabwehr durch RA 253 und F 2767
Savona	RA 253 wird eingeschleppt
26.08.1944	
Genua	UJ 2216 und 2226 laufen mit KT 36 nach La Spezia
in See	UJ 2216 u. KT 36 erhalten Raketentreffer, KT 36 rammt UJ 2226
27.08.1944	
Monaco	UJ 2207 wird bei Fliegerangriff beschädigt
28.08.1944	
Savona	RA 253 wird von F 2587 nach Genua geschleppt
Monaco	UJ 2207 und RA 252 laufen nach Savona
29.08.1944	
Savona	UJ 2207 und RA 252 laufen nach Savona
Genua	RA 253 läuft im Schlepp von F 2587 ein
La Spezia	UJ 2216, MFP, Dominante u. Penichen laufen nach Genua
30.08.1944	
Genua	UJ 2207 und RA 252 laufen ein
Genua	UJ 2216 läuft mit Geleit ein
31.08.1944	
Genua	UJ 2220 läuft mit KF 4523 und Sparta nach Imperia
02.09.1944	
Genua	UJ 2216 und RA 254 laufen über Savona nach San Remo
Genua	UJ 2220 läuft mit Sparta nach Savona
03.09.1944	
Savona	UJ 2220 läuft mit Sparta, VP 7004 u. 7090 nach Imperia
San Remo	UJ 2216 und RA 254 laufen ein
Genua	UJ 2216 und RA 254 laufen ein
vor Chiappa	Fliegerabwehr durch UJ 2207 und MFP
04.09.1944	
vor S. Levante	Fliegerabwehr durch UJ 2207
Genua	UJ 2207 läuft ein
Genua	UJ 2207 wird bei Fliegerangriff auf Hafen beschädigt
Genua	UJ 2221 wird beschädigt (Kentergefahr)
Genua	UJ 2222 wird schwer beschädigt (Kentergefahr)
Genua	UJ 2224 Bombentreffer achtern, Feuer bricht aus
Genua	UJ 2229 schwere Deckschäden, ferner Wassereinbruch
Genua	**UJ 2230 wird durch Bombenvolltreffer zerrissen und sinkt**
Genua	**RA 261 wird durch Bombenvolltreffer zerrissen und sinkt**
Genua	**RA 262 wird durch Bombenvolltreffer zerrissen und sinkt**
Imperia	UJ 2220 läuft mit Geleit ein
San Remo	UJ 2216 läuft mit Schlepper nach Imperia
Imperia	UJ 2216 und UJ 2220 laufen aus (Aufklärungsstreifen)
05.09.1944	
Genua	**UJ 2222 kentert (Boot ist Totalverlust)**
CJ 1382	Fliegerabwehr durch UJ 2216 und 2220
Genua	UJ 2216 und 2220 übernehmen Fernsicherung für Minenunternehmen
San Remo	RA 254 läuft mit R 162, 189 und 199 aus (Vorpostenstreifen)
06.09.1944	
bei Tino	UJ 2216 entlässt UJ 2220 nach La Spezia und übernimmt Sicherung für Minenunternehmen bei Carrara

La Spezia	UJ 2220 läuft ein
La Spezia	UJ 2216 läuft ein
San Remo	RA 254 läuft nach Genua
<u>07.09.1944</u>	
Genua	Bergung Geräte etc. von UJ 2224, da Wassereinbruch nicht zu stoppen und Lage des Bootes hoffnungslos ist
Genua	RA 254 läuft ein
La Spezia	UJ 2216 und 2220 laufen aus (Fernsicherung für Minenunternehmen)
<u>08.09.1944</u>	
Genua	**UJ 2224 kentert im Dock.** Boot wird außer Dienst gestellt
Genua	Aus den Besatzungen der verloren gegangenen Boote werden Kompanien für den Landeinsatz aufgestellt
La Spezia	UJ 2216 und 2220 laufen ein
<u>09.09.1944</u>	
La Spezia	UJ 2216 und 2220 laufen nach Genua
<u>10.09.1944</u>	
vor Genua	UJ 2216 entlässt UJ 2220, nimmt UJ 2229 auf und tritt Marsch nach La Spezia an
vor La Spezia	Fliegerabwehr durch UJ 2216 und 2229
La Spezia	UJ 2216 und 2229 laufen ein
Genua	RA 254 läuft aus zum Abschuss treibender Minen
CJ 1341	RA 254 Minenabschuss
Genua	RA 254 läuft ein
<u>13.09.1944</u>	
La Spezia	UJ 2216 läuft aus (Aufnahme eines MFP-Geleits)
vor La Spezia	UJ 2216 nimmt die Minen-MFP auf und läuft mit ihnen Richtung Genua
<u>14.09.1944</u>	
vor La Spezia	Fliegerabwehr durch UJ 2216 und Minen-MFP
CJ 1354	**UJ 2216 sinkt nach S-Boot-Torpedotreffer**
vor Genua	Abnahmeprobefahrt UJ 2228 (Boot wird nicht abgenommen)
Genua	RA 254 läuft mit MFP und Penichen nach La Spezia
<u>15.09.1944</u>	
CJ 1358	RA 254 und MFP im Gefecht mit gegnerischen S-Booten
La Spezia	RA 254 läuft mit Geleit ein
<u>17.09.1944</u>	
La Spezia	RA 254 läuft mit Geleit nach Genua
CJ 1359	RA 254 im Gefecht mit gegnerischen S-Booten
<u>18.09.1944</u>	
Genua	RA 254 läuft mit Geleit ein
<u>19.09.1944</u>	
Genua	Drei Kompanien für den Landeinsatz werden formiert
<u>21.09.1944</u>	
Genua	Besichtigung Verbände durch Befehlshaber Dt. Markdo Italien
<u>23.09.1944</u>	
Genua	11. Räumbootflottille wird in die 22. U-Jagdflottille integriert, Kapitänleutnant Reinhard tritt als Gruppenführer der 13 R-, RA- und RD-Boote zur Flottille
Genua	RA 252 läuft mit Geleit nach La Spezia
<u>24.09.1944</u>	
La Spezia	RA 252 läuft mit Geleit ein
Genua	UJ 2228 Werftprobefahrt
<u>25.09.1944</u>	
Genua	Verlegung der ersten drei Kompanien in den Raum La Spezia
Genua	Aus weiterem Personal der 22. U-Jagdflottille wird eine 4. Kompanie aufgestellt, ferner eine 5. Kompanie aus den R-Boot-Besatzungen
<u>28.09.1944</u>	
La Spezia	UJ 2229 wird am Heck beschädigt
<u>29.09.1944</u>	
La Spezia	RA 252 läuft mit RD 111 und Schleppgeleit nach Genua
<u>30.09.1944</u>	
Genua	RA 252 läuft mit Geleit ein
<u>01.10.1944</u>	
Genua	**RA 263 Indienststellung**
La Spezia	UJ 2226 und 2229 laufen mit KT 8 nach Genua
Savona	RA 162, 189 und 198 laufen ein
Genua	RA 252 und 254 laufen nach Savona
Savona	R 162, 189 und 198 laufen aus und vereinigen sich vor Savona mit RA 254 und 254. RA-Boote werden von Gruppenführer wegen zu geringer Geschwindigkeit nach Imperia entlassen
<u>02.10.1944</u>	
Genua	UJ 2226 u. 2229 laufen mit KT 8 ein
Genua	UJ 2226 und 2229 laufen mit KT 49 nach La Spezia
vor Lorenzo	R-Boote 162, 189 und 198 werden von Zerstörer beschossen
Genua	R 162, 189 und 198 laufen ein
Genua	RA 252 und 254 laufen ein
<u>03.10.1944</u>	
Genua	UJ 2228 Probefahrt (Boot wird erneut nicht abgenommen)
Genua	RA 254 und 263 sichern Probefahrt UJ 2228
Genua	UJ 2226 und 2229 laufen mit TA 24 nach La Spezia
östlich Genua	Fliegerabwehr durch UJ 2226, 2229 und TA 24 (UJ 2226 hat 4 Tote und 20 Verletzte)
La Spezia	UJ 2226, 2229 u. TA 24 laufen ein
<u>04.10.1944</u>	
La Spezia	UJ 2229 läuft mit KT 49 nach Genua
Genua	UJ 2229 läuft mit R 162, 198 und RAVELLO nach La Spezia
<u>05.10.1944</u>	
Genua	RD 111 u. RA 254 laufen mit KF u. DOMINANTE nach Spezia
La Spezia	R 162 und 198 laufen mit KF und Schleppgeleit nach Genua
<u>06.10.1944</u>	
Genua	R 162 u. 198 laufen mit Geleit ein
La Spezia	RD 111 und RA 254 laufen mit Geleit nach St. Margherita
<u>07.10.1944</u>	
St. Margherita	RD 111 und RA 254 laufen nach Genua
CJ 1342	RA 254 nimmt scheinbar aufgetauchtes U-Boot mit 2 Torpedos unter Beschuss (Kreisläufer und Fehlschuss)
Genua	RD 111 und 254 laufen ein (scheinbar aufgetauchtes U-Boot stellt sich als Spitzbehälter heraus, der von einem Schlepper verloren wurde)
Genua	R 162, 198 und RD 111 laufen nach Tino, nehmen OLDENBURG auf und treten Rückmarsch an
<u>08.10.1944</u>	
Genua	R 162, 198 und RD 111 laufen nach Imperia
Imperia	R 162, 198 und RD 111 laufen nach Genua
La Spezia	RA 252, 258,263 laufen mit KT 14 und 49 nach Spezia
<u>09.10.1944</u>	
Genua	R 162, 198 u. RD 111 laufen ein
La Spezia	RA 252, 258 und 263 laufen mit DOMINANTE nach Genua
<u>10.10.1944</u>	
Genua	RD 109, RA 252 und 263 laufen nach Savona

La Spezia UJ 2226 und 2229 laufen mit KT 49 nach Genua
Genua UJ 2226 und 2229 laufen mit KT 36 nach La Spezia

11.10.1944
Savona RD 109, RA 252 u. 263 laufen mit OLDENBURG nach Genua
La Spezia UJ 2226, 2229 laufen mit KT 14 nach Genua

12.10.1944
vor Genua RA 254 und 258 sichern Probefahrt KT 43
Genua UJ 2226, 2229, R 162, 189, 198 (»Aufräumgruppe«), RA 254 und 258 laufen mit KT 49 nach La Spezia
vor Sestri R-Boote verlieren Geleit und laufen nach Genua zurück
Genua RA 254 läuft ein

14.10.1944
Genua UJ 2226 und 2229 laufen mit KT 36 ein
vor Genua Erneute Probefahrt UJ 2228 (Boot wird abermals nicht abgenommen)
vor Genua RA 252 sichert Probefahrt UJ 2228
La Spezia RA 258 läuft mit KF und Schleppgeleit nach Genua

15.10.1944
Genua RA 258 läuft mit Geleit ein
vor Genua UJ 2228 Probefahrt (Boot wird endlich abgenommen!)
Genua UJ 2226, 2229, R 162, 189 u. 198 geleiten KT 14 nach Spezia
Genua RA 254, 258 und 263 laufen mit 5 KF aus KTB 22. U-Jagdflottille vom 16.10.–30.10.1944 nicht mehr existent

01.11.1944
La Spezia UJ 2221, 2228, RA 254 u. 258 laufen mit KT 14 nach Genua
CJ 1342 Motorkutter wird gestoppt und RA-Gruppe zur Untersuchung überlassen
La Spezia R 162, 189, 198, 212 laufen mit NYMPHE ein

02.11.1944
Genua UJ 2226, RD 109 und 111 laufen mit KT 14 nach La Spezia
La Spezia UJ 2226, 2229, R 162 und 189 laufen mit KT 14 nach Genua

03.11.1944
Genua Flottillenchef verhandelt mit Quartiersamt wegen Einlegung von 4 Besatzungen (UJ 2207, 2221, 2227 und 2228) in Stützpunkt Marassi/Genua. Besatzungen UJ 2226 und 2229 räumen ihre bisherigen Ausweichlager und werden im Stützpunkt der Flottille untergebracht. Die gesamte R-Gruppe (einschließlich RA- und RD-Boote) erhält ein eigenes Ausweichlager hinter dem Flottillenstützpunkt
Genua UJ 2221, 2228, R 162 und 189 laufen mit KT 43 nach La Spezia

04.11.1944
La Spezia UJ 2221, 2228, R 162, 189, 198 und 212 laufen mit KT 14 nach Genua
Genua UJ 2226, 2229, RA 254 und 258 laufen mit KT 36 nach La Spezia
La Spezia RD 109 und 111 laufen mit Geleit nach Genua
vor S. Levante Fliegerabwehr durch RD 109 und 111

05.11.1944
Genua UJ 2221, 2228, R 162, 189, 212 und RD 111 laufen mit KT 49 nach La Spezia
CJ 1359 U-Jäger und R-Boote im Gefecht mit gegnerischen S-Booten
La Spezia UJ 2226, 2229, RA 254 und 258 laufen mit KT 43 nach Genua
Genua UJ 2207 dockt aus und verholt in Ansaldo-Werft
Genua RD 109 und 111 laufen ein
La Spezia R 162, 189 und 198 laufen mit DOMINANTE nach Genua

06.11.1944
La Spezia UJ 2221, 2228, R 212 u. RD 111 laufen mit KT 36 nach Genua
vor S. Levante Fliegerabwehr durch R 162, 189 und 198
Genua R 162, 189 und 198 laufen mit Geleit ein

07.11.1944
Genua UJ 2226, 2229, RA 252 und 263 laufen mit KT 14 nach La Spezia
Genua UJ 2228 dockt ein
La Spezia UJ 2226 und 2229 laufen mit KT 49 nach Genua

08.11.1944
Genua UJ 2226 u. 2229 laufen mit KT 49 ein
Genua UJ 2229 läuft mit KT 36 und 43 nach La Spezia

09.11.1944
La Spezia UJ 2229 läuft mit KT 14 nach Genua
Genua UJ 2226 dockt ein

10.11.1944
Genua UJ 2221, 2228, RA 254 und 258 laufen mit KT 49 nach La Spezia
La Spezia UJ 2221, 2228, RA 254, 258, 252 und 263 laufen mit KT 43 nach Genua
Genua UJ 2226 dockt aus

11.11.1944
Genua UJ 2221 und 2228 laufen mit RA-Booten und KT 43 ein
Genua UJ 2221, 2226, R 198 und 212 laufen mit KT 14 nach Spezia
Punkt 714 B R 198 wird bei Luftangriff leicht beschädigt
La Spezia UJ 2221 und 2226 laufen mit KT 36 nach Genua

12.11.1944
Punta Deiva KT 36 läuft auf Grund, UJ 2221 scheitert mit Abschleppversuch, Kriegstransporter wird aufgegeben
Genua UJ 2221 und 2226 laufen ein
Genua UJ 2221, 2228, R 189 und 199 laufen mit KT 43 nach La Spezia
La Spezia UJ 2221, 2228, R 189 und 199 laufen mit KT 49 nach Genua
La Spezia R 198 und 212 laufen aus (Suche nach abgetriebenem Seenotboot)
La Spezia R 198 und 212 laufen mit F 488, 947, 554, 748, KÖLN, ROBUSTO, LILLI und PEGASO nach Genua
Genua R 198 und 212 laufen ein

13.11.1944
Genua UJ 2221, 2228, R 189 und 199 laufen mit KT 43 ein
Genua UJ 2226, R 189 und RD 109 laufen nach La Spezia
Genua UJ 2228 bekommt beim Auslaufen Grundberührung, Ruder wird beschädigt
La Spezia UJ 2226 und R 189 laufen mit KT 14 nach Genua
Genua R 198, 212, RA 252, 254, 258 und 263 laufen aus (Suche nach Seenotboot)

14.11.1944
Genua UJ 2226 und R 189 laufen mit KT 14 ein

15.11.1944
U-Jäger und R-Boote kein Einsatz
KTB 22. U-Jagdflottille vom 16.11.–30.11.1944 nicht mehr existent

19.11.1944
Sestri Levante **UJ 2207 sinkt durch S-Boot-Torpedotreffer**

02.12.1944
La Spezia UJ 2221, 2228, RA 252 und 263 laufen mit KT nach Genua
Genua UJ 2227 wird kriegsbereit gemeldet

04.12.1944
Genua Beim Einsetzen einer Kartusche in das Backbord-Torpedorohr des UJ 2226 zündet diese selbst, Torpedo wird ausgestoßen und durchschlägt Kombüse sowie Maschinenwerkstatt
Genua UJ 2227, 2228, R 189 und 212 laufen mit KT 8 nach Spezia
CJ 1341 Geleit macht wegen hoher Dünung kehrt

05.12.1944
Genua UJ 2227, 2228, R 189 u. 212 laufen mit KT 8 nach La Spezia
Genua RD 101 Probefahrt
Genua R 162 sichert Probefahrt RD 101

06.12.1944
La Spezia UJ 2227, 2228, R 189 und 212 laufen mit KT 8 nach Genua

07.12.1944
Genua RD 101 und 258 laufen aus (Sicherung Probefahrt KT 49)

10.12.1944
Genua UJ 2221, 2226, R 162 u. 198 laufen mit KT 14 und KT 43 nach La Spezia

11.12.1944
La Spezia UJ 2221, 2226, R 162 und 198 laufen mit KT 14 und KT 43 nach Genua, R-Boote werden nach St. Margherita entlassen, Restgeleit läuft in Genua ein
Genua UJ 2229 verholt in Ansaldo-Werft

12.12.1944
Genua UJ 2227, 2228, RD 101 u. 111 laufen mit KT 8 nach La Spezia

13.12.1944
La Spezia UJ 2227, 2228, RD 101 und 111 laufen mit KT 8 nach Genua
bei Portofino UJ 2228 im Gefecht mit gegnerischen S-Booten
Genua UJ 2228 läuft ein
St. Margherita R 162 und 198 laufen über Sestri Levante nach Genua

15.12.1944
Genua UJ 2221, 2226, R 189 u. 212 laufen mit KT 43 nach La Spezia
Genua RD 101 und R 162 laufen aus (Sicherung Stapellauf RD 147)
Genua RD 147 wird von Schlepper eingebracht
KTB vom 16.12. bis 31.12.1944 nicht mehr existent

01.01.1945
Genua UJ 2221, 2226, 2227 und 2228 nicht im Einsatz
Genua R 212 läuft mit MF 819, 865 und 922 aus (Minenaufgabe)

02.01.1945
U-Jäger und R-Boote nicht im Einsatz

03.01.1945
U-Jäger und R-Boote nicht im Einsatz

04.01.1945
Genua R 162, 189, 198 und 212 laufen mit NYMPHE aus (Minenaufgabe)
vor Genua RA 254 und 258 sichern Probefahrt PEGASO

05.01.1945
Genua R 162, 189, 198 u. 212 laufen ein

06.01.1945
Genua Flugzeugabschuss (»Thunderbolt«) durch RA 254

07.01.1945
Genua RD 109 und 111 laufen mit KT 14 nach La Spezia
Genua Fliegerabwehr durch im Hafen liegender U-Jäger und R-Boote

08.01.1945
Genua RD 109 u. 111 laufen mit KT 14 ein
Genua RA 254 und 258 laufen mit KT 49 nach La Spezia

09.01.1945
Genua RD 109 und 111 laufen nach Savona
Savona Fliegerabwehr durch RD 109 und 111
Savona RD 109 und 111 laufen nach Genua
La Spezia RA 254 und 258 laufen mit KT 49 nach Genua

10.01.1945
Genua RA 252, 253 und R 212 laufen aus (Flankensicherung eines TA-Boot-Vorstoßes)
bei Recco Boote machen kehrt, da TA-Boote Aufgabe abgebrochen haben

11.01.1945
Genua RD 111 und R 162 laufen mit KT 43 nach La Spezia
Genua Besatzung R 212 hat durch Jabo-Angriff auf Hafen einen Toten zu beklagen

12.01.1945
Genua UJ 2221 verholt in Werft
Genua UJ 2229 Probefahrt
La Spezia RD 111 und R 162 laufen mit KT 43 nach Genua
Genua RD 101 und R 189 laufen nach Savona
Varazze **RD 112 Indienststellung**
Varazze RD 112 und R 189 laufen nach Genua
vor Genua R 198 sichert Probefahrt UJ 2229

13.01.1945
Genua R 198 und 212 laufen mit KT 8 und 49 nach La Spezia
Savona RD 101 läuft mit Kleinschiffsgeleit nach Genua
Sestri Ponente RD 109 läuft ein

14.01.1945
Genua RD 101 läuft mit Kleinschiffsgeleit ein
La Spezia R 198 und 212 laufen mit KT 8 und KT 49 nach Genua
U-Jäger und R-Boote nicht im Einsatz

15.01.1945 **KTB 22. U-Jagdflottille vom 16.01.1945 bis Kriegsende nicht mehr existent**

Anlage 6

Die Minensuchgruppe Toulon

Bericht von Korvettenkapitän d.R. a.D. Ulrich Albrecht (†), verfasst im Februar 1979

Als Leutnant zur See gehörte ich zu den wenigen Seeoffizieren, die vorübergehend von ihrer Einheit (ich war Gruppenführer bei der 40. Minensuchflottille in Brest) im November 1942 für einen Sondereinsatz, nämlich der Besetzung von Toulon, kommandiert wurden.

Wir 10 bis 12 Offiziere wurden den Heereseinheiten zugeteilt, um bei der Besetzung von Toulon nach Möglichkeit die Versenkung der französischen Flotte zu verhindern. Wie sich später herausstellte, war dieses ein unmögliches Unterfangen. Am Abend vor dem deutschen Angriff auf Toulon hatte die deutsche Luftwaffe Hafen und Reede von Toulon aus der Luft vermint, um auch hierdurch ein Auslaufen der französischen Flotte zu verhindern. Unter den anwesenden Offizieren war ich der einzige Seeoffizier, der eine Sperrausbildung hatte und darüber hinaus auch bereits über mehrjährige Kriegserfahrungen im Minensuchen und Minenräumen verfügte. Daher erhielt ich unmittelbar nach der Besetzung von Toulon den Auftrag, so schnell wie möglich aus fahrbereiten Booten, die im Hafen von Toulon noch greifbar waren, eine Minensuchgruppe zusammenzustellen und damit deutschen U-Booten das Anlaufen des Hafens von Toulon zu ermöglichen.

Von den ca. 100 Unteroffizieren und Mannschaften der deutschen Kriegsmarine, die die Besetzung von Toulon mitgemacht hatten, konnte ich mir geeignet erscheinendes Personal auswählen, das dann sofort auf dem Dienstwege zur Minensuchgruppe Toulon abkommandiert wurde. Die fehlenden Spezialisten erhielt ich innerhalb von wenigen Tagen durch den Befehlshaber der Sicherung West, wobei es sich in erster Linie um Minensucher und geeignetes Maschinenpersonal handelte. Unter diesen Marineangehörigen befanden sich der Leutnant (Ing.) der Reserve Lemmermann und der Oberfähnrich (W) Wolter als Sperrwaffenoffizier.

Weil damals nur wenige fahrbereite Boote in Toulon verfügbar waren, mussten diese Fahrzeuge im eiligen Tag- und Nachteinsatz so ausgerüstet werden, dass mit ihnen deutsches Minensuchgerät zum Räumen von Magnetminen gefahren werden konnte. Die französischen Werftarbeiter erhielten von uns Zusatzverpflegung, damit die entsprechende Ausrüstung bzw. Umrüstung dieser Boote so schnell wie möglich durchgeführt werden konnte.

Bereits am 2. Weihnachtstag, dem 26.12.1942, konnten wir nach zwei Probefahrten auf der Innen-reede mit der früheren Motoryacht ALTONA IV die erste Luftmine in der Einfahrt zum Hafen auf der Außenreede von Toulon räumen.

In den folgenden Tagen und Wochen hatten wir noch weitere Räumerfolge. Insgesamt war aber das Verhältnis der geräumten Minen (maximal 10 Luftminen) im Verhältnis zu den von der deutschen Luftwaffe insgesamt abgeworfenen Minen (es waren ca. 40 Luftminen) sehr unbefriedigend. Mit Sicherheit stand Ende Januar 1943 fest, dass der Einlaufweg in den Hafen von Toulon durch den pausenlosen Einsatz meiner Boote minenfrei war. Die deutsche U-Boot-Waffe stellte jedoch die Forderung, dass neben dem Einlaufweg und der Innenreede auch die gesamte Außenreede von Toulon minenfrei war. Als unsere Räumarbeiten auf der Außenreede schließlich erfolglos blieben, entschloss ich mich zum Brechieren. Dazu wurden drei zwischenzeitlich in Dienst gestellte französische Fischkutter – die Boote M 6002, M 6003 und M 6004 – eingesetzt. Wir verwendeten französische Wasserbomben, bei denen die Tiefendruckzünder ausgeschaltet und dafür Zeitzünder eingebaut worden waren. Während die drei Fischkutter in Dwarslinie fuhren, wurden von den Sperr-Spezialisten unter Leitung des Oberfähnrichs Wolter die Wasserbomben von den Hecks der Boote, die mit Höchstfahrt liefen, geworfen. Die Zeitzündung erfolgte durch eine auch unter Wasser brennende Zündschnur. Bei einem seitlichen Bootsabstand von ca. 100 m wurden die Wasserbomben im Abstand von ca. 50 m geworfen, so dass durch dieses Verfahren unsererseits mit einer Zerstörung eventuell noch vorhandener Luftminen auf dem Meeresgrund gerechnet werden konnte. Bei diesem nicht ganz ungefährlichen Unterfangen kam es zu keiner Minendetonation, mit der für den Fall gerechnet werden musste, dass die Magnetzünder auf die Räumgeräte nicht angesprochen hatten. Wenige Tage nach dem Brechieren wurde auch die Außenreede freigegeben. Dennoch war es selbstverständlich, dass ein- und auslaufende U-Boote Minenräumgeleit durch die Minensuchgruppe Toulon erhielten und dass unabhängig hiervon laufend Minenräumstichfahrten auf den Ein- und Auslaufwegen von Toulon durchgeführt wurden.

Bis zu diesem Zeitpunkt hatte die Minensuchgruppe Toulon praktisch selbstständig operiert. Im Februar oder März 1943 wurde durch das Oberkommando der Kriegsmarine bzw. durch den Befehlshaber der Sicherung West in Paris entschieden, dass in Südfrankreich Sicherungsstreitkräfte aufzustellen seien. Normalerweise hätte man analog zu dem Organisationsprinzip der Kriegsmarine bei Sicherungsstreitkräften in Küstennähe eine so genannte Sicherungsdivision aufstellen müssen.

Der Sicherungsverband an der französischen Südküste mit Sitz in Marseille erhielt jedoch lediglich die Bezeichnung »6. Sicherungsflottille«. Warum dieses seinerzeit so erfolgt ist, kann ich nur mit Rücksichtnahme auf die Italiener erklären, denen deutscherseits der Küstenstreifen von der französisch-italienischen Grenze bis einschließlich Toulon als italienisches Einflussgebiet abgetreten wurde. Aus diesem Grunde befanden sich bis zur Entmachtung von Mussolini auch keine deutschen Heeres- und Luftwaffeneinheiten in diesem Gebiet.

Nach der Besetzung von Toulon wurden die beiden deutschen Divisionen, die diese durchgeführt hatten, abgezogen. Es war jedoch mit den Italienern in Toulon die Einrichtung eines U-Boot-Stützpunktes und die Stationierung einer deutschen U-Boot-Flottille vereinbart worden. Zur Sicherung der Ein- und Auslaufwege für die U-Boote musste die Minensuchgruppe Toulon weiter ausgebaut werden.

Die Minensuchgruppe Toulon gehörte wie gesagt zur 6. Sicherungsflottille. Praktisch war nach Personalstärke und Zusammensetzung des Stabes die 6. Sicherungsflottille eine Sicherungsdivision, und die Minensuchgruppe Toulon hatte mit maximal 14 Booten auch die Stärke einer Flottille, was auch dadurch zum Ausdruck kam, dass ich als Führer der Minensuchgruppe Toulon – zwischenzeitlich zum Oberleutnant zur See befördert – die Disziplinargewalt eines Flottillenchefs zugesprochen erhielt.

Neben den bereits erwähnten U-Boot-Geleiten und der Minenkontrolle der Ein- und Auslaufwege von Toulon wurden in der Folgezeit die Boote der Minensuchgruppe Toulon auch an der ganzen südfranzösischen Küste im Sicherungs- und Geleitverkehr eingesetzt. Hierzu gehörte unter anderem auch die Sicherung eines Minenschiffes, das von Toulon aus operierte und östlich von Toulon an der südfranzösischen Küste zum Zwecke des Küstenschutzes Ankertauminen warf. Es handelte sich hierbei um einen wieder in Betrieb gesetzten Raddampfer, der vor dem 1. Weltkrieg auf der Vulkanwerft in Stettin erbaut und im Rahmen der Reparation nach 1918 an Frankreich ausgeliefert wor-den war. Ab Frühjahr 1944 wurden die Geleite von größeren und schnelleren Schiffen durch die neu aufgestellte Geleitgruppe der 6. Sicherungsflottille in Marseille übernommen.

Die Boote der Minensuchgruppe Toulon bestanden aus Fischkuttern und Motoryachten der verschiedensten Größe und Typen. Die Motoryachten waren in den Häfen der französischen Riviera requiriert worden und wurden bei vorhandener Eignung zu Hilfsminensuchbooten umgebaut. Im Laufe des Jahres 1943 wurden auch zwei auf der Werft in La Seyne erbaute Fischkutter in Dienst gestellt.

Jedes Boot war mit einem 2-cm-Flak-Geschütz und in der Regel zusätzlich mit zwei Maschinengewehren ausgerüstet. Die INSUMA hatte als einziges Boot zusätzlich ein 3-cm-Flak-Geschütz.

Zur U-Boot-Bekämpfung hatten die Boote zwei bis vier Wasserbomben in Einzellagern, die größeren Boote zusätzlich ein bis zwei Wasserbomben-Abrollgerüste mit je 3 Wasserbomben. Abgesehen von den außerordentlich schwierigen Ortungsverhältnissen an der südfranzösischen Küste war eine gezielte U-Boot-Jagd schon allein deswegen nicht möglich, weil die Boote der Minensuchgruppe Toulon nicht über wirksame Horch- bzw. Suchgeräte verfügten. Aus diesem Grunde wurden bei U-Boot-Geleiten von den Booten der Minensuchgruppe Toulon ungezielt in unregelmäßigen Abständen an den kritischen Punkten des Einlaufweges Wasserbomben als »Schreckbomben« geworfen, um hierdurch nach Möglichkeit gegnerische U-Boote unter der Sehrohrtiefe zu halten. Während eines U-Boot-Geleits auf dem Einlaufweg nach Toulon ist es nach meiner Erinnerung auch niemals zu einer Torpedierung eines deutschen U-Bootes gekommen. Diese Tatsache schließt jedoch nicht aus, dass deutsche U-Boote, die vor der Aufnahme in unser Geleit aufgetaucht waren, durch alliierte U-Boote versenkt wurden. Torpedolaufbahnen haben wir mehrfach gesichtet. Ich kann mich erinnern, dass im Sommer 1943 auf der Außenreede von Toulon ein Prahm, von dem aus ein Versuchsschießen mit deutschen Torpedos stattfand, durch feindliche U-Boot-Einwirkung versenkt wurde. Einen nachweisbaren Versenkungserfolg bei der U-Boot-Jagd durch Boote der Minensuchgruppe Toulon habe ich zu keinem Zeitpunkt melden können, er kann andererseits aber auch nicht ausgeschlossen werden.

Die Boote der Minensuchgruppe Toulon waren zum Minenräumen mit dem deutschen Schlepp-Spul-Gerät (SSG) ausgerüstet. Dieses bewährte deutsche Räumgerät zur Beseitigung von Magnetminen wurde

Indienststellung eines Bootes der Minensuchgruppe Toulon. Foto: Ulrich Albrecht

Räumerfolg – eine Mine detoniert. *Foto: Ulrich Albrecht*

auch mit Erfolg im Seegebiet vor Toulon eingesetzt. Es war ein Gerät, das auch von kleineren Booten mit geringerer Geschwindigkeit gut gefahren werden konnte.

Ich kann mich nicht mehr mit Sicherheit daran erinnern, ob nach dem Räumen der deutschen Luftminen im Hafen und auf der Außenreede von Toulon in den darauf folgenden Monaten und Jahren Magnetminen der Alliierten geräumt wurden. Auf keinen Fall ist es jedoch in dem Seegebiet vor Toulon zu Verlusten deutscher U-Boote oder sonstiger Schiffseinheiten durch Mineneinsatz der Alliierten gekommen. Die Seewege vor Toulon wurden täglich durch Boote der Minensuchgruppe Toulon mit dem SSG abgefahren und somit ständig kontrolliert.

Neben den bereits erwähnten Minensuch-, Minenräum- und Geleitaufgaben erhielt ich im Frühjahr 1943 zusätzlich noch weitere Stützpunktaufgaben. Diese bestanden in dem Umbau weiterer vorhandener Fahrzeuge zu Hilfskriegsschiffen, der Überwachung dieser Umbauten, der Ausbildung des für diese Boote kommandierten Personals sowie deren disziplinäre Betreuung. In der Mehrzahl handelte es sich bei diesen Fahrzeugen ebenfalls um requirierte französische Zivilfahrzeuge, zum geringeren Teil um zwischenzeitlich wieder einsatzbereit gemachte ehemalige Boote der französischen Kriegsmarine und nur zum geringeren Teil um von der italienischen Marine übernommene Fahrzeuge nach deren Kapitulation.

Diese Boote wurden dann außerhalb von Toulon der 6. Sicherungsflottille in Marseille bzw. in Sete zugeteilt. Ein Teil dieser Fahrzeuge wurde aber auch in die Kriegsgebiete nach Italien und Griechenland bis in die Ägäis überführt. Die Umbauten bzw. die Herrichtung zu Hilfskriegsschiffen erfolgte auf den Werften im Raum von Toulon, bei den kleineren Bootseinheiten in vielen Fällen durch die holländische Firma van Wieren.

Im Übrigen übernahm die Minensuchgruppe Toulon auch die Betreuung der beiden größeren Minenschiffe POMMERN und BRANDENBURG, die von Toulon aus bis in den italienischen Seeraum hinein operierten und auch dort nach meiner Erinnerung in der 2. Jahreshälfte 1943 durch Feindeinwirkung der Alliierten versenkt wurden.

Selbstverständlich wurden durch den Stützpunkt der Minensuchgruppe Toulon auch andere deutsche Marineeinheiten, die den Hafen von Toulon anliefen, versorgt und betreut.

Die vorstehenden Ausführungen kann ich nicht schließen, ohne noch einen besonderen Hinweis darauf zu geben, dass bei dem Aufbau, dem Einsatz und allen Aufgaben der Minensuchgruppe Toulon in technischer wie auch in personeller Hinsicht erheblich improvisiert werden musste. Insbesondere während des Aufbaues der Minensuchgruppe Toulon spielte das eine ausschlaggebende Rolle. Diese Tatsache erklärt auch, dass die Boote der Minensuchgruppe Toulon für gezielte U-Jagd-Aufgaben mangels vorhandener Geräte kaum verwendbar waren; sie konnten allenfalls der Abschreckung dienen.

Ich persönlich übernahm am 1. Februar 1944 als Kommandant das schnelle Geleitboot SG 21, das in Port de Bouc nach französischen Schiffsplänen (Chamois-Klasse) unter deutscher Bauaufsicht fertig gestellt und mit deutschen Waffen und Geräten aller Art hervorragend für Geleitzwecke an der Südküste Frankreichs ausgerüstet war und im Geleitverkehr zwischen Spanien und Genua eingesetzt wurde.

Anlage 7

Die U-Boot-Verluste der Royal Navy im Mittelmeer (1940–1944)

Datum	U-Boot	Verlustursache	Ort
14.06.1940	ODIN	ital. Zerstörer BALENO	Golf von Tarent
16.06.1940	GRAMPUS	ital. Torpedoboote, u.a. POLLUCE	vor Syracus
19.06.1940	ORPHEUS	ital. Zerstörer TURBINE	vor Tobruk
16.07.1940	PHOENIX	vermutl. ital. U-Jäger ALBATROS	vor Augusta
01.08.1940	OSWALD	ital. Zerstörer VIVALDI	südöstlich Cap Spartivento
15.10.1940	RAINBOW	Kollision mit ital. Handelsschiff A. COSTA	Golf von Otranto
20.10.1940	TRIAD	unbekannte Ursache	unbekannt
26.11.1940	REGULUS	Mine oder ital. Flugzeug	Golf von Otranto
06.12.1940	TRITON	vermutlich ital. Torpedoboote	südl. Adria
26.04.1941	USK	vermutlich Mine	bei Cap Bon
13.05.1941	UNDOUNTED	ital. Torpedoboot	bei Tripolis
22.07.1941	UNION	ital. Torpedoboot CIRCE	vor Pantelleria
30.07.1941	CHACHALOT	selbstversenkt nach ital.Torpedobootangriff	nordwestlich Bengasi
18.08.1941	P 32	Mine	vor Tripolis
20.08.1941	P 33	vermutlich ital. Torpedoboot	vor Tripolis
27.10.1941	TETRARCH	vermutlich Mine	südlich Sizilien
06.12.1941	PERSEUS	vermutlich Mine	nördlich Zante
31.12.1941	TRIUMPH	vermutlich Mine	Ägäis
13.02.1942	TEMPEST	ital. Torpedoboot CIRCE	Golf von Tarent
23.02.1942	P 38	ital. Torpedoboot CIRCE	östlich Tripolis
26.03.1942	P 39	Flugzeug	Malta
01.04.1942	PANDORA	Flugzeug	Malta
01.04.1942	P 36	Flugzeug	Malta
14.04.1942	UPHOLDER	vermutlich ital. Torpedoboot PEGASO	nördlich Tripolis
28.04.1942	URGE	vermutlich Mine	Malta – Alexandria
08.05.1942	OLYMPOS	Mine	vor Malta
14.08.1942	THORN	Mine oder ital. Torpedoboot	vor Kreta
17.09.1942	TALISMAN	Mine oder ital. Seestreitkräfte	nordwestlich Malta
25.11.1942	UTMOST	ital. Torpedoboot GROPPO	nordwestlich Sizilien
04.12.1942	TRAVELLER	vermutlich Mine	Golf von Tarent
12.12.1942	P 222	vermutlich ital. Torpedoboot FORTUNALE	bei Capri
25.12.1942	P 48	ital. Torpedoboote	vor Zembra
02.01.1943	P 311	vermutlich Mine	nördlich Sardinien
27.02.1943	TIGRIS	vermutlich dt. U-Jäger 2210	südöstlich Capri
13.03.1943	TURBULENT	dt. UJ 2208? Mine?	Seeraum Korsika/Sardinien
14.03.1943	THUNDERBOLT	ital. Korvette CICOGNA oder dt. UJ 2210	nördlich oder nordöstlich Sizilien
18.04.1943	REGENT	vermutlich Mine	Adria
21.04.1943	SPLENDID	dt. Zerstörer HERMES	unweit Capri
24.04.1943	SAHIB	ital. Seestreitkräfte	Liparische Inseln
07.08.1943	PARTHIAN	vermutlich Mine	Adria
14.08.1943	SARACEN	ital. Korvetten MINERVA und EUTERPE	vor Bastia
04.10.1943	USURPER	vermutlich dt. U-Jäger 2208	Golf von Genua
10.10.1943	TROOPER	vermutlich Mine	Seeraum vor Leros
19.11.1943	SIMOOM	vermutlich Mine	Ägäis
16.06.1944	SICKLE	vermutlich Mine	Ägäis

Anmerkung: Das genannte Verlustdatum bei den U-Booten, deren Verlustursache nicht eindeutig nachzuweisen ist, kann nur ein Anhaltspunkt sein; das tatsächliche Verlustdatum ist möglicherweise abweichend.

Anlage 8

Das Minenschiff JUMINDA

Die JUMINDA, 1928 bei Cantieri Navali Odero in Genua gebaut, war kein Schiff von stattlicher Größe: lediglich 59,22 Meter lang, 8,61 Meter breit und mit 742 BRT vermessen. Dennoch schrieb der Dampfer, der in Friedenszeiten als ELBANO GASPERI zwischen der Insel Elba und dem italienischen Festland verkehrte, ein Stück Geschichte: Nach Bekanntgabe der Waffenstillstandserklärung zwischen Italien und den Alliierten (08.09.1943) war es das erste der von der Kriegsmarine übernommenen Seekriegsfahrzeuge im westlichen Mittelmeer, welches einen Einsatz erfolgreich durchführte.

Es war kurz vor Tagesanbruch des 26.09.1943, als der Korvettenkapitän der Reserve Dr. Ing. Karl Friedrich Brill den Befehl erhielt, in La Spezia das ehemalige italienische Hilfskriegsschiff F 8, welches im Hafen von Portoferraio im Rahmen der Aktion »Achse« sichergestellt worden war, für den schnellstmöglichen Einsatz unter deutscher Flagge herzurichten.

Zusammen mit dem Chef der 3. Geleitflottille, Korvettenkapitän Kramer, machte sich der fronterfahrene Brill auf den Weg, um sich über das in Dienst zu stellende Schiff unterrichten zu lassen.

Gleich nach der Besichtigung von F 8 meldeten die Offiziere den vorgesetzten Dienststellen (7. Sicherungsdivision, Deutsches Marinekommando Italien), dass das Schiff nach einigen Überholungsarbeiten einsatzklar sein würde.

Von der italienischen Besatzung befanden sich noch der Erste Wachoffizier und 14 Soldaten an Bord.

Ihnen wurde angeboten, den Kampf auf deutscher Seite fortzusetzen. Da sie sich nicht sofort entscheiden konnten, räumte man ihnen eine angemessene Bedenkzeit ein.

Währenddessen hatte die 3. Geleitflottille schon die zukünftige Besatzung für das Schiff zusammengestellt: Die Männer stammten vom

- Geleitboot SG 10 (ex französisches Frachtschiff FELIX-HENRI), das am 28.08.1943 östlich Korsika vom britischen U-Boot SICKLE versenkt worden war;
- Geleitboot SG 13 (ex französisches Passagierschiff CYRNOS), welches sich nach einem schweren Lufttorpedotreffer in der Werft von La Ciotat im Umbau zum Minenleger befand.
- Minenschiff BRANDENBURG, das am 21.09.1943 vom britischen U-Boot Unseen versenkt worden war.

Über siebzig Soldaten traten schließlich am Nachmittag des 27.09.1943 an Bord von F 8 an.

Korvettenkapitän der Reserve Dr. Ing. Brill, der mit der Wahrnehmung der Geschäfte des Kommandanten beauftragt worden war, hielt eine kurze Ansprache und stellte den Minenleger durch Setzen von Flagge und Wimpel in Dienst.

Als der erste Einsatzbefehl am 30.09.1943 eintraf, waren die italienischen Soldaten schon nicht mehr an Bord; sie hatten sich gegen eine weitere Zusammenarbeit entschieden und Brill um Entlassung gebeten.

Für die Besatzung der JUMINDA gab es nun viel zu tun, um das Schiff für die gestellte Minenaufgabe südlich von Bastia (Korsika) bereit zu machen. Die FT-(Funk-Telegrafie-)Anlage fehlte noch, ebenso die artilleristische Ausrüstung. Mit dem Arsenal war vereinbart worden, dass das Schiff vorne eine 3,7-cm-Doppelflak, achtern eine 2-cm-Vierlingskanone, außerdem vier 2-cm-Oerlikon erhalten sollte. Aber konnte man noch so lange warten, bis diese Sachen verfügbar waren? Nein!

Der Befehlshaber des Deutschen Marinekommandos Italien, Konteradmiral Meendsen-Bohlken, befahl dem Korvettenkapitän Dr. Brill, die JUMINDA sofort seeklar zu machen. Wahrlich, die Zeit drängte: Die Evakuierung von deutschen Truppen von Korsika nach Elba und zum italienischen Festland war in vollem Gange und sollte schon in wenigen Tagen abge-

***Friedrich Brill war 1940–1942 Kommandant des Minenschiffes* COBRA *und 1942–1943 des Minenschiffes* BRUMMER *ex* OLAV TRYGGVASON.**

Brill hatte beim Unternehmen »Weserübung« an Sperrlegungen vor dem Skagerrak sowie im Kattegat teilgenommen, bevor er sich am Legen der Flankensperren SW 1 bis SW 3 vor der holländisch-belgischen Küste beteiligte.

Nach dem Unternehmen »Barbarossa« wurde unter Brills Führung die »Juminda«-Sperre als erfolgreichste des Zweiten Weltkrieges im Finnischen Meerbusen gelegt. Auf ihr gingen zahlreiche sowjetische Schiffe durch Minentreffer verloren. Die Sperre war dermaßen effektiv, dass sie die Rote Flotte von 1941 bis 1944 weitgehend im Finnenbusen einschloss.

Für diese herausragende Sperr-Leistung erhielt Brill, der kurz zuvor bereits das Deutsche Kreuz in Gold verliehen bekam, am 20.11.1941 das Ritterkreuz des Eisernen Kreuzes.

Nach diesem großen Sperr-Erfolg ging Friedrich Brill mit dem Minenschiff BRUMMER im Bereich des Admirals Polarküste ans Werfen mehrerer Flankensperren vor Nordnorwegen sowie abermals in der Nordsee. Bei seinem zweiten Einsatz vor der Polarküste beteiligte er sich an der bestätigten Vernichtung eines sowjetischen U-Bootes.

Anfang August 1943 übernahm Korvettenkapitän d.R. Brill in Toulon das Minenschiff BRANDENBURG als Kommandant und nach dessen Untergang das Minenschiff JUMINDA ex F 8, dem er zur Erinnerung an die erfolgreichste Minensperre zwischen Estland und Finnland diesen Namen gab.

schlossen sein, so dass mit dem baldigen Nachrücken des Feindes zu rechnen war.

Und so geschah es auch: Als in der Nacht vom 03./04.10.1943 die letzten Deutschen Korsika verließen, verging nur wenig Zeit, bis sich die Alliierten der Insel bemächtigten.

Die Ausrüstung der JUMINDA mit den vorgesehenen Waffen musste also auf einen späteren Zeitpunkt verschoben werden. Alles, was noch beschafft und aufgestellt werden konnte, waren vier Maschinengewehre vom Kaliber 13,2 mm. Bei Bedarf konnte die Besatzung des Minenlegers auch noch auf die beiden alten 76-mm-Kanonen zurückgreifen, mit denen die Italiener das Schiff armiert hatten.

Die Kohlenbunker waren inzwischen mit dem notwendigen Brennstoff aufgefüllt. Jetzt musste sich Brill um die »Ladung« des Schiffes kümmern. Gespräche mit dem Sperrwaffenkommando La Spezia hatte der Korvettenkapitän bereits geführt. Die dort tätigen Männer waren angewiesen worden, die italienischen Minen mit einer festen Tiefeneinstellung von – 2 Metern zu versehen.

Als Brill sich persönlich bei Oberleutnant Schoof nach der Lage erkundigte, wurde ihm mitgeteilt, dass zurzeit über insgesamt 430 italienische Minen verschiedener Bauart verfügt werden könne.

Den Angehörigen des Sperrwaffenkommandos war es zu verdanken, dass schon am Morgen des 04.10.1943 mit der Minenübernahme begonnen werden konnte. Eine kleine Lokomotive brachte die mit der explosiven Fracht beladenen Waggons bis zum Liegeplatz der JUMINDA. Zwei Stunden später befanden sich 62 Stück von der Type P.150/1938 C.R. an Bord; die maximale Beladefähigkeit des Schiffes war erreicht.

12.00 Uhr. Klar zum Auslaufen. Ob alle Besatzungsmitglieder wussten, wie es um das Schiff bestellt war? Dass mit der FT-Anlage nur empfangen und nicht gesendet werden konnte?

Ob sich herumgesprochen hatte, dass der Kompass nicht hundertprozentig funktionierte und noch nicht kompensiert werden konnte? Dass die Erkennungssignal-Patronen in nassem Zustand waren, als man sie an Bord brachte – und deshalb schon wertlos waren?

JUMINDA hatte gerade abgelegt, als ein Ruderversager eintrat. Schuld an der Blockade der Ruderleitung war eine lederne Fußballhülle gewesen, die von den Maschinisten unter einer Verschalung gefunden wurde.

Zwei deutsche Räumboote erschienen; R 162 und R 200. Sie sollten dem Minenleger Geleitschutz und navigatorische Unterstützung geben.

Die Hafensperre von La Spezia wurde passiert. Brill ließ die JUMINDA auf Höchstfahrt gehen. Schnell zeigte sich, dass das Schiff nicht auf die 10,5 Knoten kam, die es eigentlich zu leisten imstande war. Bei acht Knoten war »Schluss«; der starke Bewuchs am Unterwasserschiff sowie der schlechte Kessel- und Maschinenzustand ließen keine höhere Geschwindigkeit zu.

Der unvorhergesehene Zeitverlust wegen des Ruderversagers nötigte Korvettenkapitän Dr. Brill zur Verschiebung der Sperrunternehmung um einen Tag.

JUMINDA ging vor Livorno auf Reede. Brill suchte den Chef der 7. Sicherungsdivision auf, um ihn vom Abbruch der Minenunternehmung persönlich zu unterrichten. Kapitän zur See Diederichs billigte Brills Entscheidung und setzte das Deutsche Marinekommando Italien in Kenntnis. Auch veranlasste er, dass für den kommenden Tag wiederum zwei Räumboote (R 161 und R 212) JUMINDA begleiteten.

Und das war gut so: Als um 20.34 Uhr des 05.10.1943 eine bei Cap d'Enfola stationierte Batterie die JUMINDA mit einem starken Scheinwerfer erfasste und das Schiff in helles Licht tauchte, war die Besatzung des Minenlegers nicht in der Lage, sich mittels der an Bord befindlichen Erkennungssignal-Patronen als eigene Einheit zu identifizieren; Feuchtigkeit hatte die Munition unbrauchbar gemacht. Aber zum Glück waren ja die Räumboote da. Das von ihnen abgeschossene richtige Erkennungssignal bewirkte, dass der Lichtstrahl wieder erlosch.

Ob vielleicht gegnerische U- oder S-Boote in der Nähe standen und den deutschen Schiffsverband jetzt entdeckt hatten? Auf jeden Fall musste man nun doppelt vorsichtig sein!

Bis zum Erreichen des Wurfgebietes um 00.42 Uhr blieb es ruhig. Die ersten P.150 / 1938-C.R.-Minen hatten die JUMINDA soeben verlassen, als es knallte: Eine Mine war in die Luft geflogen. Und es blieb nicht bei dieser einen: Insgesamt 14 »Frühdetonierer« schwächten die Wirksamkeit der Sperre, die zwischen 42° 31' N und 42° 39' N geworfen wurde.

Brill wollte alsbald möglich eine Untersuchung durchführen und die Ursache für diese vielen vorzeitigen Detonationen ergründen lassen.

Doch zunächst musste JUMINDA wieder den Hafen von La Spezia erreichen. Sorge begleitete die Besatzung auf ihrer Heimfahrt; keiner konnte schließlich wissen, ob durch die weithin hörbaren Explosionen gegnerische Kräfte auf das Boot aufmerksam geworden waren.

Doch das Glück hatte Schiff und Besatzung noch nicht verlassen; ohne weitere Vorkommnisse lief es wieder in den Hafen ein und machte an der Ponte-Pirelli-Pier fest.

Gleich am nächsten Morgen ließ Korvettenkapitän Dr. Brill deutsche und italienische Minenfachleute zusammenkommen. Mit Foto- und Filmkameras wurden einige Wurfversuche im Bild festgehalten und anschließend ausgewertet. Demnach konnte das Fallgewicht beim Werfen eine der Bleikappen beschädigen.

Als Lösung des Problems wurde vorgeschlagen, auf der gefährdeten Bleikappe einfach die gusseiserne Schutzhülse drauf zu lassen. Man vertraute darauf, dass eine der anderen Bleikappen bei Anschlagen an einen Schiffskörper schon brechen würde und die Mine dann detonieren ließen.

Jedenfalls führte diese Maßnahme nicht mehr zu weiteren vorzeitigen Minenexplosionen, wie die Sperrunternehmung »Dennoch« zeigte, die am 08.10.1943 begann und zwei Tage später mit dem Einlaufen in La Spezia endete. Mit sechzig P.200/1936-Minen war das Verseuchungsgebiet der ersten Unternehmung durch eine zweireihige Sperre verbreitert worden.

An Bord von JUMINDA befand sich nun auch der Kapitänleutnant Wilhelm von Stosch. Ihn hatte Korvettenkapitän Brill von der 3. Geleitflottille kommen lassen, um das Schiff mit einem weiteren im Minenwerfen erfahrenen Offizier zu besetzen.

Beabsichtigt war, ihm die Geschäfte des Kommandanten zu übertragen. Korvettenkapitän Dr. Brill sollte sobald als möglich die mit 1794 BRT vermessene NIEDERSACHSEN (ex italienisch ACQUI) übernehmen. Aber dieser Minenleger war zurzeit wegen fehlender Maschinenteile nicht fahr- und einsatzbereit, so dass Brill zunächst an Bord von JUMINDA blieb.

Die dritte Minenunternehmung (»Sperling«) begann am 11.10.1943.

Zusammen mit dem Minenleger KEHRWIEDER ging es nach Süden. Zum Schutze der Tiber-Mündung und Fiumicino war dort in vier Seemeilen Abstand von der Küste eine halbkreisförmige Sperre zu werfen.

Räumboote geleiteten die Minenschiffe. Aufgrund von Problemen in der Maschinenanlage der KEHRWIEDER musste vor Porto Santo Stefano auf Reede gegangen werden. Weiter ging es. Gegen 00.30 Uhr des 13.10.1943 fielen im Seegebiet vor Ostia die ersten Minen der »Sperling«-Sperre in das Wasser. Nachdem JUMINDA und KEHRWIEDER sich ihrer »Fracht« entledigt hatten, wurde der Rückmarsch angetreten.

Fliegeralarm um 05.50 Uhr. Ein näher kommendes Flugzeug schoss ein falsches Erkennungssignal ab. Aufatmen bei den Besatzungen, als es schließlich als deutscher Jäger identifiziert werden konnte. Vier Stunden später machten JUMINDA und KEHRWIEDER dann wieder in La Spezia fest.

Brill setzte den Befehlshaber des Deutschen Marinekommandos Italien vom erfolgreichen Verlauf des Unternehmens telefonisch in Kenntnis und meldete ihm, dass KEHRWIEDER aufgrund technischer Probleme für ca. zehn Tage außer Kriegsbereitschaft gestellt werden müsse.

Konteradmiral Meendsen-Bohlken dankte Brill und den Besatzungen für die Ausführung der Aufgabe. Er befahl dem Korvettenkapitän, die JUMINDA schnellstmöglich wieder mit Minen zu beladen und klarzumachen. Näheres ging Brill dann mit FT zu. Auftragsgemäß war der Küstenstrich bei Terracina bis an die 10-Meter-Linie zu verminen. Falls die Lage das Werfen der Sperre in der Bucht von Gaeta nicht mehr zuließ, sollte die Sperre vor der Tibermündung nach Südost erweitert werden.

Das Sperrunternehmen »Motte«, das am 16.10.1943 begann, stand unter keinem guten Stern:

Erst ein Ruderversager durch unsachgemäße Bedienung (Ruder mit Gewalt ohne Dampf gelegt), dann fuhr wenig später eines der begleitenden Räumboote so unglücklich an den Minenleger heran, dass die Steuerbord-Minenabwurfbühne beschädigt wurde.

Und die Männer an Bord sollten auch weiterhin viel zu tun bekommen: Bei schwerer See brachen die Halterungen der Minen und brachten diese in Bewegung. Nur unter Einsatz aller Kräfte konnte schließlich verhindert werden, dass die Minen über die Abwurfbühnen außenbords rollten.

Und es bedeutete viel Arbeit, die beschädigten Minenschienen wieder so weit zu reparieren, dass die Minen schließlich bei Terracina geworfen werden konnten.

09.20 Uhr schrillten die Alarmglocken: Vier britische Jäger vom Typ »Spitfire« flogen den deutschen Schiffsverband an und eröffneten das Feuer. Zwei Flugzeuge attackierten die Räumboote R 39 und R 188, die beiden anderen R 200 und JUMINDA. Eine Brandbombe traf R 39, richtete aber keinen großen Schaden an.

Wegen der schweren See waren die Geschütze auf den Räumbooten in Zurr-Stellung gehalten. Es erforderte daher einige Zeit, diese einsatzbereit zu machen. Nur die Männer auf JUMINDA waren in der Lage, sofort das Feuer zu erwidern; sie schossen mit den 76-mm-Kanonen und den vier Maschinengewehren. Ein sichtbarer Treffer konnte jedoch nicht erzielt werden. Dazu trug wohl auch bei, dass die Flakgranaten fehlerhaft waren, so dass mit Seezielgranaten geschossen werden musste.

Als die »Spitfires« abflogen, lag auf JUMINDA der Bootsmannsmaat Urbanczyk (seemännische Nr. 1) im Sterben; er war von einem der Fliegergeschosse so schwer getroffen worden, dass er wenig später seinen Verletzungen erlag.

Korvettenkapitän Dr. Brill hielt eine kurze Ansprache, als der Leichnam von Urbanczyk am 19.10.1943 im Hafen von La Spezia von Bord gegeben wurde.

Beladen mit 62 Minen und in Begleitung der R-Boote 178 und 199 verließ JUMINDA die Ponte-Pirelli-Pier um 09.00 Uhr des 21.10.1943 – die letzte Fahrt der JUMINDA begann!

Auftrag des Minenschiffes war es, eine Verlängerungssperre nach Südost zu Sperrbefehl »Sperling« zu werfen. Nach dieser Fahrt, so hatte Korvettenkapitän Dr. Brill den Männern versprochen, würde das Schiff in die Werft gehen, um es gründlich zu überholen. Und das bedeutete Heimaturlaub für die meisten von ihnen. Wie sehr sich die Soldaten darauf freuten. Ein Wiedersehen mit der lieben Familie daheim schien endlich in greifbare Nähe gerückt.

20.00 Uhr. Der Scheinwerfer einer bei Piombino befindlichen Marine-Artillerie-Abteilung blendete auf und suchte die Wasseroberfläche ab. Plötzlich erfasste der helle Strahl ein Objekt und hielt es in seinem Lichtkegel fest: JUMINDA.

Korvettenkapitän Dr. Brill ließ sofort Erkennungssignal schießen. Aber das Leuchten hörte nicht auf. Ein weiterer Versuch der Identifizierung wurde mittels der Signalpistole unternommen. Doch es nützte nichts; die Batterie stellte den Scheinwerfer nicht ab.

An Bord der JUMINDA war man zutiefst besorgt. Es war unverständlich, warum die Männer der Artillerie-Abteilung nicht reagierten – das ES war gültig, ferner war dem Seekommandanten Italienische Riviera sowie dem Abschnittskommandanten Livorno gemeldet worden, dass JUMINDA zu dieser Zeit den Kanal von Piombino passieren würde.

Fünf Seemeilen südlich des Minenlegers befanden sich die beiden Räumboote R 187 und R 201. Sie hielten Kurs auf JUMINDA, um den Geleitschutz zu verstärken.

Durch das Fernglas konnte auch Leutnant zur See Sellke, der Kommandant von R 187, das Minenschiff im Licht des Scheinwerfers, der erst nach drei Minuten erlosch, erkennen.

»Vermute, dass der Verband durch den starken, weit tragenden Scheinwerfer vorzeitig verraten wurde«, schrieb Sellke später in den Gefechtsbericht betreffend des Untergangs der JUMINDA.

Und Kapitän zur See Diederichs notierte in seinem Kriegstagebuch: »Die Vermutung des Kommandanten von R 187 wird von mir geteilt. Bei der sehr guten Sicht in dieser Nacht ist es durchaus möglich, dass ein feindliches U-Boot auf Entfernung von ca. 20 Seemeilen die herankommende JUMINDA im Scheinwerferlicht gesehen hat.« Ob ein gegnerisches U-Boot tatsächlich in der Nähe stand, entzieht sich der Kenntnis des Berichtverfassers. Es ist aber Fakt, dass kein Fahrzeug dieser Waffengattung die JUMINDA versenkte. Vielmehr waren es Einheiten des amerikanischen 15. Motortorpedoboot-Geschwaders, die für den Verlust des deutschen Minenlegers verantwortlich waren. PT 206, 212 und 216 hatten ihren Stützpunkt Maddalena um 18.00 Uhr des 21.10.1943 verlassen, um zwischen den Inseln Giglio und Elba zu patrouillieren, Bastia anzulaufen und schließlich wieder zum Ausgangspunkt Maddalena zurückzukehren. Als JUMINDA im Piombinokanal vom Scheinwerfer angestrahlt wurde, waren die Amerikaner also noch viel zu weit entfernt, als dass sie das Licht gesehen haben könnten.

Aber etwas später entdeckten sie dann doch den deutschen Schiffsverband: 00.23 Uhr war es, als die Patrol Torpedo Boats die JUMINDA und die Räumboote auf den Radarschirm bekamen. Vorsichtig näherten sich die amerikanischen Schnellboote den Zielobjekten. Sie passierten die Fahrzeuge der deutschen Kriegsmarine an deren Backbordseite und begaben sich dann achtern von ihnen nach Steuerbord. Verbandsführer Lieutenant DuBose entschied sich für einen Torpedoangriff auf das größte Objekt – die JUMINDA. Die Amerikaner wussten nicht, dass es ein Minenleger war; sie glaubten, dass sie ein Handelsschiff attackierten.

Auf 900 Yards Entfernung feuerte PT 206. Während ein Mark-VIII-Torpedo sich als Oberflächenläufer der JUMINDA näherte, geriet der zweite »Aal« aus der Bahn und steuerte direkt auf PT 212 zu. Der Kommandant, Lieutenant junior grade Sinclair, konnte PT 212 gerade noch aus der Gefahrenzone bringen. Das war knapp!

Dann schoss PT 216 (Kommandant: Lieutenant junior grade Sanders) zwei Torpedos ab. Auch hier gab es einen »Irrläufer«; kreisend zog er seine Bahn durch den eigenen Verband. Die Amerikaner konnten froh sein, dass sie sich nicht gegenseitig versenkten!

Verbandsführer DuBose, der auf PT 206 eingeschifft war, hatte noch keine Meldung von PT 212 erhalten. Ungeduldig fragte er über Funk an: « How many have you fired?«

»None yet«, antwortete Sinclair, »I am too damned busy dodging yours!«

Schließlich kam aber auch PT 212 in Schussposition und feuerte auf 800 Yards Entfernung zwei Torpedos auf JUMINDA ab. Beide liefen normal.

In diesen Sekunden erhielt Brill Meldung, dass an der Steuerbordseite ein Torpedooberflächenläufer gesichtet wurde. »Hart Backbord!«, befahl der Minenschiff-Kommandant daraufhin.

Langsam und schwerfällig drehte die JUMINDA herum, doch es genügte, um dem Torpedo auszuweichen.

Umso erschrockener war man, als es plötzlich doch knallte: Ein anderer Torpedo, der von allen nicht beobachtet worden war, hatte den Minenleger Steuerbord achtern getroffen. Während sich das Schiff stark nach Backbord legte, betrat Brill die Brückennock. Er ahnte, dass JUMINDA in kurzer Zeit untergehen würde. »Alles springt Steuerbord heraus!«, rief er mit lauter Stimme.

Entgegen diesem Befehl sprangen einige Soldaten auf der Backbordseite in das Wasser. Obwohl es zunächst so aussah, dass das sinkende Schiff sie erfassen und mit in die Tiefe reißen würde, rettete ihnen diese Entscheidung das Leben – die Soldaten, die befehlsgemäß nach Steuerbord sprangen, wurden durch den zweiten Torpedo, der dort in diesen Augenblicken explodierte, zerrissen.

Als JUMINDA sank, war der überwiegende Teil der 79-köpfigen Besatzung noch im Schiffsinneren. Der Großvater des Autors, Karl-Heinz Waack, und viele seiner Kameraden hatten keine Chance mehr: Sie gingen mit dem Minenschiff auf Tiefe und ertranken.

Die Räumboote näherten sich der Untergangsstelle. Zwischen einigen an der Wasseroberfläche treibenden Minen entdeckten ihre Besatzungen 16 Schiffbrüchige, von denen die Hälfte verwundet war.

Mit den Überlebenden und einigen geborgenen Leichen an Bord hielten die Räumboote Kurs auf den Hafen von Porto Santo Stefano. Die R-Boot-Kommandanten meldeten den vorgesetzten Dienststellen, dass ein U-Boot den Minenleger versenkt hatte. Erst später, als einige der Überlebenden befragt werden konnten und angaben, dass von ihnen wenige Minuten vor dem Angriff an-und abschwellende Motorengeräusche gehört wurden, erfuhr die Marineführung die tatsächliche Ursache für den Schiffsverlust.

Ehrenmal für Dr. Ing. Brill vor dem Sperrwaffenkommando La Spezia. Foto: Sammlung Dr. Ing. K.-F. Brill

Auch Kapitänleutnant z.V. von Stosch und der mit Wirkung vom 01.10.1943 zum Fregattenkapitän d.R. beförderte Dr. Brill überlebten den Untergang der JUMINDA nicht. Zwei Tage später fand ein Marinefährprahm Brills Leiche. Zunächst auf dem Friedhof der Gemeinde Orbetello unter militärischen Ehren beigesetzt, ruhen die sterblichen Überreste des post mortem (18.11.1943) mit dem Eichenlaub zum Ritterkreuz des Eisernen Kreuzes dekorierten Offiziers heute auf dem Soldatenfriedhof Pomezia bei Rom.

Das Abzeichen für Minensuch-U-Boot-Jagd- und Sicherungsverbände mit Brillanten, eine absolute Rarität, welches der Admiralinspekteur der deutschen Kriegsmarine, Großadmiral Raeder, dem erfolgreichsten deutschen Sperrwaffenoffizier nicht mehr persönlich überreichen konnte, wurde Brills Witwe mit Schreiben vom 18.05.1944 übersandt.

Es war im Juni 2002, als der in Porto Santo Stefano lebende Unterwasserspezialist Piero Buselli seinem Bekannten Claudio Amerini von einem Artikel erzählte, den er in der italienischen Militärfachzeitschrift »Storia Militare« gelesen hatte. Die seinerzeit von mir, dem Autor dieses Buches, verfassten Zeilen betreffend des Einsatz- und Schicksalsweges der JUMINDA hatten Buselli unter anderem die Information verschafft, dass das Wrack des im Oktober 1943 gesunkenen Minenschiffes in der Nähe seines Heimatortes liegen müsse. Amerini war von Busellis Vorschlag, sich auf die Suche nach dem Minenleger zu begeben, sehr angetan. Und so machte er sich schon wenig später ans Werk und kämmte das Seegebiet vor der Halbinsel Monte Argentario unter Verwendung moderner technischer Hilfsmittel systematisch ab.

Am 21.07.2002 zeigte das Sonargerät das typische Profil eines Wracks an – JUMINDA? Piero Buselli hielt die Wahrscheinlichkeit für groß. »Aber«, so sagte er zu Amerini, »um sicherzugehen, müssen wir da runter.«

Einige Tage später war es dann so weit: 75 Meter Tiefe waren erreicht, als die bis dahin zufrieden stellende Sicht sich dramatisch verschlechterte. Aber es galt, vor den verbleibenden 25 Metern nicht zu resignieren. Mit starken Handscheinwerfern ausgerüstet, tastete sich Amerini weiter abwärts. Fast schien es, als würde er nichts anderes als die vielen im Wasser befindlichen Schwebeteilchen zu sehen bekommen, da entdeckte er plötzlich einen dunklen Schatten; das Ziel war erreicht. »Es war ein bewegender Moment«, erinnert sich Amerini, »möglicherweise bin ich der Erste, der nach den tragischen Ereignissen einen Blick auf JUMINDA und die letzte Ruhestätte des Großteils der Besatzung werfen durfte.«

Bei einer der nächsten Tauchexpeditionen werde auch ich Gelegenheit haben, zu jener Stelle hinauszufahren, wo sich die Tragödie einst vollzog. Ich werde erleben dürfen, wie sich mehrere Unterwassersportler auf den Weg in die Tiefe begeben, um eine von mir in Auftrag gegebene metallene Gedenkplakette am Wrack der JUMINDA niederzulegen. Und wenn wir dann gemeinsam der See einen Kranz übergeben, um den Gefallenen eine letzte Ehrung zu erweisen, werde ich in meinen Gedanken ganz nah bei Großvater sein.

Karl-Heinz, ich hätte Dich sehr gerne kennen gelernt!

Karl-Friedrich Brill.
Foto: Sammlung Dr. Ing. Karl-Friedrich Brill

Anlage 9

Quellenverzeichnis/Literaturhinweis

1. Unveröffentlichte Quellen

1.1 Bundesarchiv/Militärarchiv

- KTB Deutsches Marinekommando Italien (RM 7/235–237)
- KTB Befehlshaber der Sicherung West (RM 61)
- KTB Marinegruppenkommando West (RM 35 II)
- KTB 7. Sicherungsdivision (RM 67)
- KTB 6. Sicherungsflottille (RM 73)
- KTB 22. U-Jagdflottille (RM 74)
- KTB 11. Räumbootsflottille (RM 70)
- KTB 3. Geleitflottille (RM 75/09–10 und M 1227)
- KTB 4. Geleitflottille (M 1227)
- KTB 13. Sicherungsflottille (RM 73/26)
- U-Bootabwehr (RM 7/2344)
- Schriftwechsel 1. SKL mit Dt. Markdo Italien (RM 7/2196)
- 1. SKL, Angelegenheiten Gruppe West (RM 7/1545)
- Deutsche Seekriegsführung im Mittelmeer (RM 7 /236)
- Kräfteverteilung Mittelmeer (RM 7/1062)
- Propagandaberichte (RM 8/1561)
- OKM Stützpunktfragen (RM 7/1247)

1.2 Sonstige unveröffentlichte Quellen

- Naval Staff History, Second World War. Submarines. Operations in the Mediterranean (Archiv Royal Navy Submarine Museum, Gosport, England)
- Submarine Action Reports (Archiv Royal Navy Submarine Museum, Gosport, England, Public Record Office, Kew, England)
- PT-Boat Action Reports (Department of the Navy – Naval Historical Center-Washington, USA)
- Albrecht, Ulrich: Die Minensuchgruppe Toulon
- Lohmeier, Willi: Die 11. Räumbootsflottille
- Scheuffler, Herbert: Privates Tagebuch
- Talberger, Lothar: Chronik der 6. Räumbootsflottille

2. Veröffentlichte Quellen

- Bagnasco, Erminio: U-Boote im 2. Weltkrieg (Motorbuch Verlag), 1973
- Bendert, Harald: U-Boote im Duell (Verlag E.S. Mittler & Sohn GmbH), 1996
- Birnbaum, Friedrich-Karl und Vorsteher, Carlheinz: Auf verlorenem Posten – Die 9. Torpedoboot-Flottillen (Motorbuch Verlag), 1987
- Carta, Emilio: Navi e Relitti (azienda grafica busco edizioni Rapallo), 1999
- Chun, Victor: American PT Boats in World War II (Schiffer Military/Aviation History), 1997
- Daussy, Jack: Les Chalutiers Morutiers Fécampois (L. Durand & Fils, Fécamp), 1991
- Dickison, Arthur P.: Crash Dive (In action with H.M.S. SAFARI) (Sutton Publishing), 1999
- Dörr, Manfred: Die Ritterkreuzträger der Deutschen Wehrmacht (Biblio Verlag), 1996
- Ehlebracht, Fritz: Eine deutsche Odyssee (Selbstverlag), 1995
- Fechter, H. und Hümmelchen, G.: Seekriegsatlas Mittelmeer/Schwarzes Meer (J.F. Lehmanns Verlag), 1972
- Fock, Harald: Afrika Zerstörer ZG 3 HERMES (Koehlers Verlagsgesellschaft mbH), 1993
- Fock, Harald: Flottenchronik (Koehlers Verlagsgesellschaft mbH), 1995
- von Gartzen, Wirich: Die Flottille (Koehlers Verlagsgesellschaft mbH), 1982
- Gebauer, Jürgen und Krenz, Egon: Marine Enzyklopädie (Brandenburgisches Verlagshaus), 1994
- Ghisotti, Andrea, Amsler Kurt: Wracks im Mittelmeer (Jahr Verlag), 1995
- Gröner, Erich: Die deutschen Kriegsschiffe 1815–1945, Band 8/1 u. 8/2 (Bernard & Graefe Verlag), 1993
- Kemp, Paul J.: The T-Class Submarine (Naval Institute Press), 1990
- Kohl, Hans: Fischdampfer und Walfangboote im Krieg – Der Einsatz der 17. U-Jagdflottille vor Norwegen (Verlag E.S. Mittler & Sohn GmbH), 2002
- Kowark, Hansjörg: Das Ende der französischen Flotte im Zweiten Weltkrieg (Verlag E.S. Mittler & Sohn GmbH), 1998
- Krause, Günter: U-Boot-Alarm (Brandenburgisches Verlagshaus), 1989
- Krellenberg, Manfred: L'Affondamento dell'Elbano Gasperi (in »Storia Militare« 5/1999, Albertelli Edizioni)
- Krellenberg, Manfred: La 22. Flottiglia Cacciasommergibili della Kriegsmarine (in »Storia Militare« 4/2000, Albertelli Edizioni)
- Kurowski, Franz: Kampffeld Mittelmeer (Koehlers Verlagsgesellschaft mbH), 1984
- Lau, Manfred: Schiffssterben vor Algier (Motorbuch Verlag), 2001
- Mennel, Rainer: Der nordafrikanisch-italienische Kampfraum 1943–1945 (Biblio Verlag), 1983
- Meyer, Ahlrich: Marseille 1942–1944 (Edition Temmen), 1999
- Möller, Eberhard: Kurs Atlantik (Motorbuch Verlag), 1995
- Peillard, Leonce: Geschichte des U-Boot Krieges 1939–1945 (Wilhelm Heyne Verlag), 1970
- Rahn, Werner, Schreiber, Gerhard: Kriegstagebuch der Seekriegsleitung 1939–1945 (Verlag E.S. Mittler & Sohn GmbH), 1993
- Rastelli, Achille: Carlo Fecia di Cossato (Gruppo Ugo Mursia Editore S.p.A.), 2001
- Reuth, Ralf Georg: Entscheidung im Mittelmeer (Karl Müller Verlag), 1985
- Reynolds, L.C. & Cooper, H.F.: Mediterranean MTB's at War (Sutton Publishing), 1999
- Reynolds, Leonard C.: Dog Boats at War (Sutton Publishing), 1998
- Rohwer/Hümmelchen: Chronik des Seekrieges 1939–1945 (Manfred Pawlak Verlagsgesellschaft mbH), 1968
- Rohwer/Jäckel: Kriegswende Dezember 1941 (Bernard & Graefe Verlag), 1984
- Rohwer, Jürgen: Allied Submarine Attacks of World War Two (Bernard & Graefe Verlag), 1997
- Ruge, Friedrich: Im Küstenvorfeld (Bernard & Graefe Verlag), 1974
- Santoni, Alberto: Ultra siegt im Mittelmeer (Bernard & Graefe Verlag), 1985
- Schenk, Peter: Kampf um die Ägäis (Verlag E.S. Mittler & Sohn GmbH), 2000
- Wilhelmsmeyer, Helmut: Der Krieg in Italien (Leopold Stocker Verlag), 1980
- Wingate, John: The Fighting Tenth (Leo Cooper), 1991

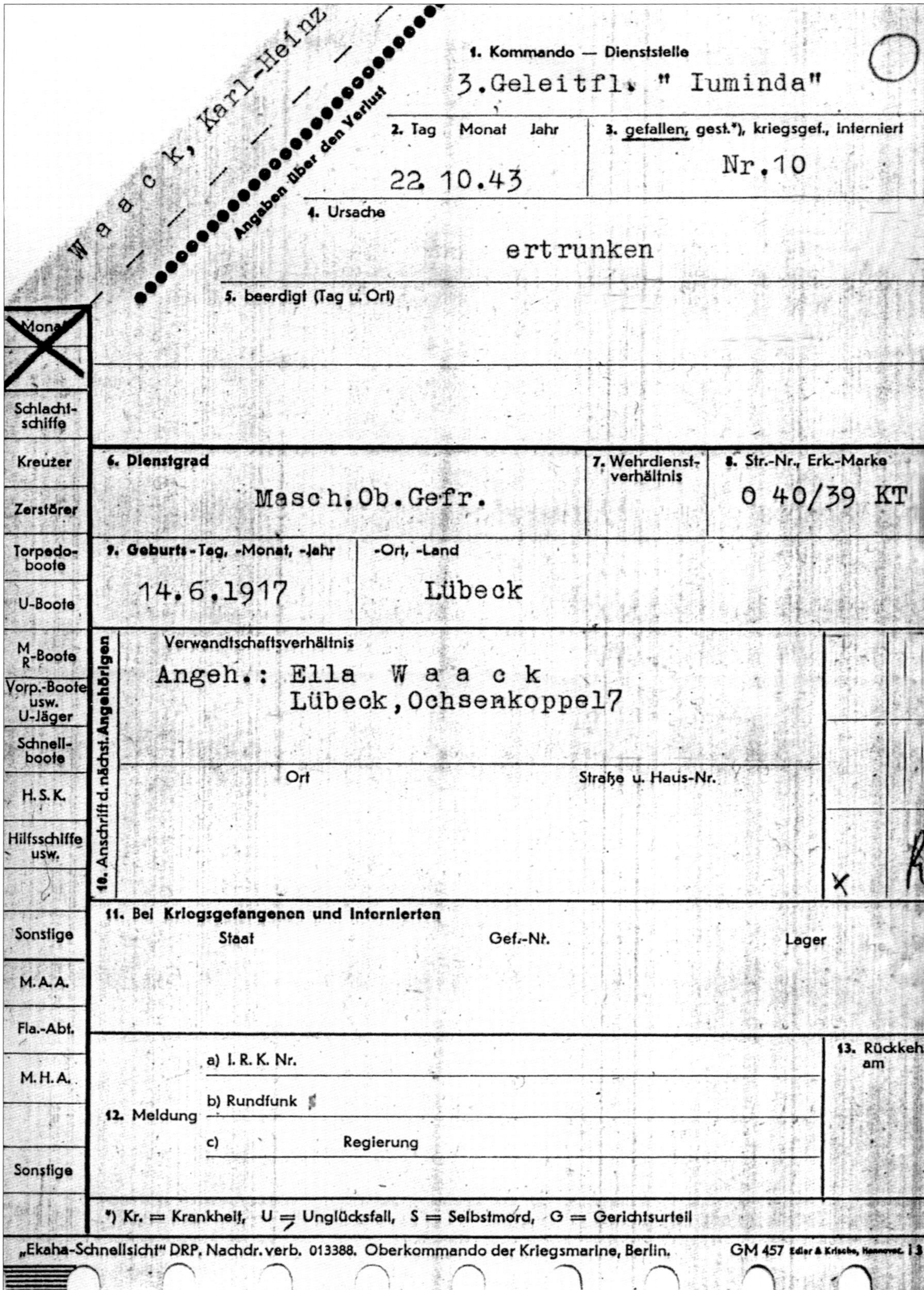

Waack, Karl-Heinz

Angaben über den Verlust

1. Kommando — Dienststelle
3. Geleitfl. " Iuminda"

2. Tag Monat Jahr
22. 10.43

3. gefallen, gest.*), kriegsgef., interniert
Nr. 10

4. Ursache
ertrunken

5. beerdigt (Tag u. Ort)

6. Dienstgrad
Masch. Ob. Gefr.

7. Wehrdienstverhältnis

8. Str.-Nr., Erk.-Marke
0 40/39 KT

9. Geburts-Tag, -Monat, -Jahr
14.6.1917

-Ort, -Land
Lübeck

10. Anschrift d. nächst. Angehörigen
Verwandtschaftsverhältnis
Angeh.: Ella Waack
Lübeck, Ochsenkoppel 7
Ort
Straße u. Haus-Nr.

11. Bei Kriegsgefangenen und Internierten
Staat
Gef.-Nr.
Lager

12. Meldung
a) I. R. K. Nr.
b) Rundfunk
c) Regierung

13. Rückkehr am

*) Kr. = Krankheit, U = Unglücksfall, S = Selbstmord, G = Gerichtsurteil

Monat
Schlachtschiffe
Kreuzer
Zerstörer
Torpedoboote
U-Boote
M-Boote / R-Boote
Vorp.-Boote usw. U-Jäger
Schnellboote
H.S.K.
Hilfsschiffe usw.
Sonstige
M.A.A.
Fla.-Abt.
M.H.A.
Sonstige

„Ekaha-Schnellsicht“ DRP. Nachdr. verb. 013388. Oberkommando der Kriegsmarine, Berlin. GM 457 Edler & Krische, Hannover. 13

Verlustmeldung betreffend des am 1.7.1943 zum Maschinenhauptgefreiten beförderten Karl-Heinz Waack. Im Feld 6 (Dienstgrad) wurde irrtümlich »Masch. Ob. Gefr.« eingetragen.